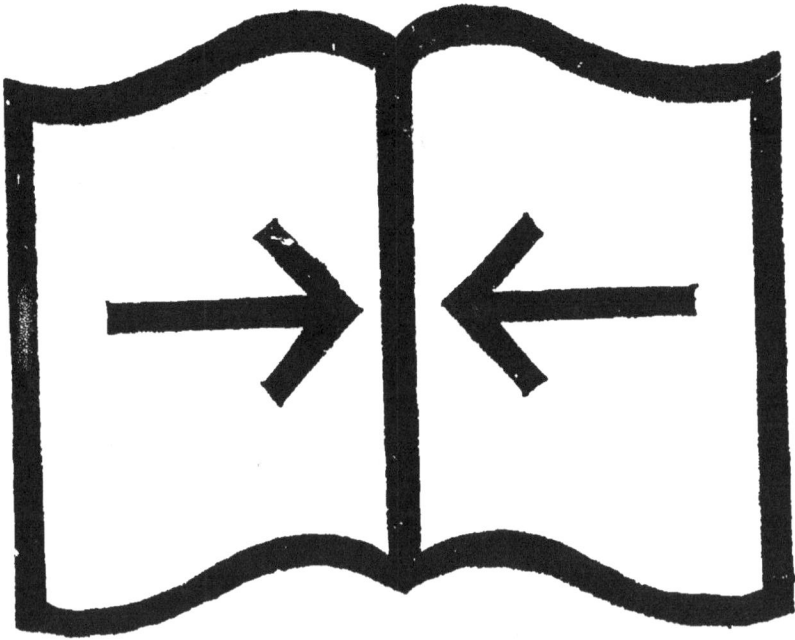

L'Alsace-Lorraine
devant l'Europe

par

PATIENS

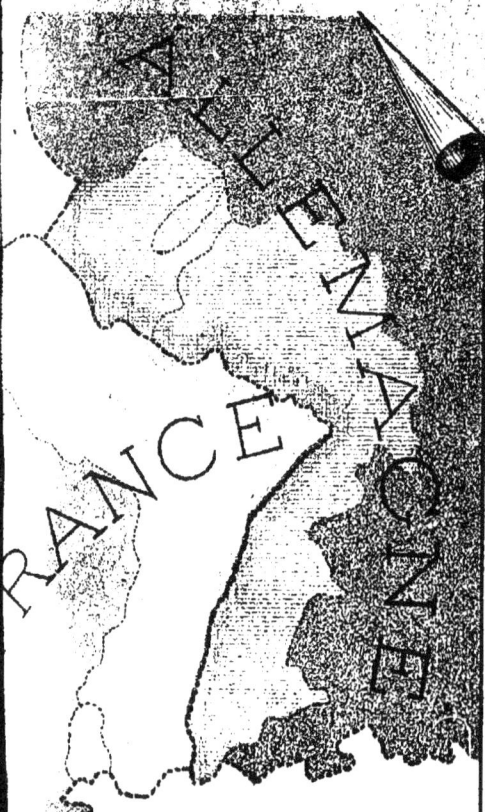

PARIS

PAUL OLLENDORFF
ÉDITEUR
28 bis, Rue Richelieu, 28 bis

1894

L'ALSACE-LORRAINE

DEVANT L'EUROPE

SAINT-DENIS. — IMP. H. BOUILLANT, 20, RUE DE PARIS.

PATIENS

L'ALSACE-LORRAINE

DEVANT L'EUROPE

ESSAI DE POLITIQUE POSITIVE

PARIS
PAUL OLLENDORFF, ÉDITEUR
28 BIS, RUE DE RICHELIEU, 28 BIS

1894

Tous droits réservés.

DÉDICACE

Lors même que des considérations personnelles n'obligeraient pas l'auteur de cette étude à rester anonyme, il préférerait ne pas se faire connaître.

Ses idées sont bonnes, ou elles sont mauvaises; de toute façon, elles ne sauraient gagner aucune autorité à la divulgation d'un nom obscur. Tout au plus l'auteur pourrait-il encourir le reproche de profaner une cause sainte en voulant en faire un tremplin à son ambition. Or, s'il ose toucher au sujet le plus grave qui se puisse traiter à l'heure présente, c'est, tout simplement, parce qu'il croit avoir quelque chose d'utile à dire.

La seule raison pour laquelle il regrette de n'avoir pas un nom illustre à inscrire en tête de ces pages, c'est qu'alors il serait plus autorisé à les dédier très respectueusement :

A EMILIO CASTELAR,

ANCIEN PRÉSIDENT DE LA RÉPUBLIQUE ESPAGNOLE,

QUI, LE PREMIER A L'ÉTRANGER,

A HONORÉ LA TRIBUNE DE SON PAYS

EN Y SOUTENANT, DE SA PAROLE ÉLOQUENTE,

LE DROIT IMPRESCRIPTIBLE DES OPPRIMÉS.

AVANT-PROPOS NÉCESSAIRE

Donc, il vaut mieux pour mes idées que je ne me nomme pas : on les jugera plus impartialement, les sachant désintéressées.

Cela vaut mieux pour moi aussi.

Le sujet est terriblement délicat, et peu de gens sont capables de l'examiner sans passion. Même, qu'on soit Français ou Allemand, le point d'honneur veut qu'on y mette de la passion. Raisonner froidement, non la cause du litige (cela, qui le pourrait?), mais seulement le moyen d'y apporter une solution pacifique, c'est s'exposer au plus redoutable des malentendus, à celui qui provient du parti pris de ne pas entendre. Et pourtant, je voudrais être écouté avec calme, avec patience, non seulement en France, mais encore, et surtout, au dehors.

J'espère qu'on m'épargnera l'accusation de manque de patriotisme. L'objet que je poursuis est bien le retour à la France de ses provinces perdues, mais le retour sans guerre nouvelle, seul garant d'une réconciliation sincère, *de la réconciliation nécessaire,* avec l'Allemagne. Et qui parle ainsi court grand risque d'être suspect aux patriotes de la Revanche quand même, gens peu nombreux, mais bruyants et habiles dans l'art de faire nombre. Pour moi, je l'avoue, je ne puis voir dans les deuils passés une raison d'en accumuler de nouveaux. Vienne la guerre, nous saurons la faire! Mais, en attendant, qu'on nous permette, non de la fuir, mais de rechercher le moyen de l'éviter honorablement.

Par contre, je ne doute pas que je doive être traité de rêveur et d'utopiste; de cela, je n'ai cure: je dis ce que je crois vrai, advienne que pourra! Et je me contente de demander, avec M. Bonghi, « où est l'utopie: chez ceux qui aspirent à un état de choses où tous les concepts les plus élevés de l'homme deviendront des réalités, ou chez ceux qui ont amené et qui entretiennent un tel état qu'ils ne peuvent ni s'y maintenir ni en sortir? »

Mais enfin, si l'on doit me tenir pour fou, il est assez naturel que, pour savourer ce genre de triomphe, je préfère l'incognito.

Après tout, d'ailleurs, ce reproche est juste dans une certaine mesure. C'est un rêve que je propose au lecteur, j'en conviens. Mais, du moins, c'est un beau rêve, et il pourra se changer un jour en une réalité.

Certes, je ne suppose pas que la conclusion de ce travail rencontre, de sitôt, l'assentiment général.

Du train dont va l'Europe, si elle échappe à la ruine par la paix armée, ce ne sera que pour subir le choc terrible que je voudrais contribuer à prévenir; et alors, ou bien il n'y aura plus de France, ou il n'y aura plus d'Allemagne, ni d'Autriche, ni d'Italie, — à supposer que ces deux dernières puissances ne se tirent pas à temps de la bagarre.

Qu'elle éclate un peu plus tôt ou un peu plus tard, cette guerre précédera de beaucoup l'époque où la présente étude pourra paraître raisonnable à la majorité du public européen. Pour le moment, je ne puis compter que sur l'approbation des penseurs, peu nombreux, qui savent regarder au delà de l'heure présente.

Mais je crois fermement qu'un jour viendra où les peuples, maîtres de leurs destinées, seront dégoûtés de la politique de conquêtes, désabusés du droit du plus fort. Alors il leur faudra un grand effort pour s'expliquer la fièvre que l'Europe actuelle met à préparer sa perte, de même que nous avons parfois peine à saisir les mobiles qui ont armé jadis les bras de nos pères. Alors on s'étonnera de notre paix armée, des ruines et des carnages qui l'auront suivie, et de la facilité avec laquelle on eût pu prévenir tant de maux.

Je regrette fort d'être assuré de ne pas voir ce jour-là; il fera bon vivre alors, et bon « cultiver son jardin » !

*
* *

Rien qu'en livres et en grands articles de revues, il existe déjà une véritable littérature de la question d'Alsace-Lorraine.

Au premier rang de ces publications, se placent les écrits de M. Lavisse et de l'auteur qui a pris le douloureux pseudonyme de Heimweh, ainsi qu'un ouvrage anonyme qui a paru en 1881 sous le titre : *l'Alsace-Lorraine et l'Empire germanique,* et qui fut attribué, en son temps, au feu comte d'Hausson-ville. Nul n'a su, mieux que ces trois écrivains, mettre en relief le conflit dont les principaux élé-ments sont : les souffrances des Alsaciens-Lorrains, leur opposition irréconciliable à la germanisation, et la divergence profonde qui sépare la majorité des Allemands, partisans attardés du droit de conquête, des Français, apôtres convaincus du droit d'un peuple civilisé à disposer de ses destinées.

Si, dans les pages qui suivent, je reviens encore sur ces points, ce n'est donc pas que je les croie nouveaux, ni surtout que j'aie la prétention de les traiter avec plus de talent. Mais il est des vérités que l'on ne saurait trop répéter, dont on ne saurait trop s'efforcer de montrer tous les aspects. Cela est surtout vrai en ce qui concerne l'Alsace-Lorraine : aucun problème ne demande à être plus clairement posé, car aucun autre ne résulte d'un plus grand malentendu, et n'est obscurci par plus d'illusions et de préjugés.

Les auteurs que je viens de mentionner ne m'en voudront donc pas pour les emprunts que je leur fais; bien au contraire, noblement dévoués à une cause généreuse, ils se féliciteront de trouver dans ces pages une contribution à la diffusion de leurs idées.

Pour ma part, je croirai avoir déjà fait œuvre utile, si je puis valoir à leurs ouvrages quelques lecteurs de plus. Mais j'ose espérer que l'on ne verra pas seulement dans ce travail les vérités déjà dites que j'ai dû rappeler parce qu'elles forment le point de départ obligé de toute discussion attentive du problème.

Paris, Novembre 1893.

PREMIÈRE PARTIE

LE PÉRIL

CHAPITRE PREMIER

La question d'Alsace-Lorraine.

Comme quoi il existe une question d'Alsace-Lorraine. — La question d'Alsace-Lorraine est une question européenne. — Ses points de vue français et allemand sont incompatibles. — La France et l'Allemagne, alliées naturelles. — Pensons-y et parlons-en.

Très honoré Monsieur,

Dans votre lettre du 24 janvier dernier, vous avez eu l'aimable attention de m'honorer d'une série de questions sur la possibilité d'une solution pacifique de la question dite d'Alsace-Lorraine.

Toutes ces questions se résolvent d'elles-mêmes par la fixation de l'article premier du préliminaire de la paix, confirmé par le traité du 10 mai 1871 entre la France et l'Empire allemand, et d'après lequel les parties désignées du territoire d'Alsace-Lorraine sont cédées pour toujours, en pleine souveraineté et en toute possession, à l'Empire allemand.

En me reportant à ces clauses du traité, j'ai l'honneur

1

de vous prier d'agréer l'expression de ma parfaite considération.

> Votre dévoué,
> von LEVETZOW,
> *Président du Reichstag allemand* [1].

On peut juger très diversement l'opportunité, pour
un grand journal parisien, de consulter les principaux personnages de l'Allemagne sur ce sujet délicat.
Mais, en ce qui concerne le président du Reichstag
allemand, il y aurait eu quelque naïveté à s'attendre
à une réponse moins hautaine.

Ce serait toutefois se tromper du tout au tout que
d'imputer cette fin de non-recevoir à la seule situation officielle de M. de Levetzow. Si d'autres Allemands, questionnés de même par le *Figaro*, ont cru
devoir adoucir légèrement, par simple courtoisie,
l'expression d'opinions analogues, un fait domine
toute la discussion : pour l'immense majorité des
Allemands d'aujourd'hui, *il n'existe pas de question
d'Alsace-Lorraine*. Et cette opinion affecte à leurs
yeux un tel caractère d'évidence, qu'ils ne conçoivent
même pas qu'on puisse contester à leur pays la
légitime possession du Reichsland.

C'est pourtant une dérision que de déclarer la cause
jugée sans appel par le traité de Francfort! Quelle
vertu souveraine possède-t-il donc, ce traité imposé,
sans aucun souci des principaux intéressés, à une
nation vaincue, pour qu'il puisse annuler ceux de
Westphalie, de Nimègue, de Ryswick, d'Utrecht et

---

[1] Lettre au *Figaro*, insérée dans le numéro du 5 mars 1892.

de Vienne? C'est avant 1870 qu'il n'y avait pas de
question d'Alsace-Lorraine, alors que la population
de cette province jouissait paisiblement de la nationalité de son choix, sur la foi d'une série de traités
souscrits, non pas seulement par deux belligérants,
mais par l'Europe entière!

Je laisse de côté, pour le moment, toute considération relative à la valeur de ce traité, à son
efficacité et à la manière dont il a été respecté par l'Allemagne, et ne m'occupe que du seul fait de son existence. Or, si cette existence suffisait à tout résoudre,
la tâche des diplomates serait bien simple : il n'y
aurait plus nulle part de question pendante entre deux
États. Quel est, en effet, le lopin de terre, quel est le
bras de mer qui n'ait encore été l'objet d'aucun traité,
et dont M. de Levetzow ne pourrait dire que le sort
en est fixé à tout jamais? Et là, où sans relâche des
millions d'hommes crient à l'injustice, est-il permis
de déclarer que leur plainte ne fait même pas
question?

***

Il faut donc que les Allemands en prennent leur
parti : il existe une question d'Alsace-Lorraine. Elle
existe même si bien, que ses effets désastreux dépassent les frontières des deux nations directement intéressées : la question d'Alsace-Lorraine est une question européenne. Elle est même la plus aiguë, la plus
dangereuse de celles qui pèsent sur les destinées du
continent.

Ce n'est pas, en effet, une simple affaire locale, à régler entre deux nations voisines, comme le serait, par exemple, la revendication de Trieste et du Trentin par l'Italie, ou celle de la Transylvanie par le royaume roumain. L'Europe porte aujourd'hui la peine de la lourde faute qu'elle a commise en permettant que le vainqueur de 1871 déchirât les accords établis par elle.

Il dépendait de l'Allemagne de fonder alors une paix durable, en agissant comme la Prusse l'avait fait cinq ans plus tôt à l'égard de l'Autriche, son ennemie séculaire. Elle n'a pas su le faire, et bientôt le danger, localisé d'abord entre elle et son adversaire de la veille, devint général.

Au lendemain de la victoire, elle avait pu croire qu'il lui serait facile de conserver seule sa conquête, quitte à monter la garde pendant cinquante ans, comme on le lui avait prédit, dans le Reichsland. Mais, devant la rapidité inattendue de notre relèvement, il fallut bientôt déchanter. Dès 1872, le *statu quo* territorial était mis sous la sauvegarde de l'alliance des trois empereurs, dont la Russie, jouée en 1888, ne tarda pas à se retirer, et qui fit place, l'année suivante, à la triple alliance des puissances centrales. Puis, ce furent les tentatives les plus diverses pour renforcer la coalition ; tantôt on s'efforçait de ramener la Russie « recueillie », tantôt d'attirer l'Angleterre, si difficile à lier, tantôt d'englober les États de second ordre. Les détails de ces efforts ne sortiront vraisemblablement pas de longtemps des arcanes des chancelleries ; mais ils sont connus en gros et peuvent se résumer ainsi : isoler la France, non plus pour l'attaquer — de cela on peut être certain, car elle est trop forte, — mais pour la maintenir dans la situation où l'avait laissée la défaite, pour lui ôter la possibilité et jusqu'à l'espoir de recouvrer jamais ses provinces, enfin pour compléter sa déchéance par sa ruine économique.

De ces circonstances devait fatalement naître l'entente cordiale des deux puissances isolées et menacées par la triple alliance. Que cette entente contribue à écarter la probabilité de la guerre, cela est indubitable : si déjà l'on hésitait à attaquer la France seule, qui oserait la provoquer, unie à la Russie? Il ne semble donc pas que la paix puisse être menacée en ce moment : l'effarement que suscite la moindre apparence de conflit suffit à montrer qu'on ferait l'impossible pour la maintenir. Mais il n'en reste pas moins évident que la guerre générale peut surgir fatalement de la cause la plus fortuite et la plus insignifiante.

Plus de vingt ans se sont écoulés, maintenant, depuis la guerre franco-allemande. Pendant cette période de paix, relativement longue, les peuples n'ont pas cessé de témoigner la plus grande horreur pour la guerre. D'autre part, les gouvernements, désireux de se ménager le concours de ce que le prince de Bismarck appelait les « éléments impondérables », ou, pour parler plus crûment, contraints de s'incliner devant l'opinion publique, les gouvernements ont dû saisir toutes les occasions d'affirmer leur volonté de conserver la paix.

Et pourtant jamais un examen, même superficiel,

de la situation de l'Europe n'a moins donné une impression de paix. Les grandes puissances entretiennent en permanence des armées plus nombreuses que celle qui suffit à Napoléon pour parcourir l'Europe, et sont organisées de manière à pouvoir les quintupler en quelques jours ; les États secondaires s'épuisent à les imiter, ayant perdu toute confiance dans les traités qui les protégeaient.

Une nouvelle maladie s'est répandue sur l'Europe, elle a saisi nos princes et leur fait entretenir un nombre désordonné de troupes... Sitôt qu'un État augmente ce qu'il appelle de troupes, les autres soudain augmentent les leurs, de façon qu'on ne gagne rien que par la ruine commune. Chaque monarque tient sur pied toutes les armées qu'il pourrait avoir si ses peuples étaient en danger ; et on appelle paix cet état d'effort de tous contre tous.

Voilà cent cinquante ans que Montesquieu parlait ainsi[1] ; que dirait-il aujourd'hui ?

Comme pendant les courts répits qui séparaient les guerres du premier empire, le bon sens public ne parvient à considérer que comme une trêve cette intolérable paix armée. Chaque jour, on prédit pour le lendemain la conflagration à laquelle on s'étonne d'avoir échappé la veille, et le sentiment général se traduit constamment par cette phrase découragée : « Cela ne peut pas durer ainsi ».

Cette situation lamentable et les dangers qu'elle entraîne ont été bien joliment résumés par M. Jules Simon[2] :

---

[1] *Esprit des lois.*
[2] *Almanach de la Paix*, 1890.

Au moment où nous sommes, tous les peuples emploient tout leur argent à préparer tous leurs hommes pour une guerre dont tous les peuples ont peur et dont tous les hommes ont horreur...

Et là-dessus, remarquez d'abord qu'un homme qui se promène avec un grand sabre, un revolver dans sa poche et un fusil en bandoulière, a plus de chance de tomber sur un duel que vous et moi, qui nous promenons en honnêtes gens, avec un Virgile et un parapluie. Et remarquez ensuite que cet état de guerre en temps de paix constitue une calamité si profonde, qu'il faut nécessairement y mettre un terme, ou par le désarmement, si on est sage, ou par la guerre, si on est fou.

S'il est une chose étonnante, c'est bien que notre vieille Europe ait eu en réserve suffisamment d'esprit d'entreprise, d'énergie industrielle et de richesses acquises, pour résister jusqu'ici à tant de causes d'épuisement et à cette incertitude du lendemain. Mais il est temps d'aviser. En face des sociétés nouvelles, libres de préoccupations de ce genre, qui s'épanouissent rapidement par delà les mers, la guerre serait pour l'Europe la mort immédiate; la continuation de la paix armée serait la mort par consomption, à brève échéance.

Ainsi, la question d'Alsace-Lorraine, cette question qui n'existe même pas, aux yeux optimistes de M. de Levetzow et de tant de ses compatriotes, a été un mobile assez puissant pour briser tous les anciens groupements politiques de l'Europe, et pour leur en substituer de nouveaux, inattendus et même paradoxaux, s'il en fut jamais. La Prusse et l'Autriche, réconciliées et intimes, après plus d'un siècle de

luttes, moins de dix ans après Sadowa ; l'Italie re-
niant les principes auxquels elle doit d'exister, pour
se jeter dans les bras des *Tedeschi* tant de fois mau-
dits, et leur laisser les provinces *irredente* en gage
de sa fidélité ; la *Marseillaise* jouée devant l'autocrate
de toutes les Russies, et le peuple révolutionnaire de
Paris criant sincèrement : « Vive le Tzar » ; le Saint-
Siège en coquetterie avec la République laïque et le
souverain orthodoxe ; les petites puissances, affolées,
menacées, qui dans son indépendance, qui dans sa
neutralité, et rivalisant d'armements avec les grands
États ; n'est-ce rien que tout cela ? Et la question qui
a si profondément modifié les conditions politiques
de l'Europe, qui épuise les finances de tous les pays,
qui vide les ateliers et remplit les casernes, qui peut,
du jour au lendemain, mettre aux prises vingt millions d'hommes effroyablement armés et ruiner le
continent entier, n'est-elle pas une question européenne ? Sa solution n'est-elle pas urgente ?

On peut dire que, du jour où elle serait pacifiquement
résolue, il n'en est pas une de même nature, si ancienne
et si délaissée fût-elle, qui ne s'en trouvât acheminée vers
un dénouement réparateur, et il n'est pas moins vrai
d'ajouter que, tant qu'elle ne sera pas vidée, aucune autre
ne sera même abordée. C'est donc bien par elle qu'il convient de commencer. Bon gré, mal gré, par la force des
choses, cette question est devenue le nœud qu'il faut
s'appliquer avant tout, je ne veux pas dire à trancher,
mais à défaire[1].

Bien des congrès se sont réunis déjà pour refaire

[1] Heimweh, *Pensons-y et parlons-en.*

la carte d'Europe et pour assurer aux peuples, suivant la phraséologie consacrée, les bienfaits de la
paix. Mais, ni en 1815 à Vienne, ni en 1856 à Paris, ni
à Berlin en 1878, on ne se trouvait en présence d'un
danger à la fois aussi redoutable et aussi général
qu'aujourd'hui : certes, moins d'hommes étaient intéressés, par exemple, à la revision du traité de San
Stephano, qu'il n'y en a maintenant de menacés
par les conséquences de celui de Francfort. Et si l'Europe entière a pris les armes sous prétexte de rendre
la guerre impossible, c'est aussi au concert européen, et à lui seul, qu'il appartient de rendre inutile
cette précaution si dangereuse, en étouffant dans le
germe les causes de la guerre redoutée.

*
* *

D'ailleurs, ni la France, ni l'Allemagne, ne pourraient le faire. On peut affirmer que ces deux nations
veulent fermement vivre en paix. Mais elles sont séparées, sur la question d'Alsace-Lorraine, par une
telle divergence de vues, que, si grande soit leur
bonne volonté, la démarche la plus sincère de l'une
d'elles serait suspecte à l'autre, et mènerait directement à la guerre.

Discuter la question d'Alsace-Lorraine, de Français à Allemand, est la plus vaine des tentatives. Les
raisons de l'un sont nécessairement lettre morte
pour l'autre : là où le premier se sent blessé de la
manière la plus cruelle, le second déclare placi-
dement que tout est pour le mieux dans le meilleur
des mondes.

1.

Cette incompatibilité des vues de deux peuples, voisins sous tant de rapports, s'explique aisément par l'état actuel de l'évolution de leurs idées politiques. Suivant l'heureuse expression de M. Lavisse [1] :

De Paris, où siège le gouvernement de la République française, à Berlin, où règne le général en chef héréditaire de l'armée prussienne; de Berlin au Kremlin, où est couronné le Père de la Sainte Russie, la distance est marquée, non seulement par des kilomètres, quantité négligeable, mais par des siècles.

Une idée professée en commun par un groupe de plusieurs millions d'hommes est en effet la résultante de toute son évolution morale jusqu'au jour considéré. Elle est donc nécessaire, dans l'état actuel de ce peuple. Elle ne peut être transformée que par la suite de son évolution. Une crise, même terrible, hâte peu le mouvement, parce qu'elle est forcément suivie d'une réaction presque aussi violente.

Je n'ai donc pas la folie de chercher à concilier ce qui est en ce moment inconciliable. Ce qu'il faut, au contraire, c'est exposer aux Français les raisons des Allemands, et aux Allemands celles des Français, de manière à faire comprendre aux deux peuples *à quel point leurs opinions actuelles sont irréductibles;* leur prouver, d'autre part, que, même en discutant à coups de canon, ils ne peuvent chacun, ni détruire son adversaire — ce qui donnerait assurément raison à M. de Levetzow, en supprimant la question d'Alsace,

---

[1] *Vue générale sur l'histoire politique de l'Europe.*

— ni surtout le convaincre ; enfin les persuader que leur salut à tous deux, le salut de tout le continent, exige que la situation actuelle prenne fin.

*
* *

Car il faut avoir le courage de le dire hautement : le devoir et l'intérêt des deux peuples est, non seulement de ne pas se faire la guerre, mais d'être cordialement amis. Et je ne parle pas ici en vue de l'époque, encore malheureusement bien lointaine, où il sera permis d'en dire autant de tous les peuples de l'univers : mes rêves ne vont pas si loin. « Ne regardez pas trop haut, a dit M. Frédéric Passy, et, en montant l'échelle, ne levez pas un pied avant que l'autre soit solidement assuré. » A chaque jour suffit sa tâche ; celle du moment présent, c'est la réconciliation de la France et de l'Allemagne.

Bien des gens se sont étonnés, voire même indignés, quand on a dit pour la première fois, il y a quelques années, qu'elles sont deux alliées naturelles ; rien n'est pourtant plus exact. Un seul malentendu les sépare ; il est terrible, à la vérité, mais ce n'est pas moins un malentendu, forgé de toutes pièces par des gouvernements qui, guidés par des préjugés d'un autre âge, ont trompé les peuples qu'ils avaient mission de diriger. Il faudra bien qu'il finisse par être dissipé, car en dehors de cette question d'Alsace-Lorraine, tout convie les deux nations à unir leurs forces, pour le bien de l'humanité.

Les Allemands ont une belle expression pour désigner les peuples dont l'influence civilisatrice s'impose aux autres nations : ils les appellent les *Kulturvölker*, les « peuples de civilisation ». Les peuples de civilisation actuels sont ceux qu'Auguste Comte groupait, il y a plus de soixante ans, sous le nom collectif de « République occidentale » : France, Allemagne, Angleterre, Italie. Parmi eux, la France et l'Allemagne doivent être les premières à s'entendre. Par leur position géographique, par les produits de leur sol et de leur industrie, par la tournure d'esprit de leurs habitants, elles sont en quelque sorte complémentaires l'une de l'autre. Unies, elles peuvent tout pour la civilisation; ennemies, elles sont incapables de venir à bout l'une de l'autre, et se consument dans une lutte stérile, qui inflige la honte d'un temps d'arrêt à la marche en avant de l'humanité.

La collaboration de la France et de l'Allemagne, ma plus vieille illusion de jeunesse, redevient la conviction de mon âge mûr, et mon espérance est que, si nous arrivons à la vieillesse, si nous survivons à cette génération d'hommes de fer, dédaigneux de tout ce qui n'est pas la force, auxquels vous avez confié vos destinées, nous verrons ce que nous avons rêvé autrefois, la réconciliation des deux moitiés de l'esprit humain.... Nous sommes sûrs que vous vous retrouverez vous-mêmes, et qu'un jour nous serons de nouveau collaborateurs dans la recherche de tout ce qui peut donner de la grâce, de la gaîté, du bonheur à la vie [1].

Et de tout cela, la France et l'Allemagne se rendent confusément compte, car toutes deux sont

---

[1] Renan, *Lettre à un ami d'Allemagne*.

possédées du seul désir de travailler en paix pour le progrès. Il ne s'agit que de le leur rendre évident.

M. Albert Sorel écrivait dans le journal *le Temps* :

Aussi longtemps que les Allemands seront persuadés que la France est moins conduite par des considérations de tradition, de justice et de sentiment que par des mouvements d'amour-propre et d'ambition, qu'en un mot elle poursuit moins une restitution qu'une revanche ; aussi longtemps que les Français croiront que l'Allemagne n'a conquis l'Alsace que pour menacer la France, qu'elle ne vise qu'à écraser son adversaire vaincue, qu'elle n'en attend que l'occasion, rien ne sera possible.

Mais ces pensées sont-elles nécessaires ? Ne peuvent-elles être, de part et d'autre, modifiées par l'action continue, patiente, patriote et, à coup sûr, inoffensive, des hommes qui, connaissant mieux le passé des deux pays, voient plus loin dans leur avenir ? Si ce problème doit être résolu pacifiquement — et la civilisation y est intéressée, — c'est qu'il aura été loyalement posé et discuté.

Posons-le donc loyalement, et le discutons de même. Que tous les hommes de bonne volonté, pour qui le patriotisme est un sentiment grave et raisonné, et non pas un thème à déclamations belliqueuses, que tous ceux qui disposent en leur pays d'une influence quelconque, entreprennent cette tâche sainte de réconcilier les deux grands « peuples de civilisation ».

Du même coup, les pièces du procès seront soumises à l'Europe et l'obligeront enfin à reconnaître les causes profondes du mal dont elle souffre. Il n'est pas possible alors que la conscience universelle ne finisse point par s'élever contre l'imbécillité de la vieille politique de conquêtes, de fer et de sang. On cherchera s'il n'existe pas un moyen, pour la France et l'Allemagne, de régler leur querelle à l'amiable. Du moment qu'on le cherchera, on le trouvera, et, dès lors, il s'imposera de lui-même à leur honneur de nations civilisées.

*

Et qu'on n'oppose pas à cette discussion une sorte de question préalable, pour des raisons de prudence ou d'opportunité.

Pendant longtemps, la parole de Gambetta : « Pensons-y toujours, mais n'en parlons jamais », a constitué pour nous, Français, la formule même d'un patriotisme éclairé. Lors même que cette ligne de conduite ne nous aurait pas été imposée par notre faiblesse et par le souci de notre dignité, il eût encore été de notre devoir de garder le silence, et de faire un essai loyal du traité de Francfort. Nous avions dû consentir à livrer les Alsaciens-Lorrains, malgré leur protestation ; nous devions, sans chercher à peser sur eux, leur laisser le temps de reconnaître s'ils pouvaient se résigner à leur nouvelle situation.

L'histoire dira que nous sommes allés jusqu'au bout de cette dure épreuve. Nos détracteurs les plus acharnés n'ont pu mettre en doute notre loyauté, et l'Allemagne n'a trouvé, dans notre conduite depuis la guerre, de prétexte à aucune querelle d'Allemand.

Aujourd'hui, la situation est tout autre. La formule de Gambetta a fait son temps et doit être ren-

versée : « Pensons-y et parlons-en », nous dit énergiquement Heimweh.

Notre relèvement militaire et financier est tel, que
nous ne pouvons plus être taxés de lâcheté si nous
cherchons le moyen de régler honorablement, mais
pacifiquement, nos comptes avec l'Allemagne.

De leur côté, les Alsaciens ont fait connaître leur
opinion d'une manière qui ne laisse place à aucun
doute. Même en Allemagne, où la presse officieuse
trompe si pitoyablement les populations à ce sujet,
on ne se fait guère d'illusions en haut lieu.

L'ordre règne à Strasbourg et à Metz, comme jadis
à Varsovie : par la terreur. Les annexés savent de
reste qu'il leur est interdit de songer à une révolte
ouverte, ou même seulement à des manifestations
bruyantes. Ils forment, d'ailleurs, la population la
plus douce et la plus pacifique du monde, en sorte
que leur tempérament, non moins que leur faiblesse
matérielle, les préserve de coups de tête qui seraient
folie.

Obstinés et fidèles à leur foi, mais calmes et réflé-
chis par nature, ils ont compris que leurs destinées
ne sont point dans leurs seules mains. En revanche,
ils se rendent compte qu'il dépend d'eux d'y intéresser
tous les amants de la justice, par leur constance dans
l'adversité et la persécution ; et, de fait, ils ont étonné
le monde par la persistance et la dignité de leur
opposition irréconciliable.

Enfin, tout récemment, la « justice immanente de
l'histoire » a voulu que le grand coupable révélât lui-
même son crime : le monde civilisé, outrageusement

trompé pendant vingt-deux années, a appris avec stupéfaction, de M. de Bismarck lui-même, que lui seul est directement responsable de la guerre de 1870 et du trouble profond qu'elle a infligé à l'Europe.

Aussi a-t-on commencé à discuter partout le fait accompli, devant lequel on était resté impassible au début. Dans tous les pays, il s'est trouvé des hommes, non du vulgaire, mais bien les plus éminents parmi les penseurs, pour déclarer qu'une grande injustice a été commise, que tous les peuples en portent la peine, et qu'ils doivent en exiger le redressement. L'Allemagne même, la terre bénie de la hiërarchie et de la discipline, n'a pas échappé à ce courant d'idées : le mécontentement populaire y grossit de jour en jour, et ce ne sont plus seulement des isolés qui, cherchant la cause de leurs souffrances, la trouvent dans le militarisme, fruit de la conquête.

Le moment est donc venu où non seulement le silence ne nous est plus imposé, mais où le devoir est d'élever la voix.

Pensons-y et parlons-en.

CHAPITRE II

La guerre.

Deux préjugés courants. — Les batailles seront courtes, peu meurtrières. — Militairement parlant, la guerre sera interminable. — Situation identique de part et d'autre. — La victoire sera une question de finances. — Rôle de la Russie et de l'Autriche. — Rôle de l'Italie. — Sur mer. — Conclusion.

Il importe de bien se fixer les idées sur ce que peut nous préparer la question d'Alsace-Lorraine, si l'on n'arrive pas à lui trouver une solution pacifique.

Sous ce singulier régime qu'on a baptisé la paix armée, il est difficile de songer à autre chose qu'à la guerre. Il ne se passe pas de semaine sans qu'une brochure ou un article à sensation envisage cette lutte comme certaine, sinon comme prochaine, et cherche à en prévoir le caractère et l'issue.

Il semble donc que ce sujet soit épuisé et que ce soit un hors-d'œuvre d'y revenir ici. Cela serait vrai si ces nombreuses études avaient réellement éclairé l'opinion publique. Mais, soit que leurs auteurs aient généralement montré plus d'imagination ou de passion que de compétence, soit qu'ils aient eu pour souci principal de flatter les préjugés de leurs compatriotes, ou encore qu'ils aient été mal compris de leurs lecteurs, ces imitations de la célèbre *Bataille de Dorking* n'ont guère servi, jusqu'ici, qu'à accréditer deux opinions, aujourd'hui fort répandues, mais non moins erronées ; opinions d'ailleurs des plus dangereuses, car elles peuvent contribuer à pousser l'une ou l'autre nation à un déplorable coup de tête.

On admet donc couramment que les batailles de « la prochaine guerre » seront des hécatombes sans précédent, mais que cette guerre elle-même sera courte : quelques engagements terribles suffiraient à démoraliser l'un des deux adversaires, qui implorerait la paix à tout prix. « Des premiers chocs, dit-on, dépendra l'issue de la guerre. »

Tout au contraire, il est facile de montrer que les combats seront relativement peu meurtriers, mais que la guerre durera jusqu'à l'épuisement complet de l'un, ou plutôt même des deux adversaires.

* *

Sur le premier point, je prie le lecteur de vouloir bien admettre que je n'ignore pas les plus récents progrès de l'armement, et que j'ai même des notions sur ceux qui pourront être réalisés d'ici à quelque temps ; il serait oiseux de les énumérer ici pour me donner la satisfaction d'en fournir la preuve. Je les

résumerai seulement en disant que, depuis un quart
de siècle, l'art de tuer et de détruire a plus avancé
qu'il ne l'avait fait depuis l'invention de la poudre.

Mais il serait absurde de s'attendre à voir croître,
proportionnellement à ces détestables progrès, le
nombre des hommes qui seront tués ou blessés dans
une rencontre.

A chaque perfectionnement du matériel de guerre
correspond aussitôt une modification de la tactique,
qui vient en contrebalancer les effets. D'autre part,
si l'art de tuer a marché à pas de géant, celui de
guérir n'est pas resté stationnaire. Mais, surtout, il ne
faut pas oublier qu'à la guerre l'armement n'est pas
tout.

Le grand facteur de la victoire, c'est le moral.
« A la guerre, a dit Napoléon, tout est moral, et le
moral et l'opinion font plus de la moitié de la réalité. » Ce qui détermine le résultat final, ce ne sont
pas les pertes qu'a subies l'armée, mais la manière
dont elle est capable de supporter ces pertes.

L'expérience du passé donne à cet égard une indication curieuse, et bien connue d'ailleurs des gens du
métier. Du temps des anciennes armées permanentes,
c'est-à-dire des soldats de profession, dressés à loisir, aguerris par des campagnes incessantes, la proportion des hommes mis hors de combat à l'effectif
engagé dans une bataille s'est toujours trouvée à peu
près constante, du moins chez le vaincu ; elle varie
généralement entre un cinquième et un septième de
cet effectif. Autrement dit, quand une troupe avait
sur le carreau un homme sur cinq ou sept, ceux qui

restaient tournaient les talons. Que l'on vînt à améliorer l'armement, à remplacer par exemple le fusil à pierre par le fusil à percussion, et l'on n'aboutissait guère qu'à atteindre un peu plus tôt cette proportion démoralisatrice ; mais la lutte n'en devenait pas plus sanglante. Les pertes tendent au contraire constamment à décroître, depuis qu'on réussit plus souvent à faire évacuer la position ennemie par la seule action du feu, c'est-à-dire à éviter l'abordage à l'arme blanche, toujours si meurtrier. Dans tout l'ensemble de la dernière campagne, les Allemands ont eu moins d'hommes tués que les Français ou les Russes à la seule bataille de la Moskova.

Or, depuis quelques années, la puissance du feu s'est incomparablement accrue. D'autre part, on n'a plus affaire à des soldats de profession, mais à des jeunes gens d'une vingtaine d'années, à peine dégrossis, et noyés dans une majorité de réservistes brusquement arrachés à la vie civile ; il est permis de douter que cet amalgame, soumis à plus rude épreuve, puisse jamais atteindre la force de résistance des troupes de Napoléon et de Frédéric, ou de notre armée de Metz.

On doit admettre, au contraire, que les effets foudroyants du fusil à répétition et des obus à mitraille et à mélinite provoqueront d'irrésistibles paniques dans des masses aussi impressionnables. Çà et là, on verra un bataillon, une batterie, fauchés en quelques instants ; mais les troupes voisines se débanderont à ce spectacle, sans demander leur reste.

En un mot, l'armement moderne produira, sur

divers points du champ de bataille, des destructions sans précédent. Mais ces grosses pertes seront locales, en raison même de leur énormité ; sur l'ensemble des troupes engagées, la proportion des hommes mis hors de combat sera faible. Je ne parle pas bien entendu des prisonniers, qu'un vainqueur entreprenant récoltera par milliers après la bataille.

* * *

Quant à la durée probable d'une nouvelle guerre franco-allemande, il suffit d'examiner rapidement la situation militaire des deux pays, et de se représenter ensuite le sort qui attend le vaincu, pour conclure que cette lutte se prolongerait jusqu'à l'épuisement complet de l'un des deux adversaires, et laisserait l'autre presque aussi gravement atteint que lui.

En premier lieu, l'idée que quelques combats suffiraient à imposer la paix implique l'hypothèse toute gratuite, et bien invraisemblable, que ces premières rencontres tourneront toutes à l'avantage de la même nation. Il faudrait évidemment qu'il en fût ainsi pour qu'elles fussent décisives au point d'amener l'un de ces deux pays si puissants à signer l'abdication définitive que l'autre ne manquerait pas d'exiger.

Or, dans l'état actuel des choses, les opérations s'engageront vraisemblablement, presque à la même heure, sur toute notre frontière, de Dunkerque à Nice. Rien qu'en première ligne, nous aurons quatre ou cinq armées, chacune aussi forte que toute notre armée de juillet 1870 ; en face, se trouveront des forces au moins égales. Des deux côtés, la science, l'armement et la préparation seront sensiblement les mêmes ; des deux côtés aussi, le moral sera également surexcité par l'assurance que l'on aura de livrer le combat suprême. Peut-on croire, dans ces conditions, que la fortune des armes nous sera, partout à la fois, ou contraire, ou favorable ?

Or, quelle que soit la démoralisation d'une armée battue, le succès de la voisine suffira pour affermir la nation et son gouvernement dans la volonté de lutter encore.

Après Sedan, toute armée régulière avait disparu en France, celle de Metz étant hors de cause ; 900 000 ennemis étaient sur notre territoire, bien organisés, bien commandés, animés par l'enthousiasme de la victoire, et le pays n'a pas désespéré : pendant cinq mois encore, il a lutté, et plusieurs fois il entrevit la possibilité du succès. Pourquoi, préparés comme nous le sommes aujourd'hui, nous abandonnerions-nous après une grande défaite ? De quel droit un gouvernement signerait-il si vite la paix, la mort de la France ?

Des catastrophes comme celles de Sedan et de Metz ne se recommencent pas. Mais quand cela arriverait, quand, dès le début de la guerre, 300 000 de nos soldats seraient captifs ou bloqués, nous n'aurions pas, comme alors, perdu toute notre armée : il nous resterait encore plus de 3 millions d'hommes sous les armes.

Et il ne suffit pas de constater que cette perte se réduirait au dixième à peine de nos forces : même en valeur absolue, son importance serait bien moindre qu'en 1870. A cette époque, non seulement la France n'eut bientôt plus d'armée régulière, mais tout notre matériel, tous nos cadres, avaient disparu dans la tourmente [1]. Il fallut commencer par en trouver d'autres, c'est-à-dire par improviser, en pleine invasion, ce qui, même en temps de paix, est le moins susceptible d'improvisation. Aujourd'hui, nos cadres se sont accrus dans la même proportion que nos ressources en hommes, et notre matériel davantage encore. Des capitulations comme celles de 1870 mutileraient donc notre armée, mais ne sauraient la détruire : ce seraient de déplorables faits de guerre, non des désastres.

Si donc, à la suite d'une série de grandes victoires, les Allemands parvenaient à occuper une partie de notre territoire, il leur serait singulièrement difficile de garder leurs communications, menacées par les

---

[1] « A la date du 17 septembre, il ne restait plus, en dehors de Paris, de Metz et de Strasbourg, que les débris de 6 batteries échappées de Sedan, 5 en Algérie, et 1 batterie réfugiée à Mézières, dont l'existence ne fut connue qu'au mois de décembre. En fait de matériel, il n'existait en magasin que celui de 5 batteries de 12 ». (Général Thoumas, *Paris, Tours, Bordeaux*.) Sur 1 million de chassepots, il en restait 350 000, et 2 millions de cartouches sur 100 millions. Les ateliers existants ne pouvaient fournir que 3 millions de cartouches par mois, chiffre « ridiculement insuffisant », loin de correspondre à la consommation d'une seule bataille.

Si les Allemands avaient poussé droit devant eux après Sedan, ils seraient arrivés à Brest et à Bayonne sans rencontrer de résistance appréciable. Leur excuse est que, préparés comme ils l'étaient, ils ne pouvaient même pas soupçonner un tel dénuement. Nous-mêmes ne le concevons plus, maintenant que nos arsenaux et nos magasins sont bondés de matériel.

puissantes armées qui nous resteraient : il n'y aura pas toujours une série de cas de force majeure, de tergiversations et de gelées intenses, pour retarder la marche d'un autre Bourbaki, et l'empêcher de changer un premier avantage de l'ennemi en un désastre complet. Et ce danger ne fera que croître, pour l'envahisseur, avec l'étendue des pays occupés ; d'où, pour le défenseur, un nouvel encouragement à continuer la lutte.

Il est étrange qu'on ne soit pas encore parvenu, en Allemagne, à comprendre quel fut alors l'incomparable mérite du Gouvernement de la Défense nationale. Le maréchal de Moltke, par exemple, ne s'élevant pas au-dessus de la considération du succès immédiat, s'apitoie, dans ses Mémoires, sur le sort des soldats improvisés qui furent, suivant lui, envoyés par une poignée d'ambitieux à une défaite certaine. D'abord, la défaite n'était pas si certaine, à en juger par les efforts que nos moblots imposèrent à l'ennemi. Mais, surtout, elle ne fut pas inutile, car elle a préparé l'avenir. Ce sera l'éternel honneur des hommes de la Défense nationale de nous avoir montré ce dont la France est capable. Si de semblables troupes ont pu tenir tête aux Allemands victorieux, que ne ferait pas notre armée actuelle ?

Ce n'est pas là de la déclamation. Sans le souvenir de cette résistance opiniâtre, nous aurions eu beau refaire une armée aussi solide que celle sur laquelle nous nous reposons aujourd'hui, nous n'aurions retrouvé ni le respect de nos adversaires, ni l'amitié d'autres peuples, ni, ce qui prime tout, la confiance

en notre force. Nous serions restés à la merci de
notre vainqueur.

***

Il est bien entendu que les considérations précédentes s'appliquent également à l'Allemagne. Il serait
puéril de s'imaginer que cet empire militaire, dont
on a pu dire que c'est « une armée qui a un pays »,
se donnera pour vaincu après quelques échecs. Les
défaillances de 1806, sur lesquelles on a souvent le tort
d'appuyer cette opinion, ne se représenteront pas plus
que nos désastres de 1870. Après tout, la monarchie
prussienne était peu de chose en face du vainqueur
d'Austerlitz ; mais aujourd'hui, la France aurait
devant elle un grand peuple, plein du souvenir de ses
victoires récentes, et convaincu, à tort ou à raison,
de son immense supériorité. Peut-être ne sacrifierait-
il pas jusqu'au dernier homme, comme l'annonçait
un jour son bouillant empereur, mais on peut être
assuré qu'il ferait bonne contenance.

En dernière analyse, nous trouvons donc, face à
face, deux nations dont chacune dispose d'une puis
sance militaire sans précédent dans l'histoire ; chacune est en état de supporter, sans un danger extrême,
plusieurs chocs dont un seul eût suffi naguère à la
jeter bas ; et, pour cette raison même, chacune est
incapable d'infliger rapidement à l'autre une série
d'échecs décisifs.

On ne saurait trop répéter cette vérité si généralement méconnue : à s'en tenir au seul point de vue

militaire, ni la France, ni l'Allemagne ne peut vaincre
rapidement sa rivale. Et par le mot rapidement, j'entends, non une période de quelques semaines, mais
bien une durée comparable au moins à celle de la dernière campagne, qui s'est prolongée pendant six mois
à dater des premières hostilités. Une guerre entre ces
deux puissances présenterait le même caractère que
celle que le Chili entreprit en 1879 contre le Pérou et
la Bolivie : pendant quatre ans, des adversaires égaux
en force ont lutté avec acharnement jusqu'à leur
complet épuisement.

*
* *

Est-ce à dire qu'une guerre franco-allemande traî-
nerait ainsi pendant des années? Assurément non ; car
nos sociétés plus compliquées et plus raffinées ne
sauraient, en aucune façon, supporter une crise aussi
longue que celle dont se sont tirés les organismes
rudimentaires des républiques sud-américaines.

Jusqu'ici, en effet, je n'ai tenu compte que du point
de vue militaire de la question. Mais, ce n'est pas le
plus redoutable : il faut considérer encore ce qui se
passera en arrière des armées.

Les premières dépenses d'entrée en campagne
seront aisément couvertes. On sait que les deux États
y ont pourvu à l'avance, en se constituant, chacun à
sa façon, un puissant trésor de guerre. Il en est de
même pour le matériel et les munitions : la France
et l'Allemagne entassent depuis tant d'années les
approvisionnements de toute nature, qu'elles en pos-

sèdent de quoi batailler pendant un joli laps de temps sans les renouveler. Mais il faut aussi faire vivre les armées ; ci, au bas mot, une quinzaine de millions de francs par jour, soit quelque cinq milliards et demi au bout de l'année [1].

Qu'on se représente, d'autre part, la situation résultant de l'universalité du service militaire. Tous les hommes valides, jusqu'à quarante-cinq ans, sont aux armées ; les boutiques, les ateliers sont fermés ; les champs restent incultes. Sans même tenir compte des destructions de toute nature opérées sur le théâtre des hostilités, c'est, des deux côtés, la ruine générale immédiate, et la famine certaine pour l'année suivante.

Pendant combien de temps de tels sacrifices pourraient-ils être supportés sans causer la ruine de la France ou de l'Allemagne, c'est ce que personne ne saurait dire. Mais ce que l'on doit admettre comme absolument vraisemblable, d'après les considérations qui précèdent, c'est que cette ruine générale devancera de beaucoup le moment où l'une ou l'autre armée pourra être irrémédiablement battue. C'est par les finances, et non par les armes, que l'on vaincra.

Sur ce terrain, nous pouvons légitimement espérer que l'avantage nous restera, malgré l'énorme dette

---

[1] Dans son ouvrage sur la *Puissance militaire des États de l'Europe*, M. le capitaine J. Molard arrive, pour la France, à ce chiffre de 15 millions par jour. Encore suppose-t-il que sur 4 350 000 hommes mobilisables, nous n'en mettions que 2 500 000 sur pied. C'est donc près du double (27 millions par jour, ou 10 milliards par an) qu'il nous en coûterait, si nous mobilisions l'arrière-ban de nos réserves.

publique que nous ont léguée nos fautes passées.

Mais après? Une telle victoire est-elle seulement désirable? Comment le vainqueur réparera-t-il ses propres pertes? Ce n'est assurément pas au moyen d'une indemnité de guerre : que pourrait-il exiger et surtout obtenir d'un adversaire qui n'aura fini par céder que faute d'argent? M. de Bismarck a dit au Reichstag [1] : « La prochaine guerre serait si épouvantable, qu'auprès d'elle celle de 1870 paraîtrait un jeu d'enfant ». Le vaincu, d'après lui, doit s'attendre à être « saigné à blanc »; le vainqueur également, faut-il ajouter.

Ces résultats désastreux, beaucoup les pressentent. Les esprits les plus aveugles en sentiront l'imminence, dès l'ouverture des hostilités. Raison de plus pour que, de part et d'autre, on pousse l'acharnement jusqu'à ses dernières limites.

*
* *

J'ai raisonné jusqu'ici comme si la France et l'Allemagne devaient rester seule à seule dans le duel qui se prépare. Il est cependant bien certain qu'il n'en sera pas ainsi. De même que toutes les puissances de l'Europe ont été entraînées peu à peu dans l'engrenage des armements à outrance, de même toutes seront prises dans la tourmente finale : l'Espagne et le Portugal sont peut-être en ce moment les seules qui aient conservé des chances de s'y soustraire. Mais quel que soit, au moment décisif, le

[1] Séance du 12 janvier 1887.

jeu des alliances, et de quelque façon que la lutte s'engage, on peut, en ce qui concerne la France et l'Allemagne, considérer la guerre comme localisée entre elles.

La Russie a payé trop cher son isolement momentané en face de l'Empire allemand, pour laisser jamais écraser la France sans lui venir en aide. Elle l'a prouvé d'ailleurs; ce fait est devenu un lieu commun, mais il doit être répété, puisqu'on n'a pas encore cessé, en Allemagne, de nier le guet-apens de 1875.

La France ne laisserait pas davantage amoindrir la Russie. Et tout cela est bien indépendant de toute divagation sentimentale sur la sympathie plus ou moins réelle qui peut exister entre les deux peuples. La sympathie n'a rien à voir ici, fort heureusement, car elle est essentiellement capricieuse et variable, et des sentiments affectifs irraisonnés ne fourniraient qu'un fondement bien peu solide à l'entente des deux nations. Ce qui est plus sûr, c'est que la France et la Russie n'ont, sur la terre entière, aucun intérêt opposé; par contre, elles ont en commun deux intérêts primordiaux : s'opposer à l'hégémonie prussienne qui les menace également, et faire durer la paix aussi longtemps que possible, car de toutes deux on a pu dire que le temps est leur principal allié. Entraînées plus d'une fois dans des combinaisons qui les opposaient l'une à l'autre, elles ont toujours eu la conscience qu'elles agissaient à l'opposé de leurs intérêts. Elles ont enfin compris qu'elles doivent marcher d'accord; il y a probabilité qu'elles n'y manqueront plus.

2.

Admettons donc que la Russie entre en ligne. Toutes les forces de l'Autriche se tourneront naturellement de son côté, mais, bien inférieures aux siennes, elles ne suffiront pas à dispenser l'Allemagne de garder sa frontière orientale. Or cette frontière est ouverte, et relativement rapprochée de Berlin, qui tend chaque jour davantage à devenir pour l'Allemagne une capitale au sens français, et militairement dangereux, du mot. On peut donc affirmer que les Allemands devront masser en face de la Pologne des forces considérables. J'admets parfaitement que l'entrée en ligne de la Russie sera retardée par l'immensité de son territoire et les difficultés inhérentes à sa mobilisation [1]. Mais il y a déjà une belle armée en Pologne ; il faudra d'abord surveiller cette armée, puis, à mesure qu'elle s'accroîtra, renforcer le corps d'observation. Finalement, les Russes immobiliseront certainement beaucoup plus de troupes allemandes que n'en exigera, de notre côté, la défense des Alpes.

*
* *

On commence à discuter fortement, en Allemagne, l'utilité de l'Italie dans la triple alliance. On espérait obtenir d'elle des armements proportionnés à sa population ; on oubliait que, tout récemment élevée

---

[1] Voir la très remarquable étude du général russe D. M..j..ny : *La situation stratégique de la France dans la guerre de demain*. Il suffit de dire que l'auteur prend pour point de départ ce fait, contraire à l'opinion générale, que la guerre éclatera en hiver, parce que la triple alliance choisira le moment où la Russie est à peu près incapable de mobiliser ses armées.

au rang de grande puissance, elle avait trop de choses à faire : l'armée, la marine, la défense de ses côtes démesurées, les chemins de fer, l'industrie, tout devait être développé à la fois. Malgré des efforts dignes d'admiration, il lui fut bientôt impossible de marcher de front avec ses deux puissants alliés.

Mais le pire est que les Italiens eux-mêmes avaient vu trop grand. Les deux plus vastes bâtiments que je connaisse élevés de toutes pièces pour loger des services publics sont le ministère de la guerre et (ô ironie !) le ministère des finances du jeune royaume. De même pour la puissance militaire qu'on voulait improviser ; on en avait conçu le plan à l'image des constructions disproportionnées qui enlaidissent Rome-capitale : une façade trop grande a absorbé toutes les ressources disponibles.

Donc l'Italie, essoufflée, marque le pas. Sa population lui permettrait de constituer au moins quinze corps d'armée : elle en a douze, dont deux sur le papier, et dix à effectifs restreints par les congés. Avec cela, de vieux canons en bronze, pas d'argent pour fabriquer de nouveaux fusils, peu de chevaux, peu de chemins de fer, la plupart des lignes à une seule voie. L'esprit de l'armée est assurément excellent, mais les moyens matériels lui font défaut.

Dans ces conditions, les amis de Berlin murmurent, sans y mettre plus de mesure et de tact qu'ils n'en ont d'ordinaire. De cela, nous ne pouvons que nous féliciter, car les Italiens se lasseront de s'épuiser à satisfaire un allié trop exigeant.

Quoi qu'il en soit, le principal secours que l'Italie

apporte à nos adversaires est celui de sa flotte, réellement puissante. Elle nous a obligés à concentrer dans la Méditerranée le plus gros de nos forces maritimes ; au lieu de prendre l'offensive contre la marine allemande, nous avons à protéger nos côtes de Provence et d'Afrique.

Mais, comme je le montrerai plus loin, cela n'a pas grande importance : la partie sérieuse se jouera sur terre. Or, de ce côté, encore une fois, l'inimitié de l'Italie est plus que compensée pour nous par l'entrée en ligne de la Russie contre l'Allemagne.

Les Italiens ont merveilleusement organisé leur défense, au moyen de leurs troupes alpines. Ils auraient d'ailleurs aussi bien pu s'en passer, car nous aurons autre chose à faire que de songer à les envahir ; nous ne viserons naturellement qu'à les empêcher d'entrer chez nous, le théâtre principal d'opérations, dans la grande conflagration, n'étant pas pour nous sur les Alpes.

Mais ce but, préserver notre territoire, est facile à atteindre. Lors même que leur armée serait deux fois plus puissante, elle se trouverait en face d'une frontière dont la configuration naturelle est telle que jamais, dans l'histoire des campagnes, une invasion n'a pu la franchir victorieusement de l'Est à l'Ouest. Les travaux de défense que nous y avons accumulés depuis l'entrée de l'Italie dans la coalition, sont formidables et nous permettront de fermer avec peu de monde l'entrée de notre territoire de ce côté.

Les Italiens l'ont bien compris, et leurs alliés aussi. Discrètement, on a fait entendre à la Suisse qu'elle

pourrait gagner beaucoup à livrer passage à nos
ennemis, soit que les Italiens veuillent tourner nos
défenses des Alpes, soit qu'ils préfèrent se joindre
aux Allemands, pour leur assurer la supériorité
numérique sur notre frontière de l'Est. Les Suisses
ont compris que ces invites pourraient un jour se
changer en une contrainte; jaloux de leur indépendance, ils ont fortifié le Gothard et le Valais, et leur
président a fièrement proclamé leur volonté énergique de sauvegarder leur neutralité.

Que n'a-t-on pas rêvé d'autre? La Suisse ne voulant pas livrer le passage, on a proposé de la contourner, et de faire filer l'armée italienne par le territoire
autrichien pour l'unir à l'armée allemande ! Le *Militär-
Wochenblatt* a pris la peine de montrer l'absurdité de
ce projet, et la difficulté qu'il y aurait à transporter
toute une armée par une ligne de chemins de fer
unique.

Il aurait pu se contenter de dire que l'Autriche se
prêterait peu volontiers à cette *combinazione;* il est
peu probable qu'elle voie avec plaisir une armée italienne pénétrer, sous le couvert de l'alliance, dans le
Trentin, pendant que les garnisons de cette province
seraient sur la frontière russe : il y a tout à parier
en effet qu'arrivés là, les Italiens y resteraient, oubliant le rendez-vous donné par l'armée allemande!

De toute manière, il résulte de cette discussion
que l'inimitié de l'Italie n'est pas de nature à nous
inquiéter beaucoup. Il y a plus : rien ne prouve que,
mise au pied du mur, cette inimitié se traduise par
une entrée en campagne. On sait que bien des raisons,

configuration géographique, mauvais réseau ferré,
retarderont la mobilisation de l'armée italienne. Ce
contretemps n'est peut-être pas pour déplaire, au
delà des Alpes, autant qu'on peut le croire ailleurs.
Il ne faudrait pas trop s'étonner même si, à l'occasion, on ne faisait que peu d'efforts pour surmonter
ces difficultés. Quelque diligence qu'ils fassent, il est
certain en effet que les Italiens ne pourront entrer en
campagne qu'après les premiers combats livrés entre
Meuse et Rhin. Or, quels ne seraient pas leurs regrets
de nous avoir déclaré la guerre, s'il se trouve que
ces combats aient tourné à notre avantage ! Et cela,
quand une attitude prudemment expectante aurait pu
leur rapporter de si jolis profits du côté de l'Autriche !
Ils savent bien que tous leurs accroissements territoriaux n'ont pas été dus à des victoires. Ils savent aussi
comment la Prusse temporisa en 1805, prête à se
joindre, selon l'événement, soit à nous, soit à la
coalition, et comment, après Austerlitz, son ministre,
M. de Haugwitz, vint apporter à Napoléon des hom-
mages « dont la fortune changeait l'adresse ».

M. de Hübner, je crois, raconte dans un de ses
ouvrages qu'il traversait une ville d'Italie, à l'époque
des plébiscites de 1860 ; une bruyante manifestation
était dirigée contre le diplomate autrichien ; un
homme, monté sur le marchepied de sa voiture, criait
plus fort que tous les autres, en brandissant un
énorme coutelas. Mais, entre deux gestes farouches,
l'Italien rassurait à mi-voix M. de Hübner : « *Non
abbia paura, e una dimostrazione* » (Que Votre Sei-
gneurie n'ait pas peur, c'est une manifestation).

Non, décidément, il n'est pas dit que tous les traités viendront à exécution.

* * *

Dans ce qui précède, je n'ai fait qu'une brève allusion à la guerre maritime, pour observer que le principal effet de l'intervention italienne serait d'immobiliser dans la Méditerranée la plus grande partie de notre flotte. Il est cependant vraisemblable que la guerre d'escadre prendra un certain développement, surtout si l'Angleterre s'en mêle, comme l'espèrent à tort ou à raison les Italiens.

Et cependant, je ne crois pas qu'il y ait lieu d'en tenir compte ici. Ce travail n'est pas en effet une étude de stratégie dans laquelle doivent être considérés tous les moyens d'action des différentes puissances ; je me suis proposé uniquement de rechercher, d'une manière très générale, quels peuvent être les caractères, l'issue et la durée d'une guerre européenne. Pour cela, il faut considérer, non tous les théâtres de la lutte et toutes les opérations qui se pourront entreprendre, mais seulement les théâtres et les opérations dont l'influence sera décisive. Or la guerre navale ne présente à aucun degré ce caractère : elle sera secondaire, épisodique. C'est dans les vallées du Rhin et de la Vistule que se jouera la grande partie.

En 1870, le rôle de notre flotte s'est borné à capturer une centaine de bateaux de commerce allemands ; à la paix, il a fallu rembourser bateaux et marchandises, et payer de fortes indemnités aux armateurs :

en fin de compte, nous fûmes bien heureux, à ce moment, que notre flotte n'eût pas causé plus de dommages à l'Allemagne.

Il en sera de même à l'avenir. Que quelques cuirassés soient coulés ; que des bateaux de commerce soient pris ; que des ports soient bombardés ; que des colonies lointaines soient rançonnées ou occupées : ce seront autant de faits de guerre regrettables, mais ce ne seront pas des désastres dangereux. Celui des deux partis qui sera vainqueur sur terre se fera dédommager de ces pertes, avec usure. Mieux vaut encore pour nous le Havre ou Marseille bombardés, que Toul ou Verdun enlevées.

On a souvent fait valoir, en faveur des fortes marines, la nécessité de ravitailler les pays belligérants. On a dit, par exemple, que la France peut se suffire avec les produits de son sol, pendant 333 jours, l'Allemagne, l'Italie et l'Angleterre, respectivement pendant 311, 289 et 187 jours [1]. Il est inutile de s'attarder à montrer le peu de consistance d'évaluations si précises, en présence d'un phénomène aussi capricieux que le rendement des récoltes et de l'ignorance où l'on est des approvisionnements existants dans les divers pays ; qui se doutait, en 1870, que Paris renfermait de quoi nourrir deux millions de personnes pendant plus de quatre mois ?

En outre, quelle flotte sera de force à bloquer les côtes d'un grand pays ? Il suffira de peu d'engagements et de peu de coups de torpille, pour réduire

---

[1] J. Bloch, articles sur *la Guerre future*, dans la *Biblioteka Warszawska*, 1893.

singulièrement le nombre des navires de guerre capables de tenir la mer, et pour laisser le champ relativement libre aux forceurs de blocus.

Comme le disait récemment une remarquable étude[1] :

De toutes les puissances maritimes, l'Angleterre seule a intérêt à préconiser la guerre d'escadres et les batailles rangées. Ce genre de lutte aurait en effet pour résultat presque certain de réduire à l'impuissance, au moins pour toute la durée de la guerre, la majorité des combattants. Au bout de quelque temps, grâce à son écrasante supériorité numérique, l'Angleterre, quelle que fût l'issue des batailles, se trouverait réellement maîtresse de la mer, faute d'adversaires.

Si, en cas de guerre avec une puissance ou un groupe de puissances possédant une flotte plus nombreuse que la nôtre, nous voulions faire la guerre d'escadres, il nous arriverait fatalement ce qui nous arriva avec l'Angleterre sous Louis XIV et sous Napoléon Ier, c'est-à-dire la destruction complète de notre marine.

Il est donc regrettable de voir des publicistes de talent entraîner l'opinion à donner trop d'importance aux choses de la mer. Nous devons procurer un minimum de protection à nos côtes ; il nous faut donc une marine juste assez forte pour assurer avec quelque chance de succès la défense mobile de nos principaux ports, et pour faire, entre temps, la guerre de course. Cette marine suffira, par surcroît, aux besoins du temps de paix : communication avec les colonies,

[1] *A propos de la perte du « Victoria »*, par XXX (*Le Yacht* du 22 juillet 1893).

protection des nationaux dans les pays plus ou moins
civilisés d'outre-mer.

Mais il ne faut pas vouloir davantage. Nous n'avons
pas les moyens (qui les a ?) d'être une puissance de
premier ordre à la fois sur terre et sur mer. Or, il
est indispensable que notre armée soit de taille à
lutter avec celle de l'Allemagne ; donc, modérons
nos ambitions maritimes. Nous dépensons trop de ce
côté. Songeons qu'avec les 25 millions que coûte un
cuirassé, nous pourrions acheter et entretenir les chevaux qui nous manquent pour avoir autant de cavalerie que les Allemands, et qu'une division de cavalerie
pèsera plus dans la balance que le plus formidable
cuirassé d'escadre.

*
* *

En résumé, il faut se borner à considérer les opérations à terre, qui seules seront décisives.

La Russie occupera toute l'armée autrichienne et
une bonne partie des forces allemandes ; les troupes
que nous aurons à maintenir sur les Alpes pour combattre — ou peut-être seulement pour observer — l'armée italienne, seront certainement moins nombreuses
que celles que l'Allemagne devra consacrer à défendre
sa frontière orientale. Ceux des pays secondaires qui
entreront en lice pourront à peu près se compenser
de part et d'autre, mais ne feront, en tout état de
cause, pas grand'chose à l'affaire : il faut se garder de
céder à la fantasmagorie du nombre, et bien se dire
au contraire que, là où des millions d'hommes seront

aux prises, la victoire ne dépendra guère de quelques corps d'armée en plus ou en moins.

Au bout du compte, il est bien vrai que cette conflagration sans précédent embrasera tout le continent. Mais, sur le point de savoir qui l'emportera, du camp français ou du camp allemand, tout reviendra exactement au même que si la France et l'Allemagne luttaient seule à seule, comme je l'ai supposé plus haut en supputant leurs chances de victoire.

Tout ce que l'on peut ajouter, c'est qu'en s'étendant de la sorte, la guerre franco-allemande généraliserait de même les désastres que je faisais entrevoir. Elle marquerait simplement la ruine politique et économique du continent européen : dans son ensemble, il descendrait à la condition qu'occupent aujourd'hui l'Espagne et les petites républiques américaines. L'Angleterre, l'Amérique du Nord et l'Australie deviendraient, sans tirer un coup de canon, les reines incontestées du monde.

Ainsi s'accomplira peut-être la prophétie de Montesquieu : « L'Europe se perdra par les gens de guerre ».

DEUXIÈME PARTIE

LE DROIT

———

CHAPITRE PREMIER

L'unité allemande.

Caractère général des arguments allemands. — L'unité française. — L'unité allemande. — Le culte du passé. — L'empire du moyen âge. — Le droit du plus fort et la science.

On connaît très généralement, en France, les arguments par lesquels les Allemands prétendent légitimer leur conquête. Néanmoins, il sera bon d'y revenir encore dans ce travail, car leur nature suffit à montrer combien est vrai le mot de M. Lavisse, suivant lequel ce sont « deux états de civilisation » que met en présence la question d'Alsace-Lorraine. Un Français ne peut manquer d'être frappé du « caractère arriéré et en quelque sorte barbare » de la thèse allemande. Et d'autre part, il y a tout avantage à montrer aux Allemands que ce qui nous sépare d'eux est quelque chose de plus élevé que le désir d'une revanche belliqueuse, seul motif qu'ils veuillent pourtant reconnaître à nos revendications.

Parmi nos adversaires, dit M. Lavisse [1], les uns nient le mouvement dans l'histoire; les autres nient la liberté des âmes. Ceux-là comparent deux faits à deux siècles de distance, comme si ces faits n'étaient pas devenus dissemblables; ceux-ci ordonnent aux hommes de demeurer là où la nature les a classés.

Immobilité, fatalité : voilà leur doctrine.

La nôtre est différente. Nous professons cette opinion qu'une nationalité est une œuvre de la nature et de l'histoire consacrée par le consentement des nationaux. Nous ne regardons point si les éléments dont elle se compose sont différents par leur origine; les origines ne sont qu'un point de départ, un certain état avant la mise en marche, ou, si l'on veut, les données sur lesquelles travaillent les groupes de l'humanité. Nous croyons à des âmes de peuples, péniblement formées, et à la sainteté, à l'inviolabilité de ces âmes.

*
* *

Ces divergences profondes tiennent à tout l'ensemble du développement historique des deux peuples jusqu'à nos jours.

La France a dû, en grande partie, sa puissance à ce fait qu'elle a été constituée en nation, consciente de son individualité, longtemps avant toute puissance continentale.

Son unification ne s'est pas faite sans luttes sanglantes. Mais les divers éléments qui constituent ce pays ont été si énergiquement broyés ensemble, et leur mélange intime date déjà de si loin, qu'ils n'ont même plus conscience d'avoir été séparés jadis. En outre, de nombreuses guerres étrangères, la Révolu-

[1] *Parole Française.*

tion accomplie, défendue et propagée en commun,
enfin cent ans de centralisation administrative préparée par des siècles de pouvoir absolu, ont créé entre
eux une solidarité sans exemple.

Toutes ces causes ont contribué à modeler de telle
sorte l'esprit des Français, qu'ils sont portés à ne pas
voir d'unité nationale là où il n'y a pas uniformité
complète. Il leur est presque impossible de concevoir
qu'une nation fédéraliste se retrouve unie en face de
l'étranger; la plupart d'entre eux, gouvernement en
tête, se leurraient en 1870 de l'espoir d'entraîner les
Allemands du Sud contre la Prusse, et cette illusion
absurde, démentie par l'expérience, n'est pas complètement dissipée à l'heure qu'il est.

* *

Et cependant, l'unité allemande doit être considérée
aujourd'hui comme un fait politique définitivement
acquis; le préjugé contraire est le premier qu'il faille
achever d'extirper chez nous, si nous ne voulons pas
justifier les préventions des Allemands, et perpétuer
une rivalité sans issue possible.

Je ne conteste nullement qu'une grande crise —
guerre étrangère, lutte religieuse ou sociale — puisse
encore ébranler cette unité, ou même la défaire passagèrement. Mais plus cette crise serait aiguë, et mieux
les Allemands sentiraient la nécessité d'associer à nouveau leurs destinées; ils attribueraient fort naturellement leurs embarras aux traces d'autonomie que leur
constitution actuelle laisse aux petits États, et bientôt

l'Empire renaîtrait, plus centralisé, plus militarisé, plus enclin encore à la méfiance et aux rancunes qu'il ne l'est de nos jours.

C'est que l'unification de l'Allemagne n'a été ni un événement fortuit, ni l'œuvre du caprice de quelques hommes d'État. S'il en était ainsi, comme beaucoup le croient encore, elle serait éphémère, en effet. Mais elle est au contraire la résultante naturelle et fatale d'une évolution commune à tous les peuples de l'Europe : Guillaume Ier et Bismarck n'ont fait que déterminer la péripétie qui a hâté le dénouement attendu. Sans eux, l'unité se serait faite un peu plus tard, mais non moins certainement ; elle aurait pu sembler plus assurée contre tout retour, mais ne l'aurait pas été davantage.

Il est indispensable d'avoir une vue d'ensemble exacte sur ce grand mouvement, si l'on veut comprendre l'esprit que les Allemands apportent dans leur politique extérieure et intérieure ; et pour cela, il faut remonter loin dans leur histoire. .

Les Allemands sont des tard-venus à la civilisation.

La civilisation relative que possédaient au contraire les Gaulois leur permit de s'assimiler d'une manière surprenante la culture supérieure de Rome. Mais les Barbares ne furent pas mis à pareille école ; et quand ils se furent partagé l'empire, ils imprimèrent à la civilisation gallo-romaine un recul qui atténua la différence sans la combler. Après la nuit du moyen âge, la Renaissance consista pour la France à reprendre son évolution normale à peu près au point où elle avait été interrompue par eux ; pour l'Allemagne,

elle fut l'essor d'une culture nationale qui aurait
pris un magnifique développement, et aurait déterminé l'unification du pays vers la même époque où
se fit celle de la France, sans le désastre de la guerre
de Trente-Ans. Celle-ci, la plus terrible guerre civile
qui se soit vue, dépeupla l'Allemagne, et y retarda de
plus d'un siècle la marche de la civilisation et la constitution de la nationalité. Cette perturbation fut d'autant plus grave qu'elle se produisit à une époque où
la civilisation commençait à progresser avec cette
vitesse constamment accélérée qui la caractérise
aujourd'hui : un retard d'un siècle, au temps de
Louis XIV, était plus difficile à rattraper que les dix
siècles de stagnation du moyen âge.

Chacun sait quelle influence les idées françaises
exercèrent, après ce moment, sur la culture allemande. Mais beaucoup de gens trouveront encore para-
doxal d'affirmer que c'est la Révolution Française
et Napoléon qui ont le plus contribué à précipiter la
constitution de la nationalité allemande; rien n'est
pourtant plus vrai.

Accueillie à ses débuts avec le plus grand enthousiasme par tous les peuples de l'Allemagne, notre
Révolution ne tarda pas à tourner court : pour le
malheur de tous, la République céda la place à un des-
potisme conquérant. La domination française, imprudemment et injustement étendue, provoqua la création définitive du sentiment national allemand, comme
quatre siècles plus tôt le sentiment national français
était né de la domination anglaise; la guerre de 1813
à 1815 fut très justement appelée par les Allemands

3.

la « guerre d'affranchissement » (*Befreiungskrieg*).

C'est ainsi que le réveil patriotique de 1807 marqua le début du mouvement unioniste qui aboutit le 19 janvier 1871. Jusqu'à Sadowa, des esprits peu clairvoyants ou mal renseignés, oublieux ou ignorants des événements de 1849, purent encore s'y tromper. Indécise entre Vienne et Berlin, l'Allemagne était comme un liquide instable, susceptible de cristalliser indifféremment autour de l'un ou de l'autre de deux pôles ; la crise de 1866 était encore nécessaire pour déterminer le sens du mouvement, en éliminant l'un de ces centres d'attraction : de même qu'il ne faut à un corps qu'une seule tête, l'Allemagne, suivant le mot du maréchal de Moltke, devait être plus forte sans l'Autriche qu'avec elle.

Une fois les Habsbourg exclus de l   .nfédération, on peut dire que l'unité existait v⁹   lement, « en puissance », après soixante années de préparation. Il ne fallait plus, pour la rendre effective, qu'un peu de patience, ou bien une crise extérieure.

Ce qui prouve à quel point elle était inévitable, c'est que le traité de Prague fut violé, avant même d'être signé, dans ce qu'il renfermait de contraire à ce mouvement. Il stipulait en effet l'indépendance des États de l'Allemagne du Sud à l'égard de la Prusse. Or celle-ci mit à profit le temps qui s'écoula entre les préliminaires (26 juillet) et la signature définitive (23 août), pour conclure des traités secrets d'alliance, le 17 août avec le Bade, le 21 avec la Bavière, le 22 avec le Wurtemberg !

Mais M. de Bismarck ne voulait pas attendre. La

France lui fournit l'occasion de brusquer les choses.
Elle ne comprit pas qu'elle avait affaire à un mouvement déjà ancien, irrésistible, et d'ailleurs fort légitime. Alors que son intervention en 1866 n'aurait pu
que le retarder, elle s'imagina qu'il aurait été en son
pouvoir de l'empêcher, et regretta d'en avoir laissé
passer l'occasion. Les hommes d'État prussiens comprirent que sa mauvaise volonté leur apportait une
aide inespérée, la plus efficace ; car l'ingérence de
l'étranger ne peut que précipiter un peuple dans la
voie d'où elle prétend le détourner. On achève donc
de préparer la guerre, qui créera la nation parce
qu'elle sera nationale, on a le talent de se la faire déclarer, et bientôt l'union est cimentée sur les champs
de bataille.

* * *

Cette marche des événements a eu sur l'esprit des
Allemands deux conséquences très importantes pour
l'objet qui nous occupe ici : elle les a portés à s'inspirer en toute chose des souvenirs du passé plutôt
que de la préparation de l'avenir, et à ne reconnaître
que la force comme base légitime du droit politique.

Leur culte du passé date de la Révolution. Ils
étaient à ce moment dans leur grande période de
poussée littéraire. Leur langue, restée informe, et
délaissée pour la nôtre depuis plus d'un siècle par
toute la bonne société, se constituait sous les efforts
victorieux de Gœthe, Schiller et Lessing, et ces grands
écrivains leur apprenaient non seulement à parler,

mais aussi, par une conséquence naturelle, à penser en allemand. Si donc, dans l'état d'effervescence où les trouva la Révolution, ils se lancèrent d'enthousiasme dans ce grand mouvement, la passion qui les entraîna fut, suivant la remarque de M. Sorel [1], tout allemande.

Il leur parut que, pour eux, le premier des droits de l'homme c'était le droit d'être allemand, et que le patriotisme par excellence était celui qui consiste à aimer sa patrie. Ils recherchèrent cette patrie, ils recherchèrent leurs droits et leurs titres, et comme les derniers siècles avaient égaré ces titres, méconnu ou obscurci ces droits, ils remontèrent dans le passé, et s'en allèrent, en tâtonnant dans l'ombre, poursuivre jusque dans le moyen âge le fantôme de l'Allemagne..... La Révolution, qui consistait en France à briser avec le passé et à en ériger le mépris en principe, consista pour les Allemands à renouer les liens rompus depuis des siècles et à rétablir le culte des ancêtres.

Les Français démolissaient leurs bastilles et brûlaient leurs chartes; les Allemands restaurèrent leurs châteaux et rassemblèrent leurs archives..... Dépaysés, en quelque sorte, depuis des siècles, et devenus comme les colons de leur propre patrie, ils étaient contraints, pour se retrouver eux-mêmes, de revenir au passé. En les conviant à opérer une révolution nationale, on ne les appelait pas à anéantir les débris du moyen âge, on les entraînait, avant tout et par-dessus tout, à rompre pour toujours avec le dix-septième et le dix-huitième siècle français.

C'est à ces causes déjà lointaines qu'il faut remonter pour s'expliquer la passion que les Allemands nour-

---

[1] *L'Europe et la Révolution Française*, 1re partie : Les Mœurs politiques et les Traditions.

rissent pour un bric-à-brac romantique, depuis longtemps démodé partout ailleurs, mais que l'on retrouve dans toutes les manifestations de leur vie
nationale.

Avec ses tendances actuelles, l'Allemagne moderne n'a
rien d'une nation moderne... Ne sachant innover, ils ont
refait... Tout refaire à l'allemande est devenu la devise
des patriotes de l'école de M. Treitschke, sans que personne s'avisât de se demander si ce ne serait pas refaire
beaucoup de choses contre le sens commun... Faire à
l'allemande est synonyme de retourner au gothique, car
l'Allemagne proprement dite est restée gothique jusque
dans ses moelles... Étant en Europe la nation qui s'y est
le plus attardée, elle a fini par se persuader que le gothique est d'essence germanique, et le tient pour la portion
la plus précieuse de son patrimoine [1].

On s'en aperçoit aux premiers pas que l'on fait
dans les quartiers neufs de leurs villes : hantés par
les souvenirs du moyen âge, et aussi par une véritable obsession de donner l'impression de la puissance, leurs architectes ont mis des *Burg* partout :
maisons privées, hôtels de ville, palais, casernes,
gares, ce ne sont qu'ogives, tourelles, créneaux,
machicoulis. Si l'on pénètre dans une maison, on la
trouve meublée *stylmsäsig* « dans le style » (sous-
entendu : du moyen âge). Même transformation dans
les livres : les caractères d'imprimerie, aux fioritures
déjà si compliquées, se contournent encore davantage
pour revenir aux formes des vieux manuscrits, tandis
que les illustrations reprennent l'aspect des pre-

[1] *L'Alsace-Lorraine et l'Empire Germanique.*

mières gravures sur bois. La vignette de leurs billets
de banque semble due à un élève médiocre d'Albert
Dürer; les timbres-poste impériaux représentent
de vieilles armoiries, et l'un des premiers soins des
conquérants de l'Alsace-Lorraine a été de déterminer
son blason ainsi que ceux de toutes ses villes. La
langue se purifie en réagissant contre l'abus des
termes étrangers, ce qui est un bien; mais elle en
pousse le souci jusqu'à se singulariser et s'isoler à
force d'archaïsme, ce qui est un inconvénient. On
déclare la guerre même aux mots de ce jargon scientifique international, dérivé du grec, qui rend de si
grands services à tous les peuples; et jamais les écrivains allemands n'ont enfoui leurs pensées sous des
phrases plus longues et plus contournées, alors que
Schiller et Gœthe ont tant fait pour simplifier la construction allemande et projeter de la lumière dans ses
taillis broussailleux.

* *
*

Leur organisation politique porte l'empreinte des
mêmes préoccupations. Je ne parle pas des constitutions de certains petits États, qui n'ont aucune prétention au modernisme; les deux Mecklembourg, par
exemple, en sont encore au pur système féodal. Mais,
au moment de la création de l'empire, on avait l'occasion de réaliser quelque chose de moderne et de
logique. Or on peut se demander, avec Heimweh [1], s'il

---

[1] *Triple-Alliance et Alsace-Lorraine.*

existe quelque chose de plus hétéroclite, de plus incohérent, que la constitution impériale :

Un souverain héréditaire et absolu, choisissant à son gré chancelier et ministres, et, à côté de lui, un parlement élu par le suffrage universel, fait néanmoins pour obéir, et que le maître sait mater au besoin, quand l'affaire en vaut la peine ; en un mot, suivant l'heureuse expression du chancelier de Caprivi, un parlement, mais, Dieu merci, point de régime parlementaire !... Puis encore, sous le nom de Conseil fédéral, une assemblée d'ombres, délé- guées par des fantômes de souverains, qui ont l'air de gouverner des simulacres d'États avec des apparences de ministres et des semblants de semblants de parlements : espèce de décor historique placé derrière le trône impé- rial en manière de toile de fond.

Mais le côté le plus étrange de cet empire, à nos yeux de Français, c'est le mysticisme guerrier dont sont empreintes toutes ses institutions. Que les Alle- mands soient attachés, comme tous les autres hommes, chacun à sa religion ou à son irréligion, rien de mieux ; mais qu'ils s'imaginent sincèrement être le peuple élu de Dieu, ou, mieux encore, avoir un dieu spécial pour eux tous seuls, voilà qui nous passe. Et pourtant, il en est ainsi : Dieu est Dieu, et l'Empereur est son prophète !

Et quel prophète ! Dans ces derniers temps, la juris- prudence des tribunaux allemands s'est attachée à rendre sa personne sacrée, d'une manière « qui nous ramène, dit M. de Vollmar[1], aux récits de Tacite et de Suétone sur l'empire romain ».

---

[1] *Le Matin*, du 14 juin 1893

Condamné pour outrage à Sa Majesté, un paysan conservateur qui avait très innocemment appelé d'un nom familier le dos impérial, lors de la blessure reçue en 1878 par Guillaume Ier.

Condamné, un homme du peuple qui avait appliqué aux jeunes princes impériaux un nom équivalent à « marmots ».

Condamné, un socialiste qui était resté assis pendant un toast à l'empereur.

Condamné, un autre qui, dans une circonstance analogue, avait espéré esquiver la difficulté en sortant de la salle.

Condamné, un homme « parce qu'il avait déclaré mauvaise une loi, et que cette loi était signée de l'empereur ».

On est allé jusqu'à vouloir faire un procès à l'éditeur d'un journal qui avait consacré à Guillaume Ier une notice nécrologique peu flatteuse; la loi ne reconnaissait naturellement pas la possibilité d'offenser un souverain défunt, mais on s'appuya sur ce que « les qualités critiquées dans Guillaume Ier se rencontraient aussi chez Guillaume II », qui se trouvait donc « indirectement outragé » par les appréciations portées sur son grand-père !

Si j'avais à représenter le dieu des Allemands, dit joliment Heimweh [1], je lui donnerais l'aspect d'un roi de Prusse. Ce dieu appartient sûrement au parti militaire. L'armée se bat en son nom, et réciproquement il combat avec elle, selon la déclaration qu'en a faite au Reichstag

---

[1] *La question d'Alsace.*

le chancelier de l'empire (séance du 6 février 1888). Ce
dieu-soldat, qu'on mobilise avec l'armée, n'est pas notre
dieu... Notre dieu ne distingue pas entre les peuples; il est
impartial et international, jamais il n'a porté le casque.
C'est le dieu des exilés et des opprimés, des mission-
naires et des filles de charité, des pauvres et des esclaves.
Je ne serais pas surpris qu'il préférât les socialistes à
ceux qui les mettent hors la loi.

L'empereur est bien le représentant sur terre de
cette divinité casquée ; « aussi bien n'y a-t-il entre eux
de distance que celle de procureur à substitut ». C'est
avec une parfaite assurance qu'il invoque, en parlant
aux Alsaciens-Lorrains, tantôt les « arrêts de l'histoire », et tantôt les « décrets de la Providence » ; on
l'étonnerait fort en lui répondant que les arrêts de
l'histoire ne sont pas sans appel, et que les voies de
la Providence sont impénétrables, même pour lui.

Je ne sais trop comment Frédéric III, s'il eût vécu,
aurait joué ce rôle difficile de pape-général ; mais
Guillaume II s'en acquitte à merveille, suivant en cela
l'exemple de son aïeul. Nous sourions à l'idée de cet
empereur de trente ans qui, pendant ses traversées,
fait des loisirs à l'aumônier du bord, en composant
lui-même les sermons qui seront lus le dimanche à
son équipage, et qui termine par un « amen » plein
de componction son discours du trône au Reichstag
de 1893. Mais, lui, il est tout à sa mission d'En-Haut ;
et s'il regrette une chose, c'est de n'être pas, comme
le Tzar, chef d'Église et père spirituel de ses sujets.
Quant à ces derniers, ceux d'entre eux que leur noblesse autorise à frayer de près avec la divinité (car
Dieu porte certainement dans leur esprit la particule

von); ceux-là sont comme les évêques de l'empereur. De là, cette génération de généraux bénisseurs, dont le maréchal de Manteuffel fut un exemple si remarquable, et dont on ne saurait dire s'ils sont plus faits pour porter le casque ou la mitre.

Ils sont d'ailleurs fort logiques, les chefs du militarisme prussien, lorsqu'ils se posent en émanations de la divinité ; c'est le seul moyen qui leur reste pour soutenir un prestige auquel on commence à porter des coups violents. Ce fut un beau scandale, il y a une dizaine d'années, quand il se trouva un éditeur pour publier une brochure anonyme sur *les Privilèges des officiers;* réponses, répliques, contre-répliques formèrent bientôt une curieuse collection. Puis le silence se fit à nouveau, et les Allemands recommencèrent à apprendre le pas de parade et le maniement d'armes sous la direction si bénigne de leurs chefs inviolables. Car on sait que, devant leurs tribunaux, les offenses à l'armée sont un délit aussi élastique et, partant, aussi dangereux que les offenses à l'empereur, ce qui n'est pas peu dire. Témoin ce député d'Alsace, condamné pour avoir insinué qu'il arrivait à certains sous-officiers de se faire payer la goutte par leurs hommes ; témoin aussi, cette Société protectrice des animaux, condamnée en 1886 pour offenses à l'armée, parce qu'elle avait protesté contre des expériences de tir faites sur des chevaux vivants.

Mais les brutalités des sous-officiers, la morgue insolente des officiers, et aussi le poids toujours grossissant des dépenses militaires, ont fait leur œuvre. Maintenant, on discute ouvertement le militarisme, ou pour parler plus exactement, le caporalisme prussien. On conteste qu'il soit un fruit nécessaire du patriotisme, qu'il soit indispensable à la défense nationale. On demande que les officiers cessent de former une caste pourvue de privilèges exorbitants. On trouve mauvais qu'ils puissent molester à volonté les civils, en les faisant emprisonner s'ils regimbent, heureux quand ils ne les sabrent pas sans autre forme de procès. On ose enfin écrire que, sous le régime du service obligatoire, l'impôt du sang frappe, tout comme eux, ceux qu'ils dédaignent tant : « Depuis 1813, l'officier ne se distingue du civil que par ce fait qu'il porte l'uniforme royal pendant la paix, c'est à-dire quand aucun danger particulier n'y est attaché. Cela ne suffit pas [1] ».

La lutte est donc franchement engagée en Allemagne contre l'organisation féodale et guerrière dont les Hohenzollern ont donné à l'Europe le spectacle imprévu. A nous de la suivre avec vigilance, car il n'est pas impossible que l'empereur, aux abois, cherche un jour à sortir d'embarras en identifiant sur notre dos le sentiment national et le militarisme de droit divin.

Mais cette lutte n'en est qu'à ses débuts, et elle sera longue. Il est bien vrai que la majorité du peuple allemand n'a que peu de goût pour le caporalisme; mais il ne faut pas oublier que la moitié de la Prusse actuelle est façonnée à ce régime depuis

[1] Richard Reuter, *Was will das Volk?*

quelque deux siècles, et qu'au surplus il ne constitue qu'un cas particulier du retard que manifeste,
dans son ensemble, tout l'état politique de l'Allemagne : c'est un anachronisme au milieu de cent
autres. Sa destruction n'exigera pas moins qu'une
transformation générale des idées, en sens inverse
de celle qui vient de mettre un siècle à s'opérer.

*
* *

Les conditions qui ont présidé à la formation de
l'Allemagne ont eu pour second résultat, d'ailleurs
connexe du précédent, la restauration et l'affirmation
hautaine du droit du plus fort.

Il n'y a pas à s'en étonner. C'est la guerre qui
vient de faire l'unité allemande, si longtemps désirée ; c'est la crainte d'une nouvelle guerre, habilement entretenue par les gouvernants, qui en est le
principal ciment ; c'est donc la guerre qui, forcément, en constitue le droit à leurs yeux. Puisque
la Force vient de créer le Droit pour les Allemands,
il est naturel que, pour longtemps encore, ils ne
reconnaissent aucun droit là où n'est pas la force ;
le droit du plus fort, ou comme ils disent, « le droit
du poing » (*Faustrecht*), est le seul qu'ils puissent
admettre en matière internationale. Ce beau principe que « le Droit n'a pas plus besoin de sanction,
pour exister, que l'Honneur, la Politesse, la Morale [1] »,
ne saurait avoir pour eux d'autre valeur qu'une déclamation de songe-creux.

[1] A. Pillet, *Le droit de la guerre.*

Il suit de là que les arguments des Allemands, au sujet de la question alsacienne, peuvent se diviser en deux grandes catégories, selon qu'ils s'appuient sur des théories scientifiques, ou, tout uniment, sur le droit du plus fort.

Les premiers, fortement pénétrés d'ailleurs par les seconds, se rattachent à la tendance romantique dont je parlais plus haut, en ce sens qu'ils consistent à accommoder la science à la sauce moyen âge. Ils méconnaissent volontairement la marche de l'esprit humain vers une civilisation supérieure ; et je n'imagine pas qu'il existe pire hypocrisie que celle qui déshonore la science en l'opposant au droit et au progrès, et en faisant un instrument d'oppression de cette grande libératrice.

Quant aux raisons tirées du droit du plus fort, si elles ne sont guère plus recommandables en elles-mêmes, elles ont au moins le mérite de la franchise. Ce sont celles que nous allons passer en revue tout d'abord.

CHAPITRE II

La guerre et la paix dans l'avenir.

Les apôtres de la guerre. — L'humanité n'est pas immobile. — Deux façons de comprendre son évolution. — L'évolution de la guerre. — Le mouvement pacifique et l'initiative privée. — Le mouvement pacifique et les gouvernements. — L'avenir.

Le droit du plus fort présente encore, à nos yeux, une autre supériorité : il n'a pas un caractère définitif. *Heute mir, morgen dir*, dit un proverbe allemand : aujourd'hui moi, toi demain. Battus, nous avons payé la carte; mais vienne une nouvelle guerre, et les premiers d'hier pourront devenir les derniers.

Cette idée peut être une consolation, en même temps qu'un espoir. Mais la question est de savoir si cette alternance de victoires et de désastres, de conquêtes et de démembrements, est bien un idéal à proposer à l'humanité. Le maréchal de Moltke était de cet avis. Pour lui, la guerre était d'institution divine, et il lui a chanté de véritables hymnes, d'un lyrisme étonnant chez ce froid taciturne :

La paix perpétuelle est un rêve, mais n'est pas toujours un beau rêve. La guerre fait partie de l'ordre de choses établi par Dieu. Elle développe les plus nobles vertus de l'homme : le courage, l'abnégation, l'esprit de sacrifice. Le soldat fait fi de sa vie. Sans les guerres, le monde tomberait en pourriture et se perdrait dans le matérialisme.

Ainsi voilà qui est entendu. Dieu a décidé que, jusqu'au jugement dernier, les hommes se ruineront et s'égorgeront pour procurer au comte de Moltke et à ses descendants des grades, des titres et de riches dotations. Il n'est cependant point question de tout cela dans l'Évangile, ni dans l'Ancien Testament, où Isaïe, plus consolateur, prédit que « de leurs glaives, les peuples forgeront des hoyaux, et de leurs lances, ils feront des serpes ; une nation ne tirera plus l'épée contre une autre, et l'on n'apprendra plus la guerre ». Il faut donc croire que le maréchal aura bénéficié d'une révélation spéciale, dans laquelle le Dieu de charité aura fait amende honorable pour ses promesses passées.

De Moltke n'a point prêché dans le désert. Il a laissé une pléiade d'élèves, attentifs à propager la parole du maître. Dans les grandes occasions, ils procèdent à une véritable mobilisation générale, et donnent tous ensemble. C'est ainsi qu'à propos de la loi militaire de 1893, ils ont produit un nombre d'articles et de brochures véritablement inimaginable.

On peut citer, comme un des exemples les plus remarquables de ce genre d'écrits, la brochure : *La guerre et sa véritable signification pour l'État et le peuple,* du général Boguslawski. Je sais bien que nous avons affaire ici à un auteur militaire réputé, et qu'il prêche pour son saint, mais quel enthousiasme est le sien !

La guerre, ce puissant despote, cette force motrice primordiale, ne sera certes détrônée ni par la démocratie sociale, ni par le matérialisme, ni par les belles paroles touchantes des pacifiques; ils ne l'arracheront pas du gouvernail de l'histoire.

Si sa disparition est impossible, elle n'est pas davantage désirable :

Les maux de la guerre ne sont pas, à beaucoup près, les plus grands qui puissent frapper un peuple. Ces derniers, ce sont l'amollissement, la compression des nobles sentiments par l'esprit de lucre, le relâchement des mœurs... La guerre jouit d'une puissance démonstrative... Dans un choc entre peuples barbares, comme furent les Germains au début de l'ère chrétienne, et un peuple comme celui de Rome, la civilisation restera victorieuse tant qu'elle sera une véritable civilisation (!). La civilisation ne se prouve pas seulement par le développement du goût, du sentiment artistique et des sciences, mais aussi par ce fait que le peuple a conservé les principes de la force morale, qu'il ne mésuse pas des arts, et qu'il sait encore poursuivre en eux des buts nobles et purs...

Franchement, il serait bien dur d'être obligé de déchaîner de temps en temps une guerre générale, pour reconnaître le degré de pureté que conservent les tendances artistiques d'une nation. Les arts et les sciences jouent d'ailleurs dans cette argumentation un rôle considérable, mais bien singulier :

Eschyle aurait-il écrit *les Perses*, sans les guerres de

Perse ?... Les guerres de 1859 à 1877 ont fait faire les plus grands progrès à la chirurgie.

On est vraiment tenté de croire à une gageure ! Cependant, M. Moritz Adler [1] s'est donné la peine de faire observer au général que la peste de Milan a été superbement décrite par Manzoni, et que ce poëte a trouvé les accents les plus éloquents pour combattre la torture, mais qu'il est impossible de voir là-dedans la réhabilitation de la peste et de la torture ; « et, ajoute-t-il, que fera-t-on si, d'ici cinquante ans, il ne se trouve plus de *casus belli?* Comment la pauvre chirurgie fera-t-elle pour réaliser les « plus grands « progrès » ? Faudra-t-il instituer tous les dix ans, dans tous les pays, des manœuvres « pour de bon », avec cartouches à balle ? »

Il n'est pas tendre, le général. A propos d'une fantaisie de M. Karassovitch [2], décrivant les derniers moments d'un soldat tombé sur le champ de bataille, et se terminant par une plainte inachevée, il fait une moue méprisante : « On ne sait vraiment pas si la canaille est morte ou seulement évanouie ». Mon Dieu, je suppose que le général von Boguslawski n'est encore jamais mort sur un champ de bataille, puisqu'il écrit des brochures. Pour moi, cela ne m'est pas davantage arrivé ; mais il m'est impossible de traiter de canaille un pauvre diable qu'on a arraché de chez lui, sans même qu'il sache pourquoi, et qui meurt misérablement en donnant une dernière pensée

[1] *Die Waffen nieder*, année 1892, n° 12.
[2] *Ibid.*, n° 1.

à ceux qu'il aime, réduits désormais à pleurer devant une tombe vide.

Le plus curieux dans l'affaire, ce sont les hautes préoccupations moralisatrices de l'auteur et de ses congénères.

Pour M. von Boguslawski, la guerre est une sorte de cautérisation qu'il est parfois nécessaire d'appliquer sur les plaies d'une nation, ou du moins sur ce qu'il considère comme des plaies :

.Elle sert à modifier un état dont la continuation aurait causé des maux moraux bien plus grands que ceux qui résultent d'une guerre extérieure. La nature crée sans cesse des formes nouvelles; elle détermine une résurrection perpétuelle. La guerre est son outil; la semence féconde de la guerre tire une vie nouvelle de la destruction même. A leur point de vue, le vaincu et l'opprimé peuvent trouver leur sort pénible et injuste : la voix de l'histoire proclamera que la guerre n'a été que l'instrument de ces lois qui obligent l'humanité à se mouvoir, à ne pas se consumer dans l'immobilité.

Il est pourtant bon de ne pas oublier que, pour se battre, il faut être au moins deux. J'accorde que les Allemands ont été contre nous les exécuteurs des hautes-œuvres d'un dieu vengeur. Mais il leur en a coûté, et plus qu'on ne le croit généralement. Eux, le peuple pur, le peuple élu, avaient-ils donc également besoin de ces épreuves lustrales?

Nous attendons avec confiance ces théoriciens de la force, au jour, prédit par eux-mêmes, où les Russes retourneront contre eux leur argumentation. Alors, on appellera les Français au secours; nous verrons plus loin que cela se fait déjà. Mais, on pourra s'estimer heureux si les Français se contentent de rester à la galerie pour marquer les coups ; et les Allemands, n'étant pas les plus forts, auront vite cessé de proclamer le droit du plus fort. Si la plus grande vertu consiste, pour un peuple, à s'écarter le moins possible de l'état de nature, nous ne songeons pas à leur en disputer la palme. Nous nous contenterons de constater que les Russes la méritent encore mieux, qu'ils sont plus nombreux et se multiplient plus rapidement, et nous souhaiterons, dans l'intérêt même de l'Allemagne, qu'ils ne tardent pas trop à la régénérer.

*
* *

Heureusement, il est permis de douter que le culte sanglant prêché par de Moltke soit la religion de l'avenir. On admettra difficilement, comme il lui a été répondu, que les Huns aient été au point culminant de l'élévation morale, et que les Suisses soient un peuple tombé en pourriture ; qu'il faille honorer du nom d'idéalistes les hommes qui, pour satisfaire à leurs caprices et à leurs préjugés, envisagent froidement l'extermination de leurs semblables ; qu'enfin on doive flétrir, sous prétexte de « matérialisme », ceux dont tous les efforts tendent à diminuer le nombre des souffrances imposées à l'humanité par les conditions extérieures de ce monde. Aux apôtres de la guerre, on préférera notre glorieux maréchal Canrobert, écrivant au *Congrès de la paix* de 1890 : « J'ai fait la guerre toute ma vie ; vous avez raison de ne pas la vouloir : c'est une vilaine chose ».

Non seulement la Suisse, mais encore les États-Unis et les Pays Scandinaves nous offrent l'exemple de peuples qui se sont trempés, dans les travaux de la paix, au moins aussi fortement que les nations les plus guerrières. Et les inondations, les incendies, les épidémies et calamités de toute sorte, les explorations lointaines et tant d'autres circonstances offriront toujours à l'homme assez d'occasions de faire preuve de courage, de dévouement et d'abnégation, de faire fi de sa vie en respectant, que dis-je, en sauvant celle du voisin.

Je vois déjà ricaner les contempteurs du progrès humain. « Voilà donc, diront-ils, le fond de cette discussion. Toujours le vieux rêve de la paix perpétuelle ! Si c'est là tout ce que M. Patiens peut nous offrir de nouveau, la situation n'est pas près de changer. L'homme est aussi méchant qu'aux premiers temps, et, jusqu'à la consommation des temps, il restera aussi méchant. La guerre ne disparaîtra que le jour où la terre ne portera plus deux hommes. »

Eh non, je ne songe pas à proclamer le prochain avènement de la paix perpétuelle. Mais, si l'étude des lois naturelles nous montre qu'il y aura pendant bien longtemps encore des luttes à main armée, elle doit aussi nous inspirer un grand dédain pour les gens à courte vue qui déclarent l'humanité immobile, parce qu'ils ne l'ont pas vu changer du tout au tout pendant le court intervalle de quelques générations.

L'homme est aussi méchant qu'aux premiers temps ! Mais qu'appelez-vous les premiers temps ? La guerre de Troie ? la lutte des Hébreux contre les

Amalécites ? Ne savez-vous pas qu'à ces époques, qui nous semblent reculées, des centaines de siècles avaient été péniblement employées par l'homme pour passer de son animalité primitive à une civilisation rudimentaire ? Et, de même qu'il a fallu plus de génie et d'efforts patients pour imaginer les premiers outils en silex, pour apprendre à faire du feu ou à fabriquer une poterie informe, qu'il n'en faut aujourd'hui pour combiner quelque nouveau modèle de locomotive ou pour élever une construction gigantesque, de même les progrès intellectuels et moraux, insensibles au début, encore relativement lents aujourd'hui dans la masse, sont appelés à se continuer avec une vitesse sans cesse croissante.

*
* *

Deux auteurs, à quelques mois d'intervalle, viennent de développer contradictoirement les deux théories opposées que l'on peut professer sur cette question. Par une remarquable coïncidence, tous deux sont d'origine slave. L'un, M. Gumplowicz [1], est polonais ; professeur de sciences politiques à l'Université de Graz, il écrit en langue allemande, et l'on peut ajouter qu'il pense en allemand ; il professe le darwinisme simpliste, réduit à l'extermination des faibles par les forts, le mot extermination étant pris dans le même sens, qu'il s'agisse d'hommes ou de loups. Par une contradiction que je ne tenterai pas d'expliquer, ce prétendu évolutionniste pose en dogme, dans

---

[1] *La lutte des races.*

4.

toutes les parties de son ouvrage, l'immutabilité
absolue de l'homme !

En face de sa thèse décevante, nous trouvons le
beau livre que vient de publier, presque sous le
même titre, M. Novicow, un Russe qui écrit en français et pense à la française[1]. Celui-ci prend le transformisme pour ce qu'il est, c'est-à-dire pour une
hypothèse scientifique qui tend à devenir une loi positive. Mais cette hypothèse, il ne se contente pas d'en
considérer un cas particulier, en s'attachant à la lettre
des mots ; il en recherche l'esprit, il en étudie le mé-
canisme dans ses manifestations les plus complexes,
celles qui caractérisent l'évolution des sociétés ; il
nous montre enfin quels espaces immenses l'humanité a déjà parcourus, et de quels superbes horizons
elle se rapproche, sans cesse et toujours plus vite.

Ainsi conçue, la doctrine de l'évolution est un véritable culte ; et cette religion du progrès a sur toutes
les autres cette supériorité, qu'il suffit de la professer pour la rendre plus vraie : chaque homme
qui croit au progrès de l'humanité a fait accomplir à
l'humanité un progrès partiel.

Ce n'est pas que les Allemands nient tous, aussi
catégoriquement que M. Gumplovicz, la marche en
avant de l'humanité ; seulement, ils ont une manière
à eux de la concevoir : ils la réduisent à un piétine-
ment sur place.

Un Allemand est incapable de convenir qu'il ignore

---

[1] *Les luttes entre sociétés humaines et leurs phases succes-
sives.*

la destinée de l'univers : à quoi serviraient alors les systèmes métaphysiques? Il est donc croyant jusqu'au mysticisme, ou matérialiste renforcé. Et la plupart du temps, il est, sans s'en douter, les deux à la fois, et fait régir l'évolution des sociétés tantôt par les décrets de sa sombre Providence, et tantôt par les théories les moins orthodoxes. Comment la pauvre humanité, ballottée entre ces écueils, trouve-t-elle sa voie, c'est ce que nous ne saurions dire ; ces mélanges hétéroclites de doctrines ennemies passent les bornes de notre entendement ; nous nous contentons de noter les contradictions et leurs fâcheuses conséquences.

Ainsi, M. von Boguslawski prévoit la naissance de nouveaux principes politiques, sociaux et religieux, desquels surgiront, dit-il, des conflits impossibles à apprécier à l'avance. D'où il déduit que, pour écarter tous les *casus belli* de l'avenir, il faudrait que nous fussions assez avancés pour pouvoir considérer notre évolution comme terminée. Et comme cette dernière hypothèse est manifestement absurde, il conclut à la perpétuité de la guerre ; en sorte que la théorie de l'évolution, c'est-à-dire du changement continu, lui a servi à démontrer l'invariabilité d'un phénomène sociologique!

L'erreur est la même que celle de M. Gumplovicz. Il faut avoir une vue quelque peu simpliste de l'évolution de l'humanité, pour la restreindre à cette constatation que les croyances et les institutions passent par des états successifs. Les mœurs ne varient pas moins, contrairement à l'opinion de ces auteurs. Et, en outre, comment peut-on méconnaître que, si ces caractères fondamentaux des sociétés sont soumis à une variation continuelle, il faut en dire autant de la loi même de leur variation? On comprend cette inconséquence chez un Bossuet, qui explique toute l'histoire par une cause unique, le plan raisonné d'un dieu vigilant; on ne se l'explique pas chez des hommes qui se réclament de la science moderne.

Oui, l'humanité est dans un état de perpétuel devenir. Oui, les groupements dont elle se compose sont en lutte continuelle les uns contre les autres. Mais *les procédés de cette lutte se modifient en même temps que ceux qui la livrent;* c'est une plaisanterie que de se dire évolutionniste quand on ne conçoit la concurrence entre sociétés humaines qu'à coups de canon.

Si j'avais l'honneur d'être admis aux conseils de l'empereur d'Allemagne ou de quelque autre pasteur de peuples, je le supplierais de lire et de méditer l'ouvrage de M. Novikow, où sont exposés si magistralement les aspects successifs que revet la lutte entre les nations. J'ignore s'il serait en état d'en tirer un profit direct; tout au moins, pendant le temps qu'il consacrerait à cette lecture, il ne pourrait pas prendre quelqu'une de ces mesures, bonnes dans leurs intentions, avec lesquelles les gouvernements actuels font. sans s'en douter, le malheur des peuples. En tout cas, il vaudrait la peine d'essayer. Assurément, comme le dit M. Novikow : « tout sociologiste ne sera pas forcément un grand ministre; mais il ne suffira pas, non plus, d'ignorer la sociologie pour devenir un homme d'État remarquable ».

Depuis qu'ils existent, il est bien vrai que les
hommes n'ont pas cessé de se faire la guerre, et ils
ne le cesseront pas de sitôt. Mais il faut ajouter,
comme un complément indispensable, cette loi méconnue par les savants de l'école allemande : *la guerre
est un phénomène qui tend constamment à s'élargir, en
opposant les uns aux autres des groupes d'hommes de
plus en plus nombreux.*

Que nous montre en effet l'histoire ? Au début, sans
aucun doute, l'anarchie complète, la guerre à l'état
permanent entre les individus ; mais bientôt se forment des associations, d'abord temporaires et destinées à l'obtention d'un but déterminé, puis permanentes. Ces bandes luttent entre elles, et les plus
fortes absorbent les plus faibles ; ou encore, celles
qui sont à peu près équivalentes s'unissent volontairement, et la guerre porte désormais sur des tribus
opposées à d'autres tribus. Ensuite se forment les
cités de l'antiquité, et enfin, de groupement en groupement, les grandes nationalités actuelles. Aujour-
d'hui, la guerre d'individu à individu existe bien
encore, mais à l'état d'exception : les assassinats sont
qualifiés de crimes. Il en est de même des guerres
entre familles ou clans, que l'on voit subsister dans
plusieurs pays. Mais on n'imagine plus, en Europe,
la possibilité de guerres d'extermination entre cités
voisines, comme celles que se livrèrent Rome et Albe,
Athènes et Sparte. Même les provinces, dans nos

grands États, sont forcées de vivre en paix entre elles, ce qui eût semblé tout à fait invraisemblable il y a quatre ou cinq siècles ; une notion toute nouvelle, la guerre civile, ne nous inspire plus que de l'horreur.

* * *

Ce n'est pas tout ; dès maintenant, il est facile de reconnaître l'existence d'un mouvement puissant vers la constitution de groupements plus étendus que les États modernes. Pour le moment, cette tendance est encore plus forte chez les individus que chez les gouvernements. Les individus sont de moins en moins portés à admettre le point de vue antique, suivant lequel tout étranger est un être inférieur, un ennemi : chaque jour voit croître le nombre et la puissance des associations internationales qui ont en vue le développement du bien-être matériel ou l'amélioration morale et intellectuelle de l'humanité, et que favorise tant la facilité actuelle des communications.

Si l'on s'élève au-dessus de l'idée de politique, pour embrasser dans son ensemble l'état présent de l'humanité, on s'aperçoit que cette dernière peut se diviser en groupes dont quelques-uns comprennent plusieurs centaines de millions d'hommes. L'expression « civilisation européenne » (c'est-à-dire des peuples habitant l'Europe ou récemment issus d'Europe, comme les Américains), a un sens bien défini, comme celle de « civilisation chinoise ». Et il y a peut-être moins de différences spécifiques entre un Italien et un Yankee, qu'entre un Gascon et un Normand du moyen âge.

Aussi est-ce à pas de géant que nous voyons progresser partout le mouvement pacifique, institué en 1867 par la fondation de ligues internationales pour la paix et la liberté. Il suffira de rappeler ici quelques dates caractéristiques [1].

Lors de l'Exposition de 1878, un congrès universel des sociétés pour la paix se réunit à Paris, sous a présidence de MM. Adolphe Franck, de l'Institut, et Henry Richard, l'infatigable avocat de l'arbitrage, au Parlement anglais. M. Edmond Thiaudière y proposa de convoquer annuellement un Parlement international officieux, composé de députés des diverses nations, suivant une idée émise dès 1870 par le sénateur espagnol Marcoartu.

L'idée mit encore dix ans à aboutir. Le 31 octobre 1888, « journée historique », suivant le mot de M. Robert Gladstone, M. Cremer, de la Chambre des Communes, et M. Frédéric Passy, réunissent à Paris dix députés anglais et trente parlementaires français, dont MM. Jules Simon, Gaillard, Yves Guyot, Campbell, Burke. On résout de convoquer une conférence interparlementaire, à l'occasion de notre Exposition de l'année suivante.

Cette conférence se réunit en juin 1889; dix nations y sont représentées; on décide de tenir une session tous les ans. Pareille décision est prise par les socié-

---

[1] Voir l'article : *Le mouvement pacifique*, par A. Rieffel (*Figaro*, du 2 novembre 1892), à la collection de la revue *Die Waffen nieder*, et les ouvrages de MM. Dreyfus et Revon.

tés de paix, venues sur l'appel de MM. Charles Lemonnier, président de la *Ligue pour la Paix et la Liberté*, Frédéric Passy et Hodgson Pratt.

En 1890, douze nations sont représentées à Londres ; les délégués norvégiens sont officiellement venus aux frais de leur parlement ; les députés sont reçus par le lord-maire ; lord Herschell, ancien lord-chancelier d'Angleterre, préside la première séance.

En 1891, à Rome, les délégués représentent dix-huit nations, c'est-à-dire toute l'Europe et les États-Unis. Les séances sont présidées par M. Bianchieri, président de la Chambre italienne, et sont ouvertes par M. Bonghi, député, ancien ministre ; elles se tiennent au Capitole, où les parlementaires sont reçus par le duc de Sermoneta, syndic de Rome. Dès ce moment, les partisans de la paix ont presque la majorité dans les Chambres italiennes : 356 députés et sénateurs sont inscrits au *Comité pour la paix et l'arbitrage de la Chambre romaine*.

C'est dans cette session qu'est institué le Bureau international de la paix, qui siège maintenant en permanence à Berne.

En 1892, le congrès se réunit dans cette dernière ville. Deux puissances y adhèrent officiellement : le gouvernement norvégien, qui envoie une adresse d'encouragement, et le gouvernement suisse, qui prend la tête du mouvement. M. Ruchonnet, ancien président de la Confédération, ministre de la justice, conduit les travaux du congrès et accepte la présidence du bureau international ; M. Numa Droz, ministre des affaires étrangères, prononce le discours d'ouverture de la conférence, au palais fédéral :

L'histoire, dit-il, nous montre qu'aucun peuple, aucun
gouvernement, n'a impunément préféré les décisions de
la force à celles de la justice. Les œuvres qui ne doivent
leur existence qu'à la victoire de la force sur le droit, ne
prospèrent pas. Il en est d'elles comme si elles renfer-
maient des corps étrangers, entretenant la fièvre et l'in-
flammation dans le corps social... *Si vis pacem, para liber-
tatem et justitiam.*

M. Schenk, vice-président de la Confédération, prononce ces paroles pleines d'espoir :

Nous sommes heureux et fiers de recevoir les membres
des Parlements européens ; mais nous serons bien plus
heureux et bien plus fiers, le jour où les ministres de toutes
les nations, munis de pleins pouvoirs, viendront signer ici
un traité d'arbitrage permanent. Et ce jour viendra.

Enfin M. Ruchonnet, dans son discours de clôture,
dit :

On a tenu, relativement à l'esclavage, tous les raisonne-
ments qu'on tient aujourd'hui relativement à la guerre :
les plus grands écrivains de l'antiquité le considéraient
comme une chose nécessaire, comme une loi de la nature ;
et cependant l'esclavage a disparu du monde civilisé... Il
y a maintenant une force internationale agissant d'une
façon permanente... Si l'on consultait les citoyens de
n'importe quelle nation, combien répondraient : Oui, nous
voulons partir pour la guerre ?

La même année 1892, le Danemark entier s'associe
au mouvement. Le 21 novembre, le Folketing discutait
la motion du député Frédéric Bajer, invitant le gouvernement à conclure avec les puissances des traités

5

d'arbitrage permanent; le député C. Tomsen proposait une résolution moins générale, tendant simplement à recourir à l'arbitrage dans chaque cas particulier. C'est la motion Bajer qui est adoptée, par 35 voix contre 20; 44 députés étaient absents, en majorité membres du Congrès interparlementaire pour l'arbitrage, c'est-à-dire acquis aux idées de M. Bajer. Le 29 mars 1893, une députation des sociétés danoises pour la paix remet au roi Christian une adresse en faveur de l'arbitrage, portant plus de 240 000 signatures. Le roi répond qu'il partage ces aspirations, mais qu'il ne servirait à rien qu'il se mît à la tête de ce mouvement; que, toutefois, si une grande puissance en prenait l'initiative, elle serait certainement suivie du roi et du gouvernement danois.

J'entends dire, écrivait M. Jules Simon [1], que les esprits sérieux, les hommes graves, avec qui je vous prie de croire que je n'ai rien de commun, rient beaucoup de la Société française pour l'arbitrage entre nations.

Je n'en suis qu'à moitié surpris. Ils ne sont si sérieux que parce qu'ils ne sont jamais crédules. Pour eux, crédulité et naïveté, c'est tout un. Ils déclarent que ce qui n'est jamais arrivé n'arrivera jamais.

Quand on leur a parlé de chemins de fer, ils se sont demandé s'il ne fallait pas mettre l'inventeur à Charenton. Il fallait voir comme ils le prenaient avec Daguerre, quand il leur parlait de fixer sur un papier les images produites par le soleil. La turlutaine du télégraphe électrique a été un de leurs grands amusements. Ils se sont fâchés quand on leur a parlé du téléphone, parce qu'ils ont cru qu'on

---

[1] *Le Temps*, 30 mars 1892.

voulait se moquer d'eux. Je ne sais pas comment ils ont accueilli le vaccin, mais je le devine, rien qu'en me rappelant les débuts de Pasteur...

Pour moi, je ne crois pas que M. Frédéric Passy, en France, M. Hodgson Prat, en Angleterre, et M. Moneta, en Italie, vont réaliser demain la paix universelle. Non, en vérité, je ne le crois pas. Mais, d'abord, je m'efforce d'y croire ; je parviens quelquefois à m'en donner l'illusion ; je vois dans ma nuit des lueurs d'espérance ; je me dis que tout est possible, et que la paix universelle devient de plus en plus probable depuis les miracles opérés par la science...

Et, à propos d'une assemblée qui allait avoir lieu dans une des mairies de Paris, l'illustre philosophe énumérait les orateurs qui devaient prendre la parole en faveur de l'arbitrage :

On entendra MM. Trarieux et Labiche, tout simplement ; M. Trarieux, le grand avocat, qui est, avec M. Labiche, une des lumières du Sénat ; M. Richet, professeur à la Faculté de médecine ; M. Frédéric Passy, membre de l'Institut. Vraiment je ne vois pas ce qu'il faut aux hommes sérieux si de tels noms ne suffisent pas pour les faire réfléchir. Je n'ose pas ajouter mon propre nom, parce que je crains qu'il n'en vaille pas la peine. Mais je trouve sur les listes le nom de Duruy, celui d'Emilio Castelar, celui de Siegfried. Il faudrait en citer toute une kyrielle...

Il y a dans le monde deux ou trois hommes qui rendraient la guerre impossible si seulement ils s'inscrivaient sur les listes de M. Passy. Est-il possible qu'on ait un tel pouvoir et qu'on ne se hâte pas de s'en servir ? L'empereur ou le président ou le chancelier qui ferait cela éclipserait la gloire des Alexandre et des Annibal. Il serait plus grand que Christophe Colomb.

Eh bien, il semble que les associations pour la paix

et l'arbitrage soient en passe de ne plus inspirer tant de dédain aux gens graves. Je viens de rappeler leur surprenant développement et une partie de leurs succès acquis, et n'ai modéré cette énumération que par crainte de la rendre trop fastidieuse. On trouvera dans l'ouvrage de M. Revon [1] plus de détails sur l'intensité de ce mouvement et son action auprès des corps savants, de la presse et des parlements. Mais il faut encore mentionner quelques résultats récemment obtenus, qui naguère eussent été tenus pour utopiques.

En 1889, les deux généraux haïtiens Légitime et Hippolyte sont sur le point de déchaîner une nouvelle guerre civile sur leur malheureux pays. Des délégués de l'*Universal peace union* les décident à recourir à l'arbitrage du ministre des États-Unis.

Le 10 janvier 1890, le gouvernement de lord Salisbury signifie au Portugal un ultimatum aussi brutal qu'injuste. Trois sociétés anglaises, l'*International arbitration and peace association*, la *Peace society*, l'*Arbitration league*, prennent l'initiative d'une protestation, à laquelle se joignent seize sociétés allemandes, anglaises, danoises, françaises, italiennes et suisses, qui contribue à ramener l'Angleterre à plus de modération.

Vers la même époque, enfin, l'*Universal peace union* réussit à faire rétablir entre l'Angleterre et le Vénézuéla les relations interrompues depuis deux ans, parce que l'Angleterre, abusant de sa force, avait

---

[1] *L'arbitrage international. Son passé, son présent, son avenir.*

refusé de soumettre à un arbitrage une question de frontières.

« Les sociétés de la paix, dit à ce propos M. Revon, sont-elles toujours aussi ridicules, maintenant qu'elles font de l'histoire? »

⁂

Si jaloux que soient les États de conserver chacun sa vie propre, si habitués qu'ils soient à suivre aveuglément des minorités intéressées à perpétuer leurs dissentiments, ils ont dû se plier à la tendance, désormais invincible, qui pousse les hommes à se donner la main par-dessus les frontières.

On vient de voir que, dans certains cas particuliers, la pression de l'opinion a suffi à faire abandonner les anciens procédés de politique violente. Mais il y a mieux, car cette tendance a prévalu déjà dans nombre d'arrangements permanents, constituant comme l'embryon de la législation commune que reconnaîtront un jour des associations humaines plus importantes que les États actuels.

On peut citer entre autres, dans cet ordre d'idées, les conventions relatives à l'abolition de l'esclavage et à la répression de la traite; les nombreuses conventions maritimes, sur la liberté des mers, la prévention des accidents, et la protection des câbles sous-marins; la convention sur les transports internationaux par chemins de fer, l'union postale universelle; la généralisation du système métrique, l'institution du bureau international des poids et mesures de Paris, et de ceux de Berne pour les télé-

graphes, et les chemins de fer; les conventions
sanitaires; les traités d'extradition, et tant d'autres [1]. Même dans le cas extrême où tous les traités
sont déchirés, où l'on n'a en vue que la ruine d'une
autre puissance, pour le cas de guerre, la convention
de Genève, les déclarations de Bruxelles et de Saint-
Pétersbourg sont reconnues et respectées de tous les
peuples civilisés.

La plus ancienne de ces lois internationales n'est
pas vieille d'un demi-siècle, et déjà l'on conçoit à
peine qu'il soit possible de s'en passer. Quand, en si
peu de temps, on s'est entendu sur tant de points, on
est bien près de s'entendre sur beaucoup d'autres,
sur tous ceux qui sont d'un intérêt général. Il faut
donc fermer les yeux à l'évidence pour ne pas reconnaître que nous marchons rapidement vers un état
supérieur qui laissera subsister des différences de législation intérieure, aussi bien que de langage et de
coutumes, entre peuples différents et même dans le
sein d'un même peuple, mais qui les unira sur les
grandes questions de principes, et où leurs litiges
seront soumis à des tribunaux d'arbitrage.

Je m'écarterais par trop de mon sujet en insistant
ici sur cette question de l'arbitrage international, si
peu comprise encore de la grande masse du public.
Je renverrai, en ce qui la concerne, aux deux remarquables études que lui ont consacrées l'an dernier
M. Ferdinand Dreyfus et M. Michel Revon, et qui
toutes deux ont été couronnées par l'Institut, ainsi

[1] Voir à ce sujet l'ouvrage de M. Ferdinand Dreyfus sur
l'Arbitrage international.

qu'à la revue *Die Waffen nieder*. Il me suffira de constater les progrès de géant que fait cette question, décisive pour l'humanité.

De 1794 à 1848, M. Dreyfus relève 9 arbitrages importants ; 15, de 1848 à 1870 ; 14, de 1870 à 1880 ; 20, de 1880 à 1891. En rapportant ces nombres à des périodes de dix ans, on verra qu'ils correspondent aux nombres suivants : 1,7 ; 6,8 ; 14 ; 18,2, une progression vraiment admirable ! Il y a peu de temps, l'affaire de l'Alabama, celle des Carolines, celle des pêcheries de Behring, auraient infailliblement amené la guerre. Aujourd'hui, les arbitrages spéciaux ne suffisent déjà plus, et l'idée des traités d'arbitrages permanents, plate-forme des diverses sociétés pour la paix, force l'attention des hommes d'État [1].

Plusieurs conventions internationales, notamment celle qui a fondé l'union postale universelle, renferment déjà une clause par laquelle les puissances contractantes s'engagent à recourir à un arbitrage, en cas de difficulté.

Ce sont les États-Unis qui ont montré la voie à l'humanité. L'histoire considérera un jour comme un événement capital la conférence qui se tint à Washington, à partir du 2 octobre 1889, pour aboutir au traité d'arbitrage permanent du 18 avril 1870, par lequel

---

[1] Par exemple lord Salisbury. En 1887, il déclarait au marquis de Bristol que l'arbitrage est incompatible avec l'*état d'esprit* des nations civilisées. Le 18 mai 1892, il prononçait, à Hastings, les paroles suivantes : « La civilisation a substitué les décisions des tribunaux aux duels entre particuliers et aux luttes entre seigneurs. Les guerres internationales sont de même appelées à disparaître devant les conseils d'arbitrage d'une civilisation plus avancée ».

les diverses puissances américaines déclarent que l'arbitrage est la règle de leur droit public, et que le principe de conquête est contraire à ce droit.

Ce traité fut notifié par les États-Unis à tous les États de l'Europe, auxquels une clause spéciale réserve la faculté d'y adhérer par une simple déclaration. On a vu que le parlement et le gouvernement danois sont acquis d'avance à toute proposition de ce genre. Je me contenterai de citer encore une date destinée à faire époque. Le 16 juin 1893, la Chambre des Communes a adopté à l'unanimité, après un éloquent discours de M. Gladstone contre le militarisme, une motion de M. Cremer portant que « la Chambre a appris avec satisfaction que le Congrès américain a chargé le président de la République de proposer aux autres gouvernements de soumettre leurs différends éventuels à un tribunal arbitral. La Chambre compte sur la coopération empressée du gouvernement anglais[1] ».

* *
*

En résumé, les groupes dans lesquels l'état anarchique primitif a cédé la place à ce qu'on appelle depuis Kant l'état juridique, sont allés sans cesse en croissant, depuis l'époque où l'état de guerre était permanent d'individu à individu. Aujourd'hui, l'Europe est divisée en deux douzaines de pays, dans chacun desquels les habitants jouissent de l'état juridique, mais qui en sont encore à l'état d'anarchie en ce

---

[1] *Die Waffen nieder*, nᵒ 7 de 1893.

qui concerne leurs relations réciproques; et encore cette anarchie commence-t-elle à être tempérée par des conventions internationales dont certaines semblent déjà ne plus pouvoir être violées.

Comment qualifier ceux qui s'imaginent que l'évolution de l'humanité s'est brusquement arrêtée en l'an de grâce 1893 ?

C'est heureusement une loi, inéluctable, que les hommes continueront à se constituer en sociétés de plus en plus nombreuses, juridiquement organisées, c'est-à-dire regardant comme une chose impie toute lutte à main armée entreprise dans leur sein, et interdisant aux groupes, aussi bien qu'aux hommes isolés, de se faire justice à eux-mêmes. Les États de l'Europe occidentale, par exemple, se confédéreront pour se défendre peut-être contre le monde slave, jusqu'à ce qu'ils s'unissent à lui contre les Chinois; et, d'extension en extension, il faudra bien que la guerre disparaisse, car il n'est pas à supposer qu'on arrive jamais à la faire aux habitants de Mars ou de Vénus.

En attendant, il y aura certainement encore des guerres dans l'intérieur de la République occidentale, comme il se commet des crimes au sein des populations les plus policées. Aussi bien la pathologie mentale reconnaît-elle des aberrations collectives, à côté des aberrations individuelles. Mais ce seront des commotions sans lendemain, comme la guerre sanglante soutenue, il y a cent ans, par la Vendée contre la France, et la guerre de Sécession, une des plus acharnées qui se soient vues; ces perturbations momentanées n'empêchent pas la France et les États-Unis d'en être à l'état juridique ; elles ont été les dernières ou avant-dernières convulsions qui ont marqué dans ces pays la fin de l'état anarchique. Et il est bon d'ajouter, pour rectifier les idées d'un grand nombre de nos compatriotes, qu'il faut en dire autant de l'Allemagne, où la guerre civile de 1866 ne semble pas devoir être jamais renouvelée.

Tout cela s'écarte beaucoup des opinions du maréchal de Moltke. Mais, si grand chef d'état-major qu'il ait été, ce n'est pas à un hobereau prussien, serviteur aveugle d'un Dieu et d'un roi également batailleurs, que les hommes demanderont conseil, quand ils auront secoué le joug des vieux mensonges, et qu'ils suivront à l'égard des « mange peuples », le conseil de La Boétie :

Soiés résolus de ne servir plus, et vous voilà libres. Je ne veux pas que vous le poussiés ou l'ébransliés, mais seulement ne le soustenés plus, et vous le verrés, comme un grand colosse à qui on a desrobé la base, de son pois mesme fondre en bas et se rompre.

Tout porte à croire que, tout au moins dans l'Europe occidentale, ce jour est prochain. La troisième République française, instruite par les dures leçons du passé, a renoncé à faire du prosélytisme. Elle s'est contentée de prêcher d'exemple, et quelles que soient les calomnies intéressées que l'on ne cesse de répandre sur elle, cet exemple n'est pas perdu.

M. Busch, l'historiographe bien connu du comte de Bismarck, raconte sans sourciller que, pendant la campagne de 1870, le comte Bohlen, voyant la majeure partie des hommes et des chevaux de sa batterie mis hors de combat, s'écria : « Un joli combat, n'est-ce pas [1] ? » Libre à la bonne noblesse du roi de Prusse, de considérer la guerre comme un sport tout particulièrement distingué. Les peuples, eux, tendent de plus en plus à donner raison à Victor Hugo, disant : « Les sublimes égorgeurs d'hommes ont fait leur temps... La chair à canon pense. Elle se ravise, et la voici qui perd l'admiration d'être canonnée ». Les peuples apprendront à discerner quels sont leurs véritables amis. Ils s'associeront à l'hommage que rendait, en 1889, le Congrès universel de la paix, à la mémoire de quelques-uns des plus grands parmi ceux qui ne sont plus :

Les cent sociétés représentées au Congrès, se souvenant des éminents services rendus à la cause de l'humanité par John Bright, H. Richard, Jean Dollfus, J.-B. Godin, Leone Levi, Émile Beaussire, déclarent saluer respectueusement la mémoire de ces hommes qui n'ont jamais transigé avec leurs opinions.

Quand les peuples affirmeront nettement aux mange-peuples qu'ils ne veulent plus être mangés, on verra si la guerre est d'institution divine !

[1] Moritz Busch, *Bismarck und Seine Leute während des Krieges mit Frankreich*

CHAPITRE III

Le nouveau Fléau de Dieu.

Le châtiment dû à la corruption française. — L'Allemagne, Guillaume Iᵉʳ et de Moltke en 1840. — Les origines de la guerre de 1870. — Aveux de M. de Bismarck. — Une guerre préventive. — Le gouvernement général d' « Alsace ». — Propositions de désarmement faites par la France, notamment en 1870. — Morale.

Que la guerre soit un bienfait des dieux ou la honte de l'humanité, elle existe aujourd'hui, et ce n'est pas sur un âge meilleur, entrevu dans le lointain, que nous devons raisonner, mais sur la situation présente.

C'est déjà un signe du temps, et un sacrifice bien involontaire à l'idée de liberté, que l'Allemagne sente le besoin de légitimer sa conquête aux yeux de l'Europe. Quand Frédéric II s'empara de la Silésie, en pleine paix, ou qu'il se tailla sa part dans la Pologne, il ne prit pas tant de peine, bien que roi-philosophe. Comme il l'a dit lui-même dans l'*Anti-Machiavel* : « Quand les princes veulent la guerre, ils la commencent, et font venir ensuite un juriste laborieux qui prouve qu'ils avaient raison ». M. de Bismarck doit être du même avis.

Personne n'ignore qu'aux yeux de nos pieux voisins la guerre de 1870 n'a été qu'un céleste châtiment de nos iniquités. L'argument commençait à vieillir quelque peu, mais on vient de voir que le général von Boguslawski a cherché à le rajeunir, en lui apportant le secours des théories les plus modernes, convenablement défigurées dans cette intention sainte. Il est inutile d'insister sur ces pauvretés; il suffit de noter les amusantes fluctuations par lesquelles passe l'idée que se font les Allemands de notre valeur morale.

On sait s'ils sont enclins à morigéner leurs voisins, et s'ils se privent de ce plaisir, en ce qui nous concerne. Seulement, toute médaille a son revers, et il peut être désavantageux d'être le peuple des bonnes mœurs, élu de Dieu. Si notre moral était si bas, que pouvait bien valoir notre armée? Et alors, quel mérite y a-t-il à nous avoir battus? Encore cela n'est-il qu'une question d'amour-propre rétrospectif; mais sous quel prétexte demander au Reichstag sacrifices sur sacrifices, en présence d'un adversaire aussi méprisable?

De là, deux courants opposés, bien intéressants à étudier, qui se produisent chaque fois qu'une grande question militaire est en jeu. Déclarer que nous sommes gangrénés jusqu'aux moelles, et prémunir le peuple allemand contre l'infection démocratique et le goût du travail pacifique, causes de tout le mal; lui exposer que notre armée est néanmoins très redoutable, c'est-à-dire que nous retrouvons toute notre force morale pendant tout le temps que chacun de

nous est revêtu d'un pantalon rouge ; lui prêcher que
Dieu est avec les purs et les puissants, contre les
corrompus et les faibles, et en même temps le faire
trembler pour un empire couvert par une telle protection ; voilà une tâche compliquée, s'il en fut.

Aussi plus d'un Allemand, pris entre ces feux croisés
de contradictions, commence-t-il à penser que toutes
les parties du tableau ont été intentionnellement
poussées au noir ; que nous ne sommes ni plus ni
moins corrompus que d'autres, ni plus ni moins désireux de vivre en paix ; qu'enfin, il n'y a pas lieu de tant
mépriser les mœurs et les institutions qui ont si rapidement effacé les traces d'une défaite sans précédent.

*
* *

Mais il y a une autre raison pour laquelle on a appris
au peuple allemand que nous avions mérité un châtiment ; c'est qu'en 1870 nous nous sommes, paraît-il,
livrés contre l'Allemagne à une agression injuste et
préméditée. Là, il vaut la peine de discuter, d'autant
qu'il s'agit de questions de fait, et non d'appréciation.

Que le peuple français se soit laissé tromper en
1870, et qu'on ait provoqué chez lui une explosion de
chauvinisme, cela n'est pas contestable. Mais, par
contre, il est juste de reconnaître tout ce que ce mouvement avait de factice, et d'en rechercher les véritables causes, qui étaient en Allemagne. Des intrigues
et des impostures qui ont eu de si terribles conséquences doivent être dénoncées et flagellées sans
trêve. Les hommes apprendront ainsi à en déjouer
d'analogues.

Il y a tout à la fois une consolation et un espoir à constater que, si obstinément qu'on la dissimule, la vérité vengeresse finit par se faire jour et par s'imposer à tous. A force de répéter que les Français ont attaqué gratuitement l'Allemagne et ne cessent de conspirer sa perte, on a fini par le faire croire aux autres peuples. Aujourd'hui, cette légende commence à être terriblement démodée ; bientôt les petits enfants n'en voudront plus.

Qu'on ouvre au hasard un journal ou un livre allemand du milieu de ce siècle, c'est-à-dire d'une époque où les artistes et les littérateurs français étaient atteints d'une véritable germanomanie, sous couleur de romantisme ; ce sera miracle si l'on n'y trouve pas un amoncellement de déclamations et de provocations à notre adresse. La science rapporte toutes ses recherches au triomphe politique du germanisme. Au milieu de la paix la plus profonde, des poètes médiocres, dont aucune autre œuvre n'a survécu, se taillent un succès facile dans la défroque de Kœrner et d'Arndt, qui du moins écrivaient en pleine invasion étrangère. Le *Rhin allemand*, de l'obscur Nicolas Becker, date de 1840. A la même époque, le non moins inconnu Max Schnekenburger écrivait cette fameuse *Wacht am Rhein* qui servit de chant national en 1870; mis en musique par Karl Wilhelm, son poème fut chanté en 1854, par un chœur de cent hommes, aux noces d'argent du prince royal, le futur Guillaume I[er][1].

Le choix de cet épithalame paraîtra singulier en

---

[1] Robert Kœnig, *Deutsche Litteraturgeschichte*.

France. Il était tout naturel à Berlin ; on savait à qui on l'adressait.

Les idées que nourrissait, dès cette époque, le prince royal, ont une grande importance pour nous, de même que celles de son entourage. S'il est permis, en effet, aux Allemands de récuser les déclamations belliqueuses de professeurs trop savants ou de poètes chauvins, il leur est moins facile de renier ceux qui, plus tard, dirigèrent leurs destinées et forgèrent leur unité.

Or, à l'époque même où Becker écrivait son *Rhin allemand,* le futur empereur Guillaume I*er* n'avait pas pour l'imiter l'excuse de l'extrême jeunesse, puisqu'on vient de voir qu'il n'était pas loin de fêter ses noces d'argent. Il était exactement âgé de quarante-trois ans en 1840, alors qu'il revendiquait pour l'Allemagne les Vosges *et les Ardennes,* dans une poésie intitulée le *Haut-Rhin,* dont je me contenterai de reproduire la fin vraiment caractéristique, l'ensemble du morceau étant d'une pauvreté littéraire par trop royale :

..... Peuple des Vosges et des Ardennes !
Nous voulons te délivrer du joug de l'étranger,
Ecoute donc l'appel des Allemands unis !
Aie honte de l'esclavage dont les Francs t'oppriment ;
Mais si tu ne nous écoutes pas, si tu n'as pas honte d'être
[esclave,
Nous saurons te contraindre à remplir ton devoir de fils
[de la patrie,
Afin qu'un jour tes enfants soient de vrais Allemands
Et remercient les conquérants de leurs pères.

Oui, nous l'aurons, le vieux Rhin allemand.
Ce n'est qu'alors que l'épée de l'Allemagne pourra rentrer
[dans le fourreau [1].

Par une remarquable coïncidence, dès l'année suivante, le futur maréchal de Moltke, plus jeune de
trois ans seulement que son maître, exprimait les
mêmes idées dans les mêmes termes, aux hexamètres
près, la poésie n'étant guère son fait. C'est en effet
en 1841 qu'il écrivait ce qui suit dans la *Revue tri-
mestrielle allemande :*

Nous avons à exiger de la France ce qu'elle nous a
arraché au mépris du droit. La France, au contraire, n'a
rien à exiger de nous, ni un village, ni un arbre. Comme
Arndt l'a si bien et si brièvement dit, le Rhin est un fleuve
et non une frontière de l'Allemagne.

En droit historique, tout ce que la France a gagné,
depuis le treizième siècle, sur sa frontière orientale,
constitue un vol à l'égard de l'Allemagne ; tous les pays
bourguignons et lorrains sont notre ancienne propriété,
injustement dérobée. Nous aurions bien plus encore à
réclamer pour la frontière de la langue.

Au point de vue national, les frontières naturelles des
nations sont marquées par la langue ; donc, tout le Rhin
nous appartient, sur toute la rive droite comme sur toute
la rive gauche. Donc, la France ne saurait nous réclamer
la rive gauche du Rhin ; c'est à nous à lui réclamer
l'Alsace et la Lorraine ; mais les traités donnent pour
limite à la France ces territoires de la rive gauche du
Rhin.

---

[1] Cette poésie a été reproduite en entier dans le *Figaro*, du
19 novembre 1892 ; elle est extraite de l'ouvrage de M. Schmitz
sur *l'Empereur Guillaume Ier et son intervention littéraire dans
les questions importantes et décisives de son temps.*

Si la France ne reconnaissait plus ces traités de 1814 et 1815, qui forment son unique droit à la propriété d'un territoire autrefois volé à l'Allemagne, et qui lui assurent cette propriété, nous devrions nous unir tous, ne jamais consentir à une nouvelle paix en prenant ces traités pour base, et ne remettre l'épée au fourreau que quand tout notre droit sera exercé, quand la France aura payé toute sa dette.

*
* *

Ainsi notre spoliation était préméditée depuis longtemps par le gouvernement prussien ; les témoignages de Guillaume Ier et de Moltke ne sont pas de ceux dont on puisse contester l'autorité, et c'est pourquoi je me suis contenté de citer ces deux-là.

Mais il fallait que la guerre apparût comme défensive, si l'on ne voulait être réduit à la seule armée prussienne. M. de Bismarck connaissait bien ses compatriotes, quand il disait au Reichstag, le 7 février 1888[1] :

La situation géographique et la cohésion de la nation allemande sont moindres peut-être, jusqu'ici, que celles des autres peuples ; nous sommes exposés plus que tout autre à craindre des coalitions. Dieu nous a donné des voisins qui nous empêchent de nous adonner à la paresse. Il nous a opposé la nation la plus guerrière et la plus remuante, les Français, et il permet qu'en Russie se produisent de grands penchants belliqueux qui n'existaient pas antérieurement. Les brochets nous empêchent de devenir des carpes (*Bruyante hilarité*) ; ils nous forcent à faire des efforts que nous ne ferions pas autrement, et à

---

[1] Le *Temps*, du 8 février 1888.

conclure une union entre nous, Allemands, ce qui est
contraire à notre nature intime (*Hilarité*). Mais la presse
française et la presse russe augmenteront, je l'espère,
notre cohésion, de façon à nous rendre indestructibles, ce
qui nous manquait jusqu'ici. Nous voulons donc nous
faire si forts que les brochets ne feront que nous ragail-
lardir (*Bruyante hilarité*).

On sait comment le prince de Bismarck s'y prit
pour unir les Allemands, « contrairement à leur
nature intime ». Il commença par réveiller la haine
de l'ennemi héréditaire, en compromettant irrémédia-
tement la France ; pour cela, il berna Napoléon III de
l'offre tantôt de la Belgique et tantôt de la rive
gauche allemande du Rhin, pour prix de sa neutralité
pendant la guerre d'Autriche ; puis, après la victoire
foudroyante de la Prusse, il fit connaître non ses
offres, mais la réponse de l'empereur, métamorphosée
ainsi en une véritable provocation.

Cela fait, il suscita la question du Luxembourg,
bientôt réglée, et enfin la candidature d'un Hohenzollern au trône d'Espagne. Il est probable — l'aventure
du roi Amédée en a fait foi depuis — que ce prince
étranger n'aurait pas régné longtemps sur un peuple
aussi justement fier de sa nationalité que le peuple
espagnol ; mais on ne pouvait escompter un dénouement de ce genre, et cette véritable reconstitution de
l'empire de Charles-Quint devait sembler intolérable
à la France [1].

L'occasion était unique. Le trône de Napoléon chan-

---

[1] Sur toute cette période, voir les ouvrages de M. Rothan,
ou le petit livre de M. de Larivière, qui en donne la substance.

celait visiblement ; de Moltke affirmait que « jamais la Prusse n'avait disposé d'un instrument meilleur » que son armée d'alors, et que la nôtre était incapable d'en supporter le choc. Alors Bismarck juge que le moment est venu de précipiter les événements ; et comme l'affaire du trône d'Espagne menace encore de s'arranger, il imagine, pour brouiller à mort deux peuples faits pour s'entendre, l'expédient infâme de la dépêche d'Ems. Suivant le joli mot de Heimweh : « Il fallait que la France commençât la guerre ; avec l'aide de Dieu et du télégraphe, on y a pourvu [1]. »

*
* *

L'histoire de cette audacieuse falsification est depuis longtemps tirée au clair, pour qui sait lire et comparer des textes. M. Rothan, dans son étude des origines de la guerre de 1870, M. Albert Sorel, dans son *Histoire diplomatique de la guerre franco-allemande*, avaient nettement établi les responsabilités. On pourra récuser les témoignages d'historiens français ; mais il est facile d'en trouver en Allemagne même, et quels témoignages ! Dès le 14 avril 1874, le maréchal de Moltke laissait entrevoir la vérité, en disant au Reichstag : « Si l'Allemagne avait su faire plus tôt et paisiblement son unité, il est extrêmement probable que la guerre avec la France n'eût pas éclaté ». Quant à M. de Bismarck, il y a longtemps que son secrétaire intime, le fidèle Moritz Busch, a dévoilé sa ténébreuse machination de 1870. On en lit

---

[1] *Triple-Alliance et Alsace-Lorraine.*

en effet le récit suivant, dans l'ouvrage que M. Busch a consacré à la gloire de son maître, sous le titre de *Notre chancelier impérial* :

Le chancelier reçut sur les incidents d'Ems, par l'intermédiaire du conseiller Abeken, de l'entourage du roi, une communication détaillée télégraphique, accompagnée de l'autorisation royale d'en publier le contenu. Au moment où la dépêche arriva, les comtes de Moltke et de Roon se trouvaient à dîner chez M. de Bismarck, qui leur lut la dépêche. De cette lecture, les deux généraux reçurent l'impression que la situation était pacifique. Le chancelier répliqua que « cela dépendrait beaucoup du ton et du contenu de la publication qu'il était autorisé à en faire ». Alors, en présence de ses deux convives, il en fit un extrait au moyen de suppressions, mais sans y mettre du sien. Cet extrait fut aussitôt envoyé à toutes les ambassades de Prusse et aux journaux.

Le récit de M. Busch était un aveu indirect de M. de Bismarck. Mais il ne put rien contre la légende.

La *Deutsche Revue* [1] n'eut guère plus de succès, quand elle refit la même narration, cette fois d'après la correspondance posthume du général von Roon, le ministre de la guerre prussien de 1870 ; elle n'arriva qu'à soulever un beau scandale en Allemagne et à faire traiter de faussaires les héritiers du général.

Pour rompre le charme et faire éclater la vérité, il fallut un de ces accès de colère sénile auxquels le prince de Bismarck nous a habitués depuis sa chute. Tout le monde se souvient des conversations qu'il fit publier au commencement de novembre 1892, pour

---

[1] 9ᵉ livraison de 1891.

établir que lui seul, et non Guillaume Ier, était le
véritable artisan de l'unité allemande : pour preuve,
il rappelait l'épisode de la dépêche d'Ems, qui força
la main au roi, et revendiquait d'ailleurs hautement
la responsabilité de la guerre, en faisant insister sur
ces points par son journal dévoué, les *Hamburger
Nachrichten,* qui émit le jugement suivant [1] :

M. de Bismarck, en modifiant la fameuse dépêche d'Ems,
contraignant ainsi la France à prendre l'initiative et à endosser la responsabilité de la guerre de 1870, mérita bien
de la patrie. Si l'on avait agi autrement, la guerre n'aurait
pas eu lieu, l'Allemagne aurait été dans la situation humiliante d'avoir été provoquée et insultée par la France et
d'avoir reculé; cela aurait été un second Olmütz. La guerre
était indispensable pour fonder l'unité allemande. Si l'on
avait laissé échapper cette occasion, on aurait été obligé
de trouver un autre prétexte moins adroit peut-être, qui
aurait aliéné à l'Allemagne les sympathies de l'Europe.
La guerre de 1870 fut entreprise pour éviter l'humiliation
d'une paix imposée et pour empêcher l'avortement de
l'unité allemande qui devait être glorieusement conquise
par les combats de tous les peuples allemands contre l'ennemi héréditaire. Si M. de Bismarck avait préféré une paix
boiteuse, laissant subsister la Ligue du Mein, la jeune
fleur de la Confédération de l'Allemagne du Nord se serait
probablement flétrie et n'aurait pas donné comme fruit
l'unité impériale.

Cette fois enfin la France avait atteint le premier
des buts qu'elle poursuit, confiante dans la puissance
du droit : les yeux les plus prévenus contre elle s'ou-
vrirent à la vérité. Dans la presse allemande, ce fut

---

[1] Voir le *Temps,* du 15 novembre 1892.

un véritable atterrement; à l'étranger, une condamnation sans appel. On peut citer, comme caractéristiques, les jugements suivants, reproduits par le
Temps, du 18 novembre 1892 :

La *Germania* s'occupe des révélations faites par le prince
Bismarck au sujet de la genèse de la fameuse dépêche
d'Ems. Cet article est intitulé : « Pauvre Allemagne ! » La
feuille allemande déclare que tout Allemand sentira une
rougeur de honte quand il constatera, à la suite du témoignage de l'ancien chancelier lui-même, que l'Allemagne a
été indignement trompée au sujet de la cause de la guerre
de 1870, guerre que M. de Bismarck a non seulement
désirée, mais qu'il a amenée par tous les moyens :

« Les bons Allemands, dit la *Germania*, sont allés se
battre animés de la conviction qu'il s'agissait d'une guerre
sainte de défense patriotique contre une attaque frivole
et injustifiée des Français, et qu'ils défendaient l'honneur
du roi Guillaume grossièrement insulté par la France. Et
tous ces bons Allemands n'étaient que des marionnettes
dans la main de l'homme de fer et de sang, dont la politique n'admettait aucun frein moral, dont les calculs pouvaient parfaitement être démentis par les événements et
dont la manière d'agir était absolument contraire aux
principes qu'il a plus tard posés lui-même relativement
aux guerres d'attaque en général. »

Le *Daily News* apprécie ainsi qu'il suit les récents aveux
du prince Bismarck :

« Le prince Bismarck avoue maintenant qu'il a altéré ou
au moins arrangé la dépêche, de manière à provoquer un
conflit inévitable et pour lequel l'Allemagne était mieux
préparée que la France. Ce fait a une grande importance.
Rien n'a tant contribué à isoler la France que la
croyance générale qu'elle avait déclaré la guerre pour des
raisons futiles. Cette déclaration de guerre a fait l'effet

d'un coup de foudre dans un ciel serein, car il n'y avait aucun nuage à l'horizon. On a cru que les Français, dans leur incorrigible vanité, voulaient se battre à tout hasard, et que, bien que, par le retrait de la candidature Hohenzollern, on leur eût présenté une joue, ils exigeaient qu'on leur présentât l'autre. Il est lamentable d'apprendre que la responsabilité morale du plus grand crime de l'histoire a été si longtemps déplacée. »

Le lendemain on lisait encore dans le *Temps* :

La *Germania*, revenant sur le fait que le prince Bismarck avait eu, de son propre aveu, pour but de provoquer la guerre de 1870 en falsifiant la dépêche d'Ems, dit que les *Nouvelles de Hambourg* cherchent en vain à glorifier le prince pour ce fait. M. de Bismarck s'est jugé et condamné lui-même, en disant, dans sa conversation avec M. Hans Blum, rapportée par les *Dernières Nouvelles* de Leipzig :

« J'ai toujours considéré comme un crime une guerre que « nous aurions entreprise sans qu'elle nous fût imposée. »

Ce que M. de Bismarck disait là de la guerre de 1875 qu'il aurait eu l'intention de provoquer, s'applique parfaitement à celle de 1870 qu'il a provoquée en effet, « et le falsificateur de la dépêche d'Ems s'accuse lui-même d'avoir commis un crime ».

La *Gazette de Voss* dit que, même en admettant, comme le prince Bismarck le soutient pour défendre sa conduite, que l'Allemagne n'aurait pu être unifiée sans la guerre, « cela ne justifie pas une rédaction de la dépêche royale qui ressemble terriblement à une falsification... M. de Bismarck n'aurait pas pu se suicider et immoler sa gloire avec plus de résolution qu'en faisant connaître le mot par lequel le maréchal de Moltke jugeait sa conduite, en disant qu'il avait substitué une fanfare à une chamade. Toutes les explications des *Nouvelles de Hambourg* ne changeront rien à ce jugement ».

Aussi le général de Caprivi ne s'est-il pas trompé

en disant au Reichstag, le 23 novembre 1892 : « Dans
la presse étrangère, il s'est déchaîné là-dessus une
tempête d'indignation, et on a réussi à faire croire
que tout ce que nous avons cru depuis vingt-deux
ans n'était que mensonge ».

Mais où le chancelier s'est trompé, c'est quand,
après cet aveu, il tenta de détruire la version de son
prédécesseur : le résultat de son discours fut au contraire d'en confirmer l'esprit [1].

* * *

Assurément, il serait enfantin de prétendre que,
sans l'épisode d'Ems, la guerre eût été évitée.

Tandis que Napoléon III y voyait un moyen désespéré de consolider son trône, le roi de Prusse et ses
ministres la voulaient fermement; de Roon et de
Moltke insistaient pour qu'on se hâtât d'utiliser l'armée
qui venait de faire ses preuves en Bohême, avant que
nous eussions ouvert les yeux et réorganisé — ou
plutôt organisé — nos forces.

Si le coup de la dépêche avait manqué, M. de Bismarck en aurait été quitte pour tendre quelque autre
piège à notre gouvernement, et il est donc probable
que la guerre eût éclaté un peu plus tard.

---

[1] La discussion de ce point nous entraînerait trop loin ici.
Ces faits sont d'ailleurs assez importants et assez récents pour
être connu de tous. Pour plus de détails, on pourra se reporter au *Figaro* du 19 novembre 1893 et au *Temps* des 17, 19, 20,
23, 25 et 26 du même mois. Le dernier de ces articles, surtout,
montre clairement comment, « au point de vue de la critique
historique, la démonstration commencée à Varzin par M. de
Bismarck a été achevée par le chancelier au Reichstag ».

Mais cela n'est que probable, et l'on est parfaitement en droit de supposer le contraire. Les deux peuples n'avaient aucune raison d'en venir aux mains, et, si tendues que fussent les relations entre les gouvernements, il ne manque pas d'exemples de situations plus compromises ayant abouti à un dénouement pacifique. Tel incident fortuit pouvait y contribuer, par exemple la mort de Napoléon III, ou seulement la publicité donnée à sa maladie, ou encore sa chute, qui s'annonçait prochaine. Aussi bien M. de Bismarck avait-il déjà renoncé à pousser à fond l'affaire du Luxembourg, parce qu'il escomptait l'un ou l'autre de ces événements, qui aurait modifié notre politique. En somme, c'est déjà beaucoup que de retarder l'ouverture des hostilités, puisque c'est le seul moyen connu de les éviter. Fort heureusement, le raisonnement, cher à M. de Moltke, qui consiste à précipiter la guerre pour éviter qu'on vous la fasse, n'a guère pour admirateurs qu'une poignée de *junker* : même M. de Bismarck et M. de Caprivi, ont, à plusieurs reprises, protesté de leur aversion pour la théorie des « guerres préventives ».

Il ne ressort pas moins des faits que M. de Bismarck a entamé deux de ces guerres préventives, et on verra plus loin qu'il n'a pas tenu qu'à lui d'en faire une de plus.

M. Liebknecht était donc parfaitement fondé à dire au Reichstag [1] :

Tous ceux qui examinent avec un esprit critique l'his-

[1] Séance du 28 mars 1892.

toire de la guerre de 1866 arriveront à la conclusion que la guerre ne nous a pas été imposée, mais que la faute en était aussi bien à notre gouvernement qu'à celui de nos adversaires. Il en a été de même en 1870.

Assurément, on ne peut qu'admirer le front d'airain de l'homme qui, au retour de ces deux agressions, remerciait la Providence d'avoir détourné de son pays le fléau de l'invasion !

⁎ ⁎

Il existe encore une preuve évidente, et trop peu connue, de ce fait que la guerre de 1870 a été entreprise expressément en vue de la conquête de l'Alsace-Lorraine. C'est la façon dont le grand état-major allemand organisa l'administration des territoires français qui furent occupés par ses troupes.

Ces détails avaient été réglés à Berlin avec autant de soin que la mobilisation et la concentration des armées confédérées. Et, en cela, on ne saurait trop reconnaître — pour l'imiter — l'habile prévoyance qui, dans la préparation à la guerre, n'a laissé au hasard que ce qu'il était impossible de lui soustraire.

Les territoires envahis furent successivement divisés, à mesure des progrès de l'armée allemande, en quatre gouvernements généraux : Alsace (chef-lieu Strasbourg), Lorraine (chef-lieu Nancy), Reims et Versailles.

Or, par une coïncidence qui ne saurait être attribuée au hasard, le gouvernement d'Alsace était précisément formé des territoires que nous dûmes céder par les préliminaires de la paix [1]. La seule différence qu'il présentait par rapport à l'Alsace-Lorraine actuelle était qu'il comprenait aussi Belfort, que les Allemands réclamèrent d'abord sans avoir pu s'en emparer, et que Thiers eut le bonheur de conserver à sa patrie. Mais à l'ouest, il était limité par cette même frontière artificielle qui coupe actuellement la Lorraine en deux ; en sorte que Metz et les parties aujourd'hui allemandes de la Meurthe et de la Moselle étaient comprises dans cette singulière « Alsace ».

Ce gouvernement d'Alsace a été constitué par un ordre de cabinet daté du quartier général d'Herny, *le 14 août 1870 ;* son organisation fut complétée huit jours plus tard par une lettre que le roi de Prusse adressait, de Pont-à-Mousson, à son chancelier.

Enfin, le 20 août, le futur empereur Frédéric, au sortir d'un conseil de guerre tenu à Pont-à-Mousson, inscrivait dans ses *Souvenirs* [2], cette note caractéristique : « Nos conditions : l'Alsace et une indemnité de guerre ». On vient de voir ce que l'état-major allemand appelait l'Alsace.

Ainsi, une semaine après Reichshoffen, à la veille des grandes batailles qui déterminèrent l'investissement de Metz, quinze jours avant Sedan, le sort de l'Alsace-Lorraine était définitivement réglé dans les conseils du roi de Prusse, et ses adminis-

---

[1] Article premier des préliminaires de Versailles.

[2] *Souvenirs de Frédéric III*, traduits par Dick de Lonlay et H. Galli. On se souvient du scandale que causa en Allemagne la publication de ces *Souvenirs* par la *Deutsche Revue*, du 1er octobre 1888.

trateurs étaient désignés. Autant dire que c'était fait avant même l'ouverture des hostilités.

* *
*

Ce fut une singulière destinée que celle de Napoléon III, toute de contradictions, pour notre malheur! Lui qui se laissa entraîner dans tant de guerres, on peut dire que le désarmement a été son idée fixe. Dans son discours du trône du 5 novembre 1863[1], il proposait en ces termes de soumettre à un tribunal européen la cause de la Pologne :

La Russie l'a déjà déclaré, des conférences où toutes les autres questions qui agitent l'Europe seraient débattues ne blesseraient en rien sa dignité.

Prenons acte de cette déclaration. Qu'elle nous serve à éteindre, une fois pour toutes, les ferments de discorde prêts à éclater de tous côtés, et que, du malaise même de l'Europe, travaillée par tant d'éléments de dissolution, naisse une ère nouvelle d'ordre et d'apaisement !

Puis, après avoir constaté qu'en Grèce, en Belgique, en France, en Italie, sur le Danube, aux îles Ioniennes, à Varsovie, les traités de 1815 avaient cessé d'exister, l'empereur ajoutait :

Quoi donc de plus légitime et de plus sensé que de convier les Puissances de l'Europe à un Congrès où les amours-propres et les résistances disparaîtraient devant un arbitrage suprême ?

Quoi de plus conforme aux idées de l'époque, aux vœux

_____
[1] *Moniteur officiel,* du 6 novembre.

du plus grand nombre, que de s'adresser à la conscience, à la raison des hommes d'État de tous les pays, et de leur dire :

« Les préjugés, les rancunes qui vous divisent n'ont-ils pas déjà trop duré ?

« La rivalité jalouse des grandes puissances empêchera-t-elle sans cesse les progrès de la civilisation ?

« Entretiendrons-nous toujours de mutuelles défiances par des armements exagérés ?

« Les ressources les plus précieuses doivent-elles indéfiniment s'épuiser dans une vaine ostentation de nos nos forces ?

« Conserverons-nous éternellement un état qui n'est ni la paix avec la sécurité, ni la guerre avec les chances heureuses ?

« Ne donnons pas plus longtemps une importance factice à l'esprit subversif des partis extrêmes, en nous opposant par d'étroits calculs aux légitimes aspirations des peuples.

« Ayons le courage de substituer à un état maladif et précaire une situation stable et régulière, dût-elle coûter des sacrifices.

« Réunissons-nous sans système préconçu, sans ambition exclusive, animés par la seule pensée d'établir un ordre de choses fondé désormais sur l'intérêt bien compris des souverains et des peuples. »

Cet appel, j'aime à le croire, sera entendu de tous. Un refus ferait supposer de secrets projets qui redoutent le grand jour ; mais, quand même la proposition ne serait pas unanimement agréée, elle aurait l'immense avantage d'avoir signalé à l'Europe où est le danger, où est le salut. Deux voies sont ouvertes : l'une conduit au progrès par la conciliation et la paix ; l'autre, tôt ou tard, mène fatalement à la guerre par l'obstination à maintenir un passé qui s'écroule.

Vous connaissez maintenant, Messieurs, le langage que je me propose de tenir à l'Europe. Approuvé par vous, sanctionné par l'assentiment public, il ne peut manquer d'être écouté, puisque je parle au nom de la France.

Malheureusement les négociations entreprises à la suite de ce discours n'aboutirent qu'à une déception, que l'empereur dut constater au début de la session de 1865 [1] :

A l'époque de votre dernière réunion, j'espérais voir aplanir par un congrès les difficultés qui menaçaient le repos de l'Europe ; il en a été autrement, je le regrette, car l'épée tranche souvent les questions sans les résoudre, et la seule base d'une paix durable est la satisfaction donnée par l'accord des souverains aux véritables intérêts des peuples.

Et qu'on ne dise pas qu'il n'y avait rien derrière ces paroles.

Lors même qu'elles se seraient réduites à un vœu platonique, il conviendrait de les tirer de l'oubli : non seulement les empereurs allemands n'en ont jamais prononcé de semblables, mais encore ils ont créé une situation telle, qu'aucun chef d'État n'oserait aujourd'hui rien dire d'approchant.

Mais on va voir que Napoléon III fit tout ce qu'il était possible pour prouver sa sincérité.

Par un contraste sur lequel on ne saurait trop insister, au moment où la Prusse n'attendait qu'une occasion favorable pour nous attirer dans un guet-apens, le gouvernement français cherchait, pour la troisième fois en sept ans, à provoquer une entente des puissances en vue d'un désarmement général, et,

---

[1] *Moniteur*, du 16 février 1865.

devant leur fin de non-recevoir, il n'hésitait pas à prendre l'initiative de ce désarmement.

C'est ce qui ressort de la notice sur le comte Daru, lue par M. Buffet à l'Académie des Sciences morales et politiques [1].

Le comte Daru, ancien membre républicain de l'Assemblée nationale, s'était tenu à l'écart pendant dix-huit ans, et n'avait accepté le portefeuille des affaires étrangères, dans le cabinet du 2 janvier 1870, que quand il crut possible de rendre à la France l'ordre dans la liberté. « Je ne suis sorti de la retraite, put-il dire au Sénat dans la séance du 22 février 1870, que le jour où les libertés publiques retrouvaient leur place dans nos institutions. Je suis venu les défendre et les pratiquer. »

Mais pour cela, il était indispensable d'assurer le maintien de la paix :

« Nous y travaillons, disait-il, de tous nos efforts ; mais, pour y parvenir, il faut une main ferme, un cœur fier et un œil vigilant, parce que cet incendie, qu'on appelle la guerre, a été, depuis dix ans, allumé aux États-Unis, en Allemagne, en Italie, en Espagne ; et vous savez que les incendies, même les mieux éteints, laissent des traces brûlantes et des débris fumants, qu'une étincelle peut mettre en feu.

« L'état de l'Europe et du monde est une raison puissante pour le maintien de la bonne harmonie entre nous, par le désir ardent, qui nous est commun à tous, de travailler à affermir la paix étrangère. »

Il pense, ajoute M. Buffet, que l'on assurerait à l'Europe, au moins pendant une assez longue période, le

---

[1] *Revue politique et littéraire*, du 15 avril 1893.

bienfait de cette paix, si précieuse et si désirée par tous
les peuples, si l'on obtenait, par voie diplomatique, le
désarmement simultané des grandes puissances continentales, *et spécialement de l'Allemagne et de la France*.
Mais l'insuccès de la proposition faite dans ce sens, par
l'empereur, en 1863, et par son gouvernement, en 1867,
ne permettait guère au ministre des affaires étrangères de
la renouveler au nom de la France.

Il estime qu'on aurait de meilleures chances, si l'Angleterre entreprenait cette négociation. — Lord Clarendon
ne déclina pas la mission dont notre ambassadeur le
pressait de se charger, exprimant seulement le désir de
conserver, aux premières ouvertures qu'il devait faire à
Berlin, un caractère officieux. Le début de la négociation
ne fut pas encourageant.

Le comte de Bismarck se retrancha derrière le parti pris
du roi de ne rien changer à son état militaire. Il déclara,
d'ailleurs, à l'ambassadeur d'Angleterre, lord Loftus, que
la Prusse était sur le pied de paix le plus modeste, com-
parativement aux forces militaires des autres puissances,
et notamment de la France.

Il ajouta qu'on ne pouvait soupçonner la Prusse de vouloir être une puissance conquérante.

En répondant à ces étranges objections, dont lord Lyons
lui avait fait part, le comte Daru, dans une lettre du
13 février au marquis de Lavalette, déclarait qu'il ne
perdrait pas son temps à réfuter la dernière.

« C'est précisément parce que la Prusse vient de faire des
conquêtes et ne cache guère son intention d'en faire de
nouvelles, qu'elle a besoin plus que toute autre nation de
donner à l'Europe des gages, des garanties de ses intentions pacifiques. »

Sans se bercer de trop grandes illusions sur le succès
définitif de cette négociation, il ne le tenait cependant pas
pour impossible.

Il comptait beaucoup sur le concours que prêterait à
l'intervention médiatrice de l'Angleterre l'opinion pu-

blique dans toute l'Europe, même en Allemagne. Le vœu d'un désarmement général, déjà manifesté dans les délibérations très animées des Chambres saxonnes, avait eu un grand retentissement.

« J'espère donc, écrivait le comte Daru dans la même dépêche, que lord Clarendon ne se tiendra pas pour battu. Nous lui donnerons, d'ailleurs, prochainement, l'occasion de revenir à la charge, et, si cela lui convient, de reprendre la conversation interrompue avec le chancelier fédéral. Notre intention est, en effet, de diminuer notre contingent annuel. Nous l'aurions diminué beaucoup, si nous avions obtenu une réponse satisfaisante de la Confédération du Nord. Nous le diminuerons moins, puisque la réponse est négative; mais nous le réduirons, j'espère, de dix mille hommes. Nous affirmerons, de la sorte, par des actes, qui valent toujours mieux que des paroles, nos intentions, notre politique.

« La loi du contingent sera présentée prochainement. Lord Clarendon jugera alors s'il est à propos de représenter au comte de Bismarck que le gouvernement prussien, *seul en Europe*, ne fait point de concession à l'esprit de paix. »

Trois jours après l'envoi de cette lettre, le 16 février, M. de Lavalette répondait à son ministre :

« Lord Clarendon ne se tient pas pour battu; il ne se décourage pas. Il admet, sans réserve, tous vos arguments. Il est d'accord avec vous sur tous les points. Il est décidé, en principe, à faire une seconde démarche.

« Dès qu'il aura reçu une réponse directe à sa première communication, il verra s'il y a lieu de reprendre immédiatement l'entretien, ou d'attendre que la présentation, au Corps législatif, de la loi du contingent, lui fournisse, en même temps, une nouvelle occasion et de nouvelles armes. »

Quelles ont été, après le 16 février, les démarches ultérieures du gouvernement anglais? Nous l'ignorons. Mais, sans recourir à aucun document, nous savons aujourd'hui pourquoi cette négociation n'a pas abouti et ne pouvait aboutir.

Il suffit en effet d'énoncer quelques dates pour expliquer cet échec. Le projet de loi fixant le contingent à 90 000 hommes, au lieu de 100 000, a été soumis au Corps législatif le 21 mars 1870. C'est le 1ᵉʳ juillet qu'il fut voté. La dépêche d'Ems est du 13 juillet.

* *

En résumé, deux points sont aujourd'hui bien acquis à l'histoire.

Premièrement, la guerre contre la France était voulue de longue date par le gouvernement prussien, qui l'avait préparée avec le plus grand soin, et sut habilement se la faire déclarer.

En second lieu, cette guerre n'était nullement indispensable à la réalisation de l'unité allemande, déjà presque parachevée. Elle devait simplement la hâter; et son objet véritable était la spoliation, longuement préméditée, de la France.

Que devient, dans tout cela, la thèse de l'annexion vengeresse, juste châtiment de notre attaque?

M. de Bismarck ne s'est pas fait faute de nous la rappeler, soit dans sa presse stipendiée, soit du haut de la tribune; il a même osé lancer aux Alsaciens-Lorrains, en plein Reichstag [1], cette lourde insolence de reître, qu'eux-mêmes avaient mérité leurs souffrances, parce qu'ils ont eu « leur part de complicité

[1] Séance du 3 mars 1874.

et de responsabilité dans la scélérate guerre agressive dirigée contre l'Allemagne ».

Quant à M. de Caprivi, même antienne. Lui aussi a déclaré que « l'incorporation de l'Alsace-Lorraine à l'empire a été une expiation pour la guerre. »

De même le maréchal de Manteuffel, dans ses sermons attendris aux Alsaciens-Lorrains : « Songez que nous vivions en paix, que l'empereur Napoléon nous a mis le pistolet sur la gorge et nous a forcés de défendre notre patrie. Le sang de nos fils a coulé. Dieu s'est déclaré pour nous [1]. »

En vérité, pouvons-nous demander à ces audacieux représentants de je ne sais quelle sanglante justice divine, qu'avons-nous à expier dans toute cette affaire, sinon de nous être laisser duper, comme l'ont fait également les peuples de l'Allemagne ?

[1] Allocution prononcée à Metz, le 15 octobre 1879 (*L'Alsace-Lorraine et l'empire germanique*).

CHAPITRE IV

Stratégie et politique.

Le « coin de Wissembourg » et la ligne des Vosges. — Insécurité actuelle de la France. — Notre indépendance ; pourquoi Nancy n'est pas fortifiée. — L'initiative des armements. — Menaces allemandes. — Clairvoyance de M. de Bismarck en 1866. — Une paix faite en vue de la guerre.

Nous venons de voir une des formes que le droit de conquête revêt aux yeux des Allemands : celle qui en fait à la fois un dédommagement que nous devions fournir, et un châtiment que nous devions subir, pour avoir troublé les aspirations pacifiques de l'armée prussienne.

Il se présente encore sous un autre aspect, qui a été bien souvent invoqué par les Bismarck, les Moltke et les Caprivi, pour ne nommer que les porte-parole autorisés du peuple allemand : l'Alsace-Lorraine était indispensable à la sécurité de l'Allemagne. « Strasbourg est la clef de la maison... Metz nous vaut 150 000 hommes... Wissembourg était un coin enfoncé dans la chair allemande... L'Alsace-Lorraine

7

est un glacis destiné à défendre l'empire contre la prochaine et inévitable attaque des Français », etc.

Ainsi, dédommagement pour le passé, garantie contre l'avenir, tel est le triste sort de l'Alsace-Lorraine. Elle est un glacis, c'est-à-dire un instrument de défense, une chose. Les Alsaciens-Lorrains sont les frères des Allemands : mais les Allemands s'abritent bravement derrière les corps de leurs frères, qui n'ont qu'à s'en tenir pour très honorés.

J'en suis bien fâché, mais je suis trop ignorant en stratégie pour comprendre comment la possession de l'Alsace-Lorraine par la France constituait un danger grave pour l'Allemagne. Je m'en console en pensant que beaucoup d'autres, mieux instruits que moi sur ces questions, partagent mon incapacité.

Il est vrai que de Strasbourg on peut attaquer l'Allemagne du Sud. Mais, de l'Allemagne du Nord, on peut aussi la défendre; nous l'avons vu en 1870. Cette situation n'était point particulière à Strasbourg; de toute ville-frontière, il est également possible d'attaquer le pays limitrophe, et c'est même à cela qu'on reconnaît qu'une ville est située sur une frontière. Si Strasbourg française était un danger pour Karlsruhe, Stuttgart et Munich, on peut dire que Nancy en est un aujourd'hui pour Strasbourg et Metz; et quand, en vertu de ce même raisonnement, on aura fait de Nancy un glacis à l'Alsace-Lorraine, c'est Châlons qui menacera Nancy, et devra être annexée; et alors, combien dangereux sera Paris!

Mais ce qui est plus sérieux — ici, on me pardonnera d'entrer dans une courte discussion stratégique, — c'est que cette fameuse doctrine du coin enfoncé dans la chair allemande est tout simplement hérétique. Comparaison, dit-on, n'est pas raison. Comparer l'Alsace française à une arme enfoncée dans la chair pantelante de l'Allemagne, c'est prêter à sourire à quiconque a lu l'histoire d'une campagne. Si l'on tient absolument à établir un parallèle de ce genre, c'est à un doigt qu'il fallait assimiler nos départements du Rhin, à un doigt pris dans un étau. Cette saillie de notre frontière était, non un danger pour l'Allemagne, mais un gage dont il lui était facile de se saisir.

A Dieu ne plaise que j'invoque ici le témoignage d'écrivains militaires français : il aurait moins de force que celui des généraux qui furent nos adversaires. Or tous ceux, parmi ces derniers, qui ont écrit sur la stratégie, eussent été bien étonnés de voir leurs successeurs considérer comme dangereuse pour l'Allemagne notre frontière de 1870, embrassée sur toute son étendue par les pays voisins [1].

Qu'est-ce en effet qu'une frontière, au point de vue stratégique, sinon la première des bases d'opérations dont pourra disposer l'armée?

Or celui-là même qui a défini les bases d'opérations, le grand Prussien Bülow, a aussi posé ce principe, qu'on s'étonne de voir méconnu : une base embrassée est mauvaise en face d'une base embrassante. Exemple : la Coalition, maîtresse des Pays-Bas, était dans une situation favorable en face de la France, sa

---

[1] Voir à ce sujet : Rüstow, *Stratégie et histoire militaire.*

base ayant pour tracé Anvers-Mayence-Bâle : l'avantage disparut, une fois que les Français eurent occupé les Pays-Bas, et la situation fut complètement retournée du jour où ils furent maîtres de la Suisse. Jomini définit la meilleure base : celle qui forme un angle droit dont l'ouverture est dirigée vers le pays ennemi (précisément la situation de l'Allemagne en face de l'Alsace-Lorraine). Clausewitz constate, et avec combien de raison, que l'élément géométrique n'est pas décisif en stratégie ; mais sans être exprimées d'une façon aussi mathématique, toutes ses déductions concordent avec celles que Willisen résume de la manière suivante : pour l'attaque stratégique, il vaut mieux avoir une base oblique, ou débordante, ou enveloppante, qu'une base parallèle, ou débordée, ou enveloppée. Et en vérité, ces propositions sont intuitives au point qu'il semble superflu de les énoncer.

Je sais bien qu'il y a le vieil argument de la supériorité des montagnes sur les fleuves, pour servir de frontières entre deux peuples : les montagnes, dit-on, divisent, les fleuves unissent les populations.

Je reviendrai plus loin sur le côté moral et politique de cette affirmation. Son côté militaire, qui seul m'occupe ici, n'a pas grande valeur, dans l'espèce, car, il n'y a pas, entre Paris et Berlin, d'arête montagneuse assez puissante et assez continue pour séparer efficacement les Français des Allemands. A telles enseignes que, la partie septentrionale des Vosges ne constituant qu'un enchevêtrement de collines, et la possession de Metz faisant d'ailleurs grande envie à à nos voisins, ils se sont résignés à transgresser leurs principes en matière de frontières naturelles et d'ethnographie, pour adjoindre à l'Alsace un bon morceau de Lorraine.

Mais voilà bien assez de grand art militaire. A la théorie bizarre du coin alsacien, il suffit de répondre par les questions suivantes : La Bohême est-elle un danger pour l'Allemagne, et n'a-t-elle pas au contraire formé, en 1866, le point faible de l'Autriche ? Les stratégistes en chambre de la triple alliance ne professent-ils pas que ce sera un jeu pour l'Allemagne et l'Autriche de se rendre maîtresses du « coin » formé par la Pologne russe ? Ne sont-ils pas, en cela, d'accord avec ce principe fondamental, que les saillants sont les points d'attaque les plus favorables ? Faudra-t-il attendre, pour que l'empire allemand se déclare rassuré, que ses frontières aient reçu un tracé rigoureusement circulaire ?

*
* *

La vérité sans phrases est la suivante :

Notre frontière de 1815 était d'un tracé désavantageux pour nous ; elle ne compensait cet inconvénient que parce qu'elle était un peu plus éloignée de Paris, et qu'elle nous permettait de défendre les Vosges en avant, comme le maréchal de Mac-Mahon essaya de le faire sur la position classique de Reichshoffen.

Mais notre nouvelle frontière nous laisse simplement à la discrétion de l'Allemagne ; elle n'a pas été tracée dans une autre intention. Elle est à douze jours de marche de Paris, et non seulement elle n'en est séparée par aucun obstacle physique, mais toutes les vallées et les routes dont disposerait un envahisseur convergent directement sur notre capitale. Aussitôt redevenus maîtres de ce qui restait de notre territoire, nous avons barré les routes et les voies ferrées par des forts d'arrêt, bons pour l'époque, mais presque sans utilité actuellement; en quarante-huit heures, les parcs de siège légers qui marchent aujourd'hui en première ligne bouleverseraient n'importe lequel d'entre eux avec leurs obus-torpilles; il suffirait donc d'une victoire à la frontière pour permettre à nos ennemis de faire brèche dans notre digue de 1875.

Par contre, la frontière est à quarante bonnes journées de marche de Berlin; et cette capitale est couverte par les Vosges, le Rhin, l'Elbe, et par des places formidables qu'il faudrait masquer, en affaiblissant d'autant nos armées de campagne.

Une situation aussi inégale est, comme l'a fort bien dit le colonel Stoffel[1], humiliante et intolérable : il est impossible à la France de se considérer comme indépendante, tant qu'il y aura, à quelques journées de marche de Paris, une province transformée tout entière en une véritable place forte, et occupée par une armée d'invasion nombreuse et toute prête à passer la frontière.

N'eût-elle que cette raison de protester contre l'annexion, la France ne saurait renoncer à ses droits, tant qu'elle prétendra être une nation indépendante. Elle est aujourd'hui ce qu'était la Prusse en 1807.

---

[1] *De la possibilité d'une future alliance franco-allemande.*

* *
* *

Cette opinion paraîtra injustifiable à tout Allemand qui la lira. Il sera d'ailleurs parfaitement sincère en déclarant que l'Allemagne, pacifique, ne se mêle de nos affaires qu'en tant que celles-ci lui semblent dangereuses pour elle; que la France est parfaitement indépendante, et que, si elle soutient le contraire, c'est uniquement afin d'ameuter l'Europe contre le pays dont elle a juré la ruine.

Que les Allemands en général soient un peuple pacifique, certes cela est incontestable. Mais ce qui l'est également, c'est l'influence exercée sur eux, soit directement, au régiment, soit indirectement, à l'école, par ces quelques milliers de hobereaux faméliques pour lesquels l'Allemagne n'a guère d'autre raison d'être que de fournir des grades à leurs fils et des diaconats à leurs filles ; et, en vérité, on ne peut pas raisonnablement nous demander de faire grand fonds sur les dispositions pacifiques de ces *Junker* qui regardent la guerre comme leur fonction naturelle par la grâce de Dieu, et la France républicaine comme l'abomination de la désolation.

Or, ceux-là tiennent la moindre velléité d'indépendance de notre part, non seulement pour une menace, mais pour une véritable offense à l'Allemagne; s'ils le pouvaient, ils feraient volontiers poursuivre nos ministres de la guerre comme coupables de lèse-majesté.

De même que nous ne sommes plus tenus au silence au sujet de la question d'Alsace-Lorraine, de même il serait permis aujourd'hui de révéler, sur la dépendance où l'Allemagne aurait voulu nous maintenir, bien des choses qu'il fallait taire, tant que nos finances épuisées et notre armée désorganisée nous laissaient à la merci d'une attaque toujours imminente. Mais le sujet est trop pénible pour qu'on y insiste, et je n'en citerai qu'un exemple, non connu encore du public.

Répondant à M. Bebel, dans la séance du Reichstag du 25 mai 1871, M. de Bismarck a dit : « J'affirme, et je puis compter qu'on ajoutera foi à mes paroles, que le traité que nous avons conclu ne contient pas d'articles secrets ; les articles arrêtés entre nous ont été livrés à la publicité, chacun peut lire ce qui s'y trouve ».

Cela était parfaitement vrai, et il ne pouvait pas en être autrement ; c'était pourtant un bien mauvais billet qu'avait là M. Bebel !

S'il est, en effet, une circonstance étonnante, pour qui étudie la défense de notre frontière de l'Est, c'est bien que Nancy ne soit pas fortifiée.

Quand on songe, dit à ce propos le capitaine Molard, quand on songe à la portée morale qu'aurait dans le pays l'occupation, dès le début de la campagne, de cette ville, qui dans les conditions actuelles est à vrai dire à la merci d'un coup de main, il faut reconnaître que l'ajournement *sine die* de ses défenses est profondément dangereux, *quelle que soit la valeur des raisons ayant pu à un certain moment imposer cet ajournement; d'autant que ces raisons ne sauraient se reproduire ni être tolérées aujourd'hui.*

Le passage que j'ai souligné dans cette citation semble indiquer que l'auteur est parfaitement fixé sur ces raisons, mais n'a pas voulu les dire. Or, je pense qu'il vaut infiniment mieux les révéler aujourd'hui : plus elles sembleront douloureuses à tout Français, plus elles sont de nature à nous faire envisager virilement la situation, à nous faire comprendre que l'union de tous les Français autour du drapeau, l'oubli de toutes nos dissensions, est un devoir impérieux.

Les fortifications de Nancy faisaient partie du plan général adopté pour l'organisation défensive du territoire. Les forts qui devaient couvrir la ville furent étudiés ; on devait même les établir sur un plan spécial, permettant, au prix d'inconvénients secondaires, de les construire en deux ans seulement. Les terrains ont été achetés pour les plus urgents d'entre eux, sur la rive droite de la Meurthe ; les travaux ont même reçu un commencement d'exécution, consistant dans le piquetage de leur tracé.

Seulement, quand on en fut là, notre gouvernement fut avisé par l'ambassadeur d'Allemagne que, vu la situation avancée de Nancy, les fortifications projetées en feraient une « place offensive » dirigée contre l'Allemagne, et que la continuation des travaux serait considérée comme un *casus belli*. Et on se le tint pour dit : les travaux furent arrêtés.

Je ne puis malheureusement pas citer le personnage qui m'est garant de l'exactitude de ce fait. Tout ce que je puis dire, c'est qu'il avait les meilleures raisons d'être bien informé. Porteur d'un des grands noms de l'Europe, apparenté à plusieurs familles royales, prétendant même à un trône étranger, il a ses entrées ou des intelligences dans la plupart des chancelleries, et était, à l'époque dont je parle, mêlé de fort près au mouvement politique français. Grand ami de notre pays, il souffrait de son humiliation autant que le Français à qui il la racontait.

Oui certes, M. de Bismarck disait vrai en affirmant que le traité de Francfort était publié en entier. On se demande d'abord ce qu'il aurait pu vouloir y ajouter : il avait fort sincèrement cru, et toute l'Allemagne avec lui, que nous avions signé notre arrêt de mort.

Mais, en outre, le chancelier eût été bien sot de s'embarrasser de stipulations secrètes, qui, révélées tôt ou tard, auraient pu lui causer les plus grands embarras. Une diplomatie sans scrupules n'a pas besoin d'instruments écrits de ce genre : des représentations orales, une allusion plus ou moins voilée à la force dont elle dispose, lui suffisent, quand elle s'adresse à un voisin épuisé.

Mais est-ce là ce qu'on appelle respecter notre indépendance, c'est-à-dire la première condition d'existence d'un État? Charbonnier, dit-on, est maitre chez lui ; mais le premier droit qu'implique ce mot n'est-il pas de fermer sa porte aux indiscrets?

Et, qu'on en soit bien convaincu, cette menace permanente de nous voir chercher une querelle d'Allemand a été notre lot pendant de trop longues années. Il y aurait long à dire sur les renforcements successifs que subirent les garnisons des deux côtés de la frontière. Alors que, dès la signature de la paix, celles de l'Alsace-Lorraine étaient portées à un effectif formidable, nous étions obligés de nous contenter, sur les côtes de Meuse, d'un rideau de troupes dérisoire : à cette époque, on admettait officiellement chez nous que, si une nouvelle guerre éclatait, les Allemands occuperaient sans coup férir la Lorraine et la Champagne, et que nos armées pourraient tout au plus se concentrer à hauteur de Châlons, à mi-chemin de Paris. Tout le temps qui s'est écoulé depuis la guerre a été employé à s'efforcer de détruire cette infériorité sans exciter l'ombrageuse susceptibilité de nos voisins, en employant la méthode dite « des petits paquets ». Il était évidemment difficile à la puissante Allemagne de crier à l'agression chaque fois qu'au retour des manœuvres d'automne un bataillon d'infanterie ou un groupe de batteries restait dans le voisinage de la frontière, au lieu de reprendre le chemin de son ancienne garnison : les rieurs eussent assurément été de notre côté. C'est ainsi que nous dûmes ruser pour grouper peu à peu nos troupes de couverture, opération indispensable qui eût été notre premier soin, si nous avions été réellement indépendants.

*
* *

On ne voit pas très bien, en effet, ce qu'il reste d'indépendance à un État, si les mesures les plus élémentaires qu'il prend pour sa sûreté lui valent des représentations comminatoires de son voisin. J'accorde que l'Allemagne ne nourrit à notre égard que les intentions les plus idylliques; il faut pourtant convenir que, dès la signature de la paix, elle a commencé à prendre contre nous des précautions comme on n'en avait jamais vues, des précautions équivalant à de terribles menaces. Elle s'appuyait sur le principe excellent que la défense la plus efficace consiste à attaquer; mais comment pouvait-elle craindre une agression de notre part, alors que nous n'avions plus d'armée, qu'une grande partie de notre territoire était occupée, que le pays était profondément troublé, et qu'on ignorait même si nous arriverions à payer une indemnité de guerre sans précédent, à laquelle plusieurs départements occupés servaient de gage?

C'est pourtant ce moment que les Allemands ont choisi pour créer un trésor de guerre, renforcer leurs forteresses, couvrir leurs frontières de troupes, accumuler des chemins de fer stratégiques tels que la ligne directe de Berlin à Metz, créer partout des gares militaires, jeter des ponts sur le Rhin, entasser les approvisionnements de toute nature, transformer leur armement : leur fusil Mauser date de 1871, et, dès 1873, ils remplaçaient par de nouveaux canons ceux qui venaient de faire la guerre de France et qui étaient encore, à ce moment, les meilleurs de l'Europe. Et tout cela, on ne saurait trop le répéter, alors qu'ils entretenaient encore sur notre territoire une armée formidable... ou plutôt que nous la leur entretenions, car ils avaient eu bien soin de spécifier que leur armée d'occupation serait payée par nous, en plus des cinq milliards et des intérêts des cinq

milliards : on n'ignore pas, à Berlin, qu'il n'est pas
de petits bénéfices !

Je sais bien que j'étonnerai beaucoup les bons
bourgeois allemands en affirmant que c'est leur pays
qui, aussitôt après la guerre, a donné le signal des
armements à outrance. A force de le lire dans les
gazettes, ils sont convaincus que tout le mal vient
de nous. Il suffira, pour leur répondre, d'enregistrer
le précieux aveu fait par le général de Caprivi, à la
commission militaire du Reichstag, le 28 janvier 1893 :

> M. Lieber appelle l'attention sur les charges croissantes
> et l'augmentation inquiétante de la dette publique. Il
> demande si le gouvernement ne songe pas à un autre
> moyen d'assurer la paix que par des armements formi-
> dables.
> M. de Caprivi déclare que l'autre moyen auquel M. Lie-
> ber fait allusion pour assurer la paix est impraticable,
> parce que la France n'est nullement disposée, pour long-
> temps, à entrer dans la voie pacifique du désarmement.
> Si l'Allemagne a donné la première l'exemple du militar-
> risme, cela tient à sa situation géo : aphique particulière-
> ment exposée. Le gouvernement demande seulement ce
> qui est indispensable pour faire une guerre victorieuse
> contre la France seule [1].

Ainsi l'Allemagne « a donné la première l'exemple
du militarisme », c'est son représentant le plus autorisé qui l'affirme. Elle estimait sa situation « particulièrement exposée » ; et pourtant elle venait
d'abattre la France, pour longtemps, croyait-elle, et

---

[1] *Le Temps*, du 29 janvier 1893.

la Russie, en le lui permettant, lui avait donné la preuve de son amitié. Quelle n'était donc pas notre situation à nous, isolés, vaincus, et voyant nos vainqueurs accroître encore leurs forces démesurées?

Franchement, nous pouvions bien être sceptiques à l'égard de dispositions pacifiques témoignées de si étrange façon; nous étions en droit d'y répondre par des mesures présentant le même caractère de prudente cordialité, et cela, dans l'intérêt même de la paix : il n'est pas bon d'offrir, en restant faibles, des tentations trop vives à un voisin puissant, doué d'un appétit robuste.

*
* *

Donc, nous nous sommes mis à l'œuvre. Le résultat ne se fit pas attendre. Dès 1874, on trouva que nous fermions trop bien notre porte, qu'il fallait nous en prendre la clef, et M. de Bismarck dit au prince Orlov : « Mais non, nous ne songeons nullement à faire la guerre; mais la France se réorganise trop vite, personnel et matériel de son armée; et nous nous donnerons une sûreté, une place de garantie. Nous occuperons Nancy ». — On comprend pourquoi nous avions été avisés qu'il serait désagréable à l'Allemagne de voir fortifier cette ville.

Et l'année suivante, en 1875, éclate la grande crise. Au mois d'avril, le prince de Hohenlohe, ambassadeur d'Allemagne à Paris, demande au duc Decazes, notre ministre des affaires étrangères, des explications sur nos armements; quelques semaines plus tard, le vote de la loi des cadres lui fournit le prétexte de nouvelles remontrances. Le duc Decazes, qui avait de bonnes raisons de savoir que, depuis l'année précédente, on cherchait un prétexte pour reprendre la besogne restée inachevée en 1871, le duc Decazes ne pouvait pas se tromper sur l'intention qui dictait ces insolentes ingérences dans nos affaires intérieures. Il n'y avait pas à y répondre. On se contenta de faire appel à la loyauté chevaleresque du tsar Alexandre II, auquel on fit savoir que, si la France était attaquée, elle ferait éclater aux yeux de tous la lâcheté d'une agression injustifiée, en retirant ses armées derrière la Loire. Peu après, la France, assurée du concours moral de la Russie, sortait de ce cauchemar de plusieurs mois.

Toute cette histoire est trop connue, par le témoignage des hommes qui y ont été directement mêlés, entre autres celui du général Le Flô, pour qu'il soit utile d'y insister ici [1]. Elle a été confirmée, dans ces derniers temps, par les dénégations, se contredisant les unes les autres, qu'elle a reçues en Allemagne.

Suivant le prince de Bismarck, tantôt il est faux que nous ayons été menacés d'une guerre en 1875, et tantôt c'est de Moltke et son état-major qui l'ont voulue, et lui, Bismarck, qui l'a empêchée. « C'est le maréchal qui, dans cette circonstance, a été le malfaiteur », a dit l'ancien chancelier à M. Hans Blum. Par contre, depuis qu'il est tombé, la *Deustche Revue*, qui paraît décidément recevoir de haut lieu la mission

---

[1] Voir notamment *La France et l'Allemagne en 1870 et en 1875*, par M. Petit (*Revue Encyclopédique*, 1er décembre 1892).

de lui être désagréable, a déclaré catégoriquement que c'est le chancelier qui avait tramé le complot, chose que les précédents de 1866 et de 1870 rendent au moins vraisemblable [1]. En sorte que le grand état-major et le prince de Bismarck font penser à ces deux collaborateurs dont le drame avait été sifflé :

> Plus n'ont voulu l'avoir fait l'un ni l'autre !

Que nous importe d'ailleurs de savoir qui, de Bismarck ou de Moltke, poussait alors à la guerre? L'essentiel est de constater que nous en fûmes menacés, et la constatation en a été faite par Guillaume Ier lui-même, qui, rencontrant à un bal notre attaché militaire, le prince de Polignac, lui dit, « comme un soldat aux avant-postes, annonçant une trêve à un autre soldat : *On* a voulu nous brouiller ».

Encore une fois, un peuple que l'on prétend empêcher de fortifier son territoire et de refaire son armée désorganisée n'est pas indépendant. Pour peu qu'il ait de la fierté — et ce n'est pas ce qui manque en France — de telles insultes le blessent irrémédiablement.

Or, si ces insultes, et bien d'autres encore, ont été possibles, c'est parce que notre frontière, éventrée, nous laissait à la merci d'une invasion inopinée. Depuis lors, nous avons pu organiser une armée puissante, rétablir nos finances et notre crédit, mériter des amitiés précieuses; mais nous ne restons pas

---

[1] Voir, pour cette querelle mémorable, le *Temps*, du 6 novembre 1892.

moins dans un état de flagrante infériorité géographique. Que, dans une crise quelconque, nous perdions en partie le fruit de nos patients efforts, et nous nous retrouverons à la discrétion de l'Allemagne, qui nous fera payer cher les craintes que lui a causées notre relèvement actuel.

C'est pourquoi le souci de notre indépendance nationale et de notre sécurité nous oblige à maintenir à tout prix ce que Turenne disait, il y a plus de deux siècles :

Tant qu'il y aura un soldat allemand en Alsace, il ne faut pas qu'en France un seul homme de guerre reste en repos [1].

* *
*

A une autre époque de sa carrière, le prince de Bismarck a montré plus de clairvoyance. L'épisode a été raconté par le colonel Stoffel[2], qui le tenait du chancelier lui-même.

C'était en juillet 1866, au lendemain de Sadowa. Après une série de victoires foudroyantes, l'armée prussienne allait, pour la première fois, pénétrer *seule* dans une capitale ennemie. Déjà ses avant-postes étaient en vue de Vienne, quand Napoléon III proposa sa médiation, sur la demande de l'Autriche. Le roi, les princes et le haut personnel militaire voulaient refuser ses bons offices, quittes à provoquer son intervention armée.

---

[1] *Mémoires du marquis de La Fare.*
[2] *De la possibilité d'une future alliance franco-allemande.*

Au milieu de cette exaltation des esprits, M. de Bismarck fut seul à conseiller au roi d'accepter la médiation de la France et de faire la paix. « Je jugeai, me disait-il deux ans après en me racontant ces événements, que les résultats obtenus par nos armes étaient trop considérables pour que la sagesse ne nous déconseillât pas de courir le risque de les perdre. Et ce risque était réel. Si, en effet, le roi refusait la médiation de la France, Napoléon III pouvait se voir obligé de lui déclarer la guerre. A l'arrivée des premiers pantalons rouges aux débouchés de la Forêt-Noire, on aurait vu se reformer aussitôt les troupes du Wurtemberg et de la Bavière, puis celles des autres États allemands. Nous aurions donc eu à lutter seuls contre l'Autriche, l'Allemagne et la France réunies.

A la vérité, Moltke ne s'effraya nullement de l'éventualité d'une lutte si disproportionnée : dans une seule nuit, il dressa son plan de campagne pour le cas où elle aurait lieu. Nous avions à ce moment 660 000 hommes sous les armes ; Moltke en envoyait 200 000 sur le Rhin, et opposait le reste à l'Autriche et aux États de l'Allemagne. Malgré cela, mon avis fut de faire la paix. Mais j'avais tout le monde contre moi, et j'eus de mauvais jours à passer. Les têtes étaient échauffées : on me vilipenda. Quand, à Nikolsbourg, j'allais chez le roi, j'entendais que sur mon passage on m'appelait traître ou vendu. Le prince royal se montra le plus ardent pour continuer la guerre, en même temps que le plus emporté contre moi. Un jour que, me rendant chez Sa Majesté, je me croisai avec le prince dans un étroit corridor, il feignit de s'embarrasser dans son sabre et m'en porta un grand coup dans les jambes pour bien me marquer sa colère et son mépris.

« Je finis par amener le roi à mon opinion ; mais, pénétré du sentiment de la responsabilité que j'assumais dans cette grave circonstance, je lui demandai de daigner m'adresser une lettre où il reconnaîtrait n'avoir pris sa résolution qu'après les plus sérieuses réflexions. Je garde cette lettre comme un document précieux ; rappelez-moi de vous la

montrer un jour. Le roi éprouvait une si grande répugnance à faire la paix, qu'il commença ainsi sa lettre :
« Après avoir pesé mûrement les raisons que vous m'avez
présentées, je consens à cette *paix honteuse...* »

Et, admirant la sagesse et l'obstination patriotique
que montra dans ces circonstances M. de Bismarck,
le colonel Stoffel ajoute :

Pourquoi faut-il que, cinq ans après, ce même homme
n'ait eu ni la même clairvoyance ni la même fermeté ?
Comment lui, qui, à en croire M. de Saint-Vallier, reconnaît qu'on ne doit ni mutiler ni humilier une nation, a-t-il
laissé mutiler et humilier la France ? Rejeter, après coup,
sur l'empereur Guillaume et sur les militaires la faute qui
fut commise, cela est peu digne de M. de Bismarck. Que
n'a-t-il tout fait pour éclairer son souverain ? Que ne s'est-il
montré le même homme qu'en 1866 ? Il fallait protester,
lutter, et, au risque de perdre sa popularité, ne pas laisser
commettre une faute irréparable.

Mais la vérité n'est pas là. Elle est qu'en 1871, ni M. de
Bismarck, ni aucun des conseillers de l'empereur d'Allemagne n'entrevirent la portée et les conséquences des conditions imposées à la France. Ils ne comprirent pas qu'en
la démembrant et en l'ouvrant à l'invasion, ils lui enle-
vaient sa sécurité sous la menace constante d'un ennemi
campé à quelques marches de sa capitale, ce qui constitue,
pour une grande puissance, un état humiliant qu'elle ne
saurait accepter. Ils ont rendu irréconciliable à tout jamais
un pays fier qui, même après sa mutilation, conservait
encore 38 millions d'âmes, et avec lequel l'Allemagne est
forcée de rester en rapport de voisinage immédiat et cons-
tant.

Il est presque superflu d'ajouter que les propos
ainsi rapportés par le colonel Stoffel furent aussitôt

démentis par les journaux officieux allemands. La *Gazette de l'Allemagne du Nord* déclara que le récit de cette *prétendue conversation* était faux dans toutes ses parties. Le colonel ne manqua pas de lui faire remarquer que, si cette conversation n'était que prétendue, il était au moins inutile d'en démentir les détails ; il complétait sa réponse en défiant l'auteur de cette rectification de dire nettement, sans périphrases, qu'il l'avait écrite avec autorisation, ajoutant que sa réplique ne se ferait pas attendre. La *Gazette* n'insista point.

*
* *

Au reste, nous n'avons que faire ici de mettre M. de Bismarck en contradiction avec lui-même, ce qui lui importe naturellement fort peu. Il s'agissait simplement d'établir que ni la théorie du châtiment mérité par la France, ni celle du danger de l'ancienne frontière pour l'Allemagne, ne résistent à l'examen.

Le seul autre argument que fournisse le prétendu droit du plus fort, je ne dirai pas pour légitimer, mais pour excuser l'annexion, est le suivant, qui a au moins le mérite de la franchise, sinon celui de la solidité : « Nous estimons qu'une nouvelle guerre contre la France est non seulement inévitable, mais encore prochaine ; nous ne considérons donc cette paix que comme une trêve, et nous agissons comme si nous étions encore à l'état de guerre, en nous installant militairement dans la position la plus favorable possible ». C'est ce qui s'appelle jeter le manche après la cognée : jugeant la guerre probable, on ne cherche même plus à assurer la paix. Tel Gribouille se jetant à l'eau.

Oui, mais si les prémisses de ce raisonnement étaient absurdes, que vaudrait sa conclusion ? Nous ne savons que trop que la situation actuelle de la France vis-à-vis de l'Allemagne restera intolérable à ses habitants, tant qu'ils auront la notion de patrie. Mais de quel droit prétend-on que la défaite seule aurait blessé leur amour-propre autant que le démembrement a heurté leurs principes et lésé leurs intérêts vitaux ? Sur quoi s'appuie-t-on pour soutenir qu'en tout état de cause les Français, une fois battus, n'auraient songé qu'à prendre leur revanche, et cela d'autant plus que le vainqueur les aurait ménagés davantage ? N'est-il pas vraisemblable, au contraire, qu'une paix conclue sans démembrement eût été plus sincèrement acceptée et plus durable ?

Évidemment, on se trouve ici en pleine hypothèse ; mais néanmoins, la réponse n'est pas douteuse. Elle ressort tout naturellement de l'examen du passé, auquel les Allemands se plaisent tant à rapporter la plus moderne des questions.

Nous avons fort bien su conclure des paix sincères et durables, après les luttes les plus acharnées. Nous avons, comme tous les peuples, soutenu des guerres contre tous nos voisins ; la seule dont nous nous souvenions est celle de 1870. Personne autre que l'Allemagne ne croit être l'objet de notre inimitié ; il y a bien l'Italie, mais qui prend ses craintes au sérieux ? Ce n'est toujours pas elle-même, je l'imagine ! Si jamais un peuple a été considéré par nous

comme un ennemi héréditaire, c'est bien le peuple
anglais, contre lequel on peut dire que nous avons été
en guerre pendant six siècles. Que reste-t-il de tant
de haines? Des couplets de vaudevilles et des plaisanteries faciles sur la perfide Albion. D'aucuns
trouvent, et j'avoue être du nombre, que, sous toutes
les latitudes, l'Angleterre a coutume de faire trop bon
marché de nos intérêts, et que notre devoir serait de
regimber plus que nous ne le faisons contre ses
empiétements; mais imagine-t-on que nous partions
en guerre pour venger Azincourt, Trafalgar et Waterloo?

Non, nos haines historiques sont un vieux cliché
auquel il serait grand temps de renoncer. Le développement de notre civilisation dans le sens démocratique et individuel nous a rendus pacifiques; nos
infortunes, et l'indifférence qu'elles ont trouvée chez
les peuples pour lesquels nous nous sommes dévoués,
nous ont appris la sagesse et la prudence en matière
de politique étrangère.

*
* *

En somme, la grosse erreur de nos vainqueurs de
1870 a été de traiter la question d'Alsace-Lorraine
comme un problème purement militaire. A la guerre,
quand un point stratégique semble utile pour les
opérations qu'on projette, on s'en empare, si l'on
peut, toute autre considération cédant le pas à celle
du but final à atteindre. L'Alsace-Lorraine constituant
pour les Allemands une base d'opérations formidable

contre nous, ils l'ont donc prise, en vue des guerres futures.

Mais ils ne se sont même pas demandé si ces guerres étaient à prévoir, si elles ne pouvaient pas être évitées par une paix équitable, et si au contraire l'annexion n'était pas le plus sûr moyen de les rendre probables. Ils ont arrêté les hostilités, mais ne se sont pas préoccupés d'en prévenir le retour; ils ont fait la paix en vue de la guerre, et n'ont pas compris qu'une pareille paix n'est pas une paix. Abstraction faite de toute question de sentiment concernant les populations annexées, ils n'ont pas compris que derrière la question militaire se trouve la question politique, et qu'au delà du « glacis de l'empire », il restait une France puissante, mais consciente d'un danger permanent, profondément blessée dans sa foi, mortellement offensée par l'atteinte permanente portée à son indépendance.

CHAPITRE V

La science d'outre-Rhin.

Psychologie de l'historien allemand. — Le major von Pfister
dénonçant le chauvinisme français — Le professeur Daniel et
la géographie pangermanique. — Le germanisme hors d'Allemagne. — Les Allemands sans le savoir. — Tous les Allemands sont–ils donc allemands? — Retour offensif sur
l'argument historique. — La marche vers l'ouest et la nouvelle invasion des Barbares. — L'Alsace et le Saint-Empire.
— La réunion à la France. — Ses conséquences immédiates.

Parmi les arguments scientifiques ou philosophiques par lesquels les Allemands aiment à démontrer
leurs droits sur le bien du voisin, leur grand favori,
le cheval de bataille qu'ont enfourché déjà plusieurs
générations de professeurs, c'est l'argument historique. Il est bien difficile à analyser, car telle est leur
conception de l'histoire, qu'il comprend en lui-même
tous les autres.

L'historien allemand n'est pas en effet un historien
ordinaire, au sens généralement admis du mot. C'est
un prophète, le prophète du pangermanisme, et un
prophète bien dangereux, car il ne se contente pas

d'être inspiré : il sait manier — et remanier ! — pour
les besoins de sa thèse, la géographie, l'ethnographie, la linguistique, voire même la métaphysique et
la théologie. A ce dernier point de vue, Guillaume II
s'est certainement révélé à ses sujets comme un historien de première force, en découvrant les anciens
traités qui unissent les Hohenzollern à Dieu, « leur
vieil allié de Rossbach et de Dennewitz » !

C'est ainsi que toutes les sciences ont été successivement mises à contribution pour « délimiter la
sphère du pangermanisme et dresser le bilan de ses
revendications [1] ».

Ils y ont apporté une conscience et un esprit de suite
véritablement germaniques, et n'ont rien laissé traîner,
dans cette œuvre patiente de redressement et de démar-
quage, conçue au point de vue teuton. A l'Europe ils ont
pris Charlemagne, Shakespeare à l'Angleterre, l'art gothique à la France, à l'Inde la race blonde des Aryas et le
sanscrit, qui n'est, comme chacun sait, que du tudesque
qui s'ignore.

> .... Cette histoire,
> Enfants, il ne faut pas la juger, mais la croire.

L'Allemand a toujours eu un faible pour les contes de
nourrice, et sa manie historique paraissait au demeurant
assez inoffensive. Qui donc, à l'ouest du Rhin et au sud du
Danube, se soucie aujourd'hui des Chérusques et des Mar-
comans ?

Malheureusement, les Allemands nous ont prouvé
que c'est avec des histoires de Chérusques et de Mar-
comans qu'on arrive à créer la légende d'un ennemi

---

[1] Heimweh, *Triple-Alliance et Alsace-Lorraine*.

héréditaire, à se fabriquer des droits antiques, comme des parvenus se donnent des ancêtres, à précipiter enfin sur ses voisins un peuple plutôt réfractaire aux aventures belliqueuses.

Il est donc utile d'étudier cet argument historique, qui, renforcé d'une multitude de théories savantes [1], est allé en se développant avec le temps, et a fini par prendre une ampleur qui fait le plus grand honneur à l'érudition d'outre-Rhin; ampleur telle, qu'il semble désormais impossible de le pousser plus loin.

Au lendemain des guerres de Napoléon, on se contentait de faire appel contre nous à leur souvenir encore tout frais, et de réclamer la revanche d'Iéna; la retraite de Russie, commencée à Moscou et terminée à Paris, et deux invasions consécutives n'entraient, paraît-il, pas en ligne de compte. Mais en s'éloignant, les souvenirs de ces alternatives devaient finir par se compenser; on pourvut à ce danger, en exhumant une série de griefs, depuis longtemps oubliés, et destinés à se renforcer par leur juxtaposition. Ce fut d'abord l'incendie du Palatinat, puis la guerre de Trente-Ans, puis la bataille de Bouvines. Pendant un temps, nous pûmes nous croire arrivés au terme de ces récriminations; du moins, lorsque Thiers, prenant au sérieux la déclaration de Guillaume Ier : « Nous ne faisons pas la guerre au peuple français », demanda, après la chute de l'empire, à

---

[1] Littré mentionne « un naturaliste d'outre-Rhin, homme d'ailleurs d'un éminent savoir, qu'on a vu couronner sa théorie du transformisme en posant comme le dernier mot de la sélection, de la concurrence vitale et du développement humain, l'homme anglais et... l'homme allemand ».

l'historien Ranke : « Mais à qui faites-vous donc
encore la guerre? » il en reçut cette réponse signi-
ficative : « A Louis XIV [1] ». Mais bientôt on invoqua,
pour nous démontrer la supériorité et la suprématie
nécessaire de la race allemande, les invasions des
Barbares et le démembrement de l'empire romain.

Aujourd'hui, un auteur qui se respecte se doit de
montrer plus d'érudition encore, et de remonter à
plusieurs siècles avant l'ère chrétienne. Les premières migrations de peuples dont l'histoire ait gardé
le souvenir exercent sur nos voisins un pouvoir fas-
cinateur, véritable sujet d'étonnement pour qui n'a
pas été élevé dans une université allemande. Aussi
s'efforcent-ils de les accaparer, et d'en faire en
quelque sorte le prélude de leur histoire, en bapti-
sant Indo-Germains les peuples si divers que, partout ailleurs, on appelle les Indo-Européens.

On croit rêver en lisant de pareilles choses, mais
c'est maintenant à plus de deux mille ans que remontent les rancunes et les prétentions des Allemands.
Et si l'on nous fait grâce des dissensions qui ont
divisé les hommes de l'âge de la pierre polie, c'est
simplement faute de documents écrits sur cette
époque reculée : s'il en existait, notre condamnation
ne saurait manquer de s'y lire !

*
* *

A ceux qui seraient tentés de croire ici à une exa-
gération, et qui voudraient faire plus ample connaissance avec cette singulière disposition d'esprit, je

[1] *Die Waffen nieder*, n° 4 de 1892.

recommanderai vivement la lecture d'une brochure du major en retraite von Pfister, professeur à l'École technique supérieure de Darmstadt, et président de la société locale pour l'épuration de la langue allemande.

Disons d'abord, pour fixer les idées, que M. von Pfister n'aime pas du tout les Français. On peut même ajouter qu'il n'aime guère les autres peuples, et qu'il est fort radical dans sa conception de leur avenir : il n'épargne le territoire d'aucun voisin de l'Allemagne, même allié de l'empire. En ce qui nous concerne, il se promet bien de nous démembrer plus cruellement encore que par le passé, pour cette raison que « jamais encore, pas même en 1870-71, ces vauriens n'ont reçu le châtiment qui leur est dû : ce compte est encore à régler ».

Mais il ne s'agit pas seulement de dévoiler nos crimes et de prédire le châtiment qui nous attend ; M. von Pfister démontre, à grand renfort de science, que tous les peuples non allemands sont, sur leur propre territoire, des usurpateurs ; son opuscule, qui a eu un certain succès de librairie, a surtout pour objet d'indiquer au jeune empire les « droits » qu'il pourra faire valoir à la première occasion [1].

On y apprendra que les Ibères, peuple non-indo-germanique (pour son malheur !), habitaient primitivement la Gaule ; qu'ils furent refoulés par les Celtes, simples indo-germains, puis ceux-ci par les Germains proprement dits ; qu'à l'arrivée de César, ces derniers

---

[1] Ce pamphlet est intitulé : *Les frontières de l'empire allemand à l'ouest et au sud, après la prochaine guerre franco-allemande ; indication de notre droit dix fois séculaire.*

étaient maîtres du pays jusqu'à la ligne qui joint
Rouen à Bâle, comme en témoigne Tacite « par une
opposition prophétique au chauvinisme éhonté des
Français »; qu'ainsi la Saône, la Meurthe, les Vosges,
Besançon, Langres doivent être appelés *Sohne, Mörthe,
das Wasiche, Wisantzun, Lengerun;* que la rivière Aa
marque, dans le Nord, la limite des deux races, parce
qu'elle séparait, avant l'arrivée de César, les Ména-
piens des Morins; que « c'est dans le germanisme
pur, sans mélange ni sophistication, que se montra
pour la première fois la véritable noblesse de l'humanité », dans ce germanisme « égal en puissance intellectuelle et en grandeur d'âme à l'hellénisme, mais
supérieur en pureté morale et en force physique »;
que la Providence avait choisi les Germains pour la
rédemption de l'humanité, mais « qu'ils n'ont malheureusement servi jusqu'ici que d'engrais (*sic*), de
matière première à la formation de peuples ennemis »; qu'au x° siècle, les paysans de beaucoup de
parties de la France parlaient encore allemand (alors
qu'ils ne l'ont jamais parlé, et que, depuis longtemps
à cette époque, les nobles, issus des conquérants,
avaient adopté leur langue romane, comme le prouve
le serment de Verdun); que « la tête des écoliers
français est bourrée de tout le fumier d'une écurie
d'Augias »; qu'enfin le sang français est mélangé de
30 p. 100 de sang allemand, ce qui, par une logique
pleine de saveur, autorise l'Allemagne à nous réclamer encore 25 de nos départements[1]!

[1] Voir la note, page 165.

On y apprendra aussi quelles destinées l'histoire et la philologie comparée réservent à l'Allemagne et à ses voisins, alliés compris. La Hollande et la Belgique (cette dernière, augmentée de nos départements du Nord et des Ardennes), entreront, bon gré mal gré, dans l'impériale confédération. Celle-ci s'accroîtra en outre de deux nouveaux duchés, la Lorraine (capitale, *Nanzig*) et la Franche-Comté (capitale, *Wisantzun*) [1] ; du Tyrol, dont la partie méridionale sera réclamée à l'Italie, et dont les limites « seront reculées à l'est et à l'ouest » ; de la Suisse, dont les trois races seront partagées entre la Franche-Comté, devenue allemande, les pays allemands limitrophes et le Tyrol, devenu allemand (on se demande pourquoi ce partage ?) ; de Trieste enfin « qui fut de tout temps une bonne ville allemande » !

Il est possible que la France soit encore appelée à faire les frais d'une compensation à l'Italie. Mais l'auteur ne le dit pas ; après tout, il ne s'agit que d'Italiens, c'est-à-dire d'un peuple latin, race taillable et corvéable : le major Pfister émaille la brochure de trop d'injures à l'adresse de César pour user de scrupules avec ses descendants. D'ailleurs les Lombards ont passé par là : le vrai nom de Bormio est *Worms !* Quant à l'autre fidèle alliée, l'Autriche, il n'est pas davantage question de ses légitimes susceptibilités : elle deviendra ce qu'elle pourra.

On apprendra bien autre chose, dans cette brochure

---

[1] Pourquoi la Franche-Comté devient-elle un duché ? Le major von Pfister espère-t-il y devenir Pfister Ier, et trouve-t-il le rang de comte insuffisant ?

hargneusement savante. Mais surtout, on se sentira
pris de beaucoup d'étonnement, et de quelque pitié,
en présence de l'émotion avec laquelle un Allemand
de nos jours pleure sur le sort des vertueux Germains, persécutés et mis à mal par ces « brigands »
de Gaulois, de Romains et de Français. On sourira,
quand le terrible major, voyant toujours et partout
les Germains se fondre dans les peuples envahis par
eux, s'écrie lyriquement : « Dans le Français d'aujour-
d'hui, il faut que nous haïssions et que nous combat-
tions le Franc, l'Alaman, le Burgonde, le Wisigoth et
le Normand ; dans l'Italien (tiens, et la *triplice ?*),
l'Ostrogoth et le Lombard, c'est-à-dire le meilleur de
notre chair et de notre sang. Quel autre peuple a
connu un si triste sort? » Et ailleurs : « Que sont
devenus nos compatriotes? Où a passé le Goth qui
habitait au bord de la mer Noire? » Et, devant ces trésors de sentimentalisme utilitaire, on reconnaîtra que
les temps ont bien marché depuis le jour où Henri
Heine nous révéla que les Allemands ne nous avaient
point pardonné l'exécution de Conrad de Souabe,
ordonnée en 1266 par Charles d'Anjou !

On voudrait pouvoir dédaigner de semblables billevesées, les attribuer à quelque surexcitation mala-
dive du cerveau d'un pédant isolé. Malheureusement,
les Pfister sont légion en Allemagne : brochures,
articles de journaux, livres d'enseignement et leçons,
chansons chauvines à l'usage des écoles, discours
enflammés aux « associations de guerriers », ne cessent
de révéler leur infatigable propagande. Si j'ai parlé si
longuement de ce libelle, ce n'est pas à titre de sin-

gularité curieuse, mais bien au contraire parce qu'i
est le produit d'une tournure d'esprit fort répandue
Le grand intérêt de ces théories est dans l'état d'âme
révélé par l'accueil qu'elles reçoivent. Le Français
auquel on débite ces sornettes archéologiques
répond narquoisement : « Et puis après ? » — L'Allemand admire sincèrement leur savante profondeur,
et les adopte.

*
* *

M. von Pfister n'est pas l'inventeur du procédé qui
consiste à réclamer, sous prétexte de germanisme,
toute terre qui lui convient.

Ses compatriotes sont, au contraire, préparés dès
l'enfance à absorber la nourriture indigeste qu'il leur
sert. Leurs professeurs y veillent depuis longtemps.

Qu'on ouvre entre autres les divers *Manuels de géographie* de Daniel, ouvrages classiques s'il en fut,
puisque leur usage est officiellement prescrit dans les
écoles de l'empire, et que l'un d'eux, le *Leitfaden*,
atteignait en 1891 sa 176e édition. On y trouvera un
exemple que je voudrais voir affiché aux murs de
toutes nos salles d'école et des chambrées de toutes
nos casernes :

> Les limites naturelles de l'empire allemand sont la
> Baltique, la mer du Nord; la ligne de partage des eaux
> entre les bassins du Rhin et de la Seine, courant de Bou-
> logne à Langres; les monts Faucilles; le Jura, qui, sem-
> blable à une muraille, sépare la France de l'Allemagne; le
> Rhône; les Alpes; l'Adriatique (golfe de Fiume); les Car-
> pathes de Hongrie et la Nareva dans le golfe de Finlande,

à trente-cinq lieues de Saint-Pétersbourg. — Les limites politiques de l'empire allemand sont de beaucoup en arrière de ses limites naturelles et nous avons le regret d'avouer que le tiers environ de la patrie allemande est encore détenu par nos voisins.

Il y a quelque inconséquence à déclarer que les fleuves ne forment pas une frontière naturelle, quand il s'agit du Rhin, et à soutenir la thèse opposée pour nous enlever la rive gauche du Rhône. Pourquoi ne pas escalader les Cévennes ? Pourquoi ne pas étendre l'Allemagne des Pyrénées à l'Oural et au Caucase ? En y ajoutant l'Angleterre, anglo-saxonne, et la péninsule ibérique, qui ne peut rester seule libre en Europe, et qui a d'ailleurs été envahie par les Barbares, on aurait de bien belles frontières naturelles !

Il est juste de reconnaître que Daniel ajourne une partie de ses revendications, mais le paragraphe 103 de son Manuel constitue déjà une jolie entrée de jeu :

Pays allemands extérieurs (*Deutsche Aussenländer*). Les six États qui suivent : la Suisse, le Lichtenstein, la Belgique, les Pays-Bas, le Luxembourg et le Danemark, sont considérés comme appendices de l'Allemagne (*als Anhang zu Deutschland*), *a*) parce qu'ils sont situés en grande partie en dedans des limites naturelles de l'Allemagne ; *b*) parce qu'à peu d'exceptions près, ces pays ont appartenu à l'ancien empire allemand, et en partie, jusqu'en 1866, à la Confédération germanique.

Pour ne nous occuper que de la France, elle ne contituait à l'origine qu'un débris de l'empire de Charlemagne, borné par la Saône et le Rhin ; au delà de ces limites, « elle ne s'est formée qu'aux dépens de l'Al-

lemagne » ; Lyon et Marseille ont été villes allemandes pendant tout le moyen âge ; pour Metz et
Strasbourg, « cela va de soi » (*das versteht sich von
selbst*).

Cette thèse est appuyée par Daniel sur un système
de nomenclature qui ne manque pas d'imprévu, et
qui consiste à germaniser les noms des provinces et
des villes dans la zone en question ; c'est tout au
plus si, pour les localités les plus importantes, il
ajoute entre parenthèses le nom français.

Il est vrai que nous francisons, sur nos cartes,
plus d'un nom allemand. Mais ce n'est pas pour les
besoins d'une revendication fantaisiste : personne ne
songe à assimiler le nom de Francfort à celui de
Fort-de-France ! Cette habitude, d'ailleurs fâcheuse,
n'est, en général, qu'une question d'orthographe traditionnelle ou de prononciation ; certaines fois, d'ailleurs, l'appellation française défigure moins le nom
primitif que ne fait celle qui a cours dans le pays :
Cologne, mieux que Köln, rappelle la Colonia des
Romains.

Mais, dans le traité de Daniel et dans les nombreuses
publications qui l'ont pris pour modèle, on est en
présence d'une déformation systématique et artificielle, et portant uniquement sur la partie convoitée de
notre territoire, à laquelle elle donne l'aspect le plus
étrangement germanique.

Ainsi Aix en Provence est changé en *Wälsch-Aachen ;*
ce sont pourtant bien les Romains qui ont fondé *Aquas
Sextias*, comme ils ont fondé *Aquisgranum* (Aix-
la-Chapelle), dont les Allemands ont fait leur *Aachen*.

De même, Arles devient *Arelat ;* l'Artois, *das Atrecht ;*
Bergues, *Berg am Wynoxberg ;* Besançon, *Bisanz*
(combien je préfère le *Wisantzun* de Pfister!) ; Bou-
chain, *Buchhain ;* Cambrai, *Kamerick ;* Condé, *Condat ;*
Douai, *Dauwey ;* Dunkerque, *Dünkirchen ;* Grenoble,
Graswalde ; Lille, *Ryssel ;* Longwy, *Longwik ;* Luné-
ville, *Lünstadt* (*Mondstadt* serait mieux) ; Lyon,
Wälsch-Leiden ; Marseille, *Masilien ;* Maubeuge, *Mar-
bolden ;* Nancy, *Nanzig ;* Orange, *Orense ;* Plombières,
Plombersbad ou *Plumbers* (j'aurais traduit, plus ger-
maniquement, par *Bleibad*) ; la Provence, *die Pro-
vinz ;* le Quesnoy, *Haimons-Eichicht ;* Toul, *Tul ;*
Valence, *Valenz ;* Verdun, *Virten ;* Vienne, *Wälsch-
Wien ;* Viviers, *Weihers.*

Le moyen, après cela, qu'un écolier allemand ne
soit pas convaincu que les Lillois parlent flamand et
brûlent de devenir allemands, ainsi que les Lyonnais,
condamnés à être appelés les *Wälsch-Leidener ?* Et
quelle ne doit pas être la puissance assimilatrice de
la France pour que les gens de Grenoble aient oublié
qu'ils habitent la bonne ville allemande de *Graswalde,*
et n'en aient pas au moins traduit le nom par Bois-
gazon !

Pour savourer comme elles le méritent les théories
des Pfister et des Daniel, il convient d'en rapprocher
l'opinion suivante de M. de Bismarck sur nos écoles [1] :

L'enseignement français a, sous des influences venues
d'en haut, entretenu sciemment les défauts du caractère

---

[1] Discours aux instituteurs venus à Kissingen ; voir le *Temps,*
des 15 et 21 août 1893.

national français : la vanité, le chauvinisme, le dédain des autres nations, l'ignorance en fait de géographie et d'histoire. Depuis le premier Napoléon jusqu'à ce jour, l'enseignement d'histoire donné en France n'est qu'une grande falsification de l'histoire. Cette falsification se fait par ordre supérieur. Elle a exercé une fâcheuse influence sur le caractère national.

Augias, où sont tes écuries ?

*
* *

Ce sont de terribles gens, que les pangermanistes. Avec un calme imperturbable, ils vont, revendiquant toute terre où s'est promenée, il y a vingt siècles, quelque horde de Germains. Et, fait important à noter, comme les descendants actuels de ces Germains ont hérité de leurs goûts nomades, ils commencent à étendre leur raisonnement aux ɔrations des Allemands modernes.

Le *Neue Kurs* (l'*Ère nouvelle*), d'octobre 1892, contient à ce sujet un article utile à méditer, et qui a pour titre : *Le germanisme à l'étranger, considéré comme facteur de la politique de l'empire* [1].

L'ennemi le plus acharné de l'Allemagne ne saurait mieux souhaiter que de voir prendre corps la politique rapace préconisée dans cette étude : c'est l'univers entier, menacé dans son indépendance, que se mettrait à dos l'insatiable empire.

Bien entendu, la France, la Hollande, la Belgique,

[1] L'auteur anonyme de cet article a publié, en 1888, une brochure à tendances analogues sur *les Allemands francisés, au delà des frontières occidentales de l'empire*.

la Suisse, l'Italie et l'Autriche, paieraient le tribut que l'on sait à ses appétits. Mais ce ne serait là qu'un commencement.

En Russie, où tant d'Allemands se sont infiltrés, le lot de tous ces immigrés est « la russification systématique et violente ». L'empire ne peut intervenir en faveur de ces « compatriotes persécutés ». Même une guerre heureuse ne sauverait pas la nationalité allemande, puisqu'il faudrait annexer, pour cela, la moitié de la Russie. Au moins en sauverait-on des débris ; on « reprendrait » (le mot est joli) les provinces baltiques,

... en leur adjoignant une large partie de la Lithuanie, pour assurer leurs communications avec la mère-patrie allemande. On y attirerait les paysans allemands du sud de la Russie et les artisans de la Pologne, et on obligerait à s'éloigner les paysans lithuaniens et polonais. D'ailleurs, l'Esthonien n'est pas slave, etc...

C'est bien simple, comme on voit. On prend les terres qui vous conviennent, on « oblige à s'en éloigner » les habitants qui vous déplaisent — l'auteur demande par la même occasion l'expropriation des propriétaires indigènes de la Pologne prussienne, — et voilà le germanisme sauvé dans une région !

D'après le même auteur,

Il existe aux Etats-Unis d'Amérique vingt millions d'Allemands, si l'on fait entrer en ligne de compte tout le sang allemand... New-York est après Berlin la plus grande ville allemande, avec un million d'Allemands[1]... La minorité

---

[1] Ils étaient 180 000 sur 1 515 301 habitants, au recensement de 1890 : il faut donc croire qu'ils ont bien pullulé depuis !

allemande est opprimée aux États-Unis avec une absence
de scrupules tout américaine... Si l'on soulevait habilement la question des nationalités, la Confédération se
briserait en quatre États : un allemand, un anglais, un
irlandais, et un franco-espagnol au sud.

A bon entendeur, salut.

Quant au Brésil, les trois états de Rio-Grande
do Sul, San Catharina et Saô Paolo sont « absolument
allemands », et l'auteur nous fait à leur sujet d'intéressantes révélations. Tout était prêt, paraît-il, à la
chute de l'empereur dom Pedro, pour les « détacher
de la Confédération » et en faire une colonie allemande ; il aurait suffi d'une intervention officielle « du
plus léger choc, pour fonder outre-mer un Reichsland
sous le protectorat allemand... Un simple appui
diplomatique accordée aux revendications nationales
aurait mis en mouvement les Allemands du Brésil ».
Il est vrai que ces États sont séparés les uns des
autres par celui du Parana, mais on le leur aurait
ajouté « pour les arrondir ».

Et pourquoi un fonctionnaire allemand des affaires
étrangères n'aurait-il pas été chargé de réaliser cette réunion ? Le fait que le droit des gens réprouve de semblables
démarches ne mérite pas d'être relevé. Ni les Russes dans
les Balkans, ni les Anglais dans leurs colonies, ni les Américains aux Samoa ne s'en sont inquiétés, et la fortune leur
a souri. Pourquoi nous, Allemands, respecterions-nous
seuls un droit artificiel dans les affaires nationales (!), au
risque de voir mourir notre nationalité ?

Malheureusement l'empire a laissé passer l'occasion, et voilà comment le Brésil l'a échappé belle !
Mais cet article ne donne-t-il pas à réfléchir, si l'on

se reporte à l'insurrection séparatiste que, précisément en ce moment, le Brésil est obligé de combattre dans le Rio-Grande do Sul ?

En Afrique, c'est la colonie du Cap, avec les républiques des Boers, que veut sauver l'infatigable rédempteur. Chose étrange, dans le seul pays du Cap, qui ne possédait en 1891 que 337 000 habitants de race blanche, il ne compte pas moins de 300 000 Allemands, en comprenant, bien entendu, sous ce nom les Hollandais ! Ici encore, l'Allemagne a manqué le coche : il y a peu d'années, il lui aurait suffi d'appuyer le mécontentement des populations pour « ruiner la domination des Anglais, que leurs forces militaires ne suffisaient pas à défendre ».

En résumé, l'Allemagne a droit sur une bonne moitié de l'Europe, sur le tiers environ des États-Unis, sur une grande partie du Brésil, et sur une des plus belles colonies anglaises. Tout cela, parce qu'il émigre, bon an, mal an, 150 000 Allemands. Mais quand on voit la rapidité avec laquelle ces émigrants oublient leur langue et dépouillent leur nationalité, on se demande si ce n'est pas précisément pour cesser d'être allemands qu'ils quittent l'Allemagne. Ne sont-ils pas, suivant l'expression de Heine, le plus illustre d'entre eux, des *Prussiens libérés ?* Qu'arriverait-il donc s'ils refusaient d'être sauvés ?

Il leur arriverait, hélas ! ce qui arrive aux Alsaciens-Lorrains, émigrés moralement depuis deux siècles. S'ils n'acceptaient pas de jouer les guillotinés par persuasion, on les guillotinerait sans chercher à les persuader !

*
* *

Quand les pangermanistes ne trouvent plus de peuples entiers à réclamer, ils étendent leur petit jeu aux individus isolés. Quiconque a eu un seul ancêtre allemand, quiconque porte un nom susceptible de revêtir, même au prix d'un calembour, une orthographe tudesque, est allemand, bon gré, mal gré. Nul ne saurait dire le nombre de ceux qui sont ainsi allemands sans le savoir, car, en vérité, personne n'est à l'abri de ce danger !

Rien n'égale la joie maligne avec laquelle ils constatent que tel ou tel personnage a eu un arrière-grand-père allemand, si ce n'est le chagrin que leur cause la perte de tant de « matériaux humains ». A cet égard, l'auteur du *Neue Kurs* n'est pas en retard sur le major von Pfister :

C'est la destinée tragique de notre nationalité, que de voir à *Nanzig*, la ville d'origine allemande, le rôle de suppôts des Slaves joué par de prétendus Français, comme *Stäplin* [1], le préfet de la Lorraine faussement appelée française, et le président *Burkhart* [2] de la Société de gymnastique... En Russie, les renégats allemands sont de même les adversaires les plus acharnés de leur nationalité héréditaire.

Ce n'est pas une discussion sérieuse, c'est le large rire de Rabelais et de Molière, l'ironie de Voltaire et de Courier, qu'appellent de semblables prétentions.

[1] M. Stépelin.
[2] M. Bourcart.

* *
*

Mais il ne saurait nous déplaire de suivre les pangermanistes sur ce terrain. Il suffira pour cela d'ouvrir l'annuaire de l'armée et de la marine allemandes [1].
Rien que parmi les officiers supérieurs, on y trouve
plus de cent noms français, bien caractérisés, si bien
que pour imprimer certains d'entre eux, qui con-
tiennent des lettres accentuées, ou à cédille, ou des
apostrophes, il a fallu emprunter à notre alphabet
des caractères qui détonnent au milieu des lettres
gothiques : tels sont le colonel **L'Œillet de Mars**,
les lieutenants-colonels **von Nerée** et **von Malaisé**,
les majors **Barbenès**, **Châles de Beaulieu**, **von
François**, **Molière**, **de la Motte-Fouqué**, etc. Les
uns ont gardé leur *de*, d'autres le changent en *von*
ou en *zu* (majors von Le Bret-Nucours, von Le Suire,
Le Tanneux von Saint-Paul, von Bonnet zu Mautry),
d'autres encore font un mélange sympathique, comme
le général von Verdy du Vernois.

Pour s'en tenir aux officiers généraux, qui de nous
peut songer à revendiquer pour français MM. von
Parseval, von Chappuis, von Legat, Passavant, von
Pelet-Narbonne, von Roques, von Vuillaume, et les
deux Bronsart (von Schellendorff) et l'amiral Valois?

Il y a au moins autant de noms slaves sur cet
annuaire. Chassera-t-on, par exemple, de l'armée, les
deux généraux von Lewynski, et les von Leszczynski,

---

[1] *Eintheilung und Standorte des deutschen Heeres und der
kaiserlichen Marine.*

les von Przychowski, et tant d'autres, quand on réa-
lisera la grande expropriation des propriétaires fon-
ciers polonais au profit de la colonisation allemande ?
A-t-on renié les services de l'officier danois von
Moltke, le vainqueur de ses premiers frères d'armes ?

Et le Maître Jacques de la politique impériale, le
comte *von* Caprivi *de* Caprara *de* Montecuculi, tour à
tour général en chef, vice-amiral et chef de l'ami-
rauté, chancelier de l'empire et ministre-président
en Prusse, devra-t-il aller mettre sa compétence universelle au service du roi Humbert? Assurément, une
telle idée lui paraîtrait fort déraisonnable, et choque-
rait non moins ses compatriotes ; elle n'est pourtant
pas plus absurde que celle qui consiste à réclamer
pour allemands tous les hommes qui s'appellent
Mayer ou Müller.

*
* *

Ainsi, l'argument historique a du bon : comme tous
ceux qui ne reposent sur aucune base sérieuse, il se
laisse aisément retourner.

De bonne foi, les Allemands peuvent-ils supposer
que les Triboques, les Némètes, les Tongres et les
vingt autres petites peuplades pompeusement énumérées par le major von Pfister et par tant d'autres
auteurs, croient-ils que ces bandes de barbares formaient une nation, et se doutaient que de savants
professeurs leur prêteraient un jour des aspirations
qui ne sont venues aux Allemands qu'en ce siècle ?
J'imagine que, quand les Triboques convoitaient

quelque riche pâturage, ils s'inquiétaient peu de savoir s'il appartenait à une tribu celte, et qu'ils ne devaient pas hésiter à l'enlever même à des Tongres, pour peu qu'ils se sentissent les plus forts. Leur état politique et social, comme celui des combattants du siège de Troie, ne différait pas sensiblement de celui des Achantis, des Zoulous et des Dahoméens d'aujourd'hui, et l'on sait avec quelle désinvolture le roi nègre Behanzin razziait son voisin nègre Toffa, au temps où celui était en son pouvoir.

Plus près de leur origine commune, les Germains différaient moins des Celtes que les Allemands des Français. Leurs petites tribus rivales n'avaient pas plus de liens entre elles qu'avec les tribus voisines d'origine différente, comme c'est encore actuellement le cas de toutes les peuplades non civilisées. Et, si l'on veut à toute force voir en eux une nationalité, il faut logiquement étendre, de proche en proche, cette conception à tous les hommes qui habitaient alors l'Europe.

Mais enfin, admettons qu'il ait existé un peuple germain, ayant conscience de son individualité nationale. A quelle période de son histoire remonterons-nous pour délimiter le territoire qui doit revenir à ses héritiers les Allemands? Pourquoi choisir précisément l'époque où certaines de ses tribus mirent un pied en Gaule? Pourquoi ne pas pousser jusqu'au moment où les Germains firent leur apparition dans l'histoire? M. Honegger, en qui les Allemands ne sauraient voir un ennemi, car il assure que « l'élément germanique a maintenant, en gros, la charge du dé-

veloppement du monde civilisé [1] », M. Honegger
constate qu' « autant qu'on le connaît, le territoire
d'origine des Germains est fort petit; son noyau
était le carré compris entre la mer, le Rhin, le Main
et l'Oder. Il fut même limité à l'Elbe, à la Saale et
au Böhmerwald, à l'époque où les Slaves poussèrent
jusque-là ». Et ces Slaves n'étaient pas tellement à
dédaigner, car, suivant le même auteur, « ils péné-
trèrent, du vie au ixe siècle, profondément dans la
Germanie proprement dite, et se trouvaient, dès le
début, dans un état de civilisation très avancé », ce
qui n'était assurément pas le cas des Germains d'alors.

Et pourquoi ne nous poserions-nous pas en héritiers de ces Celtes qui, au ive et au ve siècle avant
l'ère chrétienne, occupaient, outre la Gaule, l'Espagne, le nord de l'Italie, le sud de la Germanie, les
Iles Britanniques, firent trembler Rome et la Grèce,
et qui, si nous portons le nom des Francs, ont, de
leur côté, laissé leur nom à la Galice en Espagne, à
la Galicie en Pologne, à la Galatie en Asie, sans
compter encore la Bohême, appelée du nom d'un de
leurs rameaux, les Boïens? Certes, ces prétentions
seraient sottes et ridicules; mais que sont donc celles
des teutomanes?

Quant à l'époque des Hohenstaufen, sur laquelle
s'appuient Daniel et tant d'autres pour proclamer le
germanisme du Brabant, de la Lorraine, du royaume
d'Arles et de Trieste, oublient-ils qu'au même moment les Slaves touchaient à Hambourg et campaient

---

[1] *Katechismus der Culturgeschichte.*

sur l'emplacement où, depuis, on a élevé Berlin ?
Sont-ils prêts à rétrocéder, par amour de l'histoire,
leur capitale et la moitié orientale de l'empire ? Il ne
faudrait pas moins qu'une pareille abnégation dans
la logique pour justifier leurs prétentions sur l'autre
extrémité du Saint-Empire.

Les Italiens aussi auraient leur mot à dire : ne
sont-ils pas les héritiers des Romains ? A ce titre,
leurs droits sur Cologne, Mayence et Ratisbonne
priment ceux que les Lombards et les Hohenstauffen
ont pu acquérir dans la vallée du Pô...

Ce raisonnement peut se poursuivre indéfiniment.
Toute contrée a connu plus d'un possesseur et plus
d'un ravisseur, depuis que l'homme a paru sur
terre ; lequel d'entre eux a légué des « droits »
valables à ses descendants ? Et quel peuple est assez
pur de mélange pour pouvoir se donner comme l'héritier direct et exclusif d'un de ceux qui ont disparu ?

⁂

Mais n'importe ; la science allemande a prononcé :
notre rôle est fatalement d'être mangés par les Allemands. Du moins, M. Lujo Brentano l'a écrit au
Figaro, et cela constitue une proposition scientifique-
ment établie pour ses compatriotes ; nous subissons
les effets de la poussée générale des peuples vers
l'ouest ; c'est une loi naturelle, que l'Allemagne a
mission de nous appliquer.

Que M. Brentano nous permette de ne pas nous y
résigner sans essayer au moins de la résistance :

nous nous trouvons si bien chez nous, qu'il nous serait très pénible de céder la place à d'autres ! Qu'il nous permette aussi de l'avertir d'un danger : l'Allemagne n'est pas seule au monde avec nous. Elle a aussi des voisins orientaux.

Cela me fait de la peine pour les Berlinois, lui répond ironiquement M. Lavisse [1], de penser que les Russes, après quelques générations de marche vers l'ouest, arriveront à Berlin, où on ne les aime pas. Et cela me fait de la peine pour nous, de penser qu'au même moment, entraînés aussi par la marche vers l'ouest, nos Bretons, nos Normands et nos Gascons seront au fond de la mer Atlantique.

Il faut pourtant s'entendre. Si la loi de l'humanité est de marcher perpétuellement vers l'ouest, comme un cheval qui fait tourner un manège, que signifie la poussée plusieurs fois séculaire qui a mené les Allemands des bords de l'Elbe au golfe de Finlande, et que la Russie s'est décidée enfin à enrayer, en voyant qu'on en prenait texte pour lui réclamer ses plus belles provinces ? Et pourquoi l'Allemagne pousse-t-elle chaque jour davantage l'Autriche vers l'Orient, quitte à « délivrer » les Autrichiens de langue allemande, quand l'empire des Habsbourg sera devenu essentiellement slavo-hongrois ? Et que dire de l'invasion pacifique des Allemands en Turquie et en Asie-Mineure ? Et la Russie, n'est-ce pas surtout vers l'est que se poussent ses millions d'habitants ?

Les Allemands sont absolument dans le vrai, en

---

[1] *Parole Française.*

disant qu'ils ont de tout temps émigré vers l'ouest,
et que la plupart des Alsaciens, et beaucoup de
Français, ont du sang allemand dans les veines. Ils
sont une race très prolifique, qui déborde par-dessus
toutes ses frontières, sans s'inquiéter des points car-
dinaux qu'elles regardent. Seulement, ils n'ont pas
le même sort dans toutes les directions.

A l'est, ils ont devant eux un peuple moins avancé ;
ils lui apportent plus de culture qu'ils n'en peuvent
recevoir de lui en échange ; aussi ont-ils reconquis,
de ce côté, toute l'ancienne Germanie, et, sur le territoire russe lui-même, leur langue et leur civilisation
tendent-elles à vaincre celles des indigènes. A l'ouest
et au sud-ouest, leur rencontre avec, je ne dis pas
la race, mais la culture latine, n'a pas été suivie du
même succès. En Belgique et en Suisse, le flamand
et l'allemand perdent, à chaque recensement, du terrain sur le wallon et le français. En Lorraine et en
Franche-Comté, ils n'ont laissé aucune trace ; en Alsace, notre libéralisme a laissé subsister leur langue :
mais ce que les Alsaciens disent en patois allemand,
c'est qu'ils sont français de cœur. Dans ces conditions, l'émigration des Allemands à l'ouest se continue bien, mais elle est perdue pour le germanisme ;
au bout de quelques années, la plupart des Allemands
immigrés en France ont oublié leur patrie d'origine ;
leurs fils sont purement et simplement français : au
contact du monde gallo-romain, l'Allemand fond et
disparaît.

La fameuse poussée n'a donc plus rien d'une conquête ou d'une migration de peuples. Elle est un

soulagement pour l'Allemagne trop peuplée, et une infusion de sang nouveau pour la France.

Parler encore de la marche vers l'ouest, dit bien justement Heimweh [1], est un véritable anachronisme.

Excusons cependant leur erreur, ajoute-t-il. Une invasion particulière, celle des Prussiens, s'est répandue sur l'Allemagne ; et, comme elle se propage de l'est vers l'ouest, c'est elle qui aura, sans doute, donné le change aux Allemands. Ils se sont crus reportés de quinze siècles en arrière. Ils s'imaginent être revenus au temps de l'invasion des Barbares, et il faut convenir qu'ils peuvent s'y tromper.

⁂

Mais il y a autre chose et mieux qu'une boutade heureuse, pour répondre à la théorie du droit historique, à laquelle les Allemands tiennent si fort, et je me hâte d'ajouter que Heimweh, dans son livre sur *la Question d'Alsace*, l'a fait avec une précision qui défie la critique. L'ironie où il trouve une amère consolation à sa tristesse est d'autant plus complète, qu'il sait battre les historiens allemands avec leurs arguments favoris.

Je ne referai pas en détail une discussion qu'il a si bien écrite. Cela est inutile pour les Français, qui, d'ailleurs, se soucient peu des prétendus droits historiques. Mais la question a de l'intérêt pour les Allemands qui auraient la curiosité de voir comment on peut s'y prendre pour discuter les assertions des

---

[1] *Triple-Alliance et Alsace-Lorraine.*

Ranke, Treitschke, Kohlrausch, et *tutti quanti;* elle en a surtout pour les neutres, à l'impartialité desquels nous faisons appel. A tous ceux-là, je conseillerai de lire Heimweh, ainsi que Lavisse.

Il est cependant une affirmation, chère aux historiens allemands, contre laquelle il importe de prémunir ceux qui sont disposés à se contenter d'un jugement sommaire. « L'Alsace, disent-ils, a été traitreusement arrachée par la France à l'Allemagne. »

C'est là, pour parler modérément, une double équivoque intentionnelle, qui pourrait mener loin tous les voisins de l'empire des bonnes mœurs. Car, si l'on admet, en ce qui concerne l'Alsace, cette manière d'envisager l'histoire, il faut aller jusqu'au bout, et donner raison aux Daniel et aux Pfister ; et alors, malheur aux Hollandais, aux Belges, aux Suisses, aux Italiens du Nord, aux Russes et aux Autrichiens !

La vérité est, d'abord, que l'Alsace n'a pas été enlevée à l'Allemagne, par la bonne raison que l'Allemagne n'existait pas quand l'Alsace devint française :

Comment l'aurais-je fait, si *vous* n'étiez pas nés !

Il n'existait, pas, à cette époque, de patrie allemande, au sens moderne du mot. Ce qu'il y avait, c'était le « Saint-Empire romain de nation germanique », une bien étrange conception politique, en vérité ! Un empereur élu, ne disposant que d'un fantôme d'autorité, une diète surannée et déconsidérée ; puis une multitude de petites souverainetés rivales, sans autre idéal que de s'arrondir aux dépens du voi-

sin [1] ; le territoire de chacun de ces 360 États minus-
cules, subdivisé en un nombre incroyable d'enclaves
enchevêtrées les unes dans les autres et passant d'un
maître à un autre au gré des héritages, des mariages,
des guerres, des ventes ; au milieu d'une telle anarchie, la population, forcément indifférente à ces mu-
tations, et n'y voyant rien de plus que des change-
ments de destination pour les impôts levés sur elle...
où pouvait bien être, dans tout cela, l'idée de patrie?

L'Alsace était également subdivisée en une quantité
de souverainetés féodales, luttant sans cesse entre
elles et contre l'empereur. En 1469, le duc Sigismond
d'Autriche engagea à Charles le Téméraire, pour
80 000 florins, le comté de Ferette et le Sundgau, en
même temps que le Brisgau et la Forêt-Noire ; quand,
deux cents ans plus tard, l'Alsace devint terre française, la chose n'avait pas plus d'intérêt pour les
habitants d'un des petits pays du centre de l'Allemagne, qui venaient de changer de maître vingt fois
pendant la guerre de Trente Ans. Louis XIV eût pris
en même temps le Brisgau et la Forêt-Noire, pour avoir
une frontière montagneuse comme les Allemands la
veulent aujourd'hui, que l'Allemagne ne s'en fût pas
autrement troublée, puisque, encore une fois, elle
n'existait pas !

Les Allemands invoquent volontiers le souvenir des

---

[1] D'après M. Sorel, 17 États allemands, après le traité de
Westphalie, comptaient 200 000 habitants et davantage. Les
343 autres en avaient en moyenne 23 000, et chacun était divisé
en une quantité de parcelles séparées, comme le sont encore
les duchés de la Thuringe, les « *Principautés in-18* », suivant le
joli mot de M. de Bismarck !

sept siècles que l'Alsace a passés sous la domination
du Saint-Empire.

En réalité, toute cette longue période de l'histoire d'Alsace n'a été que l'histoire de la revendication et de la
défense de ses libertés contre les empereurs d'Allemagne
qui, toujours besogneux, avaient coutume de les lui vendre
à beaux deniers comptants. L'empire ne songeait à l'Alsace que pour réclamer d'elle des subsides en hommes ou
en argent: cela lui arrivait souvent, il est vrai, mais les
villes alsaciennes ne les lui accordaient que moyennant
l'octroi de bons privilèges bien effectifs.

... Dès le xv⁰ siècle, Strasbourg possédait, outre une
soixantaine d'autres franchises, grandes et petites, le droit
de conclure des traités politiques même avec l'étranger,
et la dispense de rendre foi et hommage à l'empereur.
Moins d'un siècle plus tard, elle résistait courageusement
au tout puissant Charles-Quint, en même temps qu'elle
correspondait avec François Iᵉʳ, qui l'appelait « sa très
chère et grande amie ».

... Pendant les sept cents ans dont parle M. de Manteuffel, c'est à la Suisse bien plus qu'à aucun des États
allemands qu'il convient de comparer l'Alsace, avec cette
seule différence que l'une, grâce à la conformation de son
territoire et la seule énergie de ses montagnards, a pu
s'affranchir du joug impérial par les armes, tandis que
l'autre a dû s'y prendre par des voies plus lentes, en usant
de patience, de persévérance et de diplomatie[1].

Depuis longtemps, dit M. Lavisse [2], l'Alsace, lorsqu'elle
est devenue française, était à l'abandon et l'Allemagne en
anarchie. L'Allemagne du xvii⁰ siècle était un chaos
d'égoïsmes; l'Alsace, qui n'avait pas même de commun
prince et vivait de mille vies étroites dans ses évêchés,

---

[1] *L'Alsace-Lorraine et l'Empire Germanique.*
[2] *La question d'Alsace dans une âme d'Alsacien.*

ses monastères, ses fiefs et ses villes, ressemblait à l'Allemagne.

Au milieu de l'Europe s'étendait l'incohérence des Allemagnes, un grand corps mou, qui ne sentait point ses extrémités. L'Alsace n'a pas été séparée par une amputation brusque : elle est tombée du côté de la France.

Dire, comme M. Adolf Wilbrandt, par exemple, l'a écrit au *Figaro* : « L'Alsace-Lorraine était notre chair et notre sang, elle était un membre de notre corps jusqu'au jour où — c'était au temps de notre faiblesse et de notre honte — elle nous fut ravie », parler de la sorte, c'est appliquer au passé les idées du temps présent, un défaut dont les Allemands ne sont pas coutumiers, et où ils ne tombent même que dans ce cas spécial. C'est raisonner comme cet orateur de réunions publiques qui méprisait Jeanne d'Arc « parce qu'elle a été maîtresse de la France, et n'en a pas profité pour proclamer la République ! »

Il y a un siècle à peine, M. Wilbrandt, que les peuples se doutent qu'ils ont « une chair et un sang », que cette chair crie et que ce sang coule quand on les mutile, et c'est nous qui le leur avons appris, par nos philosophes et notre Révolution, nous qui en avons eu conscience, pour la première fois, à la voix de Jeanne d'Arc, la Bonne Lorraine !

*
* *

Quant à la manière dont s'opéra la réunion de l'Alsace à la France, tout ce qu'on en peut dire, c'est qu'elle était aussi légitime que possible, parce qu'elle était en parfaite conformité avec les idées morales et politiques de l'époque.

Le traité de Westphalie a pu paraître désavantageux à tel ou tel de ses signataires ; mais ce n'en était pas moins un traité régulier, conclu par l'Europe entière, et je ne crois pas que l'on puisse citer un de ses contemporains, prince ou bourgeois, qui l'ait trouvé inique. L'Alsace nous y fut attribuée comme une partie de la Poméranie à la Suède, *comme Halberstadt, Minden et d'autres villes au Brandebourg*, c'est-à-dire à la future Prusse ; si elle fut injustement détachée de l'empire, il faut en dire autant des Pays-Bas et de la Suisse, dont le même traité sanctionne l'indépendance. Quant à Strasbourg, l'article 87 du traité de Munster nous donnait sur elle des droits autrement clairs, suivant les idées du temps, que ceux qui suffirent à Frédéric II pour justifier après coup le rapt de la Silésie.

Et notre intervention dans les affaires d'Allemagne n'avait rien d'extraordinaire :

...C'est l'Allemagne protestante qui, par ses appels réitérés, par ses incessantes demandes de secours et de protection, amena les Français sur les bords du Rhin. Ils se firent d'abord tirer l'oreille pour y aller : François Ier, sollicité d'intervenir, se contenta de donner de bonnes paroles. Henri II fut plus entreprenant ; ayant agréé les offres d'alliance de la Saxe, du Brandebourg, de Nuremberg et de Strasbourg, il s'avança jusqu'en Alsace et s'empara, chemin faisant, de Metz, Toul et Verdun, dont ses alliés lui avaient librement fait cadeau aux dépens de l'empire. Henri IV, grand ami des protestants d'Allemagne et particulièrement de la ville de Strasbourg, n'eut pas le loisir d'exécuter son « grand dessein » formé contre l'Autriche pour la paix de l'Europe. Après lui éclata le formidable orage de la guerre de Trente-Ans, à la suite duquel l'Alsace, passée de fait au pouvoir de la France, lui fut cédée [1].

Au point de vue étroit des amateurs de vieux parchemins, la cession était donc inattaquable, car elle s'est opérée dans les conditions mêmes où se faisaient à cette époque toutes les combinaisons territoriales. Mais de plus, elle fut un bien pour tout le monde.

*
* *

Pour l'Alsace, il n'est pas besoin de le dire. Possession de l'empire, elle n'avait connu que l'anarchie, les guerres locales et le brigandage. Réunie à la France, elle trouva dans la sécurité les éléments d'un développement sans précédent; l'agriculture et le commerce y florirent rapidement. Sa population, de 250 000 âmes en 1648, en comptait plus de 700 000 en 1794 : elle avait triplé en un siècle et demi.

Dans cette prospérité, les Alsaciens, traités avec bienveillance, laissés libres de conserver leur langue et leurs coutumes, se donnèrent sans arrière-pensée à la France. Comme l'a dit Michelet [2] :

L'Alsace, il y a deux siècles, se donna à la France de volonté. Ce ne fut pas un rapt, car ce fut un mariage. Il n'y en eut jamais de plus fidèle.

Les Allemands feraient bien de méditer à cet égard

[1] *Triple-Alliance et Alsace-Lorraine.*
[2] *Notre France.*

un rapport qu'écrivit, en 1708, le baron de Schmettau, ambassadeur de Frédéric Ier de Prusse [1] :

Il est notoire, dit-il, que les habitants de l'Alsace sont plus français que les Parisiens ; le roi de France est si sûr de leur affection à son service et à sa gloire, qu'il leur ordonne de se fournir de fusils, de pistolets, de halle-bardes, d'épées, de poudre et de plomb, toutes les fois que le bruit court que les Allemands ont dessein de passer le Rhin, et qu'ils courent en foule sur les bords du Rhin pour empêcher, ou du moins disputer le passage à la nation germanique, au péril évident de leurs propres vies, comme s'ils allaient au triomphe...

Et Schmettau ajoute ces paroles prophétiques, que si l'empire reprenait l'Alsace, les habitants conserve-raient « *un brasier d'amour pour la France, et de fer-vents désirs pour le retour de son règne en ce pays, auquel ils donneront toujours conseil, faveur, aide et secours dans l'occasion* ».

Plus tard, la Révolution faite avec nous, pro-menée avec nous à travers l'Europe, scella défini-tivement les liens entre Alsaciens et Français ; mais on vient de voir que, bien avant cette épopée, vingt-sept ans seulement après la réunion de Strasbourg, l'union morale était spontanément accomplie.

L'Allemagne y avait également trouvé son compte :

L'intervention de la France, dit Heimweh, avait sauvé, puis émancipé les protestants. Sans elle, qui sait si un Fer-dinand II d'Autriche, vainqueur des hérétiques, n'eût pas

---

[1] Cité par Heimweh, ainsi que par M. Bourgeois. (*Politique prussienne à Neuchâtel et en Franche-Comté*). Voir le *Temps*, du 31 août 1887.

traité l'Allemagne comme un Philippe II d'Espagne avait
traité les Pays-Bas? La cession de l'Alsace a payé, pour
l'Allemagne, le prix de la liberté de conscience. On trouve
aujourd'hui ce prix bien élevé ; il ne semble pas cependant
que les contèmporains l'aient trouvé excessif. Encore à la
fin du siècle dernier, Schiller s'applaudissait des résultats
obtenus.

Après cette cession, les princes allemands furent
encore souvent contents de trouver aide et protection auprès du roi de France contre leur maître,
l'empereur d'Allemagne. Le Grand Électeur Frédéric-
Guillaume n'hésita pas à traiter avec Louis XIV, après
la réunion de Strasbourg, et mit tout son zèle à décider la diète à nous laisser cette ville, alors que l'empereur voulait partir en guerre contre nous. Quant au
Grand Frédéric, il ne semble pas avoir particulièrement souffert de notre prétendue usurpation ; venant
de prendre l'offensive contre l'Autriche, il écrivait à
Louis XV : « *J'ai sauvé* (c'est-à-dire : je *vous* ai sauvé)
Strasbourg ».

« Sous le canon de Strasbourg s'est ainsi lentement
formée l'Allemagne d'aujourd'hui », c'est-à-dire la
Prusse [1]. Mais « c'est surtout à l'Autriche qu'avait été
prise l'Alsace, et l'Allemagne ne se souciait pas de
de faire la guerre pour la lui rendre ». Une fois l'Autriche supplantée par la Prusse, celle-ci eut vite fait
d'oublier les services rendus par nous, sollicités par
elle-même. « La conquête de l'Alsace-Lorraine par
la France avait autrefois servi les intérêts de la

---

[1] Voir aussi sur ce point le discours de M. Castelar, à
l'Appendice, note C.

Prusse. La conquête de l'Alsace-Lorraine par l'Allemagne fut pour servir le même intérêt. »

Mais pourquoi tant épiloguer sur ce fatras des
droits historiques? Disons plutôt, pour conclure par
une dernière citation de Heimweh :

Ils ne sont ni bons ni mauvais, ils n'existent plus ; ils
sont rongés par les vers comme les corps inanimés de ceux
qui s'échauffèrent pour les défendre. Vénérons nos ancêtres, mais laissons-les pieusement dans leurs tombes.
Pour Dieu! messieurs les professeurs, n'exhumez pas les
morts, et surtout ne nous liez point à leurs cadavres [1].

———

[1] NOTE DE LA PAGE 137. — Le *Temps*, du 7 octobre 1893, contient l'extrait suivant du dernier numéro du *Neue Kurs*. Cette
adhésion aux théories de M. von Pfister mérite d'être citée, le
Neue Kurs passant pour avoir des attaches avec M. de Caprivi :
     « On a constaté que la fusion des races dont les Français sont
issus ne contient que 60 p. 100 d'éléments gaulois, 10 p. 100
d'éléments romains et 30 p. 100 d'éléments germaniques.
     « Nous avons le droit de nous assurer la tranquillité. Il faut
remettre les choses en l'état où elles étaient avant l'époque de
François Ier. Entre nous et les Français, il n'y a qu'une frontière
légitime au point de vue du droit international, c'est celle qui
a jadis séparé l'Austrasie et la Neustrie, sans parler de la
Flandre. En un mot, il faut rétablir la frontière de l'empire
allemand telle qu'elle était sous l'empereur Charles-Quint.
     « Après une nouvelle guerre victorieuse, nous prendrons
sept départements à la France : le Nord, la Meuse, la Meurthe,
les Vosges, la Haute-Saône, le Doubs et le Jura.
     « La population de ces territoires est de sang allemand, bien
qu'elle ait adopté depuis le moyen âge des mœurs welches. »

CHAPITRE VI

La thèse française.

Qu'est-ce qu'une nation? — La Révolution Française et le droit
des peuples. — Un juriste français. — Opinions étrangères. —
Les incohérences de Bluntschli. — Le traité de Francfort est
de nul droit.

Qu'est-ce donc qu'être français ou être allemand?
« Qu'est-ce qu'une nation? » Telle est la question
que s'est posée notre grand Renan, et à laquelle il a
répondu dans un magnifique langage, qu'il faudrait
pouvoir reproduire ici en entier [1].

La nation moderne, dit-il, est un résultat historique
amené par une série de faits convergeant dans le même
sens. Tantôt l'unité a été réalisée par une dynastie, comme
c'est le cas pour la France; tantôt elle l'a été par la volonté
directe des provinces, comme c'est le cas pour la Hollande, la Suisse, la Belgique; tantôt par un esprit général,
tardivement vainqueur des caprices de la féodalité, comme
c'est le cas pour l'Italie et l'Allemagne.

Ce n'est donc pas dans l'agent créateur de l'unité

---

[1] *Qu'est-ce qu'une nation?* Conférence faite en Sorbonne, le
11 mars 1882.

que réside le droit national, mais dans une cause naturelle plus puissante, qu'il s'agit de déterminer.

Ce droit n'est pas une question de race, par la raison bien simple que le mot de race est vide de sens. Si loin qu'il soit possible de remonter dans l'histoire, les groupes humains, organisés en nations, en peuplades, en tribus, et, antérieurement encore, en bandes informes, étaient composés d'individus de toute provenance et de toute souche :

Les groupes aryen primitif, sémitique primitif, touranien primitif, n'avaient aucune unité physiologique [1] : ces groupements sont des faits historiques qui ont eu lieu à une certaine époque, mettons il y a quinze ou vingt mille ans, tandis que l'origine zoologique de l'humanité se perd dans des ténèbres incalculables.

Et, depuis, cette amalgamation des éléments les plus hétérogènes n'a fait que se compliquer :

La vérité est qu'il n'y a pas de race pure, et que faire reposer la politique sur l'analyse ethnographique, c'est la faire porter sur une chimère. Les plus nobles pays, l'Angleterre, la France, l'Italie, sont ceux dont le sang est le plus mêlé. L'Allemagne fait-elle à cet égard une exception ? Est-elle un pays germanique pur ? Quelle illusion ! Tout le sud a été gaulois. Tout l'est, à partir de l'Elbe, est slave. Et les parties que l'on prétend réellement pures le sont-elles en effet ?... Est-il certain que les Allemands, qui ont élevé si haut le drapeau de l'ethnographie, ne verront pas les Slaves venir analyser, à leur tour, les noms des villages de la Saxe et de la Lusace, rechercher les traces des Wiltzes et des Obotrites, et demander compte des mas-

---

[1] Tel est également l'avis de M. Gumplovicz, et c'est un des rares points sur lesquels nous puissions être d'accord avec lui.

sacres et des ventes en masse que les Othons firent de leurs aïeux? Pour tous il est bon de savoir oublier... L'histoire humaine diffère essentiellement de la zoologie. La race n'y est pas tout, comme chez les rongeurs ou les félins, et on n'a pas le droit d'aller par le monde tâter le crâne des gens, puis les prendre à la gorge en leur disant : Tu es de notre sang ; tu nous appartiens !

La langue ne saurait davantage fournir le critérium de la nationalité :

Les États-Unis et l'Angleterre, l'Amérique espagnole et l'Espagne parlent la même langue et ne forment pas une seule nation. Au contraire, la Suisse, si bien faite, puisqu'elle a été faite par l'assentiment de ses différentes parties, compte trois ou quatre langues. Il y a dans l'homme quelque chose de supérieur à la langue : c'est la volonté. La volonté de la Suisse d'être unie, malgré la variété de ses idiomes, est un fait bien plus important qu'une similitude de langage souvent obtenue par des vexations [1]...

L'importance politique qu'on attache aux langues vient de ce qu'on les regarde comme des signes de race. Rien de plus faux. La Prusse, où l'on ne parle plus qu'allemand, parlait slave il y a quelques siècles ; le pays de Galles parle anglais ; la Gaule et l'Espagne parlent l'idiome primitif d'Albe la Longue ; l'Égypte parle arabe ; les exemples sont innombrables : même aux origines, la similitude de langue n'entraînait pas la similitude de race.

Et, comme le fait remarquer Renan, un fait hono-

---

[1] « La Suisse, dit Heimweh, a ennobli le sentiment national en le fondant sur des idées » ; et au 4e Congrès international de la paix, tenu à Berne en août 1892, un Français, M. Montluc, la salue, comme *un échantillon de l'Europe future.*

rable pour la France, c'est qu'elle n'a jamais cherché à obtenir l'unité de la langue par la coercition : ·

Fidèle à ses habitudes de bienveillance et de tolérance, dit de même Heimweh [1], la France a laissé les Alsaciens, avant comme après la Révolution, complètement libres d'employer la langue dont il leur plaisait de faire usage. L'allemand fut enseigné dans les écoles à l'égal du français; les actes officiels furent publiés dans les deux langues. Qu'importait à la France que, pour exprimer une affirmation on dît : *ja* ou *jo* au lieu de *oui* ? Ne dit-on pas *si* dans les Alpes-Maritimes et encore autrement en Basse-Bretagne ou dans le pays basque ?

Le temps est passé, montre ensuite Renan, où le domaine de la religion coïncidait exactement avec celui de la nation :

On peut être français, anglais, allemand, en étant catholique, protestant, israélite, en ne pratiquant aucun culte. La religion est devenue chose individuelle.

Si puissamment qu'agisse sur les hommes la communauté des intérêts matériels, elle ne suffit pas davantage à faire une nation : « elle fait les traités de commerce, mais un *Zollverein* n'est pas une patrie ».

En ce qui concerne les frontières naturelles, leur détermination est arbitraire ; aucune d'elles ne jouit d'une « faculté limitante *a priori*... Toutes les montagnes ne sauraient découper des États »; quant aux fleuves :

De Biarritz à Tornea, il n'y a pas une embouchure qui ait plus qu'une autre un caractère bornal. Si l'histoire l'avait voulu, la Loire, la Seine, la Meuse, l'Elbe, l'Oder,

---

[1] *La question d'Alsace.*

auraient, autant que le Rhin, ce caractère de frontière naturelle qui a fait commettre tant d'infractions au droit fondamental, qui est la volonté des hommes... Non, ce n'est pas la terre plus que la race qui fait une nation. La terre fournit le *substratum*, le champ de la lutte et du travail : l'homme fournit l'âme. L'homme est tout dans la formation de cette chose sacrée qui s'appelle un peuple. Rien de matériel n'y suffit...

Une nation est une âme, un principe spirituel [1]... Avoir des gloires communes dans le passé, une volonté commune dans le présent ; avoir fait de grandes choses ensemble, vouloir en faire encore, voilà les conditions essentielles pour être un peuple. On aime en proportion des sacrifices qu'on a consentis, des maux qu'on a soufferts. On aime la maison qu'on a bâtie et qu'on transmet. Le chant spartiate : « Nous sommes ce que vous fûtes ; nous serons ce que vous êtes », est dans sa simplicité l'hymne abrégé de toute patrie...

Une nation est donc une grande solidarité, constituée par le sentiment des sacrifices qu'on a faits et de ceux qu'on est disposé à faire encore. Elle suppose un passé ; elle se résume pourtant dans le présent par un fait tangible : le consentement, le désir clairement exprimé de continuer la vie commune. L'existence d'une nation est un plébiscite de tous les jours, comme l'existence de l'individu est une affirmation perpétuelle de vie.

Personne, même en Allemagne, ne s'avisera de représenter Renan comme un de ces savants tendancieux à la Daniel, qui plient leur doctrine aux appétits de la politique. Lui-même disait, dans la même conférence :

Pour ne pas fausser la science, dispensons-la de donner un avis dans ces problèmes, où sont engagés tant d'inté-

---

[1] « La France est une personne », a dit Michelet.

rêts. Soyez sûrs que, si on la charge de fournir des éléments à la diplomatie, on la surprendra bien des fois en flagrant délit de complaisance. Elle a mieux à faire : demandons-lui tout simplement la vérité.

Mais du moins, les idées si larges et si belles qu'il traduisait en un si noble langage, n'étaient-elles que l'utopie d'un philosophe isolé, en avance sur son temps ? Ou bien, au contraire, ne répondaient-elles pas au sentiment intime du peuple français ?

Si je ne m'adressais ici qu'à mes compatriotes, une telle question serait bien inutile. Mais le problème alsacien-lorrain n'intéresse pas que nous, et il suffit que ces lignes aient chance de tomber sous les yeux d'un seul étranger, pour qu'il vaille la peine de montrer à quel point c'est l'âme de la France qui parlait par la bouche de Renan.

*
* *

Ce droit imprescriptible qu'ont les peuples, de disposer eux-mêmes de leurs destinées, on le voit exposé pour la première fois, au milieu du siècle dernier, dans les écrits des grands précurseurs de notre Révoltion. Condorcet en fit la base de son *Projet de Constitution;* d'un seul mot, Voltaire le définit en disant, à propos de la guerre de la Succession d'Espagne : « Il fallait s'en rapporter à la nation sur laquelle on voulait régner[1] ». Enfin l'Assemblée Constituante l'ins-

---

[1] Il est juste d'ajouter que Kant le reconnut à leur suite : « La politique se rattache au droit, le droit à la morale, et tout État, qu'il soit grand ou petit, ne pourra jamais passer au pouvoir d'un autre État, ni par échange, ni à titre d'achat ou de donation ».

crivit dans la Constitution de 1791, dont le titre VI porte que :

La nation française renonce à entreprendre aucune guerre dans la vue de faire des conquêtes, et n'emploiera jamais ses forces contre la liberté d'aucun peuple.

Et il ne s'agissait pas là d'un paragraphe de loi destiné à rester lettre morte. Lorsque, peu après, le roi d'Autriche et de Hongrie obligeait, par un insolent ultimatum, l'Assemblée législative à lui déclarer la guerre, le décret du 22 avril 1792 revint ainsi sur ces principes :

L'Assemblée nationale déclare que la nation française, fidèle aux principes consacrés par sa Constitution de n'entreprendre aucune guerre dans la vue de faire des conquêtes, et de n'employer jamais ses forces contre la liberté d'aucun peuple, ne prend les armes que pour la défense de sa liberté et de son indépendance; que la guerre qu'elle entreprend n'est point une guerre de nation à nation, mais la juste défense d'un peuple libre contre l'injuste agression d'un roi.

La Convention ne tarda pas à mettre ces préceptes en pratique. Partout nos soldats victorieux étaient accueillis avec un enthousiasme que nul n'a mieux décrit que le plus grand poète de l'Allemagne [1]. Les populations des Alpes et de la rive gauche du Rhin demandaient leur réunion à la France. Sur une seule période de trois semaines, M. Sorel [2] en cite les exemples suivants : 28 octobre 1792, adresse des citoyens

---

[1] Gœthe, *Hermann et Dorothée* (Klio).
[2] *L'Europe et la Révolution Française.*

de Nice ; 3 novembre, demande des Mayençais ; 4 novembre, députation de Nice ; 11 novembre, députation de Savoisiens ; 11 novembre, discours d'un patriote batave ; 13 novembre, adresse de huit communes du pays de Nassau-Sarrebruck, disant : « La France est notre ancienne patrie... Nos relations commerciales et la conformité de langue semblent nous placer naturellement dans le département du Bas-Rhin [1] » ; 18 novembre, vœu de Bergzabern.

Mais la Convention ne se contenta pas de ces démonstrations.

Elle ajourna de délibérer sur ces demandes. Elle en renvoya l'examen aux Comités et déclara que les vœux d'incorporation, pour être admis, devaient être manifestés par le seul souverain, c'est-à-dire le peuple, réuni dans les assemblées primaires.

Et après que le Comité diplomatique de la Convention eut examiné scrupuleusement ces demandes, Lazare Carnot définit comme il suit, à la tribune, les bases du droit nouveau :

Nous avons pour principe que tout peuple, quelle que soit l'exiguïté du pays qu'il habite, est absolument maître chez lui ; qu'il est égal en droit au plus grand, et que nul autre ne peut légitimement attenter à son indépendance.

On convoqua donc partout des Conventions locales, et c'est ainsi que le vœu des populations de la rive

---

[1] N'est-il pas remarquable de voir des habitants du Palatinat s'appuyer sur l'analogie de leur patois allemand avec celui des Alsaciens, pour demander, non le retour de l'Alsace à l'Allemagne, mais bien leur propre réunion à la France ?

gauche du Rhin fut ratifié par la Convention rhé-
nane, qui vota, le 21 mars 1793, la réunion à la
France, à l'unanimité moins sept voix. Trois représentants de l'Assemblée furent délégués pour porter
ce décret à Paris, avec une adresse où on lisait cette
phrase :

Par l'union avec nous, vous acquérez ce qui, de droit,
vous appartient; par l'union avec nous, vous gagnez votre
Mayence, l'unique porte par où les canons de l'ennemi
pouvaient pénétrer dans vos provinces. La nature elle-
même a voulu que le Rhin fût la frontière de la France :
il l'était dans les premiers siècles du royaume de France.

Pure comédie, répondra-t-on en Allemagne, que
ces consultations de provinces militairement occupées.
— Tout d'abord, on remarquera que ce dernier vote
coïncidait précisément avec le commencement des
revers qui allaient mettre la patrie en danger. Et
puis, que les Allemands en fassent donc autant en
Alsace-Lorraine, après un quart de siècle d'occupation, d'oppression et d'immigration, après la venue
au monde d'une génération entière sous leur domination ! Nous ne demandons rien de plus.

*
* *

Depuis que la Révolution a solennellement proclamé et appliqué ce droit des peuples, il n'est pas un
auteur français qui n'aurait cru souiller sa plume en
proclamant légitime la conquête violente d'un peuple
civilisé. Prompte à s'enflammer pour les idées généreuses, la nation en a fait un article de foi, et lui a

souvent sacrifié son repos et ses intérêts immédiats. A l'étranger enfin, le nombre est sans cesse croissant des penseurs qui le reconnaissent et le propagent.

En France, Acollas professait, en 1868, à propos des cessions amiables ou des conquêtes de territoire, que :

> L'idée de droit est étrangère aux deux cas : il ne peut y avoir de démembrement légitime que par la volonté propre de ceux qui se séparent; d'annexion légitime que par la volonté réciproque de ceux qui s'unissent [1].

C'est à dessein que je choisis cet exemple, antérieur à la question d'Alsace-Lorraine; il permet d'affirmer que ce n'est point par chauvinisme, mais en vertu d'une conviction ancienne et sincèrement raisonnée, que le même auteur développait plus tard ces idées comme il suit [2] :

> Il y a un droit des peuples sur eux-mêmes, comme il y a un droit des individus sur eux-mêmes, et ce droit des peuples n'est au fond que le droit des individus, appliqué, étendu aux associations, de plus en plus volontaires, que formeront les peuples; et ce droit, c'est l'unique droit, c'est le droit de la personne humaine de s'appartenir...
>
> Ce droit de s'appartenir, inhérent aux individus, est par là même également inhérent aux peuples; nul ne peut les en dépouiller; et l'État, leur organe, ne peut pas plus y renoncer pour eux qu'eux-mêmes ne pourraient y renoncer.
>
> Et ce qui est vrai d'un peuple entier l'est évidemment, pour la même cause, d'une partie quelconque d'un peuple.

---

[1] *Manuel du droit civil, commentaire philosophique et critique du code Napoléon* (1868).

[2] *Le droit de la guerre* (1888).

De là il résulte que toute clause qui, dans un traité de paix, touche, pour un peuple ou pour une partie d'un peuple, au droit de s'appartenir, ne fût-elle entachée ni de dol ni de violence, tombe et fait tomber avec elle le traité dans lequel elle est inscrite...

Nous professons, quant à nous, qu'il n'y a jamais de titre pour la conquête, que la conquête est contre le droit inaliénable des peuples, et que, après cent ans, après mille ans, comme au premier jour, le titre du droit est du côté du peuple conquis qui se lève pour reprendre sa liberté...

Pour tenter de légitimer la conquête qui s'appuie sur une cession, on a dit qu'elle n'était qu'une simple cession de territoire, puisque, en pareil cas, la coutume s'est, de nos jours, établie de réserver aux habitants l'*option de nationalité*, c'est-à-dire le choix entre l'émigration chez le vaincu et la soumission au vainqueur. Mais qui pourrait prendre au sérieux un tel argument ? Est-ce que le plus grand nombre n'est pas attaché au sol par des liens qu'il ne peut rompre, et, quant à ceux qui s'en vont, à quel prix le font-ils ? quels intérêts, quelles affections de toutes sortes ne sont-ils pas contraints de laisser derrière eux [1] !

On a dit encore que la longue possession pouvait arriver à légitimer la conquête, qu'à la longue le fait pouvait se transformer en droit, et que l'injustice du commencement, à la longue, pouvait, par la prescription, devenir la justice de la fin... Il est faux que jamais — par elle-même — la longue possession ait pu fonder dans le monde un seul droit ! Il est faux que jamais un fait qui était sans droit ait eu la puissance mystique, restant le même fait, de se transformer en droit, et, quant à la prescription, elle n'est que la patronne, légèrement discréditée, et la gardienne,

---

[1] « Voyez l'Alsace-Lorraine, écrit M. Lalance (*L'alliance franco-allemande*) : combien ont pu opter? Un sur dix; combien ont protesté? Tous. »

devenue quelque peu caduque, d'un certain nombre d'iniquités du genre humain...

En définitive, rien ne peut légitimer ce qui est illégitime en soi, et pas plus la ratification des populations, par un vote d'adhésion, que la cession, ne peut légitimer la conquête, car un vote d'adhésion des populations à un acte de force qui s'appuie sur leur droit de disposer d'elles-mêmes pour les déposséder de ce droit, est un non-sens.

Et, à l'appui de sa théorie, le savant professeur citait au premier rang, « parmi les traités de conquête qui, depuis un siècle, ont le plus outrageusement violé le droit des peuples », les suivants :

Les traités qui consacrèrent le démembrement de la Pologne (1772, 1793, 1794) ;

La plupart des traités imposés par Napoléon, et notamment celui de Tilsitt (7 juillet 1807) qui démembra la Prusse ;

Les traités de 1815, qui remanièrent la carte d'Europe au gré de trois ou quatre potentats ;

Le traité de Vienne (30 octobre 1864), enlevant le Schleswig-Holstein au Danemark ;

Enfin, le traité de Francfort (10 mai 1871).

Il est bien entendu que, dans ce qui précède, Acollas n'avait en vue que la conquête imposée à un peuple par la force, et non un changement de nationalité résultant du vœu nettement formulé par les populations, comme ce fut le cas pour l'île de Saint-Barthélemy, rétrocédée en 1877 par la Suède à la France. Par contre, on peut ajouter à sa liste le traité qui céda en 1890 l'île d'Helgoland à l'Allemagne : personne n'a jamais ouï dire que les pêcheurs d'Helgoland aient demandé à échanger leur soumission toute nominale à l'Angleterre contre le service militaire allemand !

D'autre part, Acollas reconnaît sans embarras que, si, à la longue, les divisions d'origine entre conquérants et conquis viennent à s'éteindre, il se peut que leur union repose non plus sur la force, mais sur leur volonté réciproque, et que cette volonté crée un droit nouveau. Nous verrons plus loin si ce jour est prochain en Alsace-Lorraine ! Et en attendant, les vexations et les persécutions de toute nature qui sont infligées à ces populations fidèles, ne sont pas précisément pour créer un droit : le voleur qui rosse son volé peut l'empêcher de se plaindre trop haut, mais ne légitime pas, en vérité, la possession du produit de son vol.

*
* *

Mais cette théorie libérale serait-elle propre aux seuls Français? Invoquer Voltaire et les Conventionnels, c'est peut-être encore recommander bien faiblement une idée à la majorité du public européen. Heureusement, la cause du droit ne manque pas de défenseurs éminents à l'étranger.

En premier lieu, il faut citer M. Emilio Castelar, ce grand esprit qui a su conquérir une situation unique au monde : ancien président de la République espagnole, il est demeuré fidèle à ses convictions en inspirant aux ministres de sa souveraine, jusque dans sa retraite volontaire si pleine de dignité, le même respect qu'à ses partisans. C'est par lui que, pour la première fois, cette grande parole a été dite en pleine Chambre, dans un pays neutre :

De quoi a besoin le monde ? Il a besoin, pour qu'il y ait paix, d'une réconciliation eutre la France et l'Allemagne. Comment s'accomplira cette réconciliation ? L'Allemagne cédera *ce qu'elle n'a pas encore conquis,* l'Allemagne cédera Metz et Strasbourg à la France [1].

Et ces mots « ce qu'elle n'a pas encore conquis », on en trouve l'explication dans l'anecdote suivante [2] :

L'Académie espagnole refait tous les dix ans un dictionnaire. Elle s'occupe maintenant de préparer une nouvelle édition. Étant arrivé au mot « Alsacien », le rapporteur en donna la définition suivante : « Naturel d'Alsace, région appartenant à l'empire allemand ». Aussitôt, M. Emilio Castelar a protesté contre cette idée d'appeler allemandes des régions retenues par la force, sur lesquelles il y a encore un litige dont le dernier mot n'est pas dit. Pendant la domination autrichienne en Italie, on n'indiquait ni Venise ni Milan comme appartenant à l'Autriche. « L'Alsace et la Lorraine sont absolument dans le même cas », a dit M. Castelar, dont deux écrivains espagnols des plus distingués, MM. Victor Balaguer et le marquis de Valmar ont appuyé la protestation.

A l'unanimité, l'Académie a adopté la définition de M. Castelar, et, après le mot *Alsacien,* a simplement ajouté : *naturel d'Alsace.*

En Angleterre, Stuart Mill est l'apôtre convaincu du droit des peuples ; on ne saurait mieux définir l'idée de nationalité qu'il ne l'a fait :

[1] Discours du 7 février 1888. Voir ce discours et les lettres éloquentes de M. Castelar, à l'Appendice, notes C, D et E.
[2] Journal *la France,* 5 novembre 1885.

On peut dire qu'il y a nationalité là où se trouvent des hommes unis par des sympathies communes, qui n'existent pas entre eux et d'autres hommes, sympathies qui les portent à agir de concert beaucoup plus volontiers qu'ils ne le feraient avec d'autres, à désirer vivre sous le même gouvernement, soit exercé exclusivement par eux-mêmes ou par une portion d'entre eux. Le sentiment de nationalité peut avoir été engendré par divers causes ; c'est quelquefois l'identité de race et de souche ; souvent la communauté de langage et la communauté de religion contribuent à le faire naître, les limites géographiques également. Mais la cause la plus puissante de toutes, c'est l'identité d'antécédents politiques, la possession d'une histoire nationale, et par conséquent la communauté de souvenirs, l'orgueil et l'humiliation, le plaisir et le regret collectifs se rattachant aux mêmes incidents du passé.

Et cette affirmation si nette est résumée par Mill en une phrase topique :

On ne voit guère ce qu'un groupe d'hommes devrait être libre de faire, si ce n'est de chercher avec lequel des divers corps collectifs d'êtres humains il lui plaît de s'associer.

Tout récemment, ces paroles de l'illustre philosophe ont été appliquées au cas qui nous intéresse par son compatriote, l'historien Beesly [1] :

Il n'y a rien de sacré dans un traité qu'autant qu'il représente une idée de justice. Livrer plus d'un million et demi de Français à l'Allemagne a été un attentat contre la morale publique ; c'est le plus grand crime et la plus grosse faute du siècle, et tant que cette faute n'aura pas été réparée, il n'y aura pas de paix. Ceux qui troublent la

---

[1] Discours prononcé en 1892, cité par M. Ferdinand Dreyfus.

paix de l'Europe, ce sont les Allemands, qui persistent à garder ce qu'ils ont pris en 1870, et c'est de là que viennent tous les dangers qui menacent l'Europe. En prolongeant ainsi l'appréhension d'une guerre, l'Allemagne est coupable envers toute l'Europe, et l'Europe a le droit de lui en demander compte.

En Angleterre également, MM. Labouchère, Stanhope, Morton, Charles Dilke, ne se sont pas fait faute de proclamer les mêmes principes ; le philosophe Harrisson proclame que l'Alsace-Lorraine est une partie inséparable et intégrale de la France[1] ; enfin, au mois d'avril dernier, l'illustre Gladstone montrait à ses contemporains que leur intérêt et leur devoir sont de rendre la liberté aux Irlandais, dans un éloquent discours où il suffirait de changer les noms propres pour qu'il pût s'adresser aux Allemands.

En Italie, on pourrait invoquer les témoignages de MM. Cavallotti, Imbriani, Canzio, et de tant d'autres hommes politiques ; mais pour ne pas encourir le reproche de ne tenir compte que d'hommes aux idées extrêmes, je me bornerai à citer l'éminent historien Bonghi, ancien ministre de l'instruction publique.

A aucun moment depuis la chute de Napoléon, écrivait-il dans la *Nuova Antologia*[2], la force brutale n'a tenu en Europe autant de place qu'aujourd'hui... Comme je le disais un jour à la Chambre : au lieu de civiliser les barbares, nous devenons barbares, nous qui étions civilisés... De jour en jour, il est devenu plus clair que, malgré leur origine germanique, et bien que la France leur ait

---

[1] *Fortnightly Review*, février 1893.
[2] Livraison du 14 septembre 1891.

permis de parler allemand à leur guise tant qu'elle les possédait, les Alsaciens sont devenus fondamentalement français, et qu'il n'existe et ne peut se produire aucune affinité entre eux et ceux qui se disent leurs frères... Il est désormais tout à fait certain que rien ne pourra déraciner la France du cœur des Alsaciens, ni les Alsaciens de celui de la France. Et il faut dire cette vérité, que les Allemands ont collaboré à ce résultat... Ils ont accumulé erreur sur erreur; et nous n'avons pas besoin d'indiquer leurs fautes en détail : elles ne diffèrent pas, en vérité, de celles que les Autrichiens commirent en Lombardie et qui les rendirent non moins ridicules qu'odieux.

L'Allemagne a acquis l'Alsace-Lorraine par un traité de paix après une guerre victorieuse; elle a changé ainsi un droit public presque définitivement admis, à savoir que l'on ne doit pas faire passer les populations sous la domination d'un autre État sans leur consentement. Quelque objection que l'on veuille opposer à ce droit, il était certainement plus civilisé. Le retour à l'ancien droit, au droit pur et simple que prétend avoir la force, était, dans le cas présent, certainement excusé par la conviction où l'on était qu'en réunissant l'Alsace à l'Allemagne, on unissait des compatriotes à leurs compatriotes ; mais l'expérience a montré que ce n'est pas dans l'histoire ou dans le langage d'un peuple qu'il faut rechercher sa nationalité, mais dans sa conscience. Cette dernière seule a qualité pour dire à quelle nation elle estime appartenir; et, comme on ne leur a pas permis de répondre par des paroles, les Alsaciens ont répondu par des faits que désormais ils ne s'estiment et ne sont plus allemands. L'union avec l'Allemagne, où les a précipités la guerre de 1870, est donc une chose violente qui ne peut, ou du moins qui ne doit pas durer, et dont l'exemple corrompt entièrement l'âme de l'Europe. C'est ce que nous devrions entendre avant tout, nous autres Italiens, et s'il est une chose douloureuse, c'est bien que la combinaison politique dans laquelle nous sommes entrés nous contraigne à montrer que nous ne l'entendons point. *Nous ne faisons pas notre devoir...*

Je sais que beaucoup de gens en Italie en veulent à la France, de ne pas renoncer à ces provinces... En réalité, aucun peuple dont l'histoire a compté dans le monde, ne s'accommoderait des résultats d'une guerre comme celle de 1870 ; et la France a certainement plus de raisons de revendiquer les provinces perdues, qui se maintiennent *essentiellement* [1] françaises, que nous n'en avions de revendiquer la Lombardie, la Vénétie et Rome.

Il est à peine besoin d'ajouter qu'en insérant ces nobles paroles, la *Nuova Antologia* a pris la précaution de rappeler qu'elle laisse aux auteurs la responsabilité de leurs idées, et que, bientôt après, M. Bonghi paya sa clairvoyante générosité de son siège de député : il fut un de ceux contre lesquels la candidature officielle fit le plus d'efforts aux élections de 1892, et resta sur le carreau.

En Belgique, le sénateur Goblet d'Alviella patronne auprès du public une brochure destinée à rechercher s'il existe un terrain d'entente sur la base de la rétrocession de l'Alsace-Lorraine à sa patrie.

En Norvège, c'est le grand poète Björnstjerne Björnson qui proteste contre la grande iniquité et qui stigmatise le droit du plus fort [2] en rapportant l'anecdote suivante :

Une Allemande, fiancée à un officier allemand, voyageait en Norvège. On parla devant elle de la prochaine guerre

---

[1] Ce mot, souligné dans le texte, fait allusion à un discours dans lequel le maréchal de Moltke avait qualifié les deux provinces d' « essentiellement allemandes ».

[2] Discours du 19 janvier 1892.

pour la possession de l'Alsace-Lorraine, et quelqu'un dit qu'il vaudrait mieux que l'Alsace-Lorraine pût disposer d'elle-même à son gré. Alors l'Allemande répondit : « Il faudrait auparavant que deux millions de soldats, et mon fiancé parmi eux, eussent trouvé la mort sur le champ de bataille ! »

En Suisse, c'est M. Tallichet qui poursuit, sans se lasser, le même but dans la *Bibliothèque universelle;* de son côté, M. Secrétan constate que « l'empire n'a pas su se faire aimer. Ni la douceur ni la violence n'ont pu désarmer la protestation. Les Alsaciens n'admettent pas qu'on dispose d'eux comme d'une chose » ; et s'adressant aux Allemands, il s'écrie :

Il ne suffit pas de dire : « Nous ne voulons pas », il faut dire pourquoi vous ne voulez pas. Le dédain est parfois une façon commode de s'épargner quelque peine ou de déguiser quelque embarras, mais ici le dédain n'est pas de mise, car ce ne sont pas quelques hommes obscurs qui sollicitent de l'Allemagne un tel examen de conscience, c'est l'Humanité [1].

⁕
⁕ ⁕

Mais puisque je cite des écrivains suisses à propos d'une question de droit international, les Allemands ne me pardonneraient pas d'omettre Bluntschli, ce Suisse qui enseigna le droit d'abord à Zurich, puis à Munich et à Heidelberg. On sait comme les ouvrages et l'enseignement du célèbre professeur se ressentirent de son changement de nationalité. Il ne pou-

---

[1] *Gazette de Lausanne*, 10 mai 1892.

vait décemment abjurer le libéralisme, mais de quelles précautions, de quelle subtile phraséologie n'enveloppe-t-il pas ses affirmations ! Il se propose de rechercher les bases sur lesquelles reposent « l'ordre et le droit dans l'humanité », et il ne craint pas d'écrire (art. 715) que « l'état de possession, au moment de la conclusion de la paix, est, à moins de dispositions contraires, considéré comme la base du nouvel ordre public engendré par la paix » ; en sorte que nous devons être reconnaissants aux Allemands de n'avoir pas conservé Rouen, le Mans et Tours!

Il n'est guère possible de se montrer plus ondoyant que ne l'a été Bluntschli sur la question du droit de conquête. Les deux hommes qui sont en lui se livrent à ce sujet des combats acharnés, à grand renfort de restrictions et de réserves mentales. Il aboutit ainsi à des incohérences inévitables chez un auteur qui, sous l'étiquette du droit, ne vise qu'à justifier tous les abus de la force, comme par exemple dans son étonnante théorie de l'équilibre (art. 25 et suivants). Il semble que Jean-Jacques Rousseau ait prévu Bluntschli, quand il dit de Grotius [1] : « Sa plus constante manière de raisonner est d'établir toujours le droit par le fait », et qu'il lui applique ces mots du marquis d'Argenson : « Les savantes recherches sur le droit public ne sont souvent que l'histoire des anciens abus, et on s'est entêté mal à propos quand on s'est donné la peine de les trop

[1] *Contrat social.*

étudier ». Au fond, tout le livre de Bluntschli repose sur une confusion permanente entre le droit et la coutume : au lieu d'être intitulé *le Droit internatio-nal codifié*, il aurait dû s'appeler *les Injustices inter-nationales constatées*.

Tout cela ne donne que plus de valeur aux principes dont il reconnaît l'existence, tout en admet-tant avec une sérénité parfaite leur violation éven-tuelle.

Or, sur le point de droit des annexions, Bluntschli est formel. Il écrit en effet (art. 286) :

Pour qu'une cession de territoire soit valable, il faut : l'accord de l'État cédant et de l'État cessionnaire ; une prise de possession effective de la part de l'État acquéreur ; la reconnaissance de la cession par les personnes habitant le territoire cédé et y jouissant de leurs droits politiques.

Et il ajoute ce commentaire :

La reconnaissance de la cession par les populations ne peut être passée sous silence et supprimée, car celles-ci ne sont pas une chose sans droit et sans volonté, dont on se transmet la propriété ; elles sont une partie essentielle, vivante, de l'État, et la résistance de la population rend impossible la prise de possession d'un pays. Il faut que les populations reconnaissent le nouvel ordre de choses.

Plus loin (art. 288) :

Dans tous les cas, la reconnaissance du nouvel état de choses par les populations est indispensable pour lui con-férer la sanction du droit.

Enfin (art. 706) :

La cession est valable en droit international, lors même

que la constitution de l'État cédant interdirait cet acte, pourvu que la population ratifie le traité.

Voilà le Bluntschli d'origine suisse. Malheureusement le Bluntschli germanisé apparaît aussitôt en détruisant l'article 288, que je viens de citer, par le commentaire suivant :

Ces modifications peuvent n'être pas toujours désirées par la population du territoire annexé, mais être *nécessaires* [1].

Il est clair que cette restriction est la négation même du droit, puisqu'elle le soumet au bon plaisir du plus fort. Mais il n'en reste pas moins ce fait, que Bluntschli déclare, à plusieurs reprises, l'assentiment des populations « indispensable » à la validité de leur cession. Peu importe ensuite qu'il ait admis la violation éventuelle de leur droit, sous le prétexte, toujours facile à invoquer, de la nécessité ; plus d'une autre raison d'État, déclarée non moins nécessaire en son temps, a déjà succombé sous les coups de l'esprit de liberté.

*

Pour peu qu'on mette le bon sens au-dessus de la casuistique, il semblera bien évident que si un principe est « indispensable à la validité » d'un traité, un traité qui viole formellement ce principe ne saurait être valable.

Ce serait pourtant méconnaître Bluntschli que de

---

[1] Mot souligné dans le texte.

lui prêter autant de souci de la logique et de la justice ; dans les articles où il traite de la validité des
traités, il omet complètement cette question des territoires cédés contre la volonté manifeste des popu_
lations. C'est que la question de savoir si un traité
est légitime, ou non, est la base même du droit
international ; et l'on ne peut guère s'attendre à la
voir traiter dans un esprit de justice par un auteur
dont la préoccupation constante est de ravaler le
droit à une simple soumission aux faits accomplis,
c'est-à-dire à la force. Sa morale — s'il est possible
d'employer cette expression — se résume dans les
propositions suivantes :

On admet qu'un État conserve sa libre volonté, lors
même qu'il est forcé, par sa faiblesse ou par la nécessité,
de consentir au traité que lui dicte un autre État plus
puissant... S'il était permis d'attaquer la validité d'un
traité parce que l'un des États contractants n'aurait pas eu
sa libre volonté et n'aurait signé que par crainte ou à la
suite de menaces, les conflits entre les nations n'auraient
pas de fin et la paix ne serait jamais assurée (art. 408).

« On admet » est un joli euphémisme, sur lequel il
est inutile d'insister. On l'admet, quand cela vous
convient et qu'on est le plus fort, sinon, non. C'est
ainsi que les Russes ont imposé à la Turquie le traité
de San Stéphano, et qu'ensuite le congrès de Berlin a
défait leur œuvre. Et on ne voit pas que la théorie de
Bluntschli puisse si bien « assurer la paix » ; devenu
le plus fort à son tour, le vaincu d'hier ne s'avisera
pas de respecter un traité léonin : il le remplacera
par un traité non moins abusif. Pour assurer la peix.

la seule méthode logique consiste à n'imposer aucune condition désastreuse ou humiliante : on peut être certain que les peuples de l'Europe occidentale ne sont plus en humeur de faire la guerre par seul désir d'une revanche militaire. C'est ainsi que tout naturellement, et en peu d'années, l'Autriche a pu oublier Sadowa.

S'il s'était placé à un point de vue digne de la civilisation moderne, Bluntschli n'aurait pas égaré sa discussion comme il le fait par exemple à l'article 412 :

Sont contraires au droit international, et nuls par conséquent, les traités qui ont pour but :

a) L'établissement de la domination d'une puissance sur le monde entier;

b) La suppression violente d'un État viable, capable de défendre son existence, et qui ne menace pas le maintien de la paix.

On conviendra que le premier cas était inutile à prévoir. Quant au second, à qui peut-on l'appliquer ? Si un État a été supprimé, répondront ses conquérants, c'est qu'il n'était ni viable ni capable de se défendre ; et avec ce beau raisonnement, on ne voit pas ce qui empêcherait l'Allemagne de s'emparer de la Hollande, par exemple, qui serait à coup sûr incapable de défendre son existence contre elle. Et d'autre part, aujourd'hui encore, Français et Allemands se rejettent mutuellement la responsabilité de la guerre de 1870, et s'accusent de « menacer le maintien de la paix » ; le droit international a-t-il pour seul objet de justifier les pires procès de tendance ?

11.

Toutefois, il convient de reconnaître que Bluntschli a des lueurs de justice ; mais combien insuffisantes !

Sont contraires aux droits reconnus de l'humanité, et nuls par conséquent, les traités qui introduisent, étendent ou protègent l'esclavage... (art. 411).

Les traités cessent également d'être obligatoires, lorsqu'ils arrivent à être en contradiction avec le développement des droits généraux de l'humanité et avec le droit international reconnu (art. 457).

Mais comment définir l'esclavage ? Et quels sont les droits généraux de l'humanité ? Incorporer les Alsaciens-Lorrains à une nation qu'ils détestent, les obliger à servir sous ses drapeaux et à combattre éventuellement ceux qu'ils considèrent comme leurs frères, n'est-ce pas les réduire en esclavage ? A ce compte, les Ilotes étaient des hommes libres, car aucun d'eux n'était, individuellement, la propriété d'un Spartiate ! Quant aux droits généraux de l'humanité, le premier de tous n'est-il pas de s'appartenir ?

Pour nous, Français, notre thèse est plus haute. Elle consiste à prendre dans le sens le plus général ce que Bluntschli dit de l'esclavage :

Il n'y a pas de propriété de l'homme sur l'homme. Tout homme est une personne, c'est-à-dire un être capable d'acquérir des droits et de les exercer (art. 360).

Le droit international ne reconnaît à aucun État et à aucun particulier le droit d'avoir des esclaves (art. 361).

Pour que ces propositions méritent réellement d'être honorées du titre d'articles de droit, il faut y ajouter la notion de conquête violente à celle d'esclavage. Le droit consiste à dire :

Il n'y a pas de propriété *des* hommes sur *les* hommes. Tout homme, *et tout corps de nation volontairement constitué*, est une personne. Le droit international ne reconnaît à aucun État le droit de conquérir ou de retenir par la force un tel corps de nation. *Sont contraires aux droits reconnus de l'humanité, et nuls par conséquent, les traités qui disposent d'une population contre son gré*, ou qui ont pour objet de compromettre la sûreté ou l'indépendance d'un État.

« *Au-dessus de tous les traités se trouvent les droits des nations.* » Cette belle maxime, dans laquelle tout Alsacien-Lorrain reconnaîtra l'expression de ses aspirations les plus chères, n'est pas prise dans un des appels enflammés que nos assemblées révolutionnaires adressaient à l'Europe. Elle est extraite du manifeste de la Prusse, en date du 9 octobre 1806 !

Il faut donc le proclamer hautement, le traité de Francfort est de nul droit. La France n'avait pas plus le droit de céder l'Alsace-Lorraine, que l'Allemagne n'avait celui de s'incorporer cette province, qui protestait contre l'annexion par l'intermédiaire d'une députation unanimement élue à cet effet [1].

La France demande que le droit international protège les Alsaciens-Lorrains au moins à l'égal des nègres de l'Afrique centrale.

---

[1] Voir à l'Appendice, note A, la protestation des députés d'Alsace-Lorraine.

CHAPITRE VII.

Le traité de Francfort, violé par l'Allemagne, est frappé de caducité.

L'article 11. — Les permis de séjour. — Les passeports. — Autres violations déguisées. — Effet produit en France.

L'empereur Guillaume et ses conseillers feraient bien de méditer l'article 455 du livre de Bluntschli :

Lorsqu'une des parties contractantes n'exécute pas ses engagements, ou viole le traité, la partie lésée a le droit de se considérer comme dégagée.

Ici, l'affirmation est formelle, et, contrairement à l'habitude de l'ondoyant juriste, le commentaire n'est pas consacré à détruire insidieusement le texte. Et, de fait, il n'est guère possible de discuter ce principe.

Or, le traité de Francfort a été formellement et sciemment violé par l'Allemagne.

L'article 11 de ce traité est ainsi conçu :

Les traités de commerce avec les différents États de l'Allemagne ayant été annulés par la guerre, le gouvernement français et le gouvernement allemand prendront pour base de leurs relations commerciales le régime du traitement réciproque sur le pied de la nation la plus favorisée.

Sont compris dans cette règle les droits d'entrée et de sortie, le transit, les formalités douanières, *l'admission et le traitement des sujets des deux nations* ainsi que de *leurs agents.*

* *

Le 10 avril 1887, le gouvernement allemand violait cet article, en établissant, pour les Français qui voudraient séjourner en Alsace-Lorraine, l'obligation de s'être muni d'un permis, tandis que rien de tel n'était exigé des autres étrangers.

Je ne m'attarderai pas ici sur les effets moraux et matériels de cette mesure ; il me suffira de constater qu'elle était formellement contraire à l'esprit et à la lettre du traité de Francfort, puisqu'on laissait l'entrée d'une portion du territoire allemand libre à tous les étrangers, tandis qu'on exigeait des Français la production d'un permis de séjour, qui leur était, bien entendu, refusé par principe.

Il n'est pas interdit de supposer que les partisans de la guerre préventive avaient poussé à nous adresser cette provocation, et qu'ils n'eussent pas été fâchés si nous y avions répondu par une déclaration de guerre. Il aurait été facile de nous poser en agresseurs : « Les agissements de la France en Alsace-Lorraine avaient obligé l'Allemagne à prendre des mesures pour y défendre l'ordre public ; et la France avait saisi avec empressement un mauvais prétexte pour entamer la lutte désirée par elle ». Qu'il y ait eu ou non quelque arrière-pensée de ce genre, la France conserva son attitude recueillie, et elle eut un certain mérite à le faire.

* *
*

Au bout d'un an, la première réglementation fut remplacée par une autre, non moins contraire au traité de Francfort, mais destinée à donner le change à l'opinion publique. Le 22 mai 1888, le ministère d'Alsace-Lorraine décida ce qui suit :

> A partir du jeudi 31 mai, tous les étrangers arrivant par la frontière française, qu'ils ne soient que de passage ou qu'ils veuillent séjourner dans le pays, devront être porteurs d'un passeport portant le visa de l'ambassade d'Allemagne à Paris. Le visa ne devra pas remonter à plus d'un an.

Telle quelle, la mesure ne s'expliquait pas. Il suffisait, en effet, pour se dispenser de l'obligation du passeport, de contourner l'Alsace-Lorraine et d'y entrer par une frontière autre que la française : tout au plus cela constituait-il une gêne, et un impôt levé sur les voyageurs au profit des chemins de fer allemands.

Cet arrêté n'avait pour objet que d'en imposer au public et de prévenir une réclamation dont la légitimité était trop évidente. Il est bien vrai que l'ambassade d'Allemagne refusait systématiquement le visa aux citoyens français, ou ne le leur accordait qu'après un délai d'une quinzaine de jours, qui rendait pratiquement impossible tout voyage d'affaires ; mais si notre gouvernement avait protesté, on lui

aurait répondu que la mesure s'appliquait à tous les
étrangers, que le visa se refusait aussi à des non-
Français, et que d'ailleurs ce refus était, dans
chaque cas spécial, subordonné à des conditions personnelles dont l'ambassadeur à Paris était seul juge.

Aussi bien, beaucoup de gens s'y sont-ils trompés.
Heimweh en cite comme exemple le *Journal de
Genève,* du 6 août 1891, qui disait : « En soumettant
tous les étrangers à l'obligation des passeports, le
gouvernement impérial a prévenu toutes les réclamations ». — « En lisant ces paroles, dit Heimweh,
on ne peut que s'écrier : *O sancta simplicitas!* » On
peut aussi, ajouterai-je, remarquer que le *Journal de
Genève* possède, à tort ou à raison, la réputation bien
établie d'émarger au fonds des reptiles.

En réalité, un Français habitant, je suppose, à un
kilomètre de la frontière, et voulant se rendre à un
kilomètre au delà, devait venir à Paris, et se laisser
soumettre à une véritable inquisition ; au bout d'au
moins quinze jours, il recevait, soit un passeport
(coût : 12 fr. 50), soit — le plus souvent — l'avis que
le visa lui était refusé.

Mais le refus du visa n'est pas le seul moyen que
les Allemands employèrent pour tourner le traité. Dès
le lendemain, 23 mai, l'arrêté primitif était complété
par une décision insérée au *Journal Officiel* d'Alsace-
Lorraine, du 28, et qui fut également notifiée au
public par un placard que distribua l'ambassade
d'Allemagne, à partir du 30 mai :

... En outre, tout Français qui séjournera plus de vingt-quatre heures dans une commune d'Alsace - Lorraine, *quelle que soit la frontière par laquelle il sera entré*, devra faire une déclaration de résidence dans les vingt-quatre heures..., en justifiant de son identité par un passeport muni du visa de l'ambassade d'Allemagne à Paris.

Ainsi les étrangers non-français n'étaient soumis au passeport que s'ils entraient par la frontière de France. Mais les Français étaient tenus d'en présenter un, quelle que fût la frontière par laquelle ils étaient entrés ; et, bien entendu, on le leur refusait systématiquement.

Encore une fois, que l'ambassade d'Allemagne mît plus ou moins de bonne volonté ou de hâte à donner son visa, même en cas de nécessité impérieuse ; que les agents à la frontière fussent plus ou moins intelligents ou rudes dans l'observation de leur consigne, peu importe en droit : les cas particuliers d'application étaient toujours faciles à imputer à l'excès de zèle d'un fonctionnaire subalterne. Mais ce qui indigna tous les esprits, en France comme en Alsace-Lorraine, c'est que ces mesures hypocrites aient pu être prises pendant les trois mois de règne de cet empereur Frédéric, que l'on s'était plu à surnommer prématurément le Noble !

*
* *

Le 1er avril 1891, on inaugura un nouveau mode de violation du traité, établi par l'arrêté du 5 février. Les étrangers de toute nationalité qui voulaient s'installer en Alsace-Lorraine pour plus de huit semaines n'étaient plus tenus à en faire la déclaration à l'autorité locale, qui leur délivrait une carte de séjour à faire renouveler tous les ans.

Mais rien n'était changé en ce qui concernait les séjours de moins de huit semaines ; pour ceux-là, les seuls intéressants pour les Français ayant des parents ou des propriétés en Alsace-Lorraine, le régime précédent étant maintenu avec toute l'inégalité de traitement qu'il comportait au détriment des Français.

Mais au moins, pourra-t-on penser, la mesure était générale pour les séjours de plus de huit semaines, si peu nombreux que fussent ceux qui avaient à en profiter ? En aucune façon : le permis de séjour ne se donnait que sur place aux personnes déjà admises à résider passagèrement dans le pays, et celles-là, si elles étaient françaises, on vient de voir qu'elles avaient dû passer par la formalité du passeport. On se demande, en vérité, où le gouvernement allemand a pu prendre ces trésors d'escobarderie !

Enfin, le 21 septembre 1891, un dernier arrêté supprima l'obligation des passeports pour toutes les personnes autres que les militaires en activité de service, les anciens officiers, les élèves des écoles organisées militairement, et les personnes âgées de moins de quarante-cinq ans ayant perdu la nationalité allemande avant d'avoir satisfait à la loi militaire (c'est-à-dire, en pratique, tous les émigrés d'Alsace-Lorraine) ; pour toutes ces personnes, l'arrêté établissait d'ailleurs la gratuité du passeport.

*
* *

En résumé, l'Allemagne a dépensé pendant plus de

quatre ans une incroyable ingéniosité à violer l'article 11 du traité de Francfort; elle n'en a repris une application *à peu près* intégrale qu'en présence des pertes considérables infligées au pays par la rupture de ses relations avec la France, et du redoublement d'inimitié qu'elle avait sottement provoqué chez les habitants par ces nouvelles vexations.

Au premier moment, beaucoup de Français demandèrent que l'on prît chez nous une mesure analogue contre les Allemands; on ne le fit point, parce qu'elle aurait frappé surtout les malheureux Alsaciens : puisqu'ils ne pouvaient recevoir leurs parents et amis de France, il fallait au moins leur laisser la possibilité de venir les trouver.

Pour ma part, je pensais à cette époque que notre gouvernement aurait dû se mettre à expulser tous les jours, en vertu de la loi de 1849, une dizaine d'Allemands choisis parmi les plus huppés des quarante mille qui résident à Paris. Le prétexte était tout trouvé : Paris est une place forte, et ils étaient soupçonnés d'espionnage. S'ils demandaient des preuves, on leur répondait qu'on n'en avait pas, fort heureusement pour eux, car si l'on avait autre chose que des présomptions, on les incarcérerait au lieu de les expulser. Le gouvernement allemand n'aurait eu rien de plus à objecter à ces mesures que nous aux refus de visa; et il est à parier qu'avant la fin du mois il aurait démoli lui-même sa muraille de Chine. Oignez vilain, dit le proverbe, il vous poindra; poignez vilain, il vous oindra. Et, sous le rapport de la vilenie, le gouvernement allemand se montrait assez bien doué.

Aujourd'hui, quelques années de plus m'ont disposé à plus de calme. J'estime que le gouvernement français a bien fait de dédaigner cette provocation ou plutôt cet aveu d'impuissance. Il a laissé le gouvernement allemand montrer, mieux que nous ne pouvons le faire nous-mêmes, qu'il ne se maintient en Alsace-Lorraine que par la violence, et que la résistance invincible des populations l'irrite au point de le faire redoubler de maladresse et violer la parole jurée.

Le monde civilisé a été témoin que, quelles que fussent pour nous les amertumes du traité de Francfort, la République n'a pas cessé un seul jour d'en exécuter loyalement les stipulations, alors qu'elle était en droit de s'en considérer comme dégagée. Il est bon, pour l'avenir de sa cause, qu'elle ait donné cet exemple.

CHAPITRE VIII

Alsaciens-Lorrains et Allemands.

La « légende du cri de douleur ». — Odieux et burlesque mêlés. — Origine des illusions allemandes. — L'annexion est-elle un bienfait ou un châtiment? — M. Kœttschau et les progrès de la germanisation. — Menaces et provocations. — Les filles d'Alsace. — La peur du Français. — La prospérité du Reichsland. — Trop bien administrés ! — Caprivi et Bismarck : nouveaux discours, vieux arguments. — Un lapsus de M. de Caprivi. — Les nationalités opprimées. — Les Alsaciens-Lorrains ont été à même de comparer. — Pourquoi la germanisation est impossible. — Comment on aurait pu gagner les annexés. — La mission de l'Alsace-Lorraine.

« La légende du cri de douleur des Alsaciens-Lorrains », tel est le titre surprenant que porte un chapitre d'une brochure due à un écrivain militaire allemand assez connu, le lieutenant-colonel Kœttschau [1]. Ce chapitre débute comme il suit :

Le retour de l'Alsace-Lorraine à l'empire allemand déplaisait à un grand nombre d'habitants de ce pays (!), et ce mécontentement s'est parfois manifesté d'une manière si vive que maint Français surexcité y a vu le cri d'appel de frères tombés dans un précipice.

[1] *Westeuropa kosakisch oder geeint. Die Notwendigkeit einer französich-deutschen Versöhnung.*

Et là-dessus, l'auteur entreprend la tâche malaisée de démontrer que la plupart des annexés ont déjà changé d'avis, et que les autres méconnaissent toute l'étendue de leur bonheur!

Je ne ferai pas à nos compatriotes de là-bas l'injure de prendre au sérieux cette erreur intéressée. Mais il est bon d'exposer, à titre de document, une argumentation dont M. Kœttschau fournit un exemple caractéristique, mais dont il est loin d'avoir le monopole en son pays.

Les sentiments des annexés sont bien connus de qui veut se donner la peine de les connaître; il n'est pas si difficile de comprendre ce que signifient les élections répétées des députés protestataires, et l'émigration de tout ce qui peut quitter le pays, et les désertions qui peuplent nos régiments étrangers, et les condamnations de toute nature encourues par cette population si calme. Si, malgré tout cela, on croit à leur conversion, que ne nous impose-t-on pas silence en leur permettant de la proclamer? S'ils sont devenus de bons et loyaux sujets de l'empire, pourquoi tant de méfiance à leur égard? Pourquoi les empêcher d'aller et de venir, de recevoir chez eux qui bon leur semble? Pourquoi la dictature, pourquoi les vexations de toute sorte?

Leur histoire, depuis l'annexion, est trop connue pour qu'il soit utile d'en retracer les tristes détails. Et puis, c'est toujours tellement la même chose, la brutalité poussée jusqu'au grotesque, au point de désarmer même l'indignation! A quel total exorbitant s'élèveraient les amendes et les mois de prison prononcés contre eux, si quelque bénédictin arrivait à faire ce total! Et pour quels motifs, toutes ces condamnations? Et par quels moyens obtenues, par quels espionnages et quelles viles dénonciations! Au début, j'avais entrepris de collectionner ces jugements; j'ai bientôt dû y renoncer, et pourtant je n'avais connaissance que des plus importants, de ceux que relatent les journaux de Paris. Je souhaiterais qu'il y eût à notre ministère des Affaires étrangères un bureau spécialement chargé de les enregistrer. Tout au moins, le jour où l'Alsace-Lorraine sera délivrée, notre devoir sera-t-il de les relever soigneusement aux greffes des divers tribunaux. Ce sera le livre d'or des opprimés.

C'est une étrange chose, de voir à quel point les Allemands sont inconscients du ridicule. Heimweh raconte narquoisement [1] certains des résultats obtenus par le règlement sur la germanisation des enseignes, spécifiant que « les inscriptions sur des vêtements, telles que sur les casquettes portées en public par des employés ou domestiques de certains établissements commerciaux ou industriels, sont à considérer comme inscriptions publiques ».

C'est, dit-il, en vertu de ce règlement qu'il a fallu écrire sur les casquettes des employés du Gaz, au lieu du mot français *Gaz*, le mot allemand *Gas*, et que l'inscription *Bureau d'octroi* a dû se transformer à Colmar en celle de...

---

[1] *La question d'Alsace.*

Octroi-Bureau. Pour le même motif, le *coiffeur* est devenu *Friseur*, tandis que le *barbier* a pu, sans rien changer à son titre, raser successivement des mentons français et des mentons allemands.....

Ce qu'il y a de bouffon dans ces tracasseries ne laisse pas de nous divertir; cela nous aide à prendre nos malheurs en patience. Une farce est d'autant plus réjouissante qu'elle est jouée avec plus de conviction; et le fonctionnaire allemand, par une grâce d'état qui est, heureusement pour lui, à toute épreuve, exécute sans broncher les plus étonnantes consignes. Mais si le ridicule le laisse insensible, l'odieux ne le touche pas davantage. Échauffé par son zèle, il s'est avisé, dans certaines localités, d'étendre aux cimetières les prescriptions relatives aux inscriptions publiques. Il prétend obliger nos morts à parler l'allemand; et ceux-là même qui, vivants, ignoraient cette langue, couchés dans la tombe sont contraints d'y avoir recours s'ils veulent implorer des prières pour le repos de leurs âmes. Cette persécution posthume, cet outrage à la paix du cercueil, nous ont profondément indignés.....

Odieux et burlesque mêlés, tel est le bilan quotidien de cette histoire. Voici un simple fait-divers, que je retrouve dans mes notes du temps où je n'avais pas complètement renoncé à les collectionner :

Une bonne d'enfants, Louise Fuchs, âgée de quatorze ans, née à Gertweiler (Basse-Alsace), a comparu, le 3 janvier, devant la chambre correctionnelle du tribunal civil de Metz. Elle était accusée d'avoir commis le crime de lèse-Majesté. A la fin d'une lettre adressée, le 6 novembre, à une de ses amies de Ribeauvillé, elle avait ajouté un propos injurieux pour l'empereur d'Allemagne. La lettre était tombée entre les mains d'une personne qui l'avait remise à la police. L'organe du ministère public a requis contre la jeune Alsacienne une condamnation à un mois de prison; le tribunal, tenant compte du caractère intime de la lettre incriminée, a infligé à Louise Fuchs la peine de huit jours d'emprisonnement [1].

Guillaume Ier, le *Heldenkaiser*, le vieil « empereur-héros », offensé par une fillette de quatorze ans! En lisant cette histoire, ne sommes-nous pas tentés de la mettre sur le même plan que la légendaire farce du Palais-Royal : *Grassot embêté par Ravel ?* Eh bien non, un Allemand trouve cela tout naturel, et non moins naturelles la délation et la condamnation; que voulez-vous, c'est un peuple de gens graves !

La délation est d'ailleurs à peu près le seul moyen que les immigrés non fonctionnaires aient trouvé pour se faire accepter et aimer des Alsaciens ! J'avais noté aussi la triste aventure de ce boucher de Metz qui avait commis l'imprudence d'engager une servante allemande. Un soir, à dîner, en présence de sa seule famille, il parle de l'empereur en termes déplacés. La bonne était là, qui veillait au salut du Germanisme. Comme toutes les bonnes de son pays, elle avait un « trésor » dans la garnison : c'était un dragon, auquel elle conta la chose. Ci, un mois de prison pour le boucher.

Mais pourquoi insister sur ces vétilles? Les Allemands n'ont pas eu de peine à trouver plus odieux encore. Qu'on se souvienne de tous ces malheureux, appelés par dépêche au chevet d'un mourant, et empêchés de pénétrer en Alsace-Lorraine, faute d'un passeport qu'il leur eût été matériellement impos-

[1] *Le Temps*, 6 janvier 1888.

sible de se procurer à temps. Veut-on au contraire
du grotesque? Ce ne sont pas des fonctionnaires du
grand-duché de Gérolstein, ce sont ceux de l'Empire
allemand qui ont imaginé de refuser l'entrée du territoire à des enfants à la mamelle, parce qu'ils
n'étaient pas mentionnés sur le passeport de leur
nourrice ; celle-ci n'était autorisée à passer la frontière qu'après avoir trouvé en France une âme chari-
table à qui confier son marmot !

C'est en vain, dit Heimweh [1], qu'ils se donnent à eux-
mêmes des raisons justificatives. Leur conscience n'est
pas dupe des sophismes. La bassesse des moyens employés
pour parfaire la conquête de Reichsland démontre inces-
samment le vice originel de cette entreprise et d'un acte
d'union fondé sur la violence. Impossible aux auteurs de
ces actes d'éprouver la pleine satisfaction, la généreuse
fierté, l'invincible confiance qu'eût inspirées le succès
d'une œuvre nationale noblement et purement réalisée,
d'une œuvre qui, dans son exécution comme dans sa fin,
fût apparue comme un progrès humanitaire et eût mérité
l'applaudissement de tous les peuples.

L'unification de l'Allemagne n'a soulevé, dans les autres
pays, ni enthousiasme ni sympathie. Bien loin de produire
une action bienfaisante et des aspirations fécondes, elle a
suscité l'inquiétude de tous les amis du progrès et de la
liberté. Au lieu d'apparaître comme une œuvre d'émanci-
pation, elle s'est présentée au monde, tant les moyens
employés furent brutalement coercitifs, sous l'aspect
d'une œuvre de servitude. Quelle différence avec la Révolution Française !

Et quel bel idéal à proposer à l'admiration univer-

---

[1] *Triple-Alliance et Alsace-Lorraine.*

selle que ce régime, ainsi caractérisé par M. de Bismarck : « L'empereur incarne l'Allemagne unie et forte par la puissance du fer et du sang [1] ! »

Mais, encore une fois, il ne s'agit pas ici d'exposer les sujets de mécontentement des Alsaciens-Lorrains. Ils ne sont que trop connus chez nous. Et si quelqu'un, hors de France, doutait de ce qu'endurent là-bas nos compatriotes, et qu'il lui fût impossible d'aller s'en assurer sur place, je me contenterais de le renvoyer à l'ouvrage l'Alsace-Lorraine et l'Empire Germanique, ainsi qu'aux divers écrits de Heimweh, et je le mettrais au défi de n'être point ému de tant d'infortunes. Si, en particulier, le contradicteur était un Italien, il me suffirait de lui rappeler, avec M. Bonghi, de quel poids pèse la botte du Tedesco sur le front des opprimés.

*
* *

Comment donc les Allemands en sont-ils venus à instituer un semblable régime en Alsace-Lorraine ? Car enfin, il est bien certain qu'ils n'ont pas conquis ce pays pour le seul plaisir d'infliger, de propos délibéré, toutes sortes de persécutions à ses habitants.

D'abord, il faut distinguer entre ces vexations. Les Allemands n'ont pas l'épiderme aussi sensible que nous et que les Alsaciens-Lorrains ; en outre, ils sont maladroits, c'est M. de Bismarck qui le leur a dit. Il leur arrive de trouver toutes naturelles, et par conséquent d'imposer sans scrupule aux autres, des me-

---

[1] Discours aux étudiants allemands, 14 août 1891.

sures que ceux-ci considèrent comme odieuses, mais qu'eux-mêmes supporteraient sans se plaindre. Au lendemain de la guerre qui leur a ravi leur liberté, les Francfortois ont servi fort volontiers dans l'armée prussienne, les Hanovriens se sont mêlés aux vainqueurs de Langensaltza; comment concevraient-ils que les Alsaciens-Lorrains répugnent à coiffer le casque à pointe? Et ainsi du reste. Tandis que leur seule présence en Alsace-Lorraine était odieuse aux habitants, ils étaient parfaitement inconscients des blessures morales qu'ils leur faisaient.

Aussi leur était-il impossible de concevoir qu'on leur fît si mauvais accueil. Se posant en représentants d'une race supérieure, ils étaient fort sincèrement convaincus que les Alsaciens-Lorrains devaient se tenir très honorés d'être admis à partager leurs destinées, et ne tarderaient pas à apprécier à sa valeur une civilisation si supérieure à la nôtre. C'est ce que M. de Bismarck prophétisait, avec tout le bon goût et la délicate ironie qui caractérisent son éloquence[1] : « Quand, un jour, ces messieurs auront appartenu à l'Allemagne pendant deux cents ans (*Hilarité.*), je leur recommande de faire alors un parallèle rétrospectif, et je suis convaincu qu'en somme ils auront vécu chez nous plus agréablement ». (*Hilarité.*)

Une autre raison pour laquelle les Allemands ont cru que la protestation ne durerait pas plus qu'un feu de paille, c'est la faiblesse à laquelle nous avait réduits la guerre. En gens positifs, ils estimaient

---

[1] Au Reichstag, séance du 3 mars 1874.

que les annexés, comme les gouvernements européens, ne tarderaient pas à adorer le soleil levant.
Entre une patrie qui vient de payer plus de cinq
milliards et une autre qui les a encaissés, le choix
ne pouvait être douteux, à leurs yeux. Mais :

Victrix causa Diis placuit, sed victa Catoni;

les Alsaciens-Lorrains n'ont pas cru que le malheur
de leur patrie était une raison suffisante pour la renier. Et les Allemands ont tout naturellement considéré comme une injure personnelle le dédain qu'on
opposait aux victoires dont le souvenir les grise.

Que l'on ajoute à cela notre relèvement, imprévu
de rapidité, justifiant l'espoir avoué des Alsaciens-
Lorrains, et l'on concevra le dépit qui s'est fait sentir
si durement aux annexés.

*
* *

Tout peut se plaider, dit-on. Seulement, aux mauvaises causes on ne peut fournir que de mauvais arguments. Et c'est le propre de cette malheureuse question d'Alsace-Lorraine que, sitôt qu'un Allemand la
veut raisonner, il déraisonne, contredit ses compatriotes et se contredit lui-même.

Les annexés seraient, par exemple, curieux de
savoir enfin si c'est pour leur bonheur ou pour leur
châtiment qu'on les a forcés d'entrer dans le giron de
l'empire germanique; les Allemands ont été, jusqu'ici, incapables de se mettre d'accord sur ce point,
qui a pourtant son intérêt.

Nous avons vu qu'au temps où Guillaume Ier ne
dédaignait pas de chatouiller la muse, il traitait
tendrement les Alsaciens-Lorrains de frères oublieux.
De même, plus récemment, Berthold Auerbach. Seulement, le premier les avertissait charitablement
qu'on saurait au besoin « les contraindre à accomplir
leurs devoirs », et le second se réjouit que ce soit
fait. Il s'agit donc bien ici d'un bonheur, mais d'un
bonheur obligatoire, chose que les peuples apprécient
rarement.

Avec le prince de Bismarck, la question s'embrouille fort. Le 2 mai 1871, il dit, au Reichstag :

> Cette antipathie existe, elle est un fait, et il est de notre
> devoir de la vaincre à force de patience.
>
> Selon moi, nous disposons, pour y réussir, de moyens
> nombreux. Nous autres Allemands, nous avons en général
> l'habitude de gouverner avec plus de bonhomie, parfois
> avec un peu de maladresse, mais en fin de compte nous
> sommes tout de même plus bienveillants, plus humains
> que les hommes d'État français ; c'est là une supériorité
> du régime allemand qui ne tardera pas à se révéler et à
> séduire le cœur allemand des Alsaciens pour y devenir
> reconnaissable.
>
> Nous sommes, en outre, à même d'accorder aux habi-
> tants une liberté communale et individuelle infiniment
> plus grande que ne l'eussent jamais pu les institutions et
> les traditions françaises.....
>
> C'est ce qui me fait croire que, grâce à la patience alle-
> mande, à la bienveillance allemande, nous réussirons à
> gagner ces populations, et cela peut-être dans un laps de
> de temps plus court qu'on ne le pense à présent.

Et il termine cette homélie en assurant que l'on
arrivera au but « grâce à la patience allemande et à

l'amour allemand, en particulier envers nos nouveaux compatriotes ».

Le 25 mai de la même année, il est encore plus touchant de sollicitude :

> Si malgré le déclin de ma santé et de mes forces, je ne recule pas devant la tâche actuelle, c'est que je suis guidé par un sentiment de responsabilité du sort des habitants de cette province, à cause de la part que j'ai eue à leur séparation d'avec la France; je me sens appelé à être, autant qu'il m'est donné, leur avocat dans le nouvel État auquel ils sont réunis, et je ne voudrais pas les abandonner. (*Bravos.*)

Voilà ce que l'on peut appeler un avocat d'office ! Dans le même discours, le bon apôtre disait encore :

> De ma nature, je ne sens pas le besoin de gouverner, c'est-à-dire que je suis passif à un haut degré (*Hilarité.*); mais je ne sens pas le besoin d'être gouverné, et je laisse volontiers aux autres la liberté de leurs mouvements.

Le 3 juin 1871 :

> Dans les débats qui ont eu lieu ici, les besoins et les vœux des habitants du pays conquis ne sont pas mis en balance autant que je le désirerais.

Il demande que « le plus jeune enfant de la famille allemande » soit traité avec « soin et ménagement, paternellement », de peur qu'on ne trouble « la cristallisation des sympathies allemandes, qui commence à peine ».

Dans son premier discours, il avait naturellement produit la fameuse théorie du « coin de Wissembourg » et du glacis qu'il faut créer à l'empire alle-

mand. Le 16 mai 1873, il y revient, et déclare catégoriquement que « pour faire une omelette, il faut
casser des œufs », et il termine en oubliant comme il
suit la douceur et la patience germaniques :

Doutez de notre habileté — car nous, fonctionnaires de
l'Allemagne du Nord et surtout Prussiens, nous ne sommes
pas célèbres pour notre façon habile de gagner des amis
et de faire des choses désagréables d'une façon aimable, —
doutez donc de notre habileté, mais ne doutez pas de notre
dévouement, de notre bonne volonté, de notre courage, de
notre ferme résolution de montrer un front inébranlable
à tous les ennemis de l'empire. (*Bravos.*)

Le 3 mars 1874, l'attendrissement a fait place à
l'ironie la plus brutale :

Ces messieurs d'Alsace se plaignent de ce que, pendant
trois années, nous ne les ayons pas rendus aussi heureux
— qu'ils ne l'ont pas été, il est vrai, sous la domination
française, mais qu'ils désireraient bien l'être, et que nous
aussi nous désirerions bien les voir. (*Hilarité.*) Nous le
leur souhaitons, mais ce n'était pas précisément là le but
de l'annexion...

C'est dans ce discours que se trouve encore la
lourde plaisanterie, citée plus haut, dans laquelle le
chancelier les engage à réserver leur opinion pendant
deux cents ans, au bout desquels il leur serait impossible de méconnaître leur bonheur d'être devenus
allemands; inutile d'ajouter que cette facétie incon-
venante fut ponctuée à chaque phrase par l'hilarité
du Reichstag, mis en gaieté par la plainte des représentants de seize cent mille habitants. Et c'est encore
dans ce même discours que M. de Bismarck, tournant

brusquement court à ses protestations de dévouement, conclut en déclarant aux Alsaciens que leur
situation actuelle est un châtiment qu'ils ont amplement mérité :

En face de ces belliqueux (les Français), nous avons dû
briser la pointe de Wissembourg, qui pénétrait profondément dans notre chair, et précisément dans cette pointe
de l'Alsace habite une partie de la population ci-devant
française, qui ne le cède en rien aux Gaulois comme
passion guerrière et comme haine véritablement germanique contre la race germanique.

Ces messieurs ici présents sont-ils tout à fait innocents
de ce passé de deux siècles, de ces guerres qui ont fini
par amener de nouveau la séparation de l'Alsace d'avec
la France ? Ils ont fourni à la France, pour ces guerres —
et c'est là un témoignage d'honneur, — les meilleurs
soldats, et, en tout cas, les meilleurs sous-officiers. Le
concours des épées alsaciennes dans les guerres françaises contre l'Allemagne est de ceux que, comme adversaires, nous avons appris à estimer très haut, et Dieu
veuille que comme amis nous apprenions à l'apprécier
encore quand nous verrons leurs enfants et les nôtres
confondus dans les mêmes rangs.

Ces messieurs ne sont donc en aucune façon innocents
du passé. S'ils avaient voulu protester, ils auraient dû
le faire au moment où la guerre a éclaté, et en maintes
autres occasions. Mais après qu'ils ont contribué à ce que
le flot débordât, qu'il y eût une guerre qui, on en conviendra, a même entraîné avec elle des conséquences
autrement tristes que celles que signalait un des précédents orateurs quand il soutenait n'avoir jamais rien vu
de plus triste ni de plus désespéré que l'état actuel de
l'Alsace-Lorraine, — je pourrai dire que quiconque porte,
ne fût-ce que pour un trente-millionième, sa part de
complicité et de responsabilité dans la scélérate guerre

agressive dirigée contre nous, devrait bien se frapper la poitrine et se demander : « Ai-je fait *alors* ce que je devais [1] ? » (*Vifs applaudissements.*)

Complicité... responsabilité... scélérate guerre agressive ! Et l'homme qui parlait ainsi est le même qui, quelques années plus tard, se vantait d'être le seul auteur de la guerre de 1870 !

Mais, à cette époque, il tenait à ce triste argument de la complicité des Alsaciens-Lorrains ; on le retrouve en effet, moins développé mais aussi net, dans son discours du 30 novembre de la même année, au Reichstag, discours où il enlevait toute espérance aux Alsaciens-Lorrains, en leur expliquant crûment qu'ils n'avaient même pas à prétendre qu'on prît leurs intérêts en considération :

Ces messieurs feraient bien de se le persuader et de se faire une idée plus exacte de leur position ; comment peuvent-ils reprocher à un corps de quarante millions d'hommes de tenir compte des intérêts de l'empire plutôt que des intérêts de clocher de l'Alsace-Lorraine ? (*Bravo !*)
C'est dans l'intérêt de l'empire que nous avons conquis

[1] L'ouvrage *l'Alsace-Lorraine et l'Empire Germanique*, auquel j'emprunte ce discours, l'accompagne du commentaire suivant : « On avait été généralement porté à ne voir d'abord qu'une boutade dans ce passage du discours de M. de Bismarck. Toutefois, un article publié deux mois plus tard, dans la livraison des *Annales prussiennes* (*Preussische Jahrbücher*), de mai 1874, et longuement analysé dans la *Gazette de l'Allemagne du Nord*, du 4 juin suivant, s'attacha à démontrer, pièces en mains, que l'accusation de « complicité » portée par le chancelier impérial contre l'Alsace-Lorraine constituait à la charge de ses habitants, au jugement des hommes politiques de Berlin, un grief des plus sérieux et des plus fondés. Nous nous bornerons à renvoyer le lecteur, désireux de comprendre et de s'instruire, à l'article auquel nous faisons allusion ».

ce pays, dans une guerre loyale, une guerre défensive, où nous avions à défendre notre peau ; ce n'est pas pour l'Alsace-Lorraine que nos guerriers ont versé leur sang, mais pour l'empire d'Allemagne, pour sa liberté, pour la protection de ses frontières.

Nous avons pris ces pays pour empêcher les Français de se servir de la pointe de Wissembourg pour l'attaque qu'ils projettent (Dieu veuille la retarder autant que possible) ; pour avoir, au contraire, un glacis que nous puissions défendre avant qu'ils attaquent le Rhin.

C'est aussi dans l'intérêt de l'empire et non dans celui de l'Alsace-Lorraine, que nous avons admis ces messieurs dans notre sein, et les avons fait profiter des avantages de la constitution impériale ; ce n'est pas dans votre intérêt, messieurs, nous pourrions fort bien vivre sans vous (*Hilarité*.), mais uniquement dans l'intérêt de l'empire, afin que nous puissions ici suivre avec un intérêt vivant tout ce qui se passe dans votre pays.

*
* *

Au reste, les Allemands, M. de Bismarck en tête, accordent fort volontiers que la population alsacienne-lorraine était opposée à l'annexion. Seulement, cette résistance leur est parfaitement indifférente ; et cela d'autant plus qu'ils la prennent pour le résultat d'une mauvaise humeur passagère.

M. Kœttschau, entre autres, est plein de confiance. Pour lui, la principale raison qui a si rapidement gagné ces populations à la France a été, jadis, l'absence de tout sentiment national allemand. Il est vrai que cette circonstance, en son temps, a fait beaucoup pour la cause française ; mais où le colonel se trompe de singulière façon, c'est quand il suppose

que ce sentiment, maintenant qu'il est né dans le
cœur de ses compatriotes, conquerra irrésistiblement
les Alsaciens-Lorrains, par je ne sais quel rayonne-
ment mystique ; que dis-je, conquerra ? M. Kœttschau
est persuadé que le plus fort est fait dans ce sens.

Il est bizarre de supposer qu'au moment où les
Allemands s'élèvent à la notion de patrie, et par
cela même, cette notion doive s'effacer dans l'esprit
des Alsaciens-Lorrains. Le progrès que viennent de
faire les Allemands consiste en ce que, pour les habitants d'une quelconque de leurs provinces, ce serait
une souffrance intolérable de se voir assujettis violemment à une nation étrangère. Ce progrès, les
Alsaciens-Lorrains l'ont effectué bien avant eux ; seulement, ce qu'ils appellent leur patrie, le pays dont
ils ne veulent pas être séparés, c'est la France, qui
leur a appris à penser ainsi.

Mais M. Kœttschau ne doute de rien :

L'influence du sentiment national allemand, personnifié
dans l'Empereur, devient sensible chez tous les Allemands,
et par conséquent aussi chez les Alsaciens. Les voyages
impériaux dans le Reichsland en ont fourni des preuves
irréfutables.

Ce « par conséquent aussi » est un chef-d'œuvre.
Assurément, Guillaume II s'est montré maître dans
l'art de la mise en scène ; son dernier voyage à Metz,
notamment, a été fort réussi à cet égard. Mais peut-on
croire que dans cette ville, en particulier, l'empereur
se soit trompé sur la nationalité des gens qui le
saluaient du cri de *hoch* ? Et les drapeaux mis aux

devantures des boutiques sous l'œil vigilant de la police prouvent-ils autre chose que la crainte de mille tracasseries et de la ruine ? On a raconté l'histoire de ce député protestataire dont le fils est candidat à Saint-Cyr, et qui avait pavoisé sa maison sur le passage du souverain ; peut-on voir dans ce drapeau arboré autre chose que la crainte d'attirer sur ses compatriotes la colère du maître absolu, et supposera-t-on que ce père d'un futur officier français soit germanisé ? N'est-il pas vraisemblable que cette humiliation subie l'éloignera, si possible, encore davantage du régime qui la lui a imposée, et que ses électeurs en souffriront autant que lui ?

Les manifestations sont faciles à organiser sous le régime de la dictature. Quand Potemkine improvisa des villages dont les habitants assourdissaient Catherine II de leurs acclamations, il n'était pas dupe de son stratagème ; les maîtres actuels de l'Alsace-Lorraine seraient-ils plus naïfs ?

Il faut le croire, car les Allemands disent que c'est grâce au progrès de la germanisation que l'on a pu abroger, ou du moins adoucir le régime des passeports. Mon Dieu ! s'ils nourrissent cette illusion, il ne faut pas trop s'en plaindre : il est peu probable qu'ils y renoncent, et elle vaudra peut-être aux annexés quelques autres ménagements relatifs. Mais, dans les autres pays, où l'on n'a aucun intérêt à la partager, il est indispensable qu'on sache combien elle est grossière.

Il est bien vrai que la députation alsacienne-lorraine de 1890 comprenait quatre ralliés et un socialiste, sur quinze députés. Mais il ne faut pas oublier que l'immigration a introduit dans le pays 130 000 Allemands, et qu'à Strasbourg, en particulier, ils suffisent à balancer l'élément indigène : dans cette seule ville on compte 3 000 Allemands employés aux chemins de fer, aux ateliers de l'artillerie, à l'administration des contributions et à la poste, ce qui fait déjà la moitié, bien enrégimentée, des électeurs de M. Petri. Mais surtout, il faut noter que ce dernier et ses trois coreligionnaires ont été élus non en qualité de ralliés, mais après avoir expressément posé leur candidature sur la question des passeports, et avoir promis de tout faire pour obtenir l'abrogation de cette mesure. On les a nommés dans l'espoir de pouvoir renouer avec la France des relations à peu près normales, en sorte que leur élection prouve surtout ceci, que la population ne peut se passer de la France. Ce fut pour les Alsaciens-Lorrains un véritable passage sous les fourches caudines, et leur rancune s'est accrue de toute la grandeur de cette humiliation : « L'odieux régime des passeports a élevé une muraille de la Chine, non pas, selon le vœu des Allemands, entre l'Alsace-Lorraine et la France, mais entre l'Alsace-Lorraine et l'Allemagne ».

Aux élections de 1893, la protestation a encore perdu deux sièges. Mais il vaut la peine d'aller au fond des choses.

La circonscription de Wissembourg a élu le jeune prince de Hohenlohe, et celle de Schélestadt a nommé son sous-préfet, M. Pœhlmann. Cela dit tout ; et je laisse à évaluer aux gens de sang-froid quelle somme de pressions et de menaces représente l'élection, dans deux circonscriptions rurales, du propre sous-préfet de l'une, et du fils du tout-puissant *Statthalter !* Ce qui est caractéristique, c'est qu'au lendemain de l'élection, M. Spiess, le respectable maire de Schélestadt, était destitué pour avoir refusé d'appuyer le candidat officiel.

Mulhouse a gardé un député socialiste, M. Bueb, que le parti avait eu l'habileté de choisir parmi les indigènes. Quant à Strasbourg, le renégat Petri a été supplanté par Bebel, et cette élection ne saurait passer pour un succès de la germanisation. Je reviendrai plus loin sur le rôle au moins équivoque joué en Alsace par les socialistes allemands ; il suffit de constater ici que, dans ce dernier vote, les immigrés ont principalement voté pour M. Petri, et les indigènes pour M. Bebel. A telles enseignes qu'un journal italien, prompt à jeter de l'huile sur le feu, imprimait que « l'élection de M. Bebel, quoique allemand, représente pour les Alsaciens un acte presque insurrectionnel [1] ».

Constatons enfin, pour achever de caractériser la situation, que, malgré le nombre toujours considérable des abstentions, malgré l'émigration incessante des indigènes, remplacés par des Allemands venus d'outre-Rhin, la protestation pure a réuni environ 13 000 voix de plus qu'en 1890 [2]. La majeure partie de celles qui

---

[1] La *Tribuna*, citée par le *Matin*, du 17 juin 1893.

[2] Voir la carte électorale du Reichstag, publiée à Vienne, chez Freytag et Berndt. D'après la *Gazette de Cologne*, il y a eu, le 15 juin, 113 521 suffrages catholiques protestataires, 46 011 socialistes et 73 685 Allemands, soit 33 p. 100 de ces derniers *(Le Temps*, du 22 juin 1893).

se sont portées sur des socialistes devant leur être
ajoutées, on voit ce qu'il faut penser des progrès de
la germanisation : elle va, si possible, à reculons.

*
* *

On peut dire que la situation n'a fait que s'enve-
nimer, depuis que les annexés sentent constamment
suspendue sur eux la menace du rétablissement des
passeports. Les Allemands ne se font pas faute de
le leur dire : à la première incartade, on y reviendra
d'un trait de plume. C'est de cette façon que Guillaume II a été sur le point de faire payer à ces innocents l'insulte imaginaire faite par les Parisiens à sa
mère, qui ne s'attendait peut-être pas à tant de défé-
rence et de susceptibilité ! En quoi il montrait à quel
point il est dépourvu de la première qualité nécessaire à un chef d'État, le sangfroid, et cédait à un
penchant bien allemand : passer son humeur sur le
dos des faibles.

Bien allemand, dis-je, ce penchant, si lâche qu'il
soit. On l'a encore vu au commencement de mai 1893,
lors du rejet par le Reichstag du projet de loi sur
l'augmentation de l'armée.

Les députés d'Alsace-Lorraine, qui, d'habitude,
délèguent un d'entre eux pour assister aux séances
du Reichstag, firent au gouvernement la désagréable
surprise de venir en masse à Berlin, à cette occasion.

On les circonvient de tous côtés pour les décider à voter
pour la loi ou à quitter Berlin avant le vote.

La *Gazette de Cologne* veut voir dans leur conduite « un

effort calculé pour affaiblir et empêcher la supériorité militaire de l'Allemagne sur la France ». La *Gazette de Cologne* prononce même le mot de haute trahison, et ne craint pas de formuler des menaces contre les provinces annexées, qui auront à se repentir du vote qu'émettront leurs députés.

Il est odieux de reconnaître la liberté de vote à tous les députés et de la contester auxr eprésentants de l'Alsace et de la Lorraine, qui, en rejetant la loi, se conforment aux vœux de leurs électeurs, dont l'opinion n'est autre que celle de la majorité des Allemands, c'est-à-dire que les sacrifices pour l'armée ne sont déjà que trop lourds à supporter.

Le *Journal d'Alsace* dit à ce sujet :

« Une fois de plus, les Alsaciens-Lorrains sont les pelés, les galeux d'où vient tout le mal. Une fois de plus, on entend rendre l'Alsace-Lorraine responsable du vote négatif que va émettre le Reichstag. Pauvre Alsace-Lorraine ! Quantité négligeable en temps ordinaire, c'est toujours elle le bouc émissaire dans les situations difficiles. »

L'*Express* de Mulhouse s'exprime dans des termes analogues :

« On veut exercer sur la conscience de nos députés une pression. Qu'ils votent contre le projet de loi, et nous serons de nouveau les ennemis de l'empire, qu'il faut accabler de mesures draconiennes, les boucs émissaires chargés des péchés d'Israël. Malgré cela, nos députés ne se laisseront pas effrayer par les menaces de la *Gazette de Cologne*. Ils voteront selon leur conscience[1]. »

En regard du langage fielleux de la *Gazette de Cologne*, il convient de placer la fière déclaration par laquelle lui répondit, dans la séance du 5 mai, M. l'abbé Winterer, député de Mulhouse :

_____

[1] *Le Temps*, du 7 mai 1893.

Mes amis et moi nous n'avions pas l'intention de prendre la parole. Chacun de nous devait être libre de voter suivant sa conscience. Mais, puisque le député Manteuffel nous a attaqués d'une façon singulière et a cherché à nous rendre suspects, je dois déclarer que personne n'a le droit de nous prêter des mobiles que nous n'avons pas avoués hautement. Nous avons toujours été présents au Reichstag quand un grand intérêt général nous y appelait. Personne ne nous a appelés ici, c'est notre devoir qui nous a amenés. Nous avons tout écouté afin de pouvoir voter en toute connaissance de cause. C'est ce que nous ferons, probablement avec la majorité de la Chambre. (*Hilarité.*) Je voulais dire par là que j'espère que nous voterons avec la majorité de la Chambre. Nous sommes responsables de notre vote devant notre conscience d'abord, devant notre parti ensuite.

Mais un reptile ne se décourage pas pour si peu :

La *Gazette de Cologne* continue ses provocations en déclarant que les députés alsaciens-lorrains ont commis « un acte criminel » en votant contre le projet de loi militaire et en excitant ainsi les Français à se ruer sur l'Allemagne. Le journal allemand pense que cette conduite ne restera pas impunie et que, si les Alsaciens-Lorrains ratifient, lors des élections, le vote de leurs députés, cela pourra avoir les pires conséquences pour l'Alsace-Lorraine et pour ses relations avec l'empire[1].

D'autre part, le préfet de la Haute-Alsace donne ordre à tous ses fonctionnaires de :

« Déclarer à leurs administrés qu'un vote hostile à la loi militaire ne saurait être considéré en Alsace comme dans le reste de l'Allemagne. Ici, il peut être le fruit d'une erreur de jugement, de sophismes soigneusement répandus et accrédités. Là, au contraire, il ne peut être

[1] *Le Temps*, du 10 mai 1893

inspiré que par la haine de l'Allemagne, en d'autres termes, la sympathie pour la France. S'il en était besoin, le gouvernement y mettrait ordre en fermant plus hermétiquement que de 1887 à 1891 la frontière du côté des Vosges [1]. »

Ainsi, il ne suffit pas que les Alsaciens-Lorrains soient allemands ; il faut qu'ils en remontrent aux Vieux-Allemands, sous le rapport du chauvinisme, ou bien gare au procès de tendance ! Mais on vient de voir qu'ils ne se sont pas laissé troubler par les menaces.

*
* *

Il est une constatation que je recommande aux Allemands qui parlent des bonnes dispositions de la population annexée, à leur égard. Qu'ils recherchent, sur les registres de l'état civil, combien de mariages se sont contractés depuis vingt ans entre Allemand et fille d'Alsace ! Avant la guerre, ces unions étaient fréquentes, et il y avait, dans la vallée du Rhin moyen, peu de familles qui ne fussent mixtes.

C'était, il est vrai, le beau temps où les Strasbourgeois allaient passer leur dimanche à Kehl et leurs vacances à Bade ; à cette époque, pour leur commodité, les enseignes et les noms des rues de cette dernière ville étaient inscrits à la fois en français et en allemand !

Aujourd'hui, on a découvert que les Strasbourgeois ont le devoir de parler allemand : aussi parlent-ils

[1] *Le Matin*, du 2 juin 1893.

français à leurs maîtres. Je me souviens de mon
émotion, un jour où je voyageais en chemin de fer,
entre Strasbourg et Haguenau ; plusieurs Alsaciens,
qui se trouvaient dans mon compartiment, causaient
entre eux dans leur dialecte. Survient l'employé
chargé de contrôler les billets, qui passe la tête par
la portière en proférant le classique : *Billette, coupi-
ren !* Et à ces mots, d'un germanisme tel qu'un Gascon
les aurait compris, mes Alsaciens répondent par une
pantomime étonnée, signifiant qu'ils ne savent ce
qu'on leur veut ! Me trouvant le plus près de la portière, j'avais répondu le premier, et l'avais fait en
allemand, ayant de bonnes raisons pour ne pas
rechercher des difficultés qui pouvaient aboutir à
une discussion, et à une entrevue avec des gendarmes prompts à l'arrestation. L'employé parti, je
fus regardé tellement de travers par mes compa-
gnons, que je me fis connaître à eux, pour les rassurer sur mon compte ; ce fut à qui me serrerait la
main et me traiterait le plus amicalement.

Si les Alsaciens n'aiment pas qu'on les oblige à
parler allemand, eux qui le font si volontiers d'eux-
mêmes, ils aiment encore moins ceux qui les y con-
traignent ; aussi les aubergistes de Kehl et les hôte-
liers de Bade ne les voient-ils plus qu'en rêve. Et quant
à leurs filles, lorsqu'ils ne peuvent les marier outre-
Vosges, ils les gardent pour des jeunes gens du
pays ; et d'ailleurs, on aurait vite fait de les compter,
les filles d'Alsace qui ne coifferaient Sainte Catherine
plus volontiers que de se donner à un Allemand ! Ainsi
va le progrès de la germanisation.

*
* *

Au fond, le colonel Kœttschau, non plus que les autres Allemands, ne se fait pas si complète illusion. Autrement, il ne se donnerait pas tant de mal pour démontrer à ces Germains récalcitrants qu'en protestant ils agissent à l'encontre de leurs intérêts.

L'une de ses raisons a été donnée par le prince de Bismarck et par M. de Caprivi, à la tribune du Reichstag. Malgré ces hauts patronages, je ne crois pas qu'il puisse se trouver homme de cœur, dans un pays autre que l'Allemagne, qui y voie autre chose que la marque d'une surprenante bassesse d'esprit, d'une absence complète de sens moral.

Quand on habite, dit M. Kœttschau, à mi-chemin entre les camps de deux armées ennemies, on cherche à se mettre dans les bonnes grâces de la plus dangereuse. Plus d'une ruine, dans leur propre patrie, et tout à côté, dans le Palatinat, et en face, dans la Forêt-Noire, rappelle aux Alsaciens la vengeance des Français ; et le plus beau monument du monde, élevé sur l'emplacement des Tuileries, ne saurait effacer le souvenir des pétroleuses !

Oh ! cet incendie du Palatinat, l'extrait-on assez souvent de l'armoire aux accessoires ! Eh ! mon Dieu, s'il doit toujours servir d'épouvantail, malgré la différence des temps, nous serons aussi bien en droit de rappeler les procédés de discussion usités, guère plus loin de nous, entre Allemands, et j'engagerai fort le colonel Koettschau à relire dans Schiller la belle description du sac de Magdebourg. Mais pourquoi remonter si loin ? Les Alsaciens et les Lorrains ont d'autres

souvenirs en tête, plus récents et plus intéressants
pour eux. Ce ne sont pas les Français qui ont détruit
méthodiquement Strasbourg, Belfort et Toul! Et pour
ne prendre qu'un exemple de vengeance exercée sur
des innocents, ce ne sont pas les Français qui ont
brûlé le village de Fontenoy et demandé une contribution de dix millions au département de la Moselle,
par dépit de n'avoir pu empêcher la marche héroïque
de ce corps de francs-tireurs des Vosges, qui parvint
à faire sauter le pont de chemin de fer sur la Moselle[1]!

Et, quand le poète Berthold Auerbach chante senti-
mentalement :

> En Alsace, au delà du Rhin,
> Habite un mien frère ;
> Que mon cœur a de peine,
> Il a presque oublié
> Ce que nous sommes l'un à l'autre !
> Viens, frère, viens donc !
> Nous t'avons reconnus avec notre sang,
> Tu resteras parmi nous,
> Nous ne nous séparerons plus jamais !

Les Alsaciens-Lorrains ont acquis à leurs dépens
le droit de répondre par ces vers de Lebrun :

> Bon Dieu ! l'aimable siècle où l'homme dit à l'homme :
> « Soyons frères... ou je t'assomme ! »

Mais peu importent ces sanglants souvenirs. Pour
quelle race abâtardie les Allemands prennent-ils donc
leurs prétendus frères, qu'ils les jugent capables de

---

[1] Sur la conduite des armées allemandes en France, voir à
l'Appendice, note F.

renier leur foi par crainte du supplice ? Ne sauront-
ils donc jamais que les maltraiter et les insulter par
des menaces, ou par des avances plus insupportables
encore ? Tantôt ils veulent les mater par la violence
et n'arrivent naturellement qu'à les exaspérer; puis,
brusquement, ils leur font grâce d'une vexation et
prétendent en être remerciés, comme si l'on pouvait
montrer de la reconnaissance au tortionnaire qui
laisse souffler un instant sa victime de peur de l'achever ; tantôt ils font aux Alsaciens-Lorrains l'injure de
prétendre que leur protestation n'est dictée que par la
la crainte de notre vengeance ; d'autres fois, comme
en février 1887, ils prophétisent que l'élection des protestataires amènera une guerre dont l'Alsace-Lorraine
sera la premire victime, manœuvre qui décida les
plus timides à courir aux urnes, et valut au parti
français une majorité plus imposante que jamais auparavant.

⁎⁎

Après les persécutions et les menaces, les belles
promesses et les prétendus bienfaits reprochés,
M. Kœttschau compte beaucoup, pour ramener les
Alsaciens-Lorrains à de meilleurs sentiments, sur l'ère
de prospérité qui, suivant lui, se serait ouverte en
1870 pour leur pays ! Il dit cela fort sérieusement,
avec cette gravité déconcertante qu'un Allemand sait
apporter à l'affirmation la plus gaiement inattendue :

Si l'on considère les transformations que les vingt dernières années ont apportées à l'Alsace-Lorraine, si par
exemple on compare le Strasbourg de 1890 à celui de

1870, et les dettes de la France à celles de l'Allemagne, on arrive à cette conclusion que, la main sur la conscience, il est impossible que le retour de l'Alsace-Lorraine à la France soit désiré de la plupart de ceux qui possèdent.

Il ne faudrait pourtant pas oublier qu'en 1870 les Allemands ont détruit Strasbourg de fond en comble, et qu'il a bien fallu reconstruire la ville. On en a profité pour la haussmanniser, cela était bien naturel. Mais cela ne saurait passer pour un bienfait. Il ne manque pas en Allemagne de villes dont des quartiers entiers ont conservé l'aspect qu'ils avaient au moyen âge; mais les habitants de Nuremberg, par exemple, trouveraient fort mauvais que l'on brulât leur cité si pittoresques pour la réédifier sur les alignements les plus corrects ! Mais il est vrai que c'est maintenant, dans les ouvrages militaires allemands, une affirmation courante, que Strasbourg n'a pas été sérieusement bombardée[1] !

Quant à la prospérité actuelle du Reichsland, il vaut mieux ne point parler de ce triste sujet. Le colonel Kœttschau a fait imprimer sa brochure à Strasbourg, sans doute pour lui donner l'autorité qui peut s'attacher à un document originaire d'Alsace. Peut-être d'ailleurs y a-t-il été en garnison, ou s'y est-il retiré du service, et les belles rues du nouveau Strasbourg lui en ont-elles imposé. Mais s'il vante la situation matérielle de l'Alsace-Lorraine, cela prouve simplement que, comme on pouvait bien s'en douter, il n'a pas eu l'occasion de frayer avec beaucoup d'in-

[1] Voir à l'Appendice, note F.

digènes. Il aura consulté quelque fruit sec de l'administration allemande, envoyé dans le Reichsland, où les fonctionnaires de mérite se soucient peu d'aller essuyer les rebuffades de la population, et, le trouvant satisfait de son sort, il en aura conclu à la prospérité des habitants. Il aurait entendu d'autres paroles, de la bouche d'industriels ou de négociants indigènes.

Et d'ailleurs, comment se fait-il que le gouvernement ait dû finir par retirer l'ordonnance relative aux passeports, de crainte de voir le pays, séparé de la France, mourir de consomption, comme le faisait prévoir, entre autres symptômes, la brusque diminution des recettes des chemins de fer? Comment expliquer qu'en 1893 les neuf dixièmes de l'épargne des Alsaciens soient encore représentés par des valeurs françaises? Sont-ce là les indices d'un progrès de la germanisation sur le terrain économique?

★
★ ★

Mais ce n'est pas tout. M. Kœttschau veut bien reconnaître que, grâce à nous, « l'Alsace-Lorraine est parvenue à la civilisation moderne plus rapidement que maint autre pays de l'Allemagne », et que notre domination y fut meilleure que n'aurait pu être celle du Saint-Empire. Mais, suivant lui, la situation s'est retournée :

L'administration actuelle du Reichsland est encore bien préférable à ce que fut celle des Français; et il s'ensuit que les résultats auxquels elle arrive effaceront complètement toute préférence pour l'organisation française. Ici encore, le temps est un allié puissant.

Il y a là une somme d'inconscience en présence de laquelle il suffira de rappeler que cette phrase monumentale a été écrite en 1890, dans un pays soumis à la dictature et au régime des passeports.

Oh ! oui, l'Alsace-Lorraine est bien administrée ! Si bien, qu'elle ne se plaint que de l'être trop :

Ils se mêlent trop de nos affaires, dit Heimweh[1]. Nos sous-préfets français s'en occupaient le moins possible. Toujours en l'air, à peine revenus de Paris et déjà pressés d'y retourner, ils nous laissaient bien tranquilles. Nous vivions doucement au jour le jour, contents de payer des administrateurs qui avaient la délicatesse de ne point nous administrer. C'était le bon temps. C'est autre chose aujourd'hui. Il y a deux fois plus de directeurs qu'il n'y avait de sous-préfets. Chaque directeur est doublé d'un assesseur. Directeur et assesseur se donnent chacun au moins cinq fois plus de peine qu'un sous-préfet. Deux, multipliés par deux font quatre, qui, multipliés par cinq, font vingt. Nous sommes, au bas mot, vingt fois plus administrés qu'autrefois, sans compter la police et les gendarmes. Il nous semble être retournés au collège ; de nouveau nous marchons en rang, nous faisons des devoirs, et surtout des pensums, et l'on nous astreint au silence même pendant les récréations... Il est vrai qu'on nous offre d'autres distractions. Quand l'empereur vient à Strasbourg, on nous invite à l'aller voir, à nos frais, bien entendu.

Si elle est bien administrée, l'Alsace-Lorraine ! Les Allemands y ont pourvu paternellement. Directeurs, assesseurs, commissaires de police et gendarmes ne

---

[1] *La question d'Alsace.*

suffisaient pas; craignant sans doute que les habitants fussent incapables de gérer leurs intérêts locaux, on a imaginé la belle institution des maires de carrière, un moyen commode de faire vivre aux frais des communes un plus grand nombre d'immigrés d'outre-Rhin.

C'est un argument favori des écrivains allemands, que les Alsaciens-Lorrains devaient gagner à leur changement de nationalité une magnifique floraison de leurs libertés, locale, individuelle, communale, et généralement quelconques. M. de Bismarck a souvent touché ce point dans ses discours; on en a vu plus haut des exemples. Le 25 mai 1871, il disait au Reichstag :

Je n'hésite pas le moins du monde à aller même jusqu'à laisser à l'élection le choix des fonctionnaires municipaux. J'apprécie parfaitement les dangers qui peuvent en résulter; mais je crains encore plus le danger d'augmenter le nombre des fonctionnaires que nous envoyons dans ce pays, au delà de ce qui sera absolument nécessaire. Il est tout à fait impossible qu'un employé étranger au pays, même s'il a les connaissances voulues, mais s'il ne possède pas, en outre, la largeur de vues qui est indispensable quand il s'agit de la réorganisation d'un pays, ne froisse pas par des mesures maladroites les sentiments des populations, ne provoque pas des haines et n'agisse pas de cette manière contre les intentions du gouvernement. S'il s'est trompé, il est dans la nature humaine qu'il ne s'attribuera pas la faute et qu'il n'en cherchera pas la cause en lui-même, mais dans la population; le fonctionnaire et la commune s'accuseront réciproquement. Je crains bien moins que les dispositions encore malveillantes pour nous conduisent les fonctionnaires communaux, s'ils sont élus par les communes, à devenir dangereux pour nous, que je ne crains notre impuissance à

pouvoir fournir partout au pays des employés convenables.
(*Approbation.*)

Tant de belles intentions pour aboutir à l'institution des maires de carrière !

* *

Quand il s'est agi d'arracher des crédits militaires
à un Reichstag récalcitrant, le chancelier de Caprivi
s'est épargné tous frais d'imagination, en puisant
seulement ses arguments dans la collection des vieux
discours de son prédécesseur. Il a eu la main aussi
lourde que lui, prêtant à plaisir de ténébreux desseins aux voisins de l'Allemagne, discutant les plans
de campagne sur leur territoire comme si l'on était
en pleine guerre, ou qu'il professât une leçon de
stratégie devant un auditoire d'officiers. Mais s'il a
pris au prince de Bismarck son mépris de toute
convenance diplomatique, il faut lui rendre cette
justice qu'il y a ajouté une forte dose de maladresse.

Qu'on lise par exemple le compte rendu de la séance
du 3 mai 1893[1]. Les destinées de l'Allemagne sont
dépeintes sous les couleurs les plus sombres : « L'avenir est très grave ». Il faut épargner au pays les horreurs de l'invasion. Suit l'inévitable tirade sur l'incendie du Palatinat ! Toutefois le général-chancelier
n'insiste pas ; il veut bien convenir que « le temps est
éloigné où le Palatinat était exposé aux épreuves les
plus dures ». Mais, aussitôt après, vient une confession bien amusante : « Le souvenir de ce qu'il a enduré

---

[1] *Le Temps*, du 5 mai 1893.

en 1870 est encore très vivant. A ce moment-là, cette province devait s'attendre à devenir le théâtre de la lutte. Les habitants du pays ont goûté toutes les horreurs ». Et sait-on quelles sont ces horreurs ? Il n'y a pas à s'y tromper : le chancelier a précisé sa pensée dans son discours du lendemain. Il voulait dire que si les Allemands sont réduits à faire une guerre défensive sur leur propre territoire, ils seront obligés de « détruire beaucoup d'ouvrages d'art dont la reconstruction exigera bien des années de travail », et... « qu'il faudra loger les troupes chez l'habitant ! » Ainsi, la perspective d'avoir à loger et à nourrir une armée allemande est une telle « horreur », même pour des Allemands, qu'il n'est point de sacrifices devant lesquels on doive reculer, dans l'espérance de s'y soustraire ! Nous sommes, et pour cause, du même avis ; mais nous n'osions espérer l'entendre énoncer par le chancelier de l'empire.

Son discours du 3 mai aboutit à une péroraison qu'il faut reproduire en entier. Après avoir adjuré le Reichstag de redoubler d'armements pour protéger les habitants de la Prusse orientale et du Palatinat, il s'écrie :

Portez vos yeux un peu plus loin : les Alsaciens-Lorrains ne sont-ils pas, eux aussi, vos frères ? Ne sommes-nous pas heureux et fiers qu'ils soient redevenus nos frères ? Et que leur dit-on maintenant ? — « Nous n'avons pas besoin d'être assez forts pour prendre l'offensive. » — Dans la commission, on se retire avec satisfaction sur la rive droite du Rhin. Eh bien, oui, nous pouvons nous y retirer ; il n'est pas si facile de passer le Rhin. Mais est-ce là gagner l'Alsace-Lorraine à l'empire ? Est-ce là germa-

niser notre province ? Les discussions qui ont eu lieu dans
la presse et dans la commission sur la loi militaire ne
peuvent que répandre la terreur parmi les Alsaciens-Lorrains. Je suis convaincu que ce n'est pas là ce que veut la
nation allemande. Elle veut protéger les Alsaciens-Lorrains,
elle veut que notre armée tire aussi l'épée pour les plus
jeunes parmi nos frères.

On ne sait, en vérité, ce qu'il faut admirer le plus :
Cette fraternité, trois fois invoquée, et suivie de la
constatation piteuse que l'Alsace-Lorraine est encore
à germaniser ; l'illusion consistant à croire que pour
« gagner les annexés à l'empire », il faut ajouter encore
quelques bataillons à ceux qui campent déjà chez eux ;
la reconnaissance de cette vérité tant de fois proclamée
par nous, que l'Allemagne peut fort bien se défendre
sans l'Alsace-Lorraine, laquelle ne lui est donc pas
indispensable ; puis l'idée bouffonne de la terreur inspirée aux Alsaciens par l'armée française, terreur
qu'ils prouvent... en venant s'y engager en masse,
quitte à servir dans la légion étrangère[1] ; et enfin,
toujours cette rage de les protéger malgré eux contre

---

[1] Le fait que tant d'Alsaciens préfèrent à « l'uniforme du roi »
le dur service de la légion étrangère, a le don d'exaspérer les
Allemands. Aussi ne négligent-ils aucune occasion de peindre
sous les couleurs les plus sombres l'existence des légionnaires.
Dernièrement encore, la *Allgemeine Militär-Zeitung* (nᵒˢ 41 et 42,
de 1893) publiait un merveilleux échantillon de cette littérature
tendancieuse, sous forme de lettres écrites par un Allemand qui
aurait fait sous nos drapeaux la campagne du Dahomey. Mais
on ne s'avise pas de tout, et ce légionnaire improvisé pour les
besoins de la cause se trahit par plus d'un détail ; entre autres,
comment un vieil Africain peut-il confondre les tirailleurs séné-
galais et les turcos ? A vrai dire, il semble avoir principalement
servi... dans une des factoreries allemandes que nous dûmes
fermer en raison du concours qu'elles prêtaient aux Dahoméens !

un danger imaginaire, ou plutôt contre leur plus cher désir. Les Alsaciens-Lorrains font grâce aux Allemands de tant de bienveillance. Et si M. de Caprivi a le moindre doute à cet égard, qu'il laisse entrer en Alsace, non une armée française, mais seulement quatre hommes et un caporal, et qu'il ordonne qu'on les laisse tranquilles, eux et les habitants ; il verra quel accueil recevront les pantalons rouges, et comment cette troupe peu formidable suffira pour conquérir le pays des ingrats frères cadets de l'Allemagne !

***

Ce même discours du 3 mai contient encore une phrase sur laquelle je me permets d'attirer bien respectueusement l'attention du chancelier impérial allemand ; elle définit si clairement la cause du trouble actuel de l'Europe, que certainement elle a dû échapper à l'auteur par une inadvertance qu'il se reprochera s'il lui arrive de la relire :

Il règne une certaine concurrence entre les nations d'Europe, au sujet de la force des armées..... *Si vous désarmez aujourd'hui sans détruire les circonstances qui vous ont amenés à armer, vous serez forcés d'armer de nouveau demain.*

Quelles sont donc les circonstances qui ont amené l'Allemagne à armer ? On ne saurait les imputer à la France : le chancelier a eu la bonté de reconnaître, le 28 janvier 1873, que c'est l'Allemagne qui a donné le signal des armements [1]. Ces circonstances, c'est tout bonnement l'annexion de l'Alsace-Lorraine. Si cette

[1] Voir page 121.

grande iniquité n'avait pas été commise, l'Allemagne n'aurait pas eu besoin de s'épuiser en armements, et il ne régnerait pas, à ce sujet, en Europe, « une certaine concurrence ».

Or, il est impossible de soutenir sérieusement que le monde civilisé soit condamné à la paix armée pour jusqu'à la consommation des siècles. Chacun sait que, tôt ou tard, il faudra bien qu'on finisse par mettre bas les armes. Mais pour que cette mesure soit efficace, il faut que l'on ait commencé par « détruire les circonstances qui ont amené l'Allemagne à armer », c'est-à-dire qu'on ait institué à nouveau le respect du Droit. C'est M. le chancelier de Caprivi lui-même qui l'a dit.

Décidément, le successeur de M. de Bismarck a l'éloquence maladroite !

*
* *

Quoi que tentent les Allemands dans ce pays, la situation y reste inextricable pour eux. Qu'on promette aux Alsaciens-Lorrains la liberté, ou qu'on les gratifie des maires de carrière, qu'on veuille les faire participer à cette abstraction qui s'appelle la prospérité allemande, ou qu'on les ruine par les passeports, qu'on les brutalise ou qu'on les berne par de pieuses homélies à la Manteuffel, leur réponse est invariable et tout le monde l'a entendue en Europe. Ils ne veulent pas être allemands; ils abandonnent volontiers aux Allemands la liberté, la fidélité, la science, et généralement toutes les vertus qui sont l'apanage du monde germanique, et leur préfèrent la servitude, la corruption, l'ignorance et tous les autres vices français! Il n'y a rien à faire à cela, et il faut vraiment admirer l'obstination des Allemands à fraterniser avec ces frères ingrats et indignes.

Que diraient pourtant les Allemands, si les Russes se souvenaient un de ces jours qu'ils ne sont pas moins les frères de toutes les populations slaves germanisées qui habitent le tiers oriental de la Prusse? Ils répudieraient certainement cette lointaine parenté, depuis si longtemps oubliée, et nous ne pourrions que leur donner raison. Et si, malgré tout, les Russes venaient à les serrer sur leur cœur avec une tendresse aussi énergique, les Allemands pensent-ils que la russification se ferait rapidement?

Existe-t-il seulement encore dans l'Europe civilisée un peuple assez lâche pour se laisser traiter comme un troupeau de bétail, que l'on cède en même temps que la ferme où il vit?

De tous côtés, depuis un demi-siècle, se réveillent des nationalités que l'on croyait mortes. Tour à tour, Italiens, Allemands, Irlandais, et les vingt peuples de la péninsule balkanique et de l'Autriche-Hongrie, ont affirmé leur volonté de se grouper suivant leurs affinités naturelles et de vivre indépendants. Il existe en Bulgarie ou en Croatie, par exemple, des esprits aussi distingués et aussi cultivés qu'en n'importe quelle autre contrée; ils ne m'en voudront pas de constater que, dans leur ensemble, les peuples bulgare et croate sont infiniment moins civilisés que celui d'Alsace-Lorraine : peut-on croire que ce dernier se montrera moins exigeant de ses droits les plus sacrés que ne le font ces petites nations primitives, qui commencent à peine à reprendre conscience d'elles-mêmes ?

Voilà plus de cent ans que la Pologne est rayée de la carte politique d'Europe ; le peuple polonais en est-il moins vivace et plus oublieux de son individualité ? les Prussiens savent ce qu'il en est.

Et encore, dans le cas de la Pologne, il s'agit d'un peuple brave et patriote, à la vérité, et justement fier d'un passé glorieux, mais doué en somme d'une culture et d'une instruction médiocres. De plus, il a été subjugé en totalité : sa résistance ne dispose d'aucun point d'appui à l'extérieur.

Les Alsaciens-Lorrains, au contraire, parvenus au degré le plus élevé de la civilisation, voient subsister à côté d'eux la nation dont ils se réclament. Ils savent qu'elle dispose d'une puissance comparable à celle de leurs oppresseurs, qu'elle dirige toute sa politique vers leur délivrance, qu'elle est prête à consacrer, au besoin, toutes ses forces à ce qui est pour elle un devoir sacré ; ils en ont pour garant le sang et l'argent qu'elle a dépensés, sans compter, pour affranchir des peuples étrangers, par simple amour de la liberté. Là-dessus, on leur inflige une tyrannie telle, qu'ils n'en ont jamais connue de pareille. Croit-on vraiment que, même au bout de cinquante ans, ce peuple abdiquera toute fierté pour serrer cordialement les mains qui le frappent aujourd'hui ?

*
* *

On promet, il est vrai, aux annexés, que la comparaison de la vie allemande avec la française procurera énormément de satisfaction... à leurs arrière-petits-fils. Mais d'abord, ce bonheur très hypothétique ne saurait ni compenser ni justifier les souffrances infligées à la génération présente; elle est en droit de supposer que, si on la laissait en paix, ses descendants ne se prendraient pas d'un amour subit pour ce qui lui déplait si fort aujourd'hui.

De plus, le malheur, pour les prophètes de la germanisation, est que les Alsaciens-Lorrains n'avaient nul besoin de cette captivité de Babylone pour faire la comparaison à laquelle on les convie : la question était tranchée par eux depuis deux siècles, et tranchée en faveur de la France. Rien ne leur manquait pour établir leur jugement en pleine connaissance de cause. Allemands de langue, et devenus français de sentiments, ils avaient autant de relations intellectuelles et commerciales d'un côté que de l'autre de l'ancienne frontière : ce n'est donc pas par ignorance de la civilisation germanique qu'ils lui préféraient la française.

Et encore la culture allemande ne leur apparaissait-elle jadis que sous la forme bienveillante, bonasse même, sous laquelle on se représentait volontiers les « bons Allemands » avant 1870. Maintenant, elle s'est révélée à eux sous un jour nouveau. Les bombardements leur ont paru une détestable entrée en matière; l'interdiction de la langue française, la dictature, la prison, les amendes et les passeports ne les ont pas décidés à qualifier de licence, comme font les Allemands, notre liberté républicaine.

C'est donc bien précisément parce que les Alsaciens-

Lorrains connaissaient les deux nations voisines, qu'ils ont si catégoriquement fait leur choix, et que s'est élevée, entre eux et les Allemands, une incompatibilité absolue : comme nous, ils représentent, en face de l'Allemagne, la lutte de l'esprit de progrès contre l'esprit rétrograde. Devenus français peu avant l'éclosion des idées nouvelles, les Alsaciens ont embrassé la même cause que nous. Pour elle, ils ont partagé nos espérances et nos déceptions, nos joies et leur deuil ; leur sang, comme le nôtre, a coulé à flots pour la défendre.

C'est pourquoi ils sont aussi incapables de se plier à une domination étrangère, que l'est, par exemple, le peuple de Belleville ou de Montmartre.

⁎

Or, il est important de noter que ce n'est pas un maître quelconque qui prétend actuellement les mater. Pour eux, comme pour nous, être conquis par l'Allemagne, c'est être conquis deux fois. On conçoit à la rigueur que des Français pourraient se faire à une domination anglaise, belge, suisse, italienne : les Canadiens et les Mauriciens n'ont pas cessé d'aimer la France, et témoignent à l'Angleterre un loyalisme dont nul ne songe à s'étonner ici. Mais entrer par force dans l'empire mystique des Hohenzollern, retourner ainsi aux idées, aux arts, aux lois du moyen âge, voilà une impossibilité absolue ; il n'y a plus là un tort une fois commis, dont le souvenir peut s'effacer à la longue : c'est une souffrance morale de tous les jours et de tous les instants.

Cela, les Allemands ne le peuvent évidemment pas comprendre. Il est naturel que leur civilisation et leur législation, adaptées à leurs besoins, leur paraissent préférables à toutes autres; comment concevraient-ils que les Alsaciens-Lorrains considèrent comme surannées cette civilisation et la législation qu'elle a produite?

Ce côté de la question a été admirablement mis en lumière dans *l'Alsace-Lorraine et l'Empire Germanique*. Heimweh le développe également, en en donnant pour exemple le culte de la consigne militaire, grâce auquel, sur tout le territoire de l'empire, la vie d'un passant inoffensif est à la merci d'un troupier de vingt ans, qui monte la garde le fusil chargé. Qu'un gamin tire la langue à ce factionnaire, qu'un promeneur franchisse, sans le savoir, la frontière, et le fusilier Kutschke lui applique sans jugement la peine de mort, et reçoit en récompense la photographie de l'empereur, avec dédicace autographe[1]!

[1] Avec ces mœurs étranges, le passant n'a pas seulement à craindre la balle des sentinelles; les employés des postes eux-mêmes ont des consignes à faire respecter à coups de revolver. On a pu lire cette étonnante nouvelle dans le *Temps*, du 14 août 1893 :

Un avis dont la teneur singulière stupéfie le public vient d'être affiché près des guichets du nouvel hôtel des Postes de Colmar. L'*Elsæssiches Tagblatt* de cette ville en donne le texte :

« Le directeur prévient qu'il est défendu d'amener des chiens dans ce bâtiment, et qu'une amende de 50 pfennig est due lorsqu'un de ces animaux se livre à quelque incongruité dans ce local. A défaut de payement par le propriétaire, le chien délinquant sera saisi ou tué. »

Les employés chargés d'entretenir la propreté dans le bâtiment postal seront, dit l'avis, munis de revolvers chargés, dont il pourront faire usage pour forcer au respect de cet étrange règlement.

Dans ce sens, le régime allemand tend à ramener l'Alsace en arrière. Quel que soit son degré de culture, chaque Alsacien a conscience de cet effet ; et les ignorants, pour n'avoir qu'un sentiment confus de la cause qui le produit, ne perçoivent pas cette cause avec moins de certitude que leurs compatriotes mieux éclairés. Il nous semble à tous que nous soyons, par l'opération du traité de Francfort, revenus à quelque existence antérieure dont nous aurions gardé le souvenir confus. On nous réintègre petit à petit dans la dépouille de nos aïeux, si bien que la Révolution, que nous avions l'habitude de regarder dans le passé, commence à poindre pour nous sur l'autre bord, du côté de l'avenir. Il serait dur, cependant, d'avoir à la renouveler et de devenir le levain qui fera fermenter un jour le peuple allemand. Dieu nous épargne un rôle aussi ingrat[1] !

Voilà ce qui, plus que toute autre cause, rend impossible la germanisation de l'Alsace-Lorraine, ou du moins ce qui la remet à une époque reculée, avant laquelle la guerre ou la banqueroute aura anéanti la civilisation européenne. Accordons, par esprit de concession, que nous soyons infectés ici d'une gangrène dangereuse : les Alsaciens-Lorrains l'ont prise de nous, et elle est incurable !

*
* *

Il n'est pourtant pas impossible d'imaginer une ligne de conduite, qui, suivie par l'Allemagne aussitôt après l'annexion, aurait pu lui valoir, au bout d'un temps plus ou moins long, l'adhésion des habitants et la renonciation de la France.

Pour cela il fallait, suivant le beau rêve de Heimweh[2] :

[1] *La question d'Alsace.*
[2] *Triple-Alliance et Alsace-Lorraine.*

14

Les frontières de l'Alsace complètement ouvertes, les Français absolument libres d'aller et de venir dans le territoire cédé, d'y résider, d'y commercer, voire d'y chasser; la *Marseillaise* et les couleurs françaises traitées en emblêmes d'une nation amie, c'est-à-dire non seulement admises, mais honorées; la langue française, acceptée devant les tribunaux, autorisée dans les actes publics, enseignée dans les écoles en même temps que l'allemand; supposez tout cela réalisé, et vous aurez, en définitive, simplement reproduit l'équivalent du régime français d'avant l'annexion.

Il fallait chercher en outre à améliorer la condition matérielle des habitants. Il est vrai que la France n'avait pas laissé aux Allemands grand'chose à faire dans cette voie. La première mesure à prendre, M. de Bismarck y avait songé, était de dispenser les Alsaciens-Lorrains du service m'''.ire, pour une période de vingt ans. C'eût été,   part des Allemands, la plus grande des habiletés. En ne forçant ni les vaincus de la veille, ni leurs fils, à servir dans les rangs de leurs vainqueurs, on eût diminué dans une proportion considérable le nombre des options pour la France; on eût évité l'émigration des jeunes gens, qui n'a cessé d'appauvrir le pays, de déchirer les familles, de raviver toutes les plaies, de causer des mesures, de rigueur, telles que la confiscation des biens des partants; bref, on aurait ménagé la transition, et, en renonçant à une génération de soldats malgré eux, sécurité bien médiocre pour l'empire, on aurait vraisemblablement préparé, pour l'époque actuelle, une génération en grande partie allemande.

A cela on aurait ajouté un gouvernement franchement autonome, au même titre que les autres pays allemands, au lieu de faire du Reichsland une propriété indivise, commune à tous les sujets de l'empire, à l'exception de ses seuls habitants.

J'y aurais ajouté, dit Heimweh, l'institution à Strasbourg d'une grande Université mixte, moitié française, moitié allemande, afin de rapprocher les deux races dans la culture des plus hautes études, de susciter entre elles une généreuse et féconde émulation, et surtout de marquer très fortement le caractère pacifique, conciliant, ménager de la dignité d'autrui, largement humanitaire et civilisateur de la prise de possession de l'Alsace-Lorraine par l'Allemagne.....

Qui sait si les autres peuples, touchés d'une si louable modération, n'eussent pas donné raison à l'Allemagne ? si la France, délicatement ménagée dans son amour-propre, flatteusement copiée dans sa politique, d'ailleurs beau joueur de race, sachant perdre galamment une partie bien conduite, n'eût point fini par accepter le nouvel ordre de choses ? enfin si l'Alsace-Lorraine, devenue un foyer de paix et d'amitié, libre, et pour ainsi dire neutre entre la France et l'Allemagne, matériellement prospère, moralement respectée, tenue aussi de déférer au vœu général, ne se fût point accommodée à la longue d'une situation que les autres États de l'Europe auraient jugée non seulement acceptable, mais honorable ?

Mais, hélas ! « les Allemands sont devenus des Prussiens, et pour agir comme je viens de le supposer, il aurait fallu qu'ils devinssent... des Français. A cette condition seulement, nous aurions pu faire bon ménage avec eux ».

* *

On a vu de quel amalgame de traditions et d'espérances communes est fait ce sentiment si complexe qu'on nomme la nationalité d'un peuple ; sentiment tellement délicat, que les Allemands en ont découvert un état latent, puisqu'ils prétendent que les Alsaciens-Lorrains sont allemands sans s'en douter ; ou plutôt, sentiment tellement noble et inviolable, qu'ils aiment mieux feindre d'en ignorer la nature et les mobiles, pour le remplacer par je ne sais quelle classification anthropologique.

Il peut être commode, à un peuple jaloux de sa nationalité, d'être séparé de ses voisins par de puissantes barrières naturelles. Mais il n'est nullement démontré que ce soit vraiment un bien pour lui, de s'isoler derrière une muraille de Chine ; ce n'est à coup sûr pas l'idéal de la civilisation moderne, où tout concourt à faciliter la pénétration réciproque des nations, et à les rendre de plus en plus solidaires les unes des autres. Mais lors même qu'il en serait ainsi, les montagnes les plus élevées ne suffiraient pas à empêcher les contacts et les mélanges des peuples. Certes, la France peut passer pour le type des nations unifiées ; et néanmoins, suivant la remarque de Michelet [1], « c'est une de ses grandeurs, que, sur toutes ses frontières, elle ait des provinces qui mêlent au génie national quelque chose du génie étranger ». Et, de même, les pays voisins lui opposent des zones plus ou moins imprégnées d'esprit français. Un Parisien ne présente guère d'analogie avec un Madrilène. Mais un Roussillonnais, qui ressemble au Parisien, res-

[1] *Notre France.*

semble aussi au Catalan, qui rappelle à son tour le
Castillan. Et lors même que l'obstacle est plus puissant encore que les Pyrénées, il arrive que des groupes
entiers le franchissent : ainsi plusieurs hautes vallées du Piémont sont françaises de langue et de civilisation, sinon de sentiments.

C'est donc une impossibilité, chaque jour plus absolue, que de vouloir séparer deux peuples voisins ;
c'est une absurdité, quand leurs domaines sont aussi
peu nettement délimités que les pays de l'Europe centrale. Il leur faut bien des frontières, puisqu'ils sont,
pour longtemps encore, incapables de s'entendre sur
une législation uniforme. Mais ces frontières sont de
simples démarcations administratives, et le tracé le
plus artificiel, pourvu qu'il soit bien visiblement
piqueté, suffit à la tâche. On peut même dire que, si
l'on tient absolument à régler ce tracé sur la configuration du terrain, une rivière s'y prête de la manière
la plus nette et la moins sujette à discussion ; il n'est
pas nécessaire d'avoir fait beaucoup de topographie
pour savoir combien il est difficile, dans la plupart
des montagnes, de reconnaître si tel pâturage appartient à un versant ou à l'autre.

Quoi que fassent les gouvernements pour élever
des barrières infranchissables, il subsistera donc toujours, de part et d'autre, de larges zones de transition,
fortement imprégnées de l'esprit du pays voisin : là
est précisément la garantie d'un nouveau développement de la civilisation, par lequel les nations qui se
partagent actuellement l'Europe, devenues de plus en
plus semblables entre elles, arrivant à mieux se con-

naître les unes les autres, se calomnieront et se détesteront moins, et poursuivront l'évolution qui, depuis les débuts de l'humanité, a consisté à les coordonner en groupements de plus en plus étendus.

Ce rôle si utile d'intermédiaires entre deux mondes dissemblables est précisément celui que jouaient les Alsaciens-Lorrains, avant la conquête. Les Allemands veulent faire aujourd'hui de leur pays une barrière contre nous, et n'ont réussi qu'à briser les liens moraux qui existaient entre l'Alsace et l'Allemagne. Les Français, mieux avisés, avaient compris que cette province est et doit être, au contraire, suivant l'expression de M. Lalance, un pont jeté entre les deux nations, pour le plus grand profit de l'une et de l'autre.

Mais, dit M. Lalance [1] : « pour avoir été interrompue dans son entreprise, l'Alsace n'oubliera pas cependant qu'elle n'a pas été placée entre la France et l'Allemagne pour les diviser, mais pour les réunir ; elle se souviendra, malgré les amertumes de l'heure présente, qu'elle a une mission historique à remplir, celle de servir de trait d'union entre la race gauloise et la race germanique, dont elle a pu, au cours des siècles de souffrance qu'elle a traversés, apprécier les mérites respectifs, et dont par cela même elle sait ce que vaudrait l'alliance ».

Cette noble mission, il ne lui est possible de s'en acquitter que si l'on a commencé par écarter toute cause d'animosité entre la population et l'un quel-

---

[1] *L'Alliance franco-allemande.*

conque de ses voisins. Pour cela, il faut qu'elle soit
satisfaite de son union avec l'un d'eux, et qu'en
même temps aucune gêne ne soit apportée à ses relations avec l'autre ; il faut qu'elle ait la liberté de vivre
du côté qui lui conviendra le mieux, et qu'on ne pré-
tende lui imposer ni oubli ni haine à l'égard du peuple
dont elle ne voudra point partager les destinées.

Les Alsaciens-Lorrains ne demandent qu'une chose,
mais ils la demandent fermement. Ils veulent être
consultés sur le choix de leur patrie.

CHAPITRE IX

L'Italie et les consultations populaires[1].

Combinaisons éphémères. — Difficultés présentes. — Le chef-d'œuvre de M. de Bismarck. — Le terrain était préparé par la mégalomanie et le misogallisme. — Un système d'enseignement à la Daniel. — Italiens, Alsaciens-Lorrains et Niçois. — Les plébiscites de Nice, de la Savoie, et des provinces italiennes.

L'Italie! Il est douloureux pour un Français de prononcer son nom, dans les circonstances actuelles; et pourtant, il faut bien le faire ici, puisqu'elle est alliée à nos ennemis, auxquels elle garantit la possession de nos provinces, dans l'espoir chimérique de nous spolier à son tour, et que, née du principe des nationalités, elle se rend complice de la violation de ce principe.

Mais, s'il est impossible de ne pas parler de l'Italie, quand on touche à la question d'Alsace-Lorraine, du

[1] Ce chapitre était écrit, lorsque le roi Humbert a brusquement rompu tout lien entre la France et lui, par l'envoi de son fils aux manœuvres de Lorraine. Je n'ai pas cru devoir le modifier, bien que cette offense gratuite et voulue, telle que nous n'en avons pas subi d'analogue depuis nos revers, semble écarter désormais jusqu'à la possibilité d'un rapprochement entre les deux nations latines.

On trouvera à l'Appendice, note G, quelques réflexions relatives à cet incident.

moins ne le ferai-je qu'en ce qui se rapporte directement à ce sujet; et surtout je chercherai à éviter les
récriminations, qui, dans l'espèce, sont aussi dépour-
vues de dignité que d'utilité.

Il nous reste d'ailleurs, au delà des Alpes, bien des
amis sincères, dont les noms sont connus et respectés de tous, ici. Pour le moment, ils sont loin du pouvoir, et leur influence est faible. Mais il est impossible
que leurs efforts patients et généreux ne portent aucun fruit. Ils finiront par faire comprendre à leurs
compatriotes que rien n'oblige l'Italie à prendre parti
dans la question : nous ne lui demandons pas de
s'allier à nous, mais seulement de ne pas s'allier
contre nous. Fière comme elle l'est, cette nation sentira qu'on lui fait jouer un rôle humiliant en recher-
chant son amitié, non pas même pour l'aide directe
qu'elle est en état d'offrir aux deux empires germaniques, mais seulement pour l'empêcher de créer des
embarras à l'un d'eux.

Pratique comme elle l'est également, elle se rendra compte qu'elle n'a rien à attendre de deux peuples
dont l'un a longtemps tyrannisé ses plus belles provinces et détient encore une population italienne
frémissant sous le joug, tandis que l'autre ne verrait
dans un bouleversement de l'Europe qu'une occasion
de duper ses deux alliés, et de se frayer à leurs dépens
un débouché sur l'Adriatique. Elle écoutera la voix
de la raison que lui fait entendre son célèbre écrivain
de Gubernatis :

Je crois que l'Italie, adonnée aux travaux de la paix,

n'aura besoin d'aucune alliance, ni triple, ni double, ni simple, car elle pourra rester également l'amie de tous, une fois qu'on saura que ses armes ne sont destinées à attaquer personne [1].

Elle reconnaîtra que quelques excès de langage — qui sont malheureusement devenus la monnaie courante de nos polémiques, même à l'intérieur — ne donnent pas la mesure exacte de l'opinion française ; que l'Italie est aimée, chez nous, malgré tout les malentendus semés par des esprits aveugles ou criminels ; qu'enfin elle a tout à gagner, et rien à perdre, à une entente cordiale avec la République Française.

⁎⁎⁎

Toutefois, la tâche est ardue, de faire admettre ces vérités aux Italiens. C'est que, malgré l'esprit libéral dans lequel semblent conçues leur institutions, ils sont loin de pratiquer le *self-government* qui est inscrit dans leurs lois. Grâce au régime censitaire, leur pays, auquel le suffrage universel donnerait environ 8 millions d'électeurs, n'en compte que 3 millions ; sur ce nombre, plus de la moitié est indifférente aux élections. Les autres vont où les mène le gouvernement du roi ; et ce dernier, maître irresponsable de sa politique étrangère, se soucie peu de voir ses sujets nouer grande amitié avec les citoyens de la République voisine. En vingt-deux ans de régime républicain, nos pires ennemis n'ont pu nous accuser une fois de diriger une propagande quelconque

---

[1] *Fanfulla*, du 3 mai 1892.

contre les monarchies même les moins solides ; mais on conçoit, après tout, que le roi d'Italie redoute la contagion de l'exemple.

Est-ce à dire que nous devions, je ne dis pas travailler à sa chute — aucun Italien ne nous pardonnerait, avec raison, cette ingérence, — mais seulement l'escompter ? Certainement non, car une telle révolution n'est pas à prévoir de longtemps. L'unité de l'Italie est trop récente pour que ses éléments, encore insuffisamment agglomérés, puissent se passer de la royauté, qui leur sert de ciment. Une république italienne, proclamée aujourd'hui, ne pourrait être que fédérative, et les divers États qui la composeraient ont encore trop peu de traditions communes pour se grouper en une fédération viable, telle que la Suisse ou les États-Unis ; on aboutirait rapidement à une situation intérieure aussi difficile que celle de l'Autriche, à des rivalités aussi tranchées que celles qui divisent les peuples frères des Balkans. Le roi, héritier direct du fondateur respecté de l'Italie, est le véritable palladium de l'unité nationale. La plupart des esprits éclairés que leurs affinités intimes porteraient vers la République, comprennent cette situation, et ajournent leur idéal au jour où l'unité si péniblement acquise ne pourra plus être compromise par les Italiens eux-mêmes. A ce moment, la royauté aura accompli son œuvre historique, et elle aura aussi probablement fait son temps en Italie ; mais ce n'est pas la génération actuelle qui verra ce changement.

Ce serait donc une erreur que de compter sur les républicains d'Italie, d'ailleurs bien peu nombreux, pour rétablir entre les deux pays les bonnes relations qui n'auraient jamais dû être interrompues. Et le pire danger qui puisse menacer la cause française dans l'esprit des Italiens, serait précisément qu'elle fût solidarisée avec le mouvement républicain.

Que les démocrates italiens combattent la triple alliance, rien de mieux. Mais ils ne nous en voudront pas de penser qu'il serait bien compromettant pour nous de n'avoir qu'eux d'amis en leur pays ; vouloir qu'il en fût ainsi, serait aller contre leurs intentions et perpétuer le malentendu entre les deux nations. Ce sont les royalistes sincères dont nous devons désarmer les préventions et reconquérir les cœurs. Et pourquoi cela serait-il impossible ? Il est bien plus étonnant que les ministres du royaume et le prince de Bismarck aient pu accomplir la tâche opposée.

*
* *

Pendant vingt-huit ans que le prince de Bismarck a dirigé en véritable souverain absolu les affaires de son pays, il a remporté bien des succès diplomatiques. Mais assurément un de ses chefs-d'œuvre a été de brouiller l'Italie avec la France, pour l'embourber dans cette triple alliance dont l'héritage commun de gloire s'appelle Novare, Solférino, Sadowa, Custozza et Lissa, — dans cette triple alliance dont on a pu dire, lors de sa formation : « Nous connaissions jusqu'à présent des alliances défensives et des alliances offensives ; nous savons maintenant ce que c'est qu'une alliance offensante ». Je ne parlerai pas de la question tunisienne, si habilement exploitée par

M. de Bismarck au lendemain de ce congrès de
Berlin, où, en présence de l'Italie, il nous avait offert
un pays que, depuis notre entrée en Algérie, nous
avions déclaré ne devoir être occupé par aucune
puissance européenne autre que nous, pas même
par la Turquie.

Mais s'il est un fait considéré actuellement partout comme évident, c'est que la France n'a d'autre objectif en Europe que la reconstitution de
son intégrité. Plus d'un ami sincère nous a reproché
de ne considérer dans toute question extérieure que
les rapports qu'elle peut présenter avec celle d'Alsace-Lorraine, et de négliger pour cette dernière une
foule d'objets de la plus haute importance; c'est
ainsi, par exemple, que nous avons perdu notre
influence séculaire en Égypte. Et que de fois de bons
patriotes ont-ils poussé un cri d'alarme, alors qu'on
entreprenait quelque petite expédition coloniale; en
quoi d'ailleurs ils se trompaient, car, au jour de la
lutte décisive, vingt-mille hommes et deux cents
millions en plus ou en moins ne feront pas grand'-
chose à l'affaire. De son côté enfin, l'Allemagne n'a
pas cessé de prendre texte de cette attitude, pour nous
représenter comme un danger permanent pour la paix
de l'Europe.

Dans ces conditions, n'est-ce pas un chef-d'œuvre
d'habileté, d'avoir su persuader aux Italiens que
nous ne songions qu'à nous mettre à dos un peuple
de trente millions d'âmes, et que la République Française, au plus fort de sa lutte contre l'Église, projetait
de rétablir le pouvoir temporel du Pape? Ils sont

bien peu nombreux, les Italiens qui ont senti le ridicule de ces insinuations ; et pourtant, il suffit, pour le saisir, de se demander quelle raison nous pourrions bien avoir de partir en guerre contre eux, quels avantages nous aurions à attendre d'une victoire. Qu'avons-nous donc à leur prendre ? Oulx, Exilles, Fenestrelle, quelques hautes vallées des Alpes Maritimes ? Est-ce pour un tel bénéfice que nous voudrions soulever toute l'Europe contre nous, à commencer par l'Allemagne ? Combien de Français y a-t-il qui sachent que ces pays sont de langue française, et en existe-t-il un seul parmi eux qui professe les théories allemandes sur les annexions de droit ethnographique ou linguistique ?

Et pourtant, la très grande majorité des Italiens est convaincue qu'ils l'ont échappé belle, et qu'un certain jour notre escadre de la Méditerranée a été sur le point d'aller brûler Gênes, Livourne et Naples, en pleine paix ! Si nous mettons à l'abri d'un coup de main Bizerte, le seul port que nous possédions sur la côte d'Afrique, si nous entretenons en Tunisie une brigade d'occupation, juste suffisante pour assurer l'ordre dans la Régence, c'est pour pouvoir, de là, envahir brusquement la Sicile !

*
* *

Réduit aux seuls arguments de sa diplomatie et de ses reptiles, M. de Bismarck ne serait certainement pas arrivé à tromper à ce point un peuple entier sur ses véritables intérêts. Il a été grandement aidé dans ses vues par les tendances naturelles de la cour, comme par l'ambition mégalomane et la vanité des hommes d'État qui ont signé ou maintenu la triple alliance. Mais il ne suffisait pas d'imposer au peuple italien une alliance contre nature, il fallait encore la lui faire admirer. Dans cet ordre d'idées, les voies étaient préparées depuis longtemps, et pour longtemps encore, par un système d'éducation insidieusement dirigé contre nous. Il faut que l'on se pénètre bien de cette vérité, en France : il ne nous est pas impossible de reconquérir l'amitié des Italiens, mais ce sera l'affaire de bien des années. Nous avons à convertir des esprits imbus dès leur enfance de cette idée que l'Italie, héritière de Rome, doit en restaurer la primauté, le *primato*, et accomplir ses destinées aux dépens de la France : elle est « la Prusse des nations latines », dont nous sommes l'Autriche.

Aucune lecture n'est plus instructive à cet égard que celle de l'ouvrage, resté malheureusement inachevé, de M. Brachet : *L'Italie qu'on voit et l'Italie qu'on ne voit pas*. On a pu dire avec raison que ce livre fait pendant aux célèbres *Rapports* du colonel Stoffel, à ces Rapports qui nous eussent épargné la guerre de 1870, s'ils avaient pu être publiés, ou si seulement ceux qui les reçurent en avaient compris la clairvoyance : comme le colonel Stoffel, M. Brachet nous a rendu le service de nous édifier sur le compte d'un ennemi astucieux et insoupçonné. La haute portée de cette étude fut attestée par les colères qu'elle souleva en Italie : il suffit de rappeler la protestation de M. Crispi, et la verte réplique que l'auteur adressa au « *misogallo signor Crispi* ».

On conçoit l'irritation des Italiens contre M. Brachet, car il n'y avait rien à lui répondre. Sans déclamations, presque sans commentaires, il se contentait de dépouiller méthodiquement et de placer sous les yeux du public étonné un bon millier de documents authentiques, officiels ou officieux, montrant ce spectacle odieux d'un gouvernement qui ne cesse de protester de son amitié pour nous, tandis qu'il élève tout un peuple dans le mépris des traités librement consentis et de tout ce qui a nom Français.

Ces paroles de haine, il faut les lire dans le livre de M. Brachet, et l'on sera fixé sur ce que nous pouvons attendre de l'Italie, tant qu'une génération nouvelle, instruite par l'expérience, n'aura pas remplacé celle dont l'esprit a été empoisonné de la sorte. Et quelles intéressantes indications on y trouve sur l'état d'esprit d'un peuple pour qui les contradictions les plus criantes sont chose naturelle, expliquée par ce simple mot de *combinazione!* Être issu du principe des nationalités librement consultées, et garantir à l'Allemagne la possession de l'Alsace-Lorraine, tout en revendiquant plus ou moins ouvertement une partie du territoire de chaque nation voisine; s'unir à nos ennemis et prétendre à notre amitié et à notre aide financière; favoriser ostensiblement les visées des Triestins et des Trentinois, et faire cause commune avec l'Autriche; menacer le Tessin, et s'étonner que la Suisse fortifie le Gothard, et lui demander son appui contre nous; invoquer la protection de la flotte anglaise, et convoiter Malte; que de *combinazioni!*

Comment faire comprendre à un Français la parfaite aisance avec laquelle les Italiens évoluent entre ces écueils, la complète bonne foi avec laquelle ils s'imaginent être de bonne foi, et leur étonnement dépité, quand ils s'aperçoivent qu'on ne goûte pas leur dialectique subtile? Il y a dans tout cela, pour eux, une série de « mirages » flamboyants auprès desquels celui de Tarascon n'est qu'un pâle soleil de minuit. Très sérieusement M. Crispi nous a affirmé, à plusieurs reprises, que si son pays s'est joint à nos ennemis, c'est par pur intérêt pour nous, afin de les rendre si forts que nous ne puissions même pas avoir la folle tentation de les attaquer ! En entendant cette bouffonnerie, on est tenté de se dire simplement que le *misogallo* est un joyeux plaisant qui aime le mot pour rire. Erreur complète ; l'ancien premier ministre du roi Humbert est foncièrement sincère en disant : « Je suis un démocrate, notez cela. Or les démocrates ne sauraient haïr aucun peuple, dussent-ils même faire la guerre à tel ou tel. Pour ma part, j'aime toutes les nations [1] »..... Tel, le bon Sosie :

    « Messieurs, ami de tout le monde ! »

Et si ces protestations nous laissent froids, non moins sincèrement M. Crispi s'étonne ; il s'indigne, il nous proclame des ingrats.

* *

Il semble que cet ami, d'une espèce rare, nous ait entraînés bien loin de la question d'Alsace-Lorraine,

---

[1] *Le Temps*, du 18 décembre 1892.

mais il n'en est rien. Je n'ai cité là M. Crispi que
comme une incarnation de l'esprit de son peuple en
matière de politique étrangère, de cet esprit si nettement défini par Macaulay [1] :

> Son dessein ne se révèle que lorsqu'il est accompli. Son
> visage est calme, ses discours sont courtois jusqu'au jour
> où la vigilance s'endort, où l'adversaire se découvre, où
> l'occasion de viser sûrement se présente, et alors il frappe
> pour la *première et dernière fois*.

Ce n'est pas que les avertissements nous aient
manqué. Il suffit de consulter, avec M. Brachet, les
programmes officiels de l'enseignement public, et de
se reporter aux œuvres des poètes, des historiens, des
philosophes et des géographes dont l'étude y est pres-
crite, pour être édifié sur ce que pensent de nous les
esprits les plus éclairés et les hommes d'État les plus
en vue de la Péninsule ; que ces derniers appartiennent
à la droite ou à la gauche, qu'ils aient été ministres
et nos alliés, comme Cavour, ou simples agitateurs,
fils de la Révolution Française, comme Mazzini, le mot
d'ordre est le même : haine à la France.

Les exemples qui nous ramènent à notre sujet nous
sont fournis par les historiens et les géographes.
Ceux-là semblent avoir prévu l'alliance allemande, à
en juger par la manière dont ils appliquent depuis
longtemps les méthodes d'outre-Rhin. Leurs livres
rappellent les rues des villes et les journaux d'Italie,
où, depuis la nouvelle orientation de la politique du
royaume, on s'étonne de voir presque autant d'an-
nonces allemandes que d'italiennes.

---

[1] *Essai sur Machiavel*, cité par Brachet.

Comme les historiens allemands se sont annexé Charlemagne, les Italiens trouvent tout naturel de s'annexer Napoléon. Et de même que les géographes allemands énumèrent les *Deutsche Aussenlænder*, les Italiens définissent l'Italie : « une région dont le royaume d'Italie occupe la plus grande partie, et dont les autres provinces appartiennent pour le moment à des États non italiens ». Les programmes officiels du ministère de l'instruction publique leur ont d'ailleurs nettement indiqué la voie (classe II, § x) :

Divisions politiques de l'Italie : 1° Pays dépendant d'États étrangers. — 2° États italiens : République de Saint-Marin ; royaume d'Italie.

Sur ce thème, chaque auteur a improvisé des variations, selon son tempérament ; M. Brachet en cite trente, officiellement approuvés ou récompensés : je me contenterai d'extraire quelques perles de cet écrin :

Dans la Méditerranée, la France possède quelques îlots, qui sont If, Hyères et Lerins... Ses principaux ports y sont Marseille, Toulon et Cette...
Colonies de la France dans les cinq parties du monde : ...en Europe, elle possède le comté de Nice et l'île de Corse.

Ainsi s'exprime le cours de géographie de Bini, le plus répandu de tous. Et ces colonies françaises, il ne les décrit pas même, après les avoir citées, mais il se contente de renvoyer au chapitre Italie. Là, on trouve que :

L'Italie sous la domination de la France forme le département des Alpes-Maritimes et celui de la Corse... *Ces deux départements sont régis par un gouvernement constitutionnel analogue à celui de la France.*

Analogue est une trouvaille. Mais au moins le Manuel de Bini reconnaît-il que nous avons « des colonies » en Europe. Celui de Schiaparelli, qui est aussi officiellement approuvé et non moins employé, est plus radical et considère le problème comme résolu ; pour lui, Nice et la Corse ont déjà fait retour à l'Italie :

> L'Italie abonde singulièrement en ports et en rades de toute sorte. Parmi les ports, citons ceux de *Nice*, de Gênes, de Livourne... Citons ensuite, dans l'*île de Corse*, les ports d'*Ajaccio* et de *Bastia;* dans l'île d'Elbe, Porto-Ferrajo..... Parmi les ports militaires de l'Italie, citons ceux de *Villefranche*, de la Spezzia, de Tarente...

Et ainsi des autres.

Mais ce qui est plus important au point de vue de l'enseignement, ce qui se grave mieux dans la mémoire, ce sont les cartes; je ne puis que renvoyer à l'ouvrage de M. Brachet pour la liste des atlas et cartes murales, officiellement employés dans les écoles, qui placent Nice, la Savoie, la Corse, Monaco, le Tessin, le Trentin, Trieste et Malte à l'intérieur des frontières du royaume [1].

* * *

Bien entendu, je ne m'occupe pas ici de toutes les « provinces italiennes qui ne font *pas encore* partie du royaume » : les affaires de la Suisse, de l'Autriche et de l'Angleterre ne sont pas les nôtres.

Ce qui nous intéresse, nous, c'est l'intégrité de notre territoire. Or, le fait qui s'impose à notre attention,

---

[1] D'après Brachet, l'édition de 1876 du *Dictionnaire* (officiel) *des communes italiennes*, à l'usage de l'administration des Postes, contenait encore les villes de la Corse et *Nizza*. J'ignore si elles en ont disparu depuis.

c'est que toute la génération actuelle, en Italie, a fini par croire aux droits que lui ont enseignés ses maîtres, fidèles à la maxime de Guichardin : « On crée le succès en répétant qu'il existe ». Et, s'il est curieux de voir exister une alliance entre ce peuple et d'autres qu'il projette de dépouiller, il n'est pas moins intéressant de constater dans quelles contradictions l'entraîne sa façon d'envisager, en ce qui nous concerne, le principe des nationalités.

Ces contradictions éclatent naïvement dans une brochure récemment parue, sur les *Frontières et Nations irredente* », par F. P. Cestaro. L'auteur étudie longuement le cas de l'Alsace-Lorraine, et se demande si elle est française ou allemande ? On devine sa réponse : le Rhin ne saurait être une frontière entre la France et l'Allemagne, non plus qu'aucun fleuve ; en dehors des Vosges, tout est frontière conventionnelle. Comment concilier cette affirmation avec celle des programmes officiels et des cours de géographie, qui font du Var la frontière naturelle de l'Italie ? Ne faut-il pas au contraire approuver la frontière actuelle, qui suit les Alpes jusqu'au plus près de la mer ?

D'autre part, l'argument de la langue des Alsaciens a toute sa force aux yeux de l'auteur. Il prévoit bien cette objection, que la nationalité est une affaire de libre consentement ; il va même jusqu'à en donner pour exemple la nationalité suisse, si caractéristique. Mais il ne s'embarrasse pas pour si peu :

Et quand cela serait, répondit-il en effet, *pourquoi la France, qui possédait ces provinces, en a-t-elle, d'un cœur léger, risqué la perte ?* Et d'ailleurs, est-il certain que les provinces dé-

15.

tachées de la France nourrissent encore les sentiments qu'elles avaient encore lors de la séparation ? Ne voyons-nous pas chaque jour les symptômes d'un changement, au reste fort naturel ?

Et l'auteur prévoit que la conquête morale de l'Alsace est en bonne voie ; que peut-être *dans vingt ans* on violerait le sentiment populaire en la séparant de l'Allemagne ; bref, que la question d'Alsace-Lorraine n'est nullement une question de nationalité.

On voit la pauvreté du raisonnement : admettre arbitrairement que ce qui n'est pas encore commencé au bout de vingt-deux ans sera prochainement achevé, et conclure de là que tout est pour le mieux, ce n'est pas brillant comme logique. Les Italiens se paient cependant de ces raisons à défaut d'autres, après quoi ils déclarent que Niçois, Savoisiens et Corses gémissent sous le joug d'institutions, qu'au rebours des Allemands nous avons pourtant établies « analogues » aux nôtres, et leur presse, qu'elle soit officieuse ou opposante, ne manque pas une occasion de protester contre la « spoliation » de 1860 :

L'intervention du parti radical italien, ou de quelques-uns de ses représentants, à l'inauguration de la statue de Garibaldi à Nice, et ses rapports directs avec le gouvernement français, constituent une reconnaissance ouverte du fait accompli, en ce qui concerne le passage de cette province italienne à un Etat étranger. C'est une abdication qui ne doit point passer inaperçue... Il n'est pas inutile d'observer que ce parti italien a rayé de son programme l'affirmation de Nice italienne[1].

---

[1] *Esercito italiano*, du 7 octobre 1891. Voir à l 'Appendice, note E, la lettre de M. Castelar au maire de Nice.

D'où il résulte que, pendant trente et un ans, le
« fait accompli » n'a été reconnu par personne en
Italie, et qu'il ne l'est encore que par une faible minorité. Or, ce fait accompli s'appelle la signature du roi
Victor-Emmanuel, librement donnée en reconnaissance des sentiments avérés des populations, et corro-
borée solennellement par l'assentiment unanime de
ces populations !

*
* *

Ici, le lecteur italien sourira. Les plébiscites de
Nice et de la Savoie ne méritent pas, pour lui, d'être
pris au sérieux. Malgré une propagande active, que
notre libéralisme a laissé pratiquer impunément en
Corse et surtout à Nice, les populations ne se
sont pas laissé entamer ; peu importe, il parait qu'elles
sont et veulent être italiennes ; seulement, elles ne
s'en vantent pas. Quant aux Alsaciens-Lorrains, leurs
sentiments sont si peu douteux qu'on n'a jamais osé
les consulter, ni les traiter autrement qu'en ilotes ;
peu importe encore, ils sont allemands ; il est vrai
qu'ils ne paraissent pas s'en douter encore, mais d'ici
vingt ans ils s'en apercevront, et s'en réjouiront : de
quoi se plaint-on ?

Eh bien, il faut que ces équivoques hypocrites
soient dissipées ; il faut répéter sans cesse aux Italiens
qu'un tel raisonnement implique ou de la mauvaise
foi, ou la complète ignorance des faits ; il faut leur
rappeler que jamais consultation populaire n'a été à la
fois aussi unanime et aussi probante, que celle qui a
donné Nice et la Savoie à la France. Il suffit pour cela

de les renvoyer à un ouvrage italien, *l'Histoire d'Italie* de M. G.-C. Molinari [1].

Le plébiscite eut lieu le 15 avril 1860 à Nice, et le 22 avril en Savoie, où l'on dut le retarder à cause d'une chute abondante de neiges. Il donna les résultats suivants :

	Électeurs inscrits.	Votants	*Oui.*	*Non.*	Bulletins nuls.
Nice..........	30 706	25 933	25 743	160	30
Savoie [2]......	137 244	132 055	131 744	223	78
Total.....	167 950	178 088	157 487	393	168

Dans la ville même de Nice, sur 7 918 électeurs, il y eut 6 846 votants, qui donnèrent 6 810 *oui,* 11 *non,* et 25 bulletins nuls. Sur les 88 autres communes du comté, 70 n'émirent pas un seul *non*. Fait à noter, deux communes que la diplomatie a laissées à l'Italie, montrèrent la même unanimité de sentiments français. Ce furent la Brigue, avec 323 *oui* sur 323 suffrages, et Tende, où il se trouva 1 *non* contre 387 *oui*.

Voilà donc un scrutin auquel se sont rendus 94 p. 100 des électeurs ; c'est bien ce qu'on peut appeler l'unanimité, car cela se passait en pays de montagne, où plus d'un citoyen avait une course pénible à faire pour se rendre aux urnes, et on peut bien admettre qu'il y avait 6 p. 100 de malades, d'impotents, de vieillards, d'absents, et de gens empêchés de voter ; mais d'indifférents, il n'y en eut point. Toute la population valide s'est précipitée aux urnes, d'enthousiasme, chose bien faite pour étonner les Italiens,

---

[1] *Storia d'Italia dal 1814 ai nostri giorni.*
[2] Moins cinq petites communes.

chez lesquels aucune élection ne parvient à rassembler la moitié des électeurs; et sur 10 000 hommes, il s'en est trouvé 25 pour déclarer qu'ils voulaient rester italiens.

Cette constatation donne une réelle saveur à la phrase suivante, que je découpe dans un gros ouvrage d'histoire, estimé en Italie [1] :

Quand il annexa Cracovie et son territoire, le gouvernement autrichien avait opéré avec violence, mais avec une *franchise* audacieuse; le gouvernement français, dans l'annexion de Nice, procéda avec beaucoup d'*hypocrisie*. Pour l'empire de Bonaparte, Nice ne fut pas une acquisition, mais une usurpation.

Mais, dira-t-on, on sait comment se passe un plébiscite : c'est un jeu où les dés sont pipés. — Le malheur est que ce n'est pas le Gouvernement français qui a procédé à cette consultation. C'est avant la cession que le plébiscite a eu lieu, sous l'administration italienne. S'il y a eu pression, il est difficile d'imaginer que cela ait été en notre faveur; le contraire est plus vraisemblable.

Au reste, il faut croire qu'en 1860 tout le monde était hypocrite, pour parler comme M. Mariani, à commencer par le Roi-Galanthomme ; car personne ne contestait les sentiments français des Niçois et des Savoisiens. Du moins, Victor-Emmanuel leur disait, dans son manifeste du 30 mars 1860 [2] :

---

[1] Lieutenant-colonel Carlo Mariani. *Le Guerre dell' independenza italiana, del 1848 al 1870.*

[2] Il se peut que cette citation ne soit pas absolument conforme au texte officiel français du manifeste. Je la traduis de l'italien, d'après l'ouvrage de M. Mariani.

Je ne pouvais méconnaître, d'autre part, que le développement du commerce, la rapidité et la facilité des communications augmentent chaque jour l'importance et le nombre des dépendances qui rattachent la Savoie et Nice à la France. Je n'ai pu oublier enfin que les affinités de race, de langage et de mœurs rendent ces dépendances beaucoup plus intimes et plus naturelles... Faites que votre union à la France soit un lien de plus entre les deux nations, dont la mission est de travailler d'accord à l'accroissement de la civilisation.

Victor-Emmanuel savait à quoi s'en tenir sur les dispositions de ces populations. L'histoire des années précédentes n'avait été pour elles qu'une suite de résistances et de manifestations contre son gouvernement [1]; en dernier lieu, elles avaient envoyé au Parlement de Turin une représentation nettement séparatiste.

Aussi, quand plus tard ce même Parlement eut à se prononcer sur le traité de cession, Cavour, le fondateur de l'unité italienne, défendit-il dans plusieurs discours le verdict populaire : « Non, disait-il, Nice n'est pas italienne! Je le dis avec une entière conviction! » Et pour ne laisser aucune arme à ses adversaires, il ne craignait pas de les suivre sur le terrain des droits historiques, lui qui édifiait une monarchie, par la révolution, sur les ruines des vieux traités; il leur décochait cet argument inattendu que l'Italie ne pouvait pas se prévaloir de ce que les Niçois s'étaient volontairement donnés au duc de Savoie en 1388, car les ducs de Savoie étaient des « princes français »,

[1] Voir *Nice de France*, par Gabriel Letainturier-Fradin.

et les Niçois avaient ainsi marqué, dès cette époque, leur désir de s'unir aux Français plutôt qu'aux Italiens.

Il est vrai qu'un argument analogue est invoqué aujourd'hui en faveur des revendications italiennes : Nice et la Savoie ont été cédées à Napoléon III, « prince italien », en raison de son origine corse ; puisque nous avons détrôné la famille Bonaparte, elles doivent faire retour à l'Italie! Cela s'est imprimé.

A ceux qui objecteraient, dit Heimweh à propos du plébiscite de 1860, que les populations étaient tenues de ratifier les engagements pris par leur souverain et de déférer à ses exhortations, il y aurait à répondre que les peuples n'ont pas coutume de se sacrifier à la raison d'État, et qu'il serait d'ailleurs absurde de changer de patrie par loyalisme envers le pays que l'on quitte. Ce n'est toujours pas, sans parler d'exemples plus récents et bien connus, ce qu'ont fait au XVIᵉ siècle les Bourguignons (depuis cinquante ans à peine retournés à la France), lorsque François Iᵉʳ céda leur province à Charles-Quint pour payer sa rançon. Ils refusèrent de faire honneur à la parole royale, parole formelle cependant, nullement conditionnelle ; et cela, dans un temps où les provinces se donnaient et s'échangeaient encore comme de simples portions de patrimoines royaux.

On peut ajouter, d'ailleurs, pour l'édification des irrédentistes italiens, que leur patrie s'est constituée à coups de plébiscites autrement contestables que ceux de Nice et de la Savoie. Car c'est après la chute des anciens gouvernements, c'est-à-dire sous l'administration italienne, après une conquête militaire, sous la pression des baïonnettes, que les populations ont voté : or, dans le royaume de Naples, il y eut 10 012 *non* contre 1 310 366 *oui* (76 sur 10 000); dans les Marches, 1 212 *non* contre 133 783 *oui* (90 sur 10 000); en Toscane, 14 925 *non* contre 366 171 *oui* (408 sur 10 000).

Dans le cas de Nice et de la Savoie, on consulta même les originaires de ces pays qui servaient dans l'armée italienne. Leur réponse, bien qu'un peu moins unanime, fut plus topique encore que celle de la population civile. Il ne faut pas oublier en effet qu'il ne s'agissait pas de soldats du service obligatoire, servant contraints et forcés, et malgré des sentiments intimes analogues à ceux de leurs concitoyens, mais bien d'une armée de l'ancien temps, c'est-à-dire de soldats de profession, auxquels on proposait de quitter pour un nouveau maître celui qu'ils avaient librement accepté. De plus, ces militaires étaient éparpillés dans les divers régiments de l'armée italienne, et il est peu probable que leurs camarades et leurs chefs les aient poussés à ce qu'ils devaient considérer comme une désertion. Eh bien, ceux de Savoie donnèrent 5 847 *oui*, 290 *non* et 26 bulletins nuls; ceux de Nice, 1 200 *oui*, 186 *non*, 23 bulletins nuls. Au total : 7 047 *oui* contre 476 *non !* Et il est bon d'ajouter ce fait remarquable, que la majorité des officiers passa au service de la France, où plusieurs d'entre eux parvinrent brillamment aux plus hauts grades de la hiérarchie.

En vérité, c'est une bien amère plaisanterie que d'assimiler Nice et Strasbourg, Chambéry et Metz ! Si

nos malheureuses villes perdues évoquent un souvenir dans l'esprit d'un Italien, ce doit être celui de
Milan, de Venise et de Trieste. « Nouveaux Vénitiens,
dit M. Lalance, l'ancien député alsacien, les Alsaciens
pourront un jour graver sur leurs monuments la
belle inscription qu'on lit sur la place Saint-Marc :

> *Dopo secoli di liberta e di potenza,*
> *per 70 anni da stranieri dominata, non doma,*
> *nell' anno 1866 restituita all' Italia;*
> *accolse*
> *addi 19 ottobre milizie nazionali*
> *e addi 7 novembre Vittorio-Emmanuele II[1].*

[1] Après des siècles de liberté et de grandeur, dominée mais
non domptée par des étrangers pendant soixante-dix ans, elle
fut rendue à l'Italie en l'an 1866; elle accueillit le 19 octobre
les milices nationales, et le 7 novembre Victor-Emmanuel II.

CHAPITRE X

La France pacifique.

Un siècle d'évolution morale. — Les idées de Jacques Bonhomme. — Il veut la paix. — Preuves de ses dispositions
pacifiques. — Dédain des provocations. — La France ne peut
même pas commecer une guerre. — Une enquête belge sur
nos sentiments.

En professant le droit du plus fort, les Allemands
sont exactement dans la disposition d'esprit où nos
pères se trouvaient, il y a un siècle et demi, au moment où l'unité française venait d'être accomplie.

Le droit de conquérir une population était alors un
complément obligé du droit divin, par lequel le chef
d'une certaine famille possédait le sol, et ses habitants par surcroît; il n'en coûtait pas davantage
d'admettre que le roi pût arrondir son domaine, et
augmenter ainsi le nombre de ses sujets.

La question est de savoir si ces idées, actuellement
rejetées par l'universalité du peuple français, ont
quelque chance d'être jamais reprises par lui. Car
c'est ici la grande objection que font les Allemands à
l'idée d'un droit des peuples, issu de notre Révolution. Pour eux, nous sommes une nation essentiellement batailleuse et conquérante; qu'elles aient été

sincères ou non, les théories généreuses de la Révolution sont oubliées depuis longtemps ; c'est la rive gauche du Rhin qui nous hante, et pas seulement l'Alsace-Lorraine.

Il serait temps que les Allemands voulussent bien se décider à étudier objectivement (pour employer un de leurs mots favoris) la marche des idées en France ; ils finiraient alors par renoncer à une conception suivant laquelle les peuples européens, et notamment le plus progressiste d'entre eux, seraient immobiles à la manière des Chinois. L'opinion qui fait tourner indéfiniment l'histoire dans un même cercle est définitivement jugée ; le « perpétuel recommencement » a fait place à une perpétuelle transformation. Non pas, certes, que le mouvement de l'histoire soit uniforme ; sa vitesse et sa direction subissent, au contraire, des soubresauts incessants. Mais, quand on prend un recul suffisant pour les considérer, les faits se groupent le long d'une trajectoire moyenne, dont ils s'écartent peu. Comme dans les phénomènes physiques, toute action brusquée, toute perturbation violente entraîne un trouble momentané, caractérisé par une série d'oscillations de sens contraires ; après quoi, la marche normale reprend son cours, à peu près au point où elle en était auparavant.

Sans aucun doute, si l'on considère seulement la France de 1810, ou de la fin de juillet 1870, les principes révolutionnaires du droit des peuples semblent bien être allés au pays des vieilles lunes. Mais en est-il de même si l'on jette une vue d'ensemble sur son histoire depuis le milieu du siècle dernier ? Et croit-on que le passage de la monarchie de droit divin à la démocratie ait pu se faire sans une alternance d'actions et de réactions violentes, alors que les circonstances perturbatrices n'étaient rien moins que l'inimitié, bien explicable, de tous les monarques de l'Europe ?

C'est ainsi que la période napoléonienne a marqué en France un effacement momentané de l'esprit nouveau, dans une crise formidable d'absolutisme et de militarisme. Puis arriva l'inévitable désastre, et la restauration du droit divin.

Mais quel observateur superficiel faudrait-il être pour s'imaginer qu'on fût ainsi revenu tout bonnement d'un quart de siècle en arrière ! Les esprits avaient marché, dans l'intervalle, et, au bout de peu d'années, le « roi de France » dut céder la place à un « roi des Français ». Pour subtile que paraisse cette distinction, elle n'en a pas moins une grande valeur : elle marque la fin du droit divin sur le sol, lequel entraînait avec lui un droit analogue sur les habitants. Cette nuance, qu'on a un peu perdue de vue en France, où elle n'a plus de raison d'être, sera certainement claire pour les Allemands, qui n'ont pas voulu accorder au chef de leur confédération le titre d'empereur d'Allemagne, mais seulement celui de roi de Prusse, empereur allemand ».

A la suite de ce règne (si pacifique qu'on l'appela celui de la paix quand même), Napoléon III a bien pu provoquer, par la seule magie de son nom et en exploitant les premières erreurs du suffrage universel, une rechute d'esprit de conquête, véritable crise d'a-

tavisme. Encore n'y eut-il là qu'un reflet, singulièrement affaibli, de la grande épopée, et aucune population ne fut-elle annexée à la France contre sa volonté.

Mais surtout, que l'Empire est donc loin de nous,
aujourd'hui ! Et par contre, combien le souvenir de
la guerre de 1870 est rapproché ! Sitôt que quelques
Français sont réunis, la conversation retombe fatalement sur l'année terrible. Dans le langage courant,
1870 marque le début d'une ère nouvelle; on dit :
« avant la guerre — depuis la guerre », comme on
dit: « sous l'ancien régime » et « depuis la Révolution »; et les idées « d'avant la guerre » semblent
aussi éloignées de nous que celles du siècle de
Louis XIV.

Aujourd'hui, qui songe encore à la frontière du
Rhin ? L'unité française est si complète que, de la
Manche à la Méditerranée, on souffre de la violence
faite aux Alsaciens-Lorrains; l'angoisse générale
causée par le démembrement est telle, que les Français, supposant chez les Allemands une solidarité
égale, admettent volontiers qu'un démembrement
produirait là-bas les mêmes effets (en quoi d'ailleurs
ils s'exagèrent peut-être la cohésion de la nation germanique). S'il reste une foi au peuple français, c'est
bien assurément le culte de la justice et de la liberté,
et ce n'est pas après tant d'années passées à invoquer
ces grandes idées, qu'il irait les renier dans la victoire:
après une défaite infligée à l'Allemagne, si cher qu'elle
lui ait coûté, il ne réclamerait pas un pouce de plus
que la frontière de 1870. Jean Chauvin est bien mort,
et les quelques descendants qu'il a laissés, vieux

braves ressassant leurs campagnes, ou patriotards de réunions publiques cherchant à pêcher en eau trouble, sont sans action sur Jacques Bonhomme, assagi par la dure expérience.

*
* *

Mais si Jacques Bonhomme a fini par comprendre qu'il ne doit point convoiter le bien du prochain, il entend, en revanche, que l'on ne touche pas au sien. Et non seulement il considère l'Alsace-Lorraine comme son bien, à tel point qu'une nouvelle série de désastres ne saurait affaiblir en lui cette conviction, mais encore l'évolution naturelle de ses idées ne peut que le rendre de plus en plus intraitable à ce sujet.

C'est que le droit dont il se réclame ne saurait ni céder à la force, ni se prescrire par l'effet du temps; ce n'est point parce que l'Alsace-Lorraine a été terre française qu'il la revendique, mais uniquement parce que les Alsaciens-Lorrains se proclament français.

Et cette opinion, le peuple français a le droit de la professer fièrement, car il ne l'a pas imaginée hypocritement pour dissimuler d'injustes convoitises. Depuis que ses philosophes l'ont émise, il l'a faite sienne; chaque fois que, comme aujourd'hui, il a été maître de ses destinées, il a gaiement donné son sang pour elle. Je rappelais plus haut les scrupules de la Convention, à l'idée d'annexer des populations qui s'offraient; mais auparavant, la nation n'avait-elle pas forcé la main au roi, en faveur de l'indépendance américaine? Et depuis, qui donc a délivré la Grèce, la Belgique et l'Italie? « Si l'on voulait entasser ce que chaque nation a dépensé de sang, d'or, et d'efforts de toute sorte, pour les choses désintéressées qui ne devaient profiter qu'au monde, la pyramide de la France irait jusqu'au ciel[1]. »

Ainsi, depuis plus d'un siècle, ce peuple, auquel ses détracteurs refusent tout idéal, s'est épris de cet idéal suprême : la liberté. Si, sous l'influence de son long passé d'oppression, il l'a passagèrement perdu de vue, il n'a jamais tardé à se ressaisir : guerre étrangère, guerre civile, tout lui a été bon contre qui voulait lui ravir ce bien. Et cette liberté, ce n'est pas pour lui seul qu'il l'a voulue; il a souffert avec tous les opprimés, il leur a donné son or et son sang.

Et voilà la nation à qui l'on ose demander de se désintéresser de l'oppression des Alsaciens-Lorrains! Elle a répondu au cri de : « Vive la liberté ! » poussé par des étrangers, au delà des mers, et elle ne frémirait pas en entendant cet appel dans la bouche des siens ! Elle cesserait de considérer comme siens ceux qui se réclament d'elle !

*
* *

Mais alors, dira-t-on, la guerre est prochaine, inévitable; elle est voulue par le peuple français ; ou, lors même qu'il ne la voudrait pas, il doit savoir qu'elle seule peut lui rendre l'Alsace et la Lorraine; en sorte que réclamer ces provinces revient simplement à préparer la guerre d'une manière détournée.

[1] Michelet, *Notre France.*

Qu'un empereur d'Allemagne, ou son chancelier, ou quelque journaliste officieux, parle de la sorte, cela se conçoit ; leur rôle est de semer l'alarme pour récolter armements et impôts ; et de plus, ils ne connaissent la France que par les rapports d'agents intéressés à flatter leur manie caporalesque.

Mais celui qui se tient loyalement au courant du mouvement des idées dans notre pays, celui qui a séjourné quelque temps parmi nous, s'il soutient que le peuple français veut la guerre, celui-là ne mérite que le nom d'imposteur.

Le peuple français est tellement pénétré de la notion d'un droit des peuples, supérieur aux combinaisons passagères de la politique, qu'il met toute sa foi dans l'avènement fatal de ce droit. Nulle parole n'a eu chez nous plus de retentissement que l'invocation de Gambetta à « la justice immanente de l'histoire », invocation qui n'a pu exciter en Allemagne que des sourires narquois. Je ne crois pas qu'il existe ici un seul homme politique qui ne l'ait paraphrasée vingt fois pour une.

Il suffit de se livrer à une enquête impartiale pour constater en France la disparition de l'esprit d'aventures, entraîné par le boulangisme dans sa chute profonde. Après Napoléon le Grand, Napoléon le Petit ; après Napoléon le Petit, Boulanger ; après Boulanger, que peut-on entrevoir ?

*
* *

Les faits abondent, qui prouvent notre sincérité. Même le gouvernement impérial, inconscient de ce

qui se tramait contre nous, a tenté à plusieurs reprises
de provoquer un désarmement et a fini par en
prendre l'initiative ; on l'a vu plus haut. Par contre,
on a vu également que, dès 1871, alors que nous
étions comme anéantis, et que l'Allemagne semblait
capable de tenir tête à l'Europe entière, elle a redou-
blé d'activité pour accroître encore sa puissance
militaire ; M. de Caprivi lui-même a avoué qu'elle
porte la responsabilité de la paix armée.

De notre côté, nous avons cherché à mettre notre
territoire à l'abri d'une nouvelle invasion ; on ne peut
vraiment pas nous contester un droit que l'on reconnaît à toutes les puissances, et 1875 a prouvé que
nous avions raison de prendre nos précautions.

Encore ces précautions ont-elles essentiellement
consisté, dans le début, à fermer par des fortifications
notre frontière béante. Même, les Allemands n'ont
pas eu assez de gorges-chaudes pour ces travaux ; ils
professent, avec raison, que la meilleure manière de
se défendre consiste à porter la guerre chez l'ennemi.
Il faudrait pourtant s'entendre ; j'admets qu'au point
de vue de l'art, on nous blâme d'avoir dépensé des
centaines de millions en maçonneries et en cuirasse-
ments plutôt qu'en renforcements de notre armée de
campagne ; mais alors, qu'a-t-on à nous reprocher
des velléités agressives ?

S'il est un grand patriote que les Allemands ont
traité de chauvin, c'est bien Gambetta. Eh bien, tout
récemment[1], M. Crispi racontait à un journaliste qu'à

---

[1] *Die Waffen nieder*, année 1893, n° 4.

un voyage qu'il fit en 1877 à Paris, pour se rendre ensuite à Berlin, Gambetta le pria d'agir sur M. de Bismarck en vue d'un désarmement. Le chancelier l'interrompit au premier mot : « La première condition du désarmement, dit-il, est l'identité des lois de recrutement; sans quoi le désarmement est quelque chose de tout différent d'un pays à l'autre. Et comme ces lois ne sont pas les mêmes, il est impossible de parler utilement d'un désarmement ». Autrement dit, pour arriver à une entente, il faut commencer par s'entendre ! Il y a quelque temps que l'on sait que si l'opium fait dormir, c'est parce qu'il y a en lui une certaine vertu dormitive !

Et depuis, quel pays s'est plus complètement voué aux travaux de la paix ? C'est du succès de l'Exposition de 1878 que nous faisons dater notre relèvement; celle de 1889 a été organisée pendant que les Allemands s'occupaient du septennat militaire; maintenant, leurs nouveaux renforcements coïncident avec la préparation de celle de 1900; quelle autre nation en Europe entreprend si longtemps à l'avance de si grandioses et si absorbantes manifestations pacifiques ? Où a-t-on réalisé des travaux tels que le plan Freycinet, — pour dix milliards de chemins de fer et quatre milliards de ports et de canaux? Et l'argent dépensé à profusion en écoles, en établissements civils de toute sorte, en entreprises coloniales ?

Les motifs ne nous ont pas manqué pour faire la guerre, depuis 1871, les bonnes occasions non plus. Jamais peut-être nous ne retrouverons une supériorité matérielle et morale semblable à celle dont nous

jouissions, alors que nous étions seuls à posséder une
poudre sans fumée, un fusil de petit calibre et des
obus à mélinite, avec un matériel d'artillerie de campagne meilleur que celui de nos voisins. Un Moltke
français eût trouvé que c'était le moment d'entreprendre une guerre préventive. Le *casus belli* était
tout trouvé : c'était au moment de l'affaire des passeports. Tous les auteurs allemands affirment que les
chauvins étaient, à cette époque, les maîtres du pays.
Or, on conviendra que les chauvins français sont gens
bien pacifiques : ils avaient un grief excellent à faire
valoir, et les chances de succès les plus sérieuses, et
ils ont préféré s'occuper d'achever la Galerie des
Machines et la Tour Eiffel !

Naguère encore, on a pu voir à quel point les Français sont disposés à rechercher une transaction plutôt
qu'une revanche. C'était à l'avènement de Frédéric III ;
une étrange illusion s'empara brusquement de notre
pays. Sans trop savoir pourquoi, tout simplement
parce qu'on désirait ardemment une solution pacifique, on espéra qu'elle viendrait de ce prince philosophe : il semblait impossible qu'un esprit aussi éclairé
refusât toute discussion à des propositions capables
d'assurer la paix de l'Europe. Le bruit courait que,
d'ores et déjà, il n'était pas réfractaire à l'idée d'échanger Metz contre une bonne compensation ; et l'on se
disait qu'une fois le grand pas franchi, c'est-à-dire
une fois admise la possibilité d'une négociation, il
aurait une vue assez large de l'avenir pour aller jusqu'au bout, en présence d'une diplomatie habile à
force de sincérité : on augmenterait à la fois les offres

et les garanties pacifiques, au point d'obtenir de lui
une restitution complète.

C'était trop attendre de l'ancien commandant de la
IIIᵉ armée allemande : si jamais une transaction survient entre la France et l'Allemagne, ce ne sera pas
tant que seront au pouvoir, dans ce dernier pays, des
hommes de 1870. La désillusion fut aussi rapide que
cruelle : pendant un règne de cent jours, Frédéric III,
déjà marqué par la mort, attacha son nom au décret
des passeports, à une des violences les plus brutales
que les malheureux Alsaciens-Lorrains aient subies.

Mais l'épisode avait eu cela de bon, qu'il acheva de
rendre évidents les vrais sentiments des Français.

*
* *

Combien de fois, et contre combien de peuples
aurions-nous pu partir en guerre, depuis vingt ans, si
nous étions le peuple turbulent et batailleur qu'on
prétend ! Je ne parle plus de nos griefs accumulés
contre l'Allemagne, ni de nos démêlés avec l'Angleterre dans les quatre parties du monde ; mais que l'on
songe seulement à ce que nous avons subi en patience
de la part de l'Italie, en commençant seulement par
la violation de notre consulat de Florence, pour finir
par cette injure sanglante de la présence du prince de
Naples aux grandes manœuvres allemandes de Metz !

Dans cette dernière circonstance, l'Italie ne pouvait
ignorer qu'elle se livrait à la plus gratuite des provocations. Certes, je ne demande pas qu'on nous fasse
un mérite de n'avoir pas fait parler la poudre à propos de cette sotte équipée. Mais ne nous sera-t-il pas

permis de constater l'excellente tenue, le calme imperturbable qu'a gardés notre presse dans cette occurrence ? Et l'on sait pourtant si la presse est libre chez nous, et si elle est généralement portée à user, voire à abuser de sa liberté.

Quelques jours plus tard, surviennent les troubles occasionnés par les incidents d'Aigues-Mortes. On connaît les faits : une rixe sanglante, entamée sur notre territoire par des ouvriers italiens, non par les nôtres, et, aussitôt, la lie de la population italienne, obéissant à je ne sais quel mot d'ordre, se soulevant dans tout le royaume aux cris de : « Mort aux Français !... l'armée à la frontière ! » nos deux ambassades, nos consulats attaqués et insultés; la presse attisant le feu. Je me hâte de constater que le gouvernement royal, sentant peut-être qu'il était allé trop loin à propos du voyage à Metz, a été d'une correction absolue dans cette affaire. Mais il n'est que juste d'ajouter qu'ici encore le peuple français ne s'est pas un instant départi de son calme dédaigneux.

Enfin, il nous est permis de relever avec une joie patriotique le contraste que font, à toute occasion, les discours de nos hommes d'État avec ceux de l'empereur allemand. Certes, ce dernier vante aussi les bienfaits de la paix; mais de quel air maussade et menaçant! Le public européen commence à être las de ces invocations périodiques au tranchant de l'épée allemande, de ces prosopopées aux champs de la Lorraine, baignés de sang, et à leurs forteresses majestueuses. Il commence à comprendre que ce

1

n'est point par un artifice oratoire que notre Président prononce des paroles de paix, qu'il vienne de
passer en revue des troupes françaises ou une escadre russe. N'est-ce pas un signe des temps, que la
presse allemande ait renoncé à représenter les fêtes
de Toulon et de Paris comme le prélude d'une
guerre ?

*
* *

Le moyen, pour nous, de courir les aventures ? Je
laisse de côté cette circonstance importante, que le
pays ne ferait plus faire la guerre par une armée
mercenaire, mais qu'il la ferait lui-même ; il y a là de
quoi lui donner à réfléchir, mais on peut objecter
que toutes les nations d'Europe sont aujourd'hui
logées à la même enseigne.

Mais il y a un fait qui distingue notre pays de tous
les autres. Alors que, partout ailleurs, le droit de
paix ou de guerre appartient à un homme irresponsable, la France s'est soustraite elle-même à la tentation de déclarer une guerre, en s'enlevant la possibilité de le faire à l'improviste.

Cette armée nationale [1], où nous sentons tant de labeur
et tant de vertus, elle est tranquille, elle est modeste dans
la nation. Elle n'est pas encadrée dans une caste où l'on
naît pour l'office de guerre, ni commandée par un général
en chef héréditaire de par Dieu. Et que dis-je, commandée ?
Elle n'est pas possédée par un homme. Personne, chez
nous, qui puisse dire à une recrue : Tu es à moi, à moi
seul corps et âme ; ton âme est entrée dans la mienne ; ne

[1] Lavisse, *Parole française.*

t'occupe plus d'elle, et « *si je te commande de tirer sur ton
père, tu tireras* ».

Cette armée nationale, la nation seule la peut mettre en
mouvement. Personne, chez nous, qui puisse écrire sur
un registre que sa volonté est la « *loi suprême* »; personne
qui puisse un matin, sans consulter qui que ce soit, donner
le signal de guerre. Ne savez-vous pas, étrangers qui
redoutez notre ambition, que ce n'est pas commode du
tout, chez nous, de faire une déclaration de guerre, et
qu'il existe une procédure, et qu'elle est compliquée?
Sachez-le donc. Nous sommes, messieurs, une République :
nous avons un Président, un Conseil des Ministres, un
Sénat, une Chambre des Députés, et c'est la collaboration
de ces pouvoirs qu'il faut pour rédiger une déclaration de
guerre.

Nous, Français, nous ne pouvons nous représenter M. le
Président de la République s'avisant que le moment est
venu de faire la guerre, communiquant cette intuition au
Conseil des Ministres, et ce Conseil saisissant les Chambres
de la question.

Toute notre vie étant au grand jour, nous n'avons pas
même le moyen de former ni d'entretenir des desseins
occultes. Nous n'avons pas de traités à cacher et dont la
confidence doive être gardée par quelques personnes,
comme ce traité que le roi d'Italie ne veut pas montrer.

En comparaison de notre tribune et de notre presse,
d'ailleurs, Polichinelle est discret comme la tombe. Aucune
surprise n'est à redouter de nous. Il n'y a pas au monde
un pays à qui une guerre offensive soit plus difficile qu'à
la France.

Cela est si évident que l'Europe finira bien un jour par
ranger notre fureur guerrière à côté de notre frivolité et
notre légèreté, parmi les calomnies éventées.

* *

L'enquête impartiale que j'invoquais plus haut a

été faite [1] ; et, en la présentant au public, le comte Goblet d'Alviella, membre du Sénat belge, en résume ainsi les résultats :

Cette enquête n'était pas nécessaire pour nous montrer la France prête à toutes les extrémités, même à la guerre, plutôt que de renoncer à récupérer les deux provinces perdues. Mais il en résulte aussi que seul ce but pourrait actuellement lui faire tirer l'épée, et que si elle avait quelques chances d'arriver au même résultat par des expédients pacifiques, elle ne reculerait pas, pour l'atteindre, devant des concessions et des sacrifices considérables.

Une pareille constatation n'est pas sans portée. En face de sentiments instinctifs, tels que le désir de revanche, la soif de gloire, la haine de race, il est difficile de raisonner, tandis qu'un but nettement circonscrit laisse toujours place aux négociations, et, partant, aux transactions...

La présente brochure tend à relever les symptômes rassurants d'un premier pas dans cette direction, là peut-être où l'on s'y attendait le moins, et c'est pourquoi ces pages sont les bienvenues.

L'auteur de cette brochure a recueilli le plus grand nombre possible d'articles de journaux français parlant de l'Alsace-Lorraine. Il a eu soin d'y faire entrer, « sans parti pris, les journaux de toute opinion et de toute importance, depuis les grandes feuilles de Paris jusqu'aux obscures gazettes de chefs-lieux de canton », de manière à pouvoir se faire une idée à peu près exacte de l'opinion générale ; tel mois, dit-il, lui a rapporté plusieurs centaines d'articles.

[1] *La France veut-elle la guerre avec l'Allemagne?*

Cette collection forme un certain nombre de dossiers, classés suivant les questions particulières auxquelles ils se rapportent. Dans chaque cas, l'unanimité revendique la frontière de 1870 ; un petit nombre n'espère l'obtenir que d'une guerre favorable ; enfin la grande majorité *a confiance* dans un arrangement pacifique plus ou moins prochain ; autant dire qu'elle ne désire pas autre chose.

A propos de l'idée du rachat à prix d'or, préconisé par M. Waldteufel, quelques esprits ombrageux s'indignent, à la vérité, et préfèrent un échange de territoires, suivant la proposition de M. Tallichet. Mais les plus nombreux, et non les moindres par leur autorité personnelle, se déclarent prêts à céder toutes les colonies que l'Allemagne pourrait désirer, et des milliards par-dessus le marché, pour délivrer l'Alsace-Lorraine sans nouvelles effusions de sang.

Quelques-uns, il faut le reconnaître, s'opposent à tout arrangement pacifique. Ce sont nos Pfister à nous ; ce sont les patriotes de la Revanche quand même, qui, dans tout notre passé militaire, ne se souviennent que de Sedan. Nous avons été battus en 1870 : il faut, suivant eux, que nous battions à notre tour les Allemands, lors même que ceux-ci nous enlèveraient toute raison de les attaquer.

Le pays a clairement montré qu'il n'entend pas être la victime de ces quelques inconscients. Mais le malheur est que leurs élucubrations, soigneusement reproduites, amplifiées, commentées à plaisir, sont exploitées sans relâche par nos adversaires, dans l'intérêt des coalitions qu'ils fomentent contre nous.

C'est pourquoi il convient d'insister sur le peu
d'autorité dont disposent ces dangereux batailleurs,
et sur l'injustice qu'il y aurait à rendre la France responsable de leur ardeur. L'auteur de *La France veut-
elle la guerre ?* a trouvé à citer, en tout, quatre journaux
qui débordent d'indignation au sujet de la proposition
d'arrangement de M. Waldteuffel. Ce sont : l'*Union
Nontronnaise*, le *Glaneur*, de Saint-Quentin ; l'*Avenir*,
de Blaye et le *Jour*, de Paris ; ce dernier n'a jamais
passé pour un des journaux les plus influents de la
capitale, et, quant aux autres, ils seraient vraisemblablement fort heureux si, à eux trois, ils pouvaient
réunir mille abonnés !

Aussi, la seule conclusion à tirer d'une lecture
impartiale de la presse française est-elle bien celle
de la brochure belge :

Il est évident que la France ne renonce aucunement à
l'espoir de recouvrer l'Alsace-Lorraine. Si les manifestations chauvines semblent s'apaiser, quant à la forme, le
sentiment au fond reste vivant, toujours entretenu par
l'idée que la France a un devoir à remplir et qu'elle ne se
retrouvera en sécurité que le jour où elle sera rentrée en
possession de son ancienne frontière.

Ces convictions sont tellement profondes, que, le cas
échéant, elles feraient peut-être accepter à la France l'idée
d'une guerre. Mais la majorité des Français ne verrait
dans cette guerre qu'une manière de recouvrer les territoires perdus, et non un moyen de se venger des Allemands ou de faire des conquêtes à leurs dépens. Certes,
j'ai cité tout à l'heure des articles pleins du désir de la
Revanche et de la haine de *l'ennemi héréditaire*. Mais — le
lecteur a pu s'en rendre compte — les gens qui pensent
ainsi ne paraissent pas être très nombreux. Si la majorité

ne *redoute* pas, à vrai dire, la guerre, elle ne la *désire* cependant en aucune façon, et elle serait, semble-t-il, disposée à accueillir des combinaisons qui permettraient de l'éviter.

En un mot, les appréciations de la presse allemande que je citais au début paraissent très exagérées, et le jour où l'on aurait trouvé une combinaison véritablement pratique permettant de résoudre pacifiquement la question d'Alsace, je crois que la France y prêterait les mains.

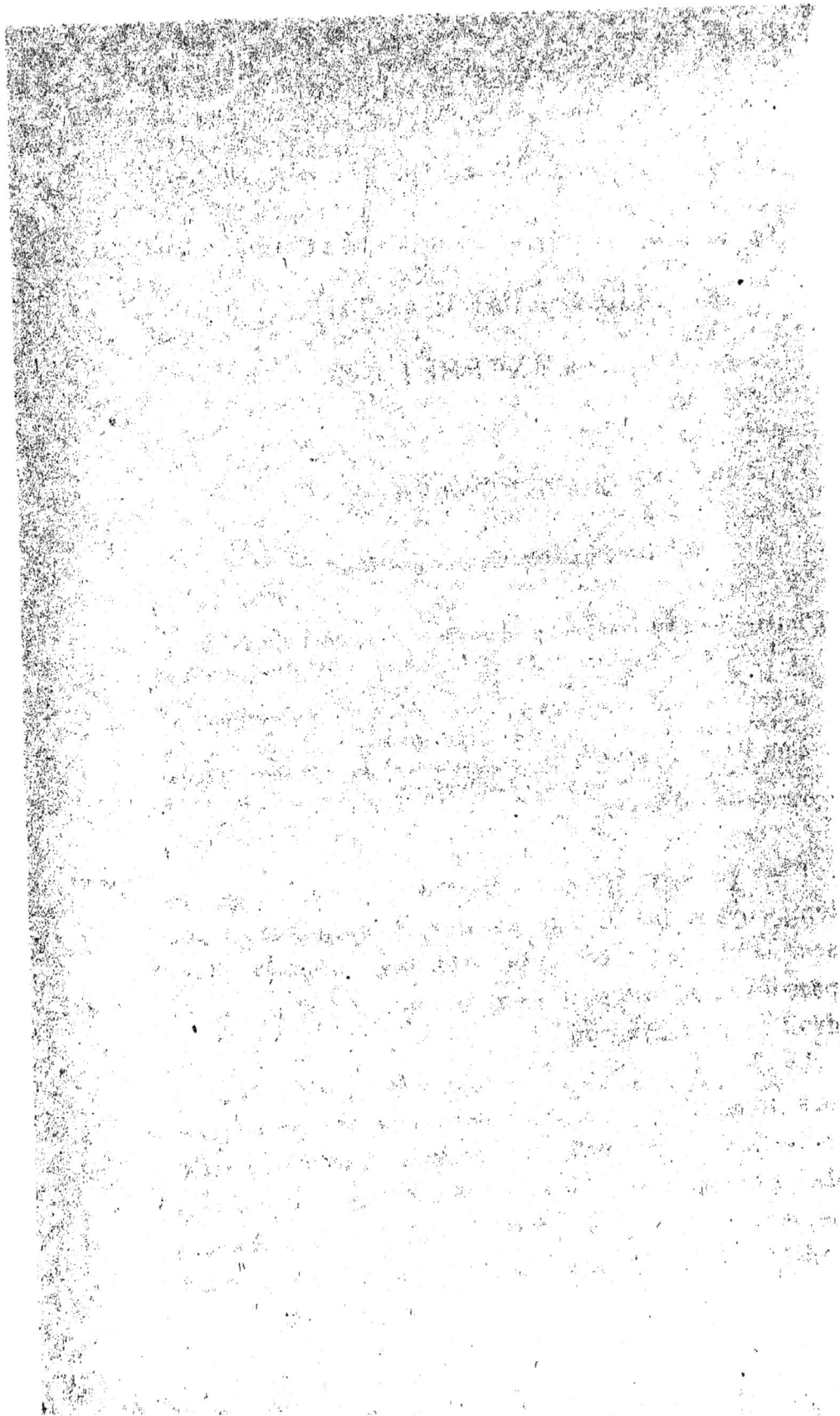

TROISIÈME PARTIE

L'INTÉRÊT

CHAPITRE PREMIER

De l'utilité des conquêtes.

L'intérêt de l'Allemagne est le meilleur argument à faire valoir. — Guerre ou amitié? — Le préjugé de l'utilité de conquêtes. — L'exemple d'Helgoland, et l'annexion du système métrique. — Une statistique décourageante : les victoires de l'Autriche. — Conséquenses évaluables des guerres inutiles d'un siècle. — Conséquences indirectes; la question sociale. — La conquête et l'affaiblissement du vaincu contribuent à ruiner le vainqueur.

Il se passera vraisemblablement encore bien du temps avant que la majorité des Allemands devienne accessible aux idées françaises qui viennent d'être passées en revue, et qui s'appuient sur des raisons de droit ou de sentiment.

Le droit des peuples, absolu à nos yeux, est pour eux un mot vide de sens; nos intentions pacifiques, ils les méconnaissent; les souffrances des Alsaciens, ils les nient; et si quelques-uns consentent à convenir de leur réalité, c'est pour s'y montrer brutalement indifférents, ou pour exhorter les Alsaciens-Lorrains

17

à se sacrifier à la grande idée allemande, ce qui ne manque pas d'ironie.

Et d'ailleurs, lors même qu'ils admettraient la justice de nos revendications, ils nous répondraient encore qu'ils n'ont à s'inspirer, dans leur politique, que de l'intérêt de leur patrie, et non de celui des Alsaciens-Lorrains.

Donc, rien à faire de ce côté.

Mais s'il leur était démontré que l'intérêt de leur patrie est précisément le contraire de ce qu'ils croient aujourd'hui, qu'il leur commande impérieusement une entente avec la France au prix de l'Alsace-Lorraine, qu'enfin la possession de cette province est un véritable malheur pour l'Allemagne, il n'est pas douteux qu'ils viendraient rapidement à composition.

Or, ces vérités sont relativement faciles à faire comprendre à un peuple aussi méthodique et aussi instruit. Les Allemands peuvent d'autant mieux être amenés à les reconnaître, que leur histoire contemporaine leur fournit l'exemple analogue d'une diminution apparente constituant un avantage considérable. Il n'est personne parmi eux qui ne se rende compte de ce que leur confédération a gagné à éliminer l'Autriche de son sein. Au lieu d'un corps à deux têtes, dont toutes les forces vives se consumaient dans une lutte intestine de tous les instants, deux États puissants se sont créés; une paix équitable, sauvegardant leur indépendance et leurs intérêts vitaux, a changé en alliés des ennemis séculaires.

C'est dans l'intérêt même de l'Allemagne que pareille amputation doit être opérée aujourd'hui à l'ouest de l'empire, et, il faut l'ajouter aussi, au nord, car la situation est la même au Schleswig qu'en Alsace-Lorraine : si elle y est moins grosse de dangers, elle est également inique, et constitue un corollaire tout naturel de la question principale. Voilà, je le répète, ce qu'il n'est nullement impossible de faire comprendre, à bref délai, au peuple allemand. Le reste est affaire entre lui et son gouvernement, qu'il saura bien contraindre à assurer la vraie grandeur, pour ne pas dire le salut, de la patrie.

*
* *

Deux points relatifs à l'intérêt supérieur de l'Allemagne ont déjà été traités dans cette étude, et je ne les rappelle qu'en passant. Ce sont le danger d'une guerre dont nul ne peut prévoir l'issue, et la solidarité naturelle qui rend la France et l'Allemagne indispensables l'une à l'autre.

Il est de bon ton, en Allemagne, de faire bon marché du premier point. L'Allemagne, dit-on, est capable, ou doit être capable d'écraser la France ; au cas contraire, périssent deux millions d'Allemands, plutôt que de rendre l'Alsace-Lorraine, fût-ce contre une compensation valant vingt fois cette province ! Il y a là toute une classe d'hommes pour lesquels la guerre est la plus noble manifestation de l'activité humaine, soit qu'ils y voient un moyen de moraliser les masses, soit qu'elle leur apparaisse comme un sport tout à fait supérieur ; mais je doute que le peuple allemand soit plus accessible qu'un autre à ce dilettantisme. Il voudra, tout comme le nôtre, éviter la guerre.

Quant au bien que les deux nations tireraient d'une collaboration intime dans les travaux de la paix, les classes dirigeantes n'en conviennent que du bout des lèvres, ou, le plus souvent, les contestent avec dédain : l'Allemagne n'a besoin de personne, *fara da se*, comme disent ses alliés. Les hobereaux, militaires ou agrariens, s'accommoderaient volontiers de l'isolement absolu derrière une muraille de Chine. Leurs raisons, on le conçoit, sont surtout politiques ; ils estiment qu'il ne peut venir d'Occident que de mauvais exemples : une République tranquille et prospère fait, avec un gouvernement à la prussienne, un contraste qui donne à réfléchir. Mais, ici encore, la masse commence à être moins docile aux leçons de ses chefs. La *Gazette de Cologne* s'est taillé jadis un joli succès en dissuadant ses compatriotes de venir chez nous, toute civilisation cessant au delà de la douane d'Avricourt : les Allemands qui ont visité nos Expositions en rient encore. De même, ceux qui se sont trouvés chez nous à des anniversaires tels que le 18 mars ou le 1er mai, où leurs journaux aiment à représenter Paris en proie à la guerre civile.

Donc, il ne manque plus de gens, outre Rhin, pour comprendre les bienfaits qui résulteraient d'une entente avec la France.

*
* *

Tous les penseurs connaissent aujourd'hui les trois lois dites « lois des trois états », par lesquelles Auguste Comte a caractérisé l'évolution de l'humanité et fondé la sociologie[1]; il serait même inutile de rappeler le nom de leur auteur, si beaucoup de gens n'en faisaient honneur à M. Herbert Spencer, depuis que ce dernier les a faites siennes.

L'une de ces lois, qui touche directement à notre sujet, constate que l'activité humaine commence toujours par être militaire-conquérante, pour traverser ensuite une phase militaire-défensive, transition par laquelle elle arrive à son état définitif, qui est pacifique et industriel.

On peut se faire une idée assez juste de la situation relative de la France et de l'Allemagne, en disant que cette dernière est actuellement une nation à l'esprit généralement militaire-défensif, régie par des institutions et une classe dirigeante militaires-offensives; tandis que la France, déjà parvenue, dans son ensemble, à l'état pacifique industriel, est obligée par les circonstances de conserver des institutions militaires-défensives.

Ainsi, l'organisation et la politique sont, dans les deux pays, en retard sur l'état actuel de l'opinion; et cette particularité tient, pour l'un, aux conditions qui ont d'abord retardé, puis précipité sa formation, et, pour l'autre, à sa défaite récente et à l'attitude d'un vainqueur dont il est fondé à suspecter les intentions.

Toutefois, l'état d'esprit correspondant à la civilisation militaire-conquérante n'est encore entièrement disparu ni d'un côté ni de l'autre. Il en reste un

---

[1] *Cours de philosophie positive*, 51e leçon.

vestige bien dangereux, sous forme du préjugé qui
consiste à croire à l'utilité des conquêtes.

Certes, ce sont des exceptions, que les Allemands
qui partagent les ambitions de M. Daniel, tout comme
les Français qui rêvent de Cologne chef-lieu de
département. Mais si l'on réprouve généralement ces
excès du chauvinisme, c'est tantôt en raison de l'injustice, et tantôt simplement à cause de l'impossibilité de ces conquêtes. Bien peu de gens se rendent
compte que, par surcroît, elles seraient tout le contraire d'un profit. La plupart s'imaginent encore que
la puissance d'une nation est en raison directe de la
superficie de son territoire, et qu'une guerre victorieuse est un moyen efficace d'accroître cette puissance ; en un mot, qu'une nation peut véritablement
s'enrichir en spoliant ses voisines.

Cette conception peut être exacte chez un peuple
barbare, incapable de produire par lui-même, et pour
qui le seul moyen de s'enrichir consiste à s'emparer,
s'il le peut, des biens et des terres d'une nation plus
avancée ; elle est tout à fait erronée quand on considère un peuple civilisé. Pour ce dernier, rien ne peut
compenser les pertes, directes ou indirectes, qu'occa-
sionne la guerre la plus avantageuse.

*
* *

Le préjugé en question est encore surtout répandu
chez les Allemands, plus voisins que nous de l'état
conquérant. A leurs yeux, « un peuple qui commence
à rendre est bien malade », suivant le mot appliqué
jadis par M. de Bismarck à l'Angleterre, au moment

où elle s'honora en rendant les îles Ioniennes à la Grèce.

On peut cependant se demander, par exemple, ce que l'Allemagne a gagné à l'acquisition d'Helgoland.

Cette annexion a été principalement motivée sur des raisons stratégiques. Or, en cas de guerre avec la France, cette île nous était interdite, tant qu'elle était anglaise, c'est-à-dire neutre; notre flotte n'y pouvait chercher aucun ravitaillement, et ne trouvait en elle qu'un écueil à éviter.

Aujourd'hui, Helgoland est allemande. Ses nouveaux maîtres y ont entrepris des fortifications qui leur coûtent déjà sept millions et demi de francs. En cas de guerre, s'ils restent maîtres de la mer, elle ne leur servira de rien. Si au contraire notre flotte prend le dessus, ce sera pour elle un jeu que de réduire au silence les batteries d'Helgoland, et nous trouverons là un emplacement où installer un dépôt de charbon, de vivres et de munitions, qui facilitera beaucoup le blocus de la côte allemande.

En résumé, l'Angleterre s'est défait d'une possession sans utilité pour elle, et embarrassante à protéger en cas de guerre. L'Allemagne a acquis un îlot qui lui est également inutile, lui coûte fort cher, et peut constituer pour elle un danger sérieux; cet accroissement lui a donc été une cause de faiblesse. Néanmoins, elle l'a célébré comme un bonheur national; elle eût été plus sage de se dire : *Timeo Britannos, et dona ferentes.*

La vérité est qu'en germanisant le mot « annexer », les Allemands s'en sont fait une idée singulièrement générale. Toute annexion est considérée par eux comme avantageuse, et toute acquisition avantageuse est qualifiée d'annexion. J'ai eu, fort peu de temps après la guerre, l'occasion de constater par moi-même comment les idées de guerre, de progrès, d'accroissement de puissance, se sont fondues dans l'esprit de beaucoup d'entre eux en une idée unique, représentée par ce vocable magique d'annexion.

Je me trouvais dans un village, devenu prussien en 1866, de l'ancienne Hesse-Électorale, et en relations avec un fermier relativement instruit pour son état. Le système métrique, facultatif en Allemagne depuis 1867, venait d'y être rendu obligatoire, et le brave homme me dit combien il était heureux de voir ses comptes débarrassés de la multiplicité de mesures, aussi incommodes que variées, qui existaient auparavant dans les petits pays d'Allemagne. J'avais constaté que, dans son idée, les Français semblaient être une race intermédiaire entre les Allemands et les nègres de l'Afrique centrale, race gênante d'ailleurs, à qui la Germania devait affirmer sa supériorité à coups de canon. Je dois convenir qu'il mettait des ménagements à l'expression de cette opinion. Je crus toutefois devoir lui faire observer timidement que, si le système métrique était un progrès, il convenait de reconnaître qu'il était dû à ces barbares de l'Ouest, lesquels l'avaient trouvé tout seuls, un siècle plus tôt. Il sourit finement, et répondit : « C'est que nous vous avons battus : si vous aviez été vainqueurs, c'est vous qui auriez pris nos systèmes de poids et de mesures ».

Plût au ciel que les Allemands se fussent contentés d'annexer, avec nos milliards, et d'autres milliards encore, le système métrique !

*

C'est une singulière illusion que celle qui porte les hommes à chercher dans la guerre la grandeur de leur patrie ! Dans un ouvrage intitulé *Critique de la raison militaire*, le capitaine Aloïs Indra, de l'artillerie autrichienne, donne cette curieuse statistique :

La glorieuse histoire de l'Autriche a enregistré, depuis 1495 jusqu'à nos jours 182 batailles, 239 combats, 5 119 rencontres et 1 299 affaires de forteresse, dans lesquels les guerriers de l'Autriche ont porté l'aigle à deux têtes sur les côtes de la Baltique et de la mer du Nord, dans les capitales de la France et de l'Espagne, à Alger et à Tunis, en Sicile et en Corse, au cœur de la Turquie et de la Russie. Là-dessus, l'aigle à deux têtes a triomphé de ses ennemis en 97 batailles, 115 combats, 2 250 rencontres et 684 épisodes de la guerre de siège. Pour 100 affaires, il a donc remporté la victoire en 54 batailles, 48 combats, 44 rencontres et 42 combats de forteresse, soit, en moyenne dans la moitié des circonstances.

D'où l'auteur conclut que la probabilité de vaincre de l'armée autrichienne a toujours été de 50 p. 100 ; que cette armée s'est donc, en tout temps et en toutes circonstances, montrée l'égale de ses adversaires, et qu'elle peut envisager l'avenir avec confiance.

Au point de vue militaire, cette conclusion est acceptable, bien qu'on puisse objecter que si une guerre éclate demain, l'armée autrichienne n'aura

17.

pas à y livrer un total de 6 839 combats; elle en livrera peut-être une douzaine, peut-être une cinquantaine, et s'ils ressemblent à la presque totalité de ceux qu'elle a soutenus depuis un siècle, c'est Vienne et Buda-Pest qui seront visitées par des armées ennemies.

Mais, au point de vue politique, la conclusion de ce raisonnement me semble devoir être bien plus décourageante encore. Il est souvent difficile de dire dans quel sens s'est prononcée la victoire; il arrive que les deux adversaires se l'attribuent à la fois. Mais enfin, si réellement 6 839 affaires ont valu à l'Autriche 3 146 victoires et 3 693 défaites, tout ce qu'on peut conclure de là, c'est que l'aigle à deux têtes aurait bien mieux fait de se tenir tranquille, pendant ces quatre siècles, comme l'a sagement fait l'ours de Berne. Il a perdu autant, ou un peu plus, de batailles qu'il n'en a gagné; elles lui ont rapporté des conquêtes qu'il a reperdues; et toutes, victoires et défaites, ont coûté des hommes et de l'argent. Sans ces 6 839 glorieux massacres, les peuples de l'Autriche seraient aujourd'hui infiniment plus nombreux, riches et puissants. Ils n'auraient pas la satisfaction d'être allés jadis à Madrid et à Paris (en nombreuse compagnie, en ce qui concerne cette dernière capitale), mais que d'armées ennemies n'auraient pas campé aux portes de Vienne!

J'ai pris l'Autriche comme exemple, par l'unique raison que le hasard d'une lecture m'avait fourni une statistique intéressante à son sujet. Mais, hélas! on en peut dire autant de tous les pays d'Europe.

Il est vrai qu'il ne dépend pas d'un peuple quelconque de ne pas faire la guerre; s'il est entouré de voisins belliqueux, il est bien obligé de faire comme eux. Les seuls pays qui auraient pu pacifier l'Europe, non à la manière des conquérants, qui nomment pacifié un pays tyrannisé, mais en faisant disparaître les causes et les tentations de guerre, sont ceux qui, pendant de courts instants, ont joui d'une suprématie militaire incontestée.

La France, désarmant après la paix d'Amiens, ou l'Allemagne en 1871, auraient pu réaliser cet idéal.

* *

C'est une banalité que de parler des désastres qu'entraîne la guerre. Et pourtant, si grands qu'on les suppose, on ne se les représente généralement pas tels qu'ils sont, parce qu'on ne songe qu'aux suites immédiates; mais quand la majorité des hommes se rendra compte des conséquences indirectes d'une guerre, de la répercussion qu'elle exerce sur les destinées les plus lointaines d'un peuple, les théories d'un autre Moltke sur l'essence divine de la guerre mèneront leur auteur dans un cabanon.

Ce compte a été établi par M. Novicow, dans l'ouvrage duquel il faut le lire. Je me contenterai d'en donner la substance, en rectifiant quelques-uns de ses chiffres.

Les seules guerres qui, depuis cent ans, aient rapporté des avantages directs aux vainqueurs sont celles de 1859 et de 1866, qui tirèrent l'Italie et l'Allemagne du chaos, et celle de 1877 qui émancipa les Roumains, les Serbes et les Bulgares, et agrandit la Grèce. Par contre, les guerres de la Révolution et de l'Empire aboutirent à une réaction qui a pesé sur l'Europe pendant un demi-siècle ; celle de Crimée fut sans utilité pour les vainqueurs ; celle de 1870 a porté à son comble le malaise dont souffre tout le continent, à commencer par l'Allemagne.

Or, ces dernières, *les guerres inutiles*, ont coûté la vie à plus de 6 668 000 hommes, d'après les évaluations les plus modérées, et il ne faut pas oublier que ces hommes formaient la partie la plus valide de la population, en sorte que c'est une sélection à rebours qui a été pratiquée ainsi : on attribue aux suites des guerres napoléoniennes la décroissance de la taille moyenne des Français, qui y perdirent à eux seuls autant d'hommes que tous les autres peuples réunis.

M. Richet a calculé que, sans ces guerres, la France aurait actuellement 20 millions d'habitants de plus ; l'Europe, 45 millions. Là-dessus, il y aurait 13 millions 500 000 hommes adultes ; il n'est certes pas exagéré d'admettre que le travail de chacun d'eux fournirait en moyenne pour un millier de francs de produits par an ; soit 13 milliards et demi de perdus par an, en admettant qu'aucune femme ne travaille.

D'autre part, les États-Unis n'entretiennent que 35 770 soldats et marins, soit un militaire par 1 880 habitants ; l'Europe en compte un par 108 habitants : dix-sept fois plus. Il y a, sur le territoire des États-Unis, des Indiens, qui nécessitent une surveillance et des expéditions continuelles ; l'Europe, qui n'a rien de tel, pourrait donc, à plus forte raison, maintenir l'ordre avec une armée proportionnelle à celle des États-Unis, soit 200 000 hommes. Au prix d'une dépense annuelle de 4 milliards 782 millions de francs, elle entretient 3 500 000 soldats et marins, en pleine paix; la différence, soit 3 300 000 hommes, doit donc être mise au compte de la paix armée; elle représente une dépense budgétaire annuelle de 4 milliards 508 millions de francs. En évaluant encore à 1 000 francs la perte du travail annuel de chacun de ces hommes, ce sont 3 milliards 300 millions à ajouter aux précédents. Si l'on ne compte qu'à 200 millions, pour arrondir, la perte du travail des réservistes qui sont appelés chaque année à une période d'instruction, la dépense totale que s'impose l'Europe en hommes entretenus sous les armes dépasse le nécessaire de 8 milliards [1].

Quant à la valeur du matériel de guerre existant dans les divers pays (forteresses, casernes, artillerie, flottes, etc.), et à la portion de la dette générale qui doit être attribuée aux guerres passées, M. Novikow en donne une évaluation à laquelle on ne peut reprocher que d'être considérablement au-dessous de la réalité. Je l'accepterai néanmoins, puisque cette constatation ne fait que renforcer le raisonnement. Je compterai donc avec lui pour 30 milliards de matériel, représentant, à 4 p. 100, un intérêt annuel de 1 milliard 200 millions; et j'admettrai que les dettes de guerre

---

[1] Je ne compte pas les dépenses que causera le renforcement de l'armée allemande par la loi du 4 août 1893; l'Allemagne en est encore à chercher comment elle y fera face. Les impôts qu'elle projette d'établir, après vingt-deux ans de paix, sont précisément ceux que nous ont valus nos désastres de 1870 !

se montent à 80 milliards 600 millions, représentant 3 milliards 224 millions d'intérêt annuel.

Récapitulons maintenant; nous trouverons :

Travail des hommes perdus. . .	13 500 millions.
Excédent de force armée . . .	4.500 —
Perte du travail des hommes sous les drapeaux.	3 500 —
Valeur du matériel de guerre . .	1 200 —
Dettes de guerre	3 224 —

Voilà déjà un premier total de *26 milliards de revenu*, que l'Europe aurait en plus, si elle s'était épargné, dans le courant de ce siècle, celles de ses guerres qui n'ont produit aucun résultat avantageux à qui que ce soit.

Et elle compterait 45 millions d'habitants en plus. Qui sait combien d'hommes de génie et de découvertes capitales l'humanité a perdus de la sorte ?

*
* *

Ce n'est pas tout. Le compte que l'on vient de lire ne porte que sur les pertes accessibles, dans une certaine mesure, à la statistique, et, même pour celles-là, il est certainement bien loin de la réalité. Mais on n'y a pas fait entrer les dettes qui ont déjà pu être amorties dans certains États. Et surtout, on a omis, faute de pouvoir s'en faire une idée, les pertes subies par les particuliers, et les destructions de propriétés privées de toute nature. Cela dépasse toute imagination. Pour en donner un exemple, M. Élisée Reclus évalue à plus de deux milliards de francs la valeur des richesses détruites pendant la marche des fédéraux d'Atlanta à Savannah, c'est-à-dire pendant un simple épisode de la guerre de Sécession. D'après les recensements officiels américains, la fortune publique des seuls États confédérés était, en 1870, inférieure de 15 milliards 630 millions de francs à sa valeur de 1860 ; or on sait quel prodigieux développement les États-Unis reprirent, dès la fin de la guerre de Sécession, c'est-à-dire à partir du milieu de 1865. Suivant Reclus, le déficit en travail humain produit par la guerre de Sécession serait, d'après « une évaluation des plus modérées », d'une soixantaine de milliards de francs. C'est, d'après le recensement de 1891, à peu près le quart de la fortune totale des États-Unis.

Qu'on essaye donc maintenant de faire le bilan des dévastations opérées en Europe depuis un siècle seulement !

Ainsi les 26 milliards de perte de revenu annuel auxquels nous étions arrivés tout à l'heure, ne sont qu'une portion d'un tout bien plus formidable encore. Mais il ne faut pas oublier que les capitaux sont productifs de capitaux nouveaux. Ces sommes, dépensées en œuvres utiles, voies de communication, écoles, institutions de prévoyance, immeubles ou objets mobiliers quelconques, se seraient multipliées, au lieu de s'enfouir dans les arsenaux ou d'être consacrées à enseigner le maniement d'armes à des recrues. On peut admettre qu'il conviendrait de les doubler, pour le surcroît qu'on aurait obtenu en les employant en œuvres productives. « C'est donc 52 milliards de francs par an que l'Europe aurait en plus, sans l'esprit de conquête, soit 117 francs par habitant, ou 468 francs par famille de quatre personnes. »

Pour apprécier ces chiffres, il faut se dire qu'on évalue la richesse de la France à 240 milliards[1], celle de l'Italie à 54 milliards[2]. Cela représente 25 260 francs de capital par famille de quatre Français, ou, à 4 p. 100, 1 010 francs de revenu. La perte évaluée ci-dessus augmenterait donc de près de moitié le revenu de chaque Français; elle triplerait celui de chaque Italien, qui trouverait là, qu'on me permette de le dire, une *triplice* plus substantielle que celle dont il jouit actuellement!

Voici donc les fruits de la politique actuelle. La France, dont le territoire, mieux cultivé, nourrirait bien 80 millions d'habitants, en compte 38 millions, possédant une fortune totale de 240 milliards; elle aurait 58 millions d'habitants, et 350 milliards, si elle vivait en paix depuis cent ans[3]. Et sa situation matérielle fait envie aux autres nations!

La vraie solution de la question sociale, dit M. Novicow, est dans la question internationale. Pour être plus riche, il faut produire davantage, il faut cesser de gaspiller avec une insouciance coupable des dizaines de milliards *par an!*

[1] Voir le calcul, d'après M. de Foville, dans le *Figaro*, des 30 septembre et 28 octobre 1893.
[2] C. Gide, *Principes d'économie politique.*
[3] En réalité, la France serait plus riche encore. Je ne lui attribue ici, en effet, qu'une augmentation de revenus de 117 francs par habitant, comme aux autres pays. Mais l'eau, comme on dit, va à la rivière. Étant plus riche dans le principe, elle aurait aussi absorbé la plus grande partie de l'augmentation dont pourrait jouir l'Europe.

La seule chose qui puisse vraiment augmenter le bien-être des individus, c'est la masse de richesses existant sur la terre. Car, si cette masse est petite, vous aurez beau la partager également, toujours la part de chacun est minime. Sur dix habitants de notre globe, il y en a neuf aujourd'hui qui ne mangent jamais à leur faim. Partagez la richesse à parts égales, le dixième aura aussi l'estomac vide. Par malheur, cela ne rassasiera pas les neuf autres.

... Deux problèmes, écrivait M. Lavisse aux étudiants de Gand, s'imposent à notre civilisation, qui doit les résoudre ou périr : le problème de la justice sociale et le problème de la justice internationale.

Ces deux problèmes n'en font qu'un.

*
* *

En vérité, les guerres de conquête doivent être réprouvées, peut-être encore moins à cause de leur injustice, que parce que, si brillantes qu'elles paraissent, elles sont aussi désastreuses pour le vainqueur que pour le vaincu.

Si nous faisons le compte des guerres modernes sans en excepter une seule, dit M. de Molinari [1], nous trouvons qu'elles ont invariablement coûté au vainqueur plus qu'elles ne lui ont rapporté; qu'elles se soldent des deux côtés par une perte; en un mot, que la guerre a cessé d'être productive.

Les conditions imposées par le vainqueur ont en effet pour objet, soit de le garantir contre une attaque, soit de l'indemniser de ses dépenses, soit même de lui procurer un bénéfice.

[1] *Les lois naturelles de l'économie politique.*

L'annexion se rapporte au premier de ces points. Les Allemands savent aujourd'hui ce qu'elle coûte : elle rend le vaincu irréconciliable, elle est une cause de guerre toujours menaçante, elle oblige ainsi le vainqueur à redoubler ses dépenses militaires.

Quant à l'indemnité de guerre, même calculée de manière à dépasser de beaucoup les frais directement évaluables, elle arrive difficilement à compenser les dépenses réelles et la perte en capital humain (je laisse de côté la question de sentiment, et n'envisage les morts d'hommes qu'au point de vue matériel). Mais surtout, elle ne saurait compenser les pertes indirectes causées par l'affaiblissement du voisin, autant que par celui du vainqueur. Il ne faut pas oublier que, même en admettant qu'on n'arrive pas à supprimer la guerre, elle n'en est pas moins l'exception dans la vie des peuples. L'état normal, c'est la paix, et c'est en prévision de la paix qu'il faut s'arranger, non de la guerre. La paix a aussi ses luttes, réglées par des lois qu'il est mortel de méconnaître.

Or, le véritable intérêt de chaque nation est que toutes les autres se développent et s'enrichissent à l'envi ; car plus une nation est nombreuse, civilisée et riche, et plus nous trouverons chez elle des produits à échanger contre les nôtres. Plus l'industrie humaine créera d'objets de toute nature, plus ces objets s'échangeront rapidement, et plus s'accroîtra le bien-être de chacun. Consacrons à l'amélioration de notre agriculture la dixième partie de ce que nous coûte la guerre, et la France produira plus de blé qu'il n'en faut pour la nourrir, elle et l'Angleterre, et

celle-ci la payera en charbon de terre ; de plus, nous
n'aurons pas besoin de frapper le blé de droits de
douane, et nous payerons meilleur marché notre
pain, aussi bien que notre charbon..... Mais j'oublie
que je parle à une époque où l'aberration du protec-
tionnisme a été poussée jusqu'au délire !

CHAPITRE II

Ce que le traité de Francfort a rapporté à l'Allemagne.

Les prédictions du colonel Rüstow. — L'état présent de l'Allemagne. — Bilan des victoires de 1870 : plus de *huit milliards* de pertes. — Le vrai patriotisme et la vraie noblesse de sentiments.

Le seul exemple d'une guerre qui ait semblé se solder par un bénéfice matériel est celui de 1870. Du moins, les Allemands ont cru avoir fait une très belle opération.

Dès le mois de novembre 1871, le colonel fédéral Rüstow, à la fin de son ouvrage sur *la Guerre pour la frontière du Rhin*, avait cherché à dissiper, avec sa sagacité habituelle, leurs illusions à cet égard. Constatant que les Allemands croyaient être entrés dans une ère de liberté, de paix et d'allégement des charges militaires, il leur faisait remarquer d'abord que la liberté a, de tous temps, été mal en point chez les peuples qui gardaient des conquêtes par la force :

Nous ne voyons pas, disait-il, que les *hommes allemands,* qui veulent changer en Ilotes les Alsaciens-Lorrains, aient un droit moral particulier à demander des concessions libérales au nouvel empereur allemand, élevé sur le pavois par les petits souverains et les bourgmestres des villes libres.

Quant à la paix, ajoutait-il, elle sera bien précaire, puisque la France ne songera qu'à reprendre ses provinces, et qu'elle finira par trouver des alliés parmi les peuples voisins, inquiétés par les appétits conquérants de l'empire, et frappés de « l'allure arrogante et provocante qui a succédé chez les vainqueurs de 1870 aux airs par trop modestes (pour parler poliment), qu'ils affectaient avant 1866 ». Les charges militaires ne feront que croître et embellir : « Leur allégement doit être relégué dans le domaine des fantaisies interdites ». Enfin, en ce qui concerne la contribution de guerre, elle est incapable de ruiner la France, si formidable qu'elle soit; par contre « nous ne parlerons pas, pour le moment, de ce qu'elle pourra rapporter à la nation allemande;... l'argent monnayé a une tendance bien fâcheuse à se sauver, et il n'est pas démontré que celui que la France va payer à l'Allemagne, sous forme de contribution de guerre, n'y refluera pas bientôt » : une fois les frais de la guerre payés, le reste sera absorbé par la réfection de l'armement, le renforcement de l'armée, de la flotte et des forteresses; les pensions militaires, les dotations, absorberont le reste, sans compter « les indemnités réclamées par des particuliers pour des pertes subies de 1806 à 1807, et qu'on aurait pu supposer réglées en 1814 et 1815. »

Rüstow était un ancien officier du génie prussien,

républicain, émigré à la suite des événement de 1849 [1].
Si goûtés qui fussent en tous pays ses savants ouvrages
militaires, ses idées politiques ne pouvaient être
appréciées, de même en Allemagne. Ses prédictions
y furent donc tournées en ridicule.

* *

La suite des événements a montré s'il se trompait.
La liberté politique, l'allégement des charges militaires... nous n'en parlerons point, pour cause. Quant
aux cinq milliards, nous aurons la charité de ne pas
interroger les Allemands sur ce qu'il leur en reste,
sauf le souvenir de folles espérances, d'une fièvre
de spéculations, et l'adoption, dans le langage financier de tous les pays, du mot *Krach* pour désigner
certaines déconvenues trop violentes.

On pouvait du moins s'attendre à voir la constitu-

---

[1] Encore un « Prussien libéré » ! Son histoire de la guerre de
1870-71, qui avait paru par livraisons, lui valut force lettres où
on lui reprocha d'être partial en notre faveur. Il s'en explique
très noblement dans un Appendice : « Pour plaire à ces messieurs,
dit-il, j'aurais dû écrire à chaque page que les Français sont une
nation immorale, dégénérée, paresseuse, bonne à rien, pourrie,
mais que les Allemands sont le résumé de toutes les vertus
connues ou à découvrir. Or c'est en général une grande folie,
que de déclarer toute une nation corrompue ou vertueuse. En
ce qui concerne les Français, ma préférence pour eux repose
surtout sur ce fait, que j'ai trouvé chez eux un grand fond
moral dans toutes les classes. Je ne fais ici aucune comparaison. — En outre, j'aime en eux le peuple de la grande Révolution de 1789, et j'estime qu'elle leur donne droit à la reconnaissance de tout le monde civilisé. Je sais bien qu'il est actuellement
de mode, en Allemagne et même hors d'Allemagne, de décrier et de
rapetisser la grande Révolution Française, et même de se donner
ainsi un vernis de « culture supérieure ». Mais je ne suis pas
tenu de me conformer à toutes les modes, surtout à une qui est
dépourvue de goût et tout à fait ridicule ».

tion définitive de la nationalité allemande accompagnée d'une magnifique floraison de talents, dans toutes les branches des arts et des connaissances humaines. Ici encore, déception complète. Un certain nombre de sciences ont continué de briller dans le jeune empire, mais que sont devenues les lettres et les arts, étouffés par le militarisme?

Nos habitudes d'esprit et notre histoire, dit Renan [1], nous donnent peut-être des idées fausses en ce qui concerne l'idéal d'une grande hégémonie nationale et dynastique. Nous pensons toujours à Auguste, à Louis XIV; nous ne comprenons pas qu'on règne sur le monde sans grandeur, sans éclat, sans rechercher l'amour du monde et forcer sa reconnaissance... Le génie de l'Allemagne est grand et puissant; il reste un des organes principaux de l'esprit humain; mais vous l'avez mis dans un étau où il souffre. Vous êtes égarés par une école sèche et froide, qui écrase plus qu'elle ne développe.

Tout récemment, un des écrivains les plus distingués de l'Allemagne, M. Michel-George Conrad, constatait avec tristesse cet avortement [2]:

On ne comprendrait rien de la littérature ni des beaux-arts allemands, si l'on ne comprenait la politique allemande.

Nous, le peuple du nouvel empire allemand, nous sommes une énigme pour nous-mêmes. Il est à savoir que nous sommes un état militaire d'un caractère tout à fait particulier. Nous avons avalé plus de fer et de sang que notre organisme ne pouvait en supporter. Nous avons voulu devenir autre chose que ce à quoi la nature nous avait

[1] *Lettre à un ami d'Allemagne.*
[2] *Revue des Revues*, mai 1893.

prédestinés, ou, pour mieux dire, nos souverains ont voulu faire autre chose de nous, ces vingt ou vingt-deux souverains, avec un empereur en tête. Ceux-ci, les souverains, voulaient nous faire dire oui et non dans le même moment.

Nous devions être, en même temps, héros et valets. Ils nous voulaient, par la même occasion, instruits, savants et éclairés, et pleins de foi et pieux jusqu'à la bigoterie, et modernes et féodaux comme le plus beau moyen âge. Nous devions commander à l'univers et en même temps porter une muselière.

Nous étions appelés à résoudre la question sociale sans toucher aux privilèges des grands seigneurs. Il fallait être protestant sans contrarier les susceptibilités du Pape. En somme : un peuple modèle composé de pures contradictions, et, au sommet, le jeune empereur, en maître absolu, avec sa devise *sic volo, sic jubeo ;* un homme aux plus fortes tendances absolutistes, imbu du plus profond sentiment de sa mission personnelle, pendant que, d'après le texte clair et nullement équivoque de la Constitution de l'empire allemand, il ne devait être autre chose que le représentant des souverains et villes libres alliés de l'Allemagne, avec *le titre d'empereur allemand*...

Ni l'État, ni l'Empire, pas même le peuple, dans l'antique sens du mot, ne s'occupent de la littérature, — c'est le rôle de la police...

La littérature représente la pensée libre, l'esprit débarrassé de toutes les chaînes. Mais qu'est-ce que cela vaut pour un empire exclusivement militaire, qui ne connaît rien et ne se soucie de rien en dehors de la discipline ? Le plus imbécile de ses soldats vaut pour lui plus que le plus délicat des poètes...

Ah ! oui, si l'on pouvait tous les enfermer dans les casernes, les jeunes gens doués d'une intelligence supérieure, où si l'on pouvait réaliser le rêve de Bismarck : l'érection d'un mur chinois, clôturant toutes les frontières de l'empire allemand !

Plus le monde allemand sera enlacé et étouffé par le militarisme, plus avidement ce monde allemand absorbera les idées libérales s'écoulant vers lui de toutes les littératures contemporaines. Voilà pourquoi la littérature allemande est, parmi toutes, la plus internationale...

Nous vivons dans un état impossible. L'âme allemande est malade. Au lieu et place du pain national, on lui donne la pierre de la tyrannie militaire.

*
* *

Il est vrai que, dans les comptes présentés au Reichstag, en mettant d'une part les dépenses faites pendant la guerre par les États confédérés, et de l'autre les 5 milliards, leurs intérêts, le paiement par nous de l'armée d'occupation et les contributions levées sur les villes et départements[1], on a établi que la guerre avait laissé à l'Allemagne le joli bénéfice de 3 896 250 000 francs. Voyons ce qu'il en est réellement.

Le compte des recettes a été détaillé avec la plus grande complaisance ; mais les dépenses ? Un homme sensé peut-il croire qu'elles se sont bornées aux chapitres budgétaires : solde, vivres, habillement, fourrages, transports, matériel, munitions, etc. ? Ainsi, on a levé pour la guerre 546 000 hommes en sus des 380 000 que les États de l'Allemagne entretenaient

---

[1] Le *Militär-Wochenblatt* (année 1893, n° 34) établit comme il suit le compte des sommes que nous avons payées aux Allemands :

Indemnité de guerre, intérêts, contribution de guerre de Paris.	5 567 000 000 fr.
Impositions, contributions, amendes.	79 558 000
Réquisitions en nature.	134 155 000
Logement et nourriture des troupes.	101 445 000
	5 882 158 000 fr.

sur le pied de paix ; je vois bien que le gouvernement allemand a tenu compte de leur entretien ; mais il omet la perte de leur travail pendant neuf mois d'absence. On n'exagère pas en évaluant cette perte à 1 000 francs par tête, car, s'ils n'ont rien gagné pendant ce temps, ils ont aussi dépensé davantage, eux et leurs familles. Soit, 546 millions à ajouter aux frais.

Considérons maintenant les pertes en hommes, subies par les Allemands pendant la campagne. Elles dépassent de beaucoup le chiffre admis par M. Novicow, qui les évalue à 40 000 morts et 29 000 invalides. D'après les documents officiels [1], il est mort 28 294 hommes au feu ou des suites de leurs blessures, plus 17 100 hommes morts de maladie et 4 000 hommes comptés comme définitivement disparus. En outre, 69 895 sous-officiers et soldats ont été reconnus invalides jusqu'en 1884. Ce n'est pas trop que d'y ajouter un millier d'officiers également invalides, ce qui donne une perte totale de 120 000 hommes.

Si chacun gagnait, en moyenne, 1 000 francs par an, leur travail, capitalisé à 4 p. 100, représentait une valeur de 3 milliards. Elle est, en réalité, bien plus forte, car la plupart de ces hommes auraient eu des enfants ; et, la population de l'Allemagne étant en voie d'accroissement, si la guerre l'a privée de 120 000 hommes, morts ou invalides, le déficit qui en résulte pour la population actuelle est plus considérable [2].

[1] *Militär-Wochenblatt*, année 1893, n° 34.
[2] On peut remarquer en outre qu'au point de vue strictement économique, un invalide est plus nuisible qu'un mort, car il

L'effectif du temps de paix, en Allemagne, dépasse d'environ 180 000 hommes celui de 1869 [1] ; on pourra prendre un chiffre moyen, et admettre que son accroissement a été de 120 000 hommes. D'après le dernier budget ordinaire, l'entretien d'un soldat, en Allemagne, revient en moyenne à 1 000 francs par an ; la dépense supplémentaire est donc de 120 millions. Je ne la capitaliserai pas, puisqu'on peut encore espérer qu'elle n'est pas pas perpétuelle ; considérée pendant vingt-deux ans, elle représente 2 milliards 640 millions (au reste, capitalisée, elle monterait à 3 milliards). A quoi il faut ajouter une somme égale pour la perte du travail de ces hommes, oubliée par M. Novicow.

Le même auteur omet encore la marine, pour ainsi dire nulle en 1870 et puissante aujourd'hui, ainsi que les dépenses extraordinaires. On peut largement admettre, de ce chef, un supplément de 3 milliards 300 millions, en vingt-deux ans [2].

représente non pas seulement une perte de travail, mais une dépense imposée à l'État pour le temps qui lui reste à vivre.

[1] 380 000 hommes à cette époque, 557 093 depuis 1893. Encore est-il important de remarquer que les Allemands ne comptent pas à l'effectif les volontaires d'un an (9 000 hommes), les officiers, assimilés, employés militaires et gendarmes, qui portent en réalité leur effectif à 620 000 hommes, au moins. Et ils n'ont pas, comme nous, à entretenir plus de 100 000 hommes hors de la métropole.

[2] Au hasard des renseignements dont je dispose, je trouve les nombres suivants (en francs) :

Année budgétaire.		1879-80	1891-92	1892-93
Marine.	Dépenses ordinaires.	25 122 780	53 522 587	56 623 549
	Dépenses extraordin.	20 614 010	51 722 687	50 138 125
Guerre...	Dépenses extraordin.	43 114 249	80 478 480	169 811 609
	Total. . . .	88 851 039	185 723 754	276 573 283

Soit en moyenne, 183 716 025. Je ne crois donc pas exagérer

Puis viennent toutes les pertes imputables indirectement à la guerre, mais impossibles à évaluer, et mille dépenses qui ont un lien plus ou moins visible avec l'armée : par exemple, certains chemins de fer que l'on n'aurait jamais construits, n'étaient les fameuses raisons stratégiques, et le tort subi par les villes que l'on étouffe par des fortifications, et la situation anormale faite au commerce et à l'industrie par la perspective toujours imminente de la guerre. Il faudrait aussi tenir compte de la perte infligée aux nombreux réservistes et landwehriens appelés chaque année pour une période d'exercices [1].

On est donc bien au-dessous de la vérité en estimant comme il suit les pertes causées à l'Allemagne par la guerre, en plus des dépenses déclarées au Reichstag :

en comptant 150 millions de francs par an, depuis la guerre, pour la marine et les dépenses militaires extraordinaires.

Au reste, on peut trouver d'utiles indications à ce sujet dans le rapide accroissement de la dette impériale, tout à fait distincte, comme on sait, des dettes particulières des divers États.

En 1877, la dette de l'empire n'était que de 16 millions de marks, ou 20 millions de francs; autant dire qu'elle était nulle. Mais, jusque-là, on avait vécu sur les milliards de la France ; quand ils furent mangés, on put s'apercevoir qu'ils n'avaient servi qu'à donner à l'empire le goût et l'habitude des dépenses extraordinaires. A partir de ce moment, la dette s'enfla régulièrement, jusqu'à atteindre, en 1893, 1 857 millions de marks, soit 2 milliards 321 millions 250 mille francs. Son accroissement, pendant seize années, a donc été, en moyenne, de 145 millions de francs par an.

[1] Leur entretien, étant compris au budget ordinaire, entre dans la dépense annuelle de 1 000 francs, considérée comme afférente à chaque soldat de l'armée active.

Travail des hommes mobilisés en 1870-71	546 millions.	
Travail des hommes tués. . . .	3 000	—
Entretien d'une armée plus nombreuse	2 640	—
Travail correspondant à cet excédent	2 640	—
Marine et budgets extraordinaires.	3 300	—
Au total.	12 126	—

Et, puisque l'indemnité de guerre et les contributions ont dépassé de 3 896 250 000 francs les dépenses budgétaires de la campagne, il reste, en réalité, un déficit de 8 229 750 000 francs.

Huit milliards et un quart de perte nette, ou plutôt, un déficit beaucoup plus grand encore, et qui s'accroît chaque année, voilà donc le bilan de la seule guerre qu'un gouvernement ait jamais osé présenter à ses sujets comme une opération fructueuse !

La possession de l'Alsace-Lorraine compenserait difficilement tant de dépenses. Le Reichsland paye en effet à l'empire une contribution matriculaire de 14 040 000 francs (budget de 1892-93), en face de laquelle il conviendrait de placer les 280 millions que représentent annuellement les sommes énumérées plus haut. Admettons même que, sans l'annexion, l'Allemagne aurait cependant augmenté ses dépenses militaires depuis 1871. Il n'en reste pas moins ce fait qu'elle consacre à la garde de l'Alsace-Lorraine quelque 90 000 soldats, représentant, à 1 000 francs d'entretien et 1 000 francs de travail perdu par tête, une dépense annuelle de 180 millions. Et à quelles

18.

sommes se montent les fortifications, les casernes et les chemins de fer stratégiques construits dans ces provinces depuis la guerre ?

* *

A tout ce raisonnement, on reprochera d'être honteusement mercantile et terre à terre : il n'y est question, dira-t-on dédaigneusement, que de millions gaspillés, de bras enlevés à l'agriculture et à l'industrie, de souffrances matérielles de toute sorte, et non d'idées nobles, de gloire nationale et d'honneur du drapeau.

Je répondrai à cela qu'il a été question de ce qui fait la vie des peuples. Chaque jour voit heureusement grossir le nombre des hommes qui comprennent que nous sommes sur terre pour nous entr'aider dans le travail, et non pour autre chose : là est l'honneur, la noblesse de sentiments.

Cette solidarité, d'ailleurs, n'est pas limitée aux travaux de la paix : elle nous lie jusqu'à nous imposer l'obligation de donner notre vie à la communauté victime d'une attaque ; et, en ce sens, la gloire des armes devient la plus grande de toutes, et le patriotisme est la plus haute des vertus, puisqu'elle implique la plus grande des abnégations.

Mais ce que je nie, c'est que le patriotisme consiste à imposer à sa patrie des sacrifices inutiles, et à lui faire maintenir une injustice cruelle, par un simple entêtement que l'on décore du nom d'honneur national. Comme aussi je nie que le patriotisme consiste à exposer son pays à une guerre désastreuse, dans l'espoir, peut-être chimérique, d'inscrire dans ses annales une victoire à la suite d'une défaite passée. Une guerre ne détruit pas, hélas! le souvenir de la précédente; elle ajoute à ses deuils, et ne les efface pas.

La France et l'Allemagne ont toutes deux un assez bel héritage de gloire, puisqu'on appelle gloire le fait d'avoir taillé en pièces une armée ennemie. A l'une, je dirai que Waterloo et Sedan ont effacé le souvenir de Valmy et d'Iéna; à l'autre, que Valmy et Iéna sont des souvenirs suffisants pour compenser Waterloo et Sedan. A mesure que les années s'écoulent, les événements, en s'éloignant de nous, se rapprochent les uns des autres jusqu'à venir sur un même plan. La France et l'Allemagne peuvent être satisfaites de leur passé militaire : elles ont fait leurs preuves, et sont en droit de décliner une nouvelle rencontre.

Glorifions donc indistinctement la mémoire des héros des deux nations, comme l'Allemagne nous en donne le bel exemple dans ses cimetières, où dorment côte à côte, dans des tombes identiques et aussi pieusement entretenues, les prisonniers français et les soldats allemands morts des suites de leurs blessures.

Mais que cette réconciliation dans la mort serve d'exemple aux vivants. Reconnaissons d'un côté que l'honneur national n'exige pas la revanche pour elle-même, de l'autre qu'il n'impose pas le maintien de tout un peuple dans la servitude.

Le patriotisme allemand n'a rien à voir avec l'aveu de ce fait, que l'Alsace-Lorraine est un véritable bou-

let que l'empire traîne après lui. La délivrance des
Alsaciens-Lorrains sera aussi une délivrance pour les
Allemands. Crainte continuelle d'une guerre plus terrible que la précédente, dépenses toujours croissantes,
mécontentement populaire menaçant d'une explosion,
liberté étouffée par le caporalisme, voilà les fruits
d'un traité absurde. On finira par le comprendre, de
l'autre côté du Rhin.

A la séance du Reichstag du 28 février 1893,
M. Bebel a dit [1] :

J'ai pris surtout la parole pour dire quelques mots de la
question de la création de tribunaux qui seraient appelés
à résoudre les conflits internationaux. En Angleterre, cette
question est déjà à l'ordre du jour; en France, 120 députés
se sont prononcés pour cette création. Le Reichstag allemand ne peut pas rester en arrière, car la situation dans
laquelle se trouve actuellement l'Europe ne peut pas
durer. Que cette idée rencontre des difficultés, ainsi que
le disait un jour M. de Bœtticher, je ne le comprendrais
pas.

Je ne comprends qu'une chose : c'est que l'Allemagne
n'aurait pas de meilleur moyen de témoigner de son
amour de la paix, que de contribuer à la réalisation de
cette idée, et qu'elle se concilierait toutes les sympathies,
tandis que, maintenant, elle est considérée comme le
trouble-fête qui a commencé. Je crois qu'il serait digne
du Reichstag de s'occuper une fois de cette question,
même en courant le risque qu'un pareil tribunal international soulève une fois la question de l'Alsace-Lorraine.

Le chancelier de Caprivi a répondu :

Le député Bebel nous recommande les tribunaux inter-

---

[1] *Le Temps,* du 1er mars.

nationaux d'arbitrage. Il a admis la possibilité qu'un pareil tribunal soulève un beau jour la question alsacienne-lorraine. Il a insinué que nous avons contribué à faire éclater la guerre de 1870 et qu'il y a des gens qui soutiennent cette thèse avec plus de force et d'assurance encore que lui. Eh bien, si un tribunal se réunissait et faisait connaître, à propos de n'importe quelle question, son avis sur la question alsacienne-lorraine, et si cet avis portait que l'Allemagne doit rendre l'Alsace-Lorraine, je suis convaincu que l'Allemagne ne se soumettrait jamais à cette décision (*Assentiment.*) et qu'elle aimerait mieux verser jusqu'à la dernière goutte de son sang que de rendre l'Alsace-Lorraine. (*Vif assentiment.*)

M. Bebel. — Quand on a de pareilles idées, il est clair qu'on ne saurait admettre la création de tribunaux internationaux.

Assurément, le chancelier d'empire, général comte von Caprivi de Caprara de Montecucculi, a raison pour le moment, en ce qui concerne la majorité de ses administrés. Et tant que l'Allemagne, de par la volonté d'un empereur absolu, pourra être militairement gouvernée par un général; tant que, dans les cérémonies publiques, les députés des deux Chambres prendront rang immédiatement après les simples capitaines de l'armée; tant que l'on croira faire grand honneur à un ministre âgé de cinquante ans en le décorant du titre de lieutenant de la landwehr, le droit restera un vain mot pour les habitants de ce pachalik.

Mais le règne du sabre n'a qu'un jour. « Michel l'Allemand » n'est plus bien loin de s'apercevoir qu'il a mieux à faire de son temps et de son argent que de les employer à molester les Alsaciens-Lorrains. Bientôt, il rira au nez de ceux qui lui demanderont de verser son sang pour perpétuer cette folie.

Quelques jours après la déclaration de M. de Caprivi qui vient d'être citée, l'empereur, s'adressant à la diète du Brandebourg, a bien voulu nous apprendre une fois de plus que « les Allemands craignent Dieu, et rien d'autre au monde ». Je ne sais si Dieu approuve tous les actes des empereurs allemands, et en particulier l'oppression des Alsaciens-Lorrains. Mais il est encore une chose que l'empereur d'Allemagne apprendra peut-être à craindre avant longtemps : c'est le mécontentement de ses sujets !

QUATRIÈME PARTIE

ILLUSIONS ET ESPÉRANCES

CHAPITRE PREMIER

Les socialistes allemands.

Trois questions catégoriques aux socialistes allemands. — Illusion relative à leur puissance. — Socialistes, patriotes et chauvins. — M. de Vollmar. — Comment les socialistes allemands se désintéresseront de la question d'Alsace. — Accueil fait à M. Waldteufel. — Variations intéressées et facéties de MM. Liebknecht, Bebel et consorts. — Les socialistes font le jeu de l'empire en Alsace-Lorraine. — Les social-démocrates et l'entente franco-russe. — Social-démocrates et antipatriotes.

Voici un chapitre qui attirera sans doute sur mon livre les foudres des socialistes allemands et des antipatriotes français. De ces derniers, je n'ai cure. Mais je suis prêt à faire amende honorable publique aux socialistes allemands, si je parviens à provoquer de leur part, dans le *Vorwärts* par exemple, une réponse sans ambages à ces trois questions bien nettes :

Si vous étiez au pouvoir, et qu'un congrès européen mit en question le traité de Francfort et la non-exécution de l'article V du traité de Prague, accepteriez-vous la discussion sur ce point, oui ou non ?

Si ce congrès reconnaissait que les Alsaciens-Lorrains et les Schleswickois ne veulent pas être allemands; ou s'il jugeait nécessaire de les consulter, et que les populations répondissent dans ce sens, consentiriez-vous à rétrocéder leurs provinces moyennant une compensation donnée à l'Allemagne, oui ou non ?

Pousseriez-vous, le cas échéant, la bonne volonté jusqu'à débattre directement ces questions avec la France et le Danemark, sans l'intervention des autres puissances, oui ou non ?

La cause de la paix aurait fait un pas gigantesque, si ceux auxquels je m'adresse ici voulaient bien quitter à ce propos leur attitude ambigüe.

⁂

On est très généralement disposé, en France, à compter sur le triomphe prochain du parti démocrate-socialiste allemand pour amener une solution équitable du problème alsacien-lorrain. C'est là une double et bien dangereuse erreur, qui mérite une réfutation détaillée.

Bien loin de devoir être considéré comme imminent, l'avènement de ce parti n'est rien moins que probable ; je ne parle pas, bien entendu, d'un développement possible du socialisme d'État, aucune hypothèse n'étant exclue tant que régnera Guillaume II, mais bien de l'avènement au pouvoir des « social-démocrates » révolutionnaires.

Les chefs du parti affectent naturellement la plus entière confiance dans l'avenir. C'est pour eux un devoir d'état : tout général s'efforce d'entretenir ainsi le moral de ses troupes. Et c'est d'ailleurs grâce à la puissance qu'on leur prête, qu'ils ont acquis peu à peu la haute main sur les partis similaires des autres pays[1]. Mais on peut douter que, dans leur for intérieur, ceux d'entre eux qui sont des politiciens pratiques, et non de simples illuminés, aient une foi aussi robuste dans les destinées de leurs théories.

Il est parfaitement exact qu'ils ont recueilli 1 million 427 000 suffrages aux élections de 1890, et 1 million 787 000 en 1893.

Mais le jour où le parti voudrait passer à l'action, ou seulement le jour où il disposerait d'une minorité imposante au Reichstag, on verrait singulièrement fondre ces gros bataillons.

Le socialisme est en effet, en Allemagne, la coalition des mécontents, ou plutôt d'une forte portion des mécontents, qui sont légion : il représente là-bas ce que fut chez nous le boulangisme. Plus d'un électeur, sincèrement attaché à la propriété individuelle, dévoué non seulement à l'idée de patrie, mais encore à celle de la suprématie générale du germanisme, vote aujourd'hui pour le candidat socialiste, pour accentuer sa protestation contre un gouvernement absolu et militaire; mais il n'entend pas pour cela détruire les bases actuelles de la société, ni supprimer les poteaux-frontière.

Il cède même d'autant plus volontiers à la tenta-

---

[1] Au sujet de la germanisation du socialisme international, voir l'étude intitulée : *Le pan-marxisme*, dans le *Matin*, du 10 octobre 1892, ainsi que la brochure de M. Protot : *Chauvins et réacteurs*.

tion de donner une leçon au pouvoir, qu'il estime qu'elle n'aura pas de conséquences, grâce à l'organisation électorale en vigueur en Allemagne.

La constitution de l'empire spécifie bien, en effet, que chacun des États qui le composent a droit à autant de députés qu'il compte de fois 100 000 habitants, avec un nombre minimum de 1 député ; dans ces conditions, le Reichstag devrait compter 497 membres, d'après le dernier recensement. Mais, tandis que, chez nous, on remanie les circonscriptions au moment des élections générales qui suivent un dénombrement, les Allemands n'ont eu garde de modifier la répartition de 1874, qui ne donne au pays que 397 représentants, c'est-à-dire juste 100 de moins qu'il n'en devrait légalement avoir.

C'est que l'énorme accroissement de leur population a porté surtout sur les villes, qui sont, en Allemagne comme ailleurs, dévouées principalement aux idées libérales ou au socialisme ; et l'on conçoit que ni le gouvernement ni le Reichstag ne se soucient de faire observer, sur ce point, la constitution.

Berlin, par exemple, ne nomme toujours que 6 députés, tous progressistes ou socialistes, alors que sa population devrait compter 16 représentants. Hambourg n'en a que 3, au lieu de 7 ; Munich, un seul au lieu de 3.

Le résultat est bien simple. En 1890, les socialistes étaient 35 au Reichstag ; or, ils avaient recueilli 19 p. 100 des suffrages, qui auraient dû leur valoir 97 sièges de députés. En 1893, ils ont 23,5 p. 100 des suffrages, représentés par 44 sièges au lieu de 116.

Cela étant, la tentation est forte, de voter pour le candidat socialiste, quand on veut faire de l'opposition, et qu'on se trouve habiter une circonscription où le parti est déjà puissant : le petit groupe des députés socialistes est encore trop loin de se changer en une majorité, pour qu'on se refuse le plaisir d'une manifestation platonique. Mais que cette minorité vienne à grossir sensiblement, et l'on verra un grand nombre de ses électeurs se tourner vers le parti progressiste, ou vers tout autre parti d'opposition [1].

Cette hypothèse est, on en conviendra, tout au moins fort vraisemblable. Que l'on tienne compte en outre des partisans que le socialisme d'État impérial et le socialisme catholique enlèvent à la *Sozialdemokratie;* que l'on remarque enfin que cette dernière tend visiblement à se scinder en deux sectes ennemies, dont l'une veut temporiser et agir légalement, à côté de ces nouveaux partis, l'autre restant intransigeante et révolutionnaire; et l'on reconnaîtra que le jour n'est pas prochain où l'Allemagne sera gouvernée par Bebel, Liebknecht et consorts.

---

[1] On a fait grand bruit de l'écrasement des progressistes. Il est vrai qu'ils sont tombés de 69 sièges à 37; mais ils ont conservé 935 000 électeurs sur les 1 160 000 qu'ils avaient en 1890. Si on leur ajoute le parti du peuple, qui leur ressemble fort, ils forment encore un groupe compact de 1 100 000 électeurs. A la vérité, ils sont, comme les socialistes, victimes du système électoral qui a produit cet étonnant résultat : le peuple allemand, ayant donné *onze cent mille* voix de majortié aux adversaires de la loi militaire, s'est trouvé avoir élu une chambre favorable à cette loi !

*
* *

Mais, en admettant même que les *Sozialdemocraten* arrivent au pouvoir, il faut, pour attendre d'eux la libération de l'Alsace-Lorraine, un aveuglement qui n'est plus de mise en France.

On me pardonnera d'insister quelque peu sur les tendances soi-disant internationalistes de leur parti. Elles sont des plus importantes à préciser — si tant est qu'il soit possible de préciser la confusion même, — puisqu'elles nous touchent directement, et que tant de bons esprits ont pu s'y tromper du tout au tout. C'est ainsi que Heimweh, qui connaît pourtant si bien les Allemands, prête aux députés socialistes le désir de « s'arranger, de façon ou d'autre, avec la France [1] ».

On est trop porté, chez nous, à identifier, sur des déclamations de réunion publique, l'idée de socialisme et l'idée d'internationalisme. En Allemagne, aussi bien qu'en France, il existe des socialistes qui repoussent l'idée de patrie; mais il en est d'autres qui la professent, ne fût-ce que comme une nécessité qui s'imposera encore pendant bien des siècles; d'autres enfin, qui poussent le patriotisme jusqu'à cet excès dont on nous attribue souvent le monopole, jusqu'au chauvinisme. Or les chauvins et les simples patriotes du parti socialiste raisonnent naturellement sur les questions extérieures comme ceux des autres partis politiques. Entre Allemands,

---

[1] *Triple-Alliance et Alsace-Lorraine.*

ils sont bien socialistes ; en face de l'Étranger, ils sont allemands, et rien d'autre.

Il y a beau temps que les cosmopolites ont perdu toute influence sur la masse des socialistes allemands. Et si l'on commence tout au plus à s'apercevoir, en France, que ce parti a ses patriotes comme tout autre, c'est seulement depuis que ces patriotes sont débordés par les chauvins.

L'idée de patrie, profondément enracinée dans notre cerveau par la succession des siècles, ne saurait en être extirpée par une simple négation. Heureux, quand nous ne la poussons pas jusqu'aux préjugés les |plus dangereux. Herbert Spencer[1] consacre un long chapitre à montrer combien ces préjugés rendent difficile l'étude de la sociologie ; et il faut croire qu'ils sont singulièrement intenses, puisque, dans ce chapitre même, l'illustre philosophe finit par y tomber, de la manière la plus complète !

Or, jusqu'à preuve du contraire, il y a de fortes présomptions pour que les pontifes du socialisme allemand et leurs zélateurs soient incapables du détachement philosophique, de l'envergure d'esprit d'un Spencer.

N'est-ce pas d'ailleurs ce que nous voyons en France même ? Ces hommes, qui nous représentent l'idée de patrie comme un préjugé démodé, ce sont les mêmes qui, dans les congrès internationaux, demandent que les délégués votent par nation et

---

[1] *Introduction à la science sociale.*

non au prorata des voix représentées, ce qui serait logique, mais donnerait la majorité aux Anglais et aux Allemands; ce sont les mêmes qui réclament des lois et des impôts arbitraires pour protéger les travailleurs français contre la concurrence des bras du dehors; les mêmes enfin qui poussent au besoin l'esprit de suite jusqu'à rosser d'importance ceux de leurs concurrents qui ont le tort d'être étrangers. On les a vus à l'œuvre dans des circonstances plus graves, les internationalistes: qu'a donc prétendu être la Commune de Paris, sinon la revanche du patriotisme contre la « trahison » du gouvernement et de la bourgeoisie?

Le parti ouvrier allemand n'est pas autrement fait, et ne raisonnerait pas autrement à l'occasion. La seule différence est qu'il y mettrait vraisemblablement un peu plus de raideur et de violence.

Tout au moins, les précédents autorisent-ils à penser ainsi. L'idée de conquérir l'Alsace n'a pas cessé de hanter les Allemands depuis 1815 ; on sait avec quelle violence elle se fit jour en 1840.

Mais, dit Littré [1], ce qui nous parut étrange, inconcevable, monstrueux, à nous autres Français, c'est l'explosion qu'elle fit parmi les démocrates allemands de 1848, eux qui ne devaient leur venue sur la scène politique qu'à la France et à sa révolution.

Il ne faut pas oublier en effet que, le 31 mars 1848, dès la première séance du *Vorparlament*, le député

---

[1] *La philosophie positive*, janvier 1875, et *Fragments de philosophie positive*.

Welcker parlait de la nécessité de délivrer l'Alsace
et la Lorraine captives ; non seulement il ne rencontra
pas de contradicteurs, mais son discours fut appuyé
par un autre orateur qui ne différait avec lui que sur
les moyens et le moment d'agir ; et c'était l'époque
même où Lamartine « inondait les archives de la
diplomatie européenne de ses propositions lyriques
et enthousiastes de fraternité ! »

En 1859, la Confédération germanique fut sur le
point de prendre les armes pour conserver la Vénétie
à l'Autriche : la Chambre des seigneurs de Prusse
avait adopté à l'unanimité la motion du docteur Stahl,
affirmant que l'Allemagne devait maintenir sa domination, si loin qu'elle s'étendît. Et en rappelant ce
fait, Littré ajoute :

> Mais, dira-t-on, ce furent les seigneurs, les *hobereaux*,
> le parti aristocratique qui fit une déclaration aussi cyni-
> quement égoïste. Eh bien, détrompez-vous, les démocrates
> n'avaient pas été moins ardents que les seigneurs à conser-
> ver à l'Allemagne un pied dans l'Italie : en 1848, au par-
> lement révolutionnaire de Francfort, il fut déclaré que la
> Vénétie devait rester allemande, car alors l'Autriche était
> dans l'Allemagne [1].
>
> Je ne connais rien qui établisse mieux la différence de
> caractère entre le peuple français et le peuple allemand.
> Dans les moments d'expansion démocratique, le peuple
> français devient impersonnel et se livre à ses élans de fra-
> ternité. Au contraire le peuple allemand, dans les mêmes
> moments, devient personnel et veille avant tout à main-
> tenir sous sa domination ce qui ne lui appartient pas,

[1] En regard de ce fait, il est bon de rappeler que, la même
année 1848, le Parlement français votait le «pacte fraternel»
avec le peuple allemand.

comme ce qui lui appartient, dût-il garder sans merci le pied sur la gorge du frère ou du voisin.

Heine connaissait bien les deux peuples, quand il écrivait de même [1] :

Le patriotisme du Français consiste en ce que son cœur s'échauffe, qu'il s'élargit, qu'il enferme dans son amour non pas seulement ses plus proches, mais toute la France, toute la civilisation ; le patriotisme de l'Allemand, au contraire, consiste en ce que son cœur se rétrécit, comme le cuir sous la gelée, qu'il cesse d'être un citoyen du monde, un Européen, pour n'être plus qu'un étroit Allemand.

*
* *

Tout en reconnaissant chez les social-démocrates l'existence d'une forte tendance nationaliste, beaucoup de gens, chez nous, la croient limitée à un groupe peu nombreux, mené par M. von Vollmar.

L'attention du public français a été attirée sur ce député par des déclarations patriotiques qu'on fut très étonné de lui voir faire l'an dernier devant ses électeurs. On s'était sérieusement imaginé que cette attitude lui coûterait son siège, grâce à une de ces excommunications solennelles que le *Vorstand*, ou comité directeur, a empruntées à la curie romaine. Mais rien ne vint. M. von Vollmar n'était coupable que d'avoir dit ouvertement ce que ses collègues pensaient comme lui. En réalité même, il n'était pas si coupable à leurs yeux. Il est probable, au contraire, que son langage était voulu et concerté : il n'était

[1] *De l'Allemagne.*

qu'un symptôme de l'évolution qui est en train de
faire d'un certain nombre des soi-disant démocrates
un parti d'opposition constitutionnelle.

Ce Vollmar est une des personnalités curieuses du
parti. Gentilhomme, riche, élevé dans un couvent,
il commence par prendre du service en Bavière, et
combat la Prusse en 1866, comme lieutenant de cui-
rassiers ; il passe ensuite au service du Pape, et le
quitte pour prendre part, comme télégraphiste militaire, à la campagne contre la France ; blessé griève-
ment, il rentre dans la vie civile, se lance dans la
politique et devient un des chefs du parti socialiste.

Sa carrière mouvementée le désignait naturellement pour figurer au nombre des personnages que le
Figaro consulta sur la question alsacienne, en même
temps que M. de Levetzow. Sa réponse mérite d'être
citée comme un modèle d'ambiguïté voulue, dissimu-
mulant mal l'intention arrêtée de conserver à l'Allemagne sa conquête.

Il commence par rappeler la protestation de son
parti, lors de l'annexion, et accorde que « l'Allemagne a assumé une notable partie des responsabilités dans les mauvaises relations entre les deux
peuples ». — « Depuis, ajoute-t-il, mes amis et moi
nous n'avons jamais cessé d'inviter les deux parties
à un rapprochement et à une réconciliation au moyen
de concessions mutuelles, et, pour en arriver à une
paix véritable, nous applaudirions à toute solution
compatible avec la dignité des deux peuples. »

Reste à répondre à la question précise, posée par
le *Figaro*, et ici, M. de Vollmar, voulant concilier

les doctrines les plus contradictoires, s'embrouille visiblement :

Si vous voulez savoir maintenant ce que je pense de la possibilité éventuelle de la rétrocession à la France du Reichsland, tel qu'il existe actuellement, je répondrai que c'est là une question de faits, sur laquelle on ne peut se prononcer qu'en se basant sur les circonstances données.

Je ne sais pas si on a jamais pu croire au simple rétablissement de l'état de choses ancien, sous des conditions autres que celles qui se sont établies entre les deux pays, après la guerre.

Ce qui est certain, c'est que *vingt-deux ans de communauté politique et sociale ne pouvaient passer sans laisser de traces*, et que leur effacement est devenu moins possible avec chaque année.

L'Alsace-Lorraine pourrait-elle être *neutralisée* dans un avenir quelconque? Je ne sais : toujours me paraît-il que *l'effet même du temps écoulé*, après formation de cette communauté politique et sociale, *se prononce contre cette éventualité...*

D'après moi, la question d'Alsace-Lorraine, telle qu'elle se pose aujourd'hui, dans sa phase actuelle, *ne peut être résolue définitivement sur le terrain unique de la nationalité.*

Chaque pas dans une autre voie est, il est vrai, compréhensible au point du vue psychologique, mais n'en est pas moins une perte de forces et de temps qui n'a pour effet que d'en retarder la vraie et l'unique solution.

Or, celle-ci réside dans la conviction que la vraie grandeur et le vrai devoir des États consistent dans la conquête de leurs propres peuples, dont ils doivent contenter les aspirations sociales.

Le jour arrivera-t-il où la France comme l'Allemagne auront compris cela? Alors la querelle pour l'Alsace-Lorraine ne sera plus difficile à aplanir.

Peut-être la solution sera-t-elle la suivante : la population, devenue libre politiquement et socialement, appartiendra à nos deux pays selon l'origine.

Il était difficile d'espérer qu'une lettre aussi nébuleuse aboutît à une conclusion claire. Mais on pouvait désirer pourtant quelque chose de plus intelligible que cette dernière phrase aux allures d'oracle. M. von Vollmar veut-il dire que le territoire sera indivis entre les deux nations, et que les gens d'origine française redeviendront français, les autres restant allemands ; ou bien qu'en raison de leur origine mixte, les Alsaciens-Lorrains seront à la fois français et allemands ? A-t-il en vue quelque autre solution hybride, rappelant d'une façon aussi heureuse les subtilités dont les Allemands se plaisent à émailler les constitutions de leurs vingt-cinq petites patries comme celle de la grande ? C'est ce que personne, assurément, ne saurait démêler dans sa lettre.

Cela importe peu, d'ailleurs. Ce qui est intéressant, ce sont les passages que j'ai soulignés dans cette réponse, ceux où il s'appuie sur les vingt-deux ans de « communauté » qui existent dès maintenant entre l'Alsace-Lorraine et l'Allemagne, pour repousser, dans un verbiage alambiqué à dessein, le « rétablissement de l'état de choses ancien », comme aussi tout projet de neutralisation. Dans ces conditions, quel que soit le sens caché de sa conclusion, elle revient forcément à dire que la terre conquise doit rester allemande ; car enfin, on a beau déclarer que la question ne peut être résolue « sur le terrain unique de la nationalité », il faut bien se décider à définir la nationalité des Alsaciens-Lorrains; et, s'ils ne doivent plus être ni français, ni simplement alsaciens-lorrains, c'est donc qu'ils resteront allemands.

Il est bien entendu que je ne discute pas ici les assertions aventurées de M. Vollmar. Ses coreligionnaires politiques et lui-même, nés en Allemagne, disent se trouver bien mal à leur aise sous la férule prussienne. Libre à lui d'imaginer que vingt-deux ans de communauté avec l'Allemagne aient pu charmer les Alsaciens-Lorrains. Il est pourtant vraisemblable que, s'il allait passer quelque temps dans le Reichsland, sous un nom supposé, de manière à recevoir des annexés des confidences sans arrière-pensées, il y trouverait la matière d'une variation politique de plus; il ne pourrait manquer d'en rapporter la même impression que ses coreligionnaires politiques Liebknecht et Bebel :

Questionné par le correspondant de la *Westminster Gazette,* à Berlin, au sujet de son récent voyage en Alsace-Lorraine, M. Liebknecht a déclaré que les populations de ce pays ne se réconciliaient nullement avec la nation allemande, et qu'au contraire il a été surpris de la somme de haine, de crainte et de méfiance, qui existe encore dans la masse de la population, à l'égard de l'Allemagne [1].

De même, trois semaines plus tard, M. Bebel, élu député de Strasbourg, disait au Reichstag :

Une irritation incroyable règne en Alsace-Lorraine; les Alsaciens sentent qu'ils sont traités comme des Allemands de deuxième classe [2].

[1] *Le Temps,* du 24 juin 1893.
[2] *Ibid.,* des 15-16 juillet 1893.

D'où M. von Vollmar conclut peut-être qu'ils
demandent la faveur d'être traités en Allemands de
première classe !

* *
*

Mais ce qu'il ne faut pas croire, c'est que M. de
Vollmar soit, en raison de sa qualité de gentilhomme et de son passé clérical, une exception dans
son parti, et que les socialistes allemands soient
restés conséquents avec les sentiments qui leur ont
dicté leur mémorable protestation de 1871.

Assurément, ceux qui s'élevèrent alors contre l'annexion étaient sincères, et montrèrent surtout une
clairvoyance bien supérieure à celle de leurs gouvernants. Mais autre chose est de protester contre l'accomplissement d'un fait, ou de se résoudre à *revenir
sur ce fait* une fois accompli, après un quart de
siècle. Le cas échéant, les socialistes ne manqueraient pas d'arguties pour s'y refuser, et la lettre de
M. de Vollmar n'en est qu'un spécimen anticipé.
Bebel, Liebknecht et Singer, triumvirs, ou Vollmar,
président, agiraient sur ce point tout comme Guillaume II, empereur.

Les Allemands en général aiment la logique d'un
amour féroce, et ne détestent pas la plaisanterie,
même déplacée. Et le jour où les socialistes, devenus
maîtres du pays, seraient mis au pied du mur, ils
satisferaient à ce double penchant par un *non possu-
mus* autrement motivé, mais non moins catégorique
que celui de M. de Levetzow. Ce serait simplement en
vertu des grands principes du cosmopolitisme, et

non par respect pour le traité de Francfort, que la question alsacienne n'existerait pas pour eux ; mais le résultat serait le même. Où il n'y a rien, le roi perd ses droits : pourquoi donc consentiraient-ils à déplacer une frontière dont ils nieraient l'existence ?

Sur ce point encore, M. Lavisse a vu bien juste :

Un député socialiste, dit-il [1], a bien protesté à la tribune du Reichstag contre l'annexion ; mais le même homme, interrogé sur la question d'Alsace, l'an dernier, par notre compatriote, M. R. Kœchlin, du *Journal des Débats*, a répondu que, si nous étions une race prolifique, nous aurions regagné depuis la guerre les 1 500 000 âmes que nous avons perdues. Il ne comprend pas que c'est précisément de ces 1 500 000 âmes perdues que nous avons charge, et que la question d'Alsace n'est pas une question de statistique.

D'ailleurs, les socialistes professent qu'une querelle entre deux États, pour la possession d'un territoire, est un phénomène attardé d'une civilisation qui s'en va. La révolution sociale effacerait les frontières, et, par conséquent, la question d'Alsace. Il ne faut donc pas attendre des socialistes un mouvement d'opinion qui préparerait la solution du litige.

* *

Au reste, ceux qui nourrissent encore des illusions sur les socialistes allemands feront bien de méditer l'accueil qu'en a reçu M. Waldteufel, et que celui-ci relate dans son *Mémoire pour la rétrocession de l'Alsace-Lorraine*, pièces et textes allemands à l'appui. On verra qu'il est difficile de pousser plus loin la fourberie.

[1] *Figaro*, du 2 mars 1891.

M. Waldteufel avait adressé, le 19 janvier 1892, une lettre chaleureuse à M. Bebel, pour le convier à créer en Allemagne une agitation en vue d'un arrangement entre les deux pays, tandis que lui-même en ferait autant en France. M. Bebel répondit, le 24 janvier, que son parti « adhérerait à tout arrangement pour amener la réconciliation entre les deux nations », mais que ce parti ne disposait pas du pouvoir, et que toute tentative de ce genre était donc sans espoir, et par conséquent infructueuse.

La réponse dissimulait, au moins à mon avis, une complète mauvaise volonté, sous des formes courtoises. M. Waldteufel ne conviait pas en effet M. Bebel à arranger immédiatement la question à eux deux, mais simplement à « créer un immense mouvement dans les journaux socialistes et progressistes d'outre-Rhin »; et l'on conviendra que si, réellement, les socialistes allemands disposent de près du quart des électeurs de leur pays, auxquels il faudrait ajouter un nombre plus grand encore de progressistes, d'Alsaciens-Lorrains, de Danois et de Polonais, si de plus on tient compte de la remarquable discipline des partis politiques allemands, M. Waldteufel était bien en droit de penser que « la cause serait entendue après un an ou deux de controverse ».

Quoi qu'il en soit des sentiments qui ont dicté à M. Bebel cette réponse peu confiante dans l'influence de ses idées, le *Vorwärts*, organe officiel du parti, s'empressa de la déclarer apocryphe, ne contenant « pas un mot de vrai »; il ajoutait que, « pour des cas pareils, M. Bebel a installé un carton qu'il appelle le carton des fous, dans lequel sommeille la proposition de M. Waldteufel ».

Inspirée, dit-on, par M. Liebknecht, et vraisemblablement connue de M. Bebel, la note du *Vorwärts* présente bien ce genre de grossièreté que les Allemands qualifient de franchise. Mais elle avait surtout le tort de nier la vérité même, comme M. Waldteufel s'empressa de le prouver au *Vorwärts*, dans une lettre du 4 février, écrite avec la plus grande courtoisie, mais qui exigeait fermement une rétractation, sous peine de publier le fac-similé de la réponse de M. Bebel. Le *Vorwärts* dut alors s'exécuter, de mauvaise grâce, dit M. Waldteufel, — de mauvaise foi, serait-il plus juste de dire. Dans un article, aimablement intitulé *Réclame et Patriotisme*, il établissait une confusion voulue entre la lettre du *Figaro* aux divers personnages allemands, et celle de M. Waldteufel à M. Bebel, ajoutant incidemment que ce dernier avait bien répondu à M. Waldteufel « quelques lignes, par politesse », postérieurement au démenti du *Vorwärts ;* ce dernier point était manifestement faux. Il concluait gracieusement : « Espérons que voilà M. Waldteufel en paix, et qu'il laissera aussi la paix aux autres » !

* * *

Il est inconcevable que les illusions françaises à l'égard des socialistes allemands soient si profondément enracinées, car c'est contre l'évidence même qu'elles se maintiennent.

Elles reposent sur quelques déclarations de principes, que les chefs du parti émettent de temps à

autre à la tribune du Reichstag. Mais comment se
fait-il que l'ambiguïté de ces déclarations ne soit pas,
depuis longtemps, percée à jour? Comment ne s'aper-
çoit-on pas qu'à chacune d'elles en succède régulièrement une en sens contraire, en sorte que, sur ce
point vital de leur politique, ces hommes de bronze
se sont toujours montrés les plus ondoyants des
ergoteurs? On peut admettre bien des hésitations et
des divergences sur des détails secondaires de ré-
formes projetées, mais est-il possible que les chefs
d'un parti aussi extrême, et généralement si absolu
dans ses affirmations, ne puissent ni s'entendre ni
même avoir chacun une opinion ferme sur la base
même de leur politique extérieure, sur les principes
fondamentaux du droit international?

Qu'on lise, par exemple, dans le *Temps*, du 5 mars
1892, le compte rendu de la séance du Reichstag de
la veille. M. de Vollmar rappelle que l'annexion a été
combattue par son parti, « non pas parce que ce parti
aurait eu plus de sympathie pour la France que pour
l'Allemagne, mais parce qu'il voulait laisser à la
détermination de la population le soin de dire si elle
voulait appartenir à la France ou à l'Allemagne ». Il
ajoute que l'annexion, faite contrairement au droit
des gens, a « produit l'effet contraire à celui qu'on
en attendait... C'est ici ou jamais le cas de rappeler
le mot du premier chancelier de l'empire : « Nous
autres Prussiens, nous ne savons pas nous faire
aimer ».

On remarquera que M. von Vollmar n'a pas dit que
son parti veut consulter les Alsaciens-Lorrains, mais

qu'il le voulait au moment de l'annexion; c'est d'ailleurs aussi ce qu'il a écrit au *Figaro*. La distinction a son importance, car, à la fin de la même séance, M. Singer, socialiste, répondait à une assertion d'un député conservateur (M. Hartmann) que jamais M. Liebknecht n'a formulé une demande de restitution de l'Alsace-Lorraine à la France; il mit même son interlocuteur au défi de prouver le contraire, ce que jamais M. Hartmann ne put faire. Voilà qui était parler clairement.

Quelques jours plus tard, le 26 mars (voir le *Temps*, du 28), M. Liebknecht tenait à la même assemblée le langage suivant :

L'annexion de l'Alsace et de la Lorraine a été non seulement un crime, mais une faute politique. La question doit être résolue pacifiquement. Les Alsaciens-Lorrains ont le droit imprescriptible de fixer leurs destinées.

Lorsqu'en France et en Allemagne existeront des gouvernements éclairés, ils s'entendront pour organiser un plébiscite qui permettra aux Alsaciens et aux Lorrains de se prononcer en toute liberté.

Mes amis et moi, nous avons recommandé jadis, au lieu de l'annexion de l'Alsace et de la Lorraine, de faire payer à la France une indemnité de guerre double, voire triple, et de lui imposer l'obligation de transformer en milice son armée. De cette façon, on aurait conjuré ce danger de guerre toujours menaçant.

Qu'on le note bien, si l'orateur parlait ainsi, ce n'est pas en vertu d'une préférence pour notre pays, qui serait absurde chez un Allemand; personne, je suppose, n'aurait le ridicule de lui en demander tant. M. Liebknecht parlait au contraire en bon Allemand,

voulant le bien de sa patrie. Son opinion se trouvait
d accord avec le droit des peuples, mais simplement
par intérêt bien entendu, non par esprit de justice.
A ce propos, il est bon de remarquer que jamais les
socialistes n'ont songé à appuyer les revendications
des Danois, des Hanovriens et autres Prussiens
malgré eux; et pourtant, le droit est le même sous
toutes les latitudes. Seulement les injustices commises là ne brouillaient l'Allemagne avec aucun
voisin puissant.

Donc, M. Liebknecht ne proposait qu'un moyen plus
efficace d'assurer la victoire de l'Allemagne, en nous
prenant 10 ou 15 milliards. Combien de ses compatriotes ont regretté de n'avoir pas exigé davantage
d'un peuple aussi bon payeur ! Ils pensaient bien nous
avoir « saignés à blanc », mais nous avions la vie plus
dure qu'ils ne l'avaient cru ; depuis, M. de Bismarck
nous a avertis que ce sera pour la prochaine fois.

D'ailleurs, dans la même séance, M. Liebknecht
appuyait sur ses sentiments patriotiques par la déclaration suivante :

Il n'y a peut-être pas, dans cette Assemblée, un seul
député qui ait déclaré avec autant de force que moi que,
dans le cas d'une guerre de revanche pour l'Alsace-Lorraine, entreprise soit par la France seule, soit par la France
alliée avec la Russie, on ne trouverait pas une Allemagne
divisée, mais que l'Allemagne tout entière se lèverait pour
combattre.

Et pourtant, M. Liebknecht avait formellement
énoncé l'opinion qu'il y a lieu, maintenant encore,
de consulter les Alsaciens-Lorrains sur leur nationa-

lité, reconnaissant ainsi d'une manière explicite qu'ils sont victimes d'une injustice. Je ne m'attarderai pas à la contradiction qu'il y a pour lui à accepter d'avance la complicité de cette injustice, dans le cas où l'impossibilité de la faire cesser autrement occasionnerait une guerre. Je m'en tiens ici au seul fait d'avoir proposé de consulter les Alsaciens-Lorrains.

M. Liebknecht n'ignorait pas plus que le chancelier de l'empire que ce plébiscite équivaudrait pratiquement à rendre les populations annexées à leur mère-patrie, puisqu'à aucun moment elles n'ont demandé autre chose. Et s'il n'a pas expié ces paroles par un procès en haute trahison, il le doit en partie à la liberté de la tribune : prononcées partout ailleurs qu'au Reichstag, elles lui auraient valu quelques années de forteresse. Mais il le doit aussi, vraisemblablement, à ce que le gouvernement savait à quoi s'en tenir sur sa sincérité.

Six mois plus tard, en effet, la thèse a changé. M. Liebknecht se rend au congrès socialiste de Marseille, et y trouve, à notre honte, des gens pour applaudir quelques paroles mielleusement ambiguës. En rentrant, il passe par Mulhouse, où il est interrogé par un correspondant du *Temps*. Bien entendu, les organes autorisés du parti démentent en bloc, dès son retour, toutes les opinions qui lui ont été prêtées par la presse française, sans dire s'il s'agit des discours de Marseille ou de cette dernière conversation.

Le propos rapporté par le *Temps* était le suivant :

Je dirais aux Alsaciens-Lorrains : Formez un canton
suisse. Mais je ne rendrais pas les provinces à la France,
où il y a encore trop de chauvins.

Mais, dira-t-on, c'est par simple prudence qu'il a
parlé de la sorte, pour échapper à l'inculpation de
haute trahison, puisqu'il n'était pas couvert, à Mulhouse, par la liberté de la tribune parlementaire ; ses
pensées de derrière la tête vont bien au delà de cette
conception bizarre.

Erreur complète. Si M. Liebknecht a parlé de la
sorte, c'est que, pour une raison ou une autre, ses
idées varient suivant le temps et le lieu, et que c'est
bien là l'extrême concession qu'il juge actuellement pouvoir faire au droit des gens. S'il avait
pensé qu'il fût juste de rendre les provinces à la
France, il ne risquait pas davantage à le dire. Le
crime de haute trahison ne consiste pas, il le sait
bien, à proposer de les céder à un pays plutôt qu'à
un autre, mais à vouloir les détacher de l'empire allemand. Et si, cette fois encore, il a échappé aux pour-
suites, c'est ou bien en raison du démenti des journaux socialistes, ou tout simplement parce que le
gouvernement allemand était bien aise de voir le
député socialiste creuser un fossé entre son parti et
la démocratie française. Malheureusement tous nos
compatriotes n'ont pas encore compris à quel point
ils sont dupés par les soi-disant internationalistes
d'outre-Rhin !

Quoi qu'il en soit de ce détail, l'idéal de justice de
M. Liebknecht consistait donc, en 1892, à faire de
l'Alsace-Lorraine un canton suisse. Mais si les Alsa-

ciens-Lorrains ne veulent pas devenir suisses ? Et si
la Suisse, qui, avec ses 3 millions d'habitants, serait
bien embarrassée de s'assimiler 1 600 000 étrangers
récalcitrants, et qui, d'ailleurs, ne se soucie pas de se
brouiller irrémédiablement avec nous, si la Suisse
décline ce dangereux cadeau ? Déjà, en 1871, elle n'a
point voulu se prêter au désir de Mulhouse qui, ne
pouvant pas rester française, avait demandé à devenir
du moins suisse plutôt qu'allemande[1]. A bien plus
forte raison, et à plus juste titre, la Confédération
refuserait-elle l'Alsace-Lorraine entière.

M. Liebknecht se soucie bien de tout cela ! Le respect de la liberté individuelle n'est pas précisément
un dogme fondamental de son parti. Ajoutée aux
mille et une tyrannies que le socialisme prétend
faire peser sur l'existence journalière de chacun de
nous, qu'est-ce qu'une tyrannie de plus ou de moins ?
Et comment donc un socialiste pur daignerait-il consulter les Alsaciens-Lorrains sur ce détail insignifiant,
leur nationalité ?

Au reste, il est bien inutile de discuter cette proposition, car, en l'énonçant, M. Liebknecht n'était pas
plus sérieux qu'à la tribune du Reichstag : on va
voir que la cession du Reichsland à la Suisse est
pour lui une boutade favorite, sinon spirituelle.

Il est intéressant de reproduire ici un passage de
la brochure *Chauvins et Réacteurs* :

Sur cette question, qui peut-être provoquera avant la
fin du siècle le conflit le plus sanglant dont l'Europe ait

---

[1] Voir à l'Appendice, note H.

jamais été témoin, les députés socialistes au Reichstag
n'ont cherché qu'à créer une équivoque ou à faire de
l'esprit allemand aux dépens des journalistes français.

Dans les congrès·ouvriers [1] les « officiels » nient qu'il
y ait une question d'Alsace-Lorraine, parce que, pour les
socialistes, la terre ne porte que des capitalistes et des
travailleurs. Engels avait déjà donné la même formule
en 1886 : « Entre socialistes français et socialistes allemands, il n'existe pas de question d'Alsace-Lorraine [2] »;
et il vient de la rajeunir avec accompagnement de promesses aux pitoyables dupes des divers partis possibi-
listes français : « La question de l'Alsace-Lorraine sera
réglée en un instant... dans une dizaine d'années, entre
socialistes allemands et français [3] ».

Mais la question renaît dans les rapports des « officiels »
avec la presse, et les diverses solutions qu'elle reçoit dé-
pendent de la tête du correspondant ou de l'interviewer...

« A ces Français qui tous les jours nous importunent
avec l'Alsace-Lorraine, a dit Bebel, nous promettons tout
ce qui nous passe par la tête. » Et, de fait, à un journaliste parisien qui lui posait l'inévitable question, Bebel
répondit : « Nous ferons de l'Alsace-Lorraine une république sous la présidence de Victor Hugo ». Il y avait
alors deux ans que Victor Hugo était au Panthéon.

Liebknecht ne se lasse pas de raconter la visite qu'il
reçut d'un journaliste français en mai 1890 : « Ah ! c'est
« vous le Monsieur Tristan [4] ! Veuillez vous asseoir ». Alors
on cause. Le Monsieur Tristan me demande : « Qu'est-ce
« que vous feriez de l'Alsace-Lorraine si vous arriviez au
« pouvoir ? » Je lui réponds : « La justice et le droit des
« peuples auraient bientôt satisfaction. » Le Monsieur

---

[1] Halle, 1890; Bruxelles, 1891 (On peut ajouter maintenant
Marseille, 1892).

[2] *Cri du Peuple*, du 9 novembre 1886.

[3] *Neue Zeit*, juin 1892.

[4] Je suppose qu'il s'agit de l'auteur des remarquables articles
de politique étrangère du *Petit Journal*.

Tristan me prend les mains avec effusion. Je continue :
« Oui, si j'étais ministre... » Le Monsieur Tristan se met à
pleurer comme un veau. « ...Si j'étais ministre, je donne-
« rais tout de suite... » Voilà le Monsieur Tristan qui san-
glote. Enfin, j'achève : « ... Je donnerais l'Alsace-Lor-
« raine à la Suisse, pour lui faire 24 cantons ». Le
Tristan s'effondre sur mon parquet, et je m'en vais à
mes affaires ».

Les socialistes allemands n'ont pas que sept ou huit
solutions de la question d'Alsace-Lorraine; ils en ont
vingt, cinquante, cent autres, qu'ils sont prêts à servir aux
hommes politiques qui passent leur temps à sonder ces
cœurs allemands...

Liebknecht, parlant le 28 novembre 1888 dans la discussion du budget, a déclaré que les social-démocrates
sont bien décidés à ne pas laisser amoindrir la patrie, et
qu'ils ont fait savoir clairement aux Français qu'ils défen-
dront l'Allemagne à outrance. C'est là l'opinion de tous
les socialistes députés au Reichstag. « Jamais je n'admettrai, dit Bebel à ses électeurs de Hambourg, que l'Allemagne rende l'Alsace-Lorraine à la France [1]. » Auer
regarde l'annexion de l'Alsace-Lorraine comme un fait
accompli [2]. Enfin, pour clore tout débat, Liebknecht et
Singer, parlant au nom du parti, ont affirmé qu'il n'existe
pas de question d'Alsace-Lorraine [3]. Pour tous les socialistes allemands, le traité de Francfort a donc disposé à
perpétuité.

Et plus on va, plus c'est la même chose. Je citais
plus haut une conversation dans laquelle M. Liebknecht constatait « la somme de haine, de crainte et de
méfiance » que les Alsaciens-Lorrains nourrissent à

[1] 18 octobre 1890.
[2] 9 février 1891.
[3] 4 mars 1892.

l'égard de l'Allemagne. Mais la conclusion n'est pas ce que l'on en pourrait attendre :

Nous autres socialistes, a-t-il ajouté, nous sommes inter-nationalistes, mais nous ne pouvons espérer gagner quoi que ce soit en travaillant de concert avec les ennemis de notre patrie. Si nous nous refusons à agir comme des chauvins allemands sur l'ordre de notre gouvernement, nous refusons également de nous poser comme chauvins dans l'intérêt de la France. En 1871, j'ai donné au gouver-nement le conseil de laisser l'Alsace et la Lorraine aux Français et de leur prendre une indemnité en argent, en stipulant en même temps l'établissement en France du système de milices suisses.

Traduction libre : En 1871 nous avons conseillé de ne pas prendre ; mais aujourd'hui, nous sommes d'avis de garder, malgré « haine, crainte et méfiance ».

Enfin, aussitôt élu député de Strasbourg, M. Bebel a dit au Reichstag [1] :

Par suite de l'annexion de l'Alsace-Lorraine, l'Alle-magne a été réduite à faire, depuis vingt-deux ans, d'immenses sacrifices. *Je n'ai jamais demandé qu'on rende ces pays à la France,* mais je me demande si l'Alsace-Lorraine vaut les grands sacrifices que nous sommes condamnés à faire depuis le jour où nous avons acquis cette province.

* *

Qu'y a-t-il donc au fond de toutes ces contradic-tions ? La volonté bien arrêtée de conserver l'Alsace-Lorraine ; le projet, maintenant bien avéré, de contri-buer à sa germanisation ; enfin une haine aveugle de la

---

[1] Séance du 15 juillet 1893 (*Le Temps*, du 17).

France, *considérée par les socialistes allemands comme le boulevard de la Liberté,* et travaillée par eux à l'effet de détruire sa force de résistance et de la livrer à un parti qui se soumettrait à leur dépendance absolue.

Si réellement les socialistes avaient la notion du droit, ils ne tableraient pas sur les prétendus intérêts nouveaux créés par « vingt-deux ans de communauté avec l'Allemagne », car ils sauraient que le Droit existe par lui-même, et ne se prescrit pas ; et surtout, ils ne travailleraient pas, comme ils le font, à émousser le sentiment de ce droit en contribuant aux tentatives de germanisation à outrance qui sont imposées à nos compatriotes d'outre-Vosges. Au lieu d'exercer une action dissolvante sur le parti de la protestation, ils le laisseraient agir chez lui, et appuieraient *en Allemagne* ses revendications, eux les soi-disant redresseurs de toute injustice.

Qu'ont-ils fait, au contraire ? Aux élections de 1890, ils entrent en campagne contre les protestataires, à Metz, à Strasbourg, à Sarreguemines et à Mulhouse. Comme on pouvait s'y attendre, le statthalter ne se donne même pas la peine de dissimuler l'appui qu'il leur prête. Mieux vaut pour les Allemands une Alsace-Lorraine socialiste, c'est-à-dire allemande en somme, que française : un électeur qui a voté pour Bebel (candidat à Strasbourg, en même temps qu'à Hambourg et à Berlin) a fait acte d'Allemand, et sera plus facile à ramener plus tard à un autre candidat allemand, que s'il avait voté pour un Jacques Kablé. Aussi les socialistes étaient-ils assurés de récolter les voix d'un grand nombre d'immigrés gouvernementaux. D'autre part, il y avait des chances pour que plus d'un indigène votât pour eux, croyant faire pièce au gouvernement, alors qu'en réalité il lui était agréable.

Aussi les socialistes réunirent-ils 18 000 voix dans les quatre villes où ils s'étaient présentés. A Mulhouse, où ils avaient eu l'habileté et la chance de trouver un candidat indigène, Hickel, celui-ci passa au premier tour avec 9 588 voix. A Strasbourg, Bebel en réunit 4 773.

Aussitôt après, en novembre, Hickel fondait à Mulhouse un journal socialiste, la *Volkszeitung*, dont la publication fut encouragée par le statthalter, trop heureux de trouver dans son premier numéro la déclaration suivante :

Nous nous efforcerons toujours d'éclairer le peuple alsacien-lorrain, en lui faisant comprendre que la protestation éternelle contre l'annexion allemande est stérile en politique, et constitue une faute au point de vue social.

En regard de ces faits, il suffira de noter la coïncidence suivante, relevée par M. Protot :

La demi-victoire de Bebel et la victoire complète de Hickel causèrent une joie immense aux marxistes français et à la presse officieuse allemande.

Comparant le socialisme à un bon bacille qui vient d'en détruire un mauvais, MM. Guesde et Lafargue écrivirent dans leur journal hebdomadaire [1] : « Il était surtout réservé aux socialistes allemands de guérir l'Alsace-Lorraine de l'infection du patriotisme ». Un reptile prussien, la

---

[1] 18-25 février 1890.

Gazette de Cologne[1], entonna à peu près le même chant triomphal : « L'élection du 20 février 1890 est par ses résultats la meilleure qui ait été faite en Alsace-Lorraine ».

Enfin, en 1893, Bebel lui-même, le grand Bebel, est élu à Strasbourg, aux félicitations enthousiastes des socialistes français, en bénéficiant, à l'aide de l'équivoque habituelle, des voix des indigènes. La police lui avait épargné l'embarras de se prononcer sur le sujet brûlant, en lui rendant le service de l'empêcher de parler. (Il en avait été de même pour Liebknecht, qui était allé faire campagne à Metz, et qui n'avait pu que répandre un programme imprimé, où il avait eu soin de ne pas faire même une allusion à la question d'Alsace-Lorraine[2].)

On a vu plus haut comment, une fois élu, M. Bebel interpréta le mandat que lui avait confié Strasbourg.

*
* *

Certes, les manifestations des socialistes français avaient de quoi plaire à leurs coreligionnaires allemands; et l'on peut ajouter qu'elles n'étaient pas moins agréables à l'empereur et au reste de ses sujets. Elles étaient en effet le symptôme évident du plus terrible danger qui puisse actuellement menacer à la fois notre patrie et la cause de la liberté dans l'Europe entière : la mainmise, par le *Vorstand* de Berlin, sur le parti socialiste français, c'est-à-dire sur un nombre considérable d'électeurs turbulents.

---

[1] 20 février 1890.
[2] Voir ce programme dans le *Temps*, du 6 mai 1893.

La véritable tactique des socialistes allemands est facile à percer à jour : elle se confond, au point de vue de la politique étrangère, avec celle de l'empereur. Pour eux, l'ennemi avoué èst la Russie, dont la civilisation générale est en retard sur celle de l'Allemagne; mais l'ennemi véritable, celui qu'il s'agit d'abattre à tout prix, c'est la France, qui est un concurrent plus redoutable sur le terrain économique, mais qui surtout représente en Europe, depuis plus d'un siècle, la cause de la liberté. De jour en jour plus absolu, leur empereur pensera toujours pouvoir arriver plus facilement à une entente avec l'Autocrate qu'avec la République. Il en est exactement de même des socialistes. Pour ne parler que des questions économiques, les seules auxquelles ils prétendent porter intérêt, l'une des principales conquêtes de la Révolution n'est-elle pas la liberté du travail, qu'ils veulent supprimer? Eux aussi sont plus naturellement entraînés vers un État despotique, car leur idéal est le plus lourd des despotismes; et d'ailleurs la Russie, avec l'organisation de son *mir* et celle de ses corps de métiers, est simplement, en ce moment, le plus socialiste des États d'Europe.

Jamais les socialistes allemands ne se seraient avisés de tant déclamer contre la « barbarie moscovite » s'ils n'avaient senti que la France et la Russie devaient fatalement se rapprocher sous la pression du danger commun. Pour eux, la France doit être écrasée; et à cet effet, il faut avant tout l'isoler, en semant la défiance entre elle et sa puissante amie. Aussi, avec quelle sollicitude nous démontre-t-on

l'indignité d'une entente qui risque, dit M. von
Vollmar, de nous coûter « les sympathies de la
civilisation allemande [1] ! »

Sur ce point, on trouve encore dans la brochure
de M. Protot une bien curieuse série de citations. A
la France, M. Engels ne cesse de prêcher, dans la
Neue Zeit, que la Russie est le pays de la barbarie,
qu'elle ne cherche qu'à exploiter les animosités réciproques des peuples au profit de sa politique conquérante, qu'elle s'efforce d'amener une restauration
orléaniste, qu'elle a fourni 15 millions de francs à la
coalition boulangiste-orléaniste, qu'elle est ruinée
par la disette, et n'a plus ni finances, ni armée, ni
marine ; à la Russie, il expose charitablement que
nous sommes d'incorrigibles perturbateurs, que notre
seul but est de ruiner ses institutions, que notre
puissance militaire et maritime a été annulée par nos
expéditions coloniales.

Ce sujet est un thème favori de M. Engels ; dernièrement encore, il surprenait la bonne foi d'un
correspondant occasionnel du *Figaro*, qui écrivait à
ce journal [2] :

...Nous arrivions à l'hypothèse d'une diversion à l'extérieur. Engels est loin d'être pessimiste.

« Évidemment, m. déclare-t-il, une guerre peut surve-
nir. Mais aujourd'hui qui donc oserait prendre la responsabilité de la provoquer, si ce n'est peut-être la Russie,
dont le pays, à cause de son énorme étendue, ne peut être
conquis ?... Et encore !... En ce moment, la Russie se trouve

---

[1] Congrès d'Erfurt, 30 octobre 1891.
[2] *Conversation avec Frédéric Engels*, 13 mai 1893.

dans une situation telle qu'elle ne pourrait soutenir la guerre quatre semaines, si elle ne recevait pas d'argent de l'étranger. »

Ici mon interlocuteur s'arrête un instant, puis avec un accent de colère mal contenu :

« Vraiment je ne conçois pas le gouvernement français. C'est la Russie qui a besoin de la France et non la France de la Russie. La Russie est ruinée, son sol est épuisé. Si le gouvernement français comprenait la situation telle qu'elle est réellement, c'est lui qui obtiendrait de la Russie tout ce qu'il voudrait... tout... tout... excepté de l'argent et des secours militaires effectifs. Sans la France, la Russie était isolée, complètement isolée... Et qu'on ne vienne pas me parler de la force militaire des Russes ! Rappelez-vous la guerre de Turquie. Sans les Roumains, les Russes étaient impuissants devant Plevna... »

Si M. Engels ne comprend pas notre gouvernement, il a bien tort de s'en faire du mauvais sang. Nous le comprenons fort bien, nous. M. Engels oublie que notre gouvernement, c'est nous-mêmes.

⁂

Mais il ne suffit pas de chercher à nous séparer de nos alliés naturels. Il faut encore atteindre notre puissance dans sa source, dans le moral du peuple. Et de même que les socialistes ont fait en Alsace le jeu du germanisme impérial, en intervenant dans la lutte électorale, de même ils le font en France, en prêchant à nos ouvriers le cosmopolitisme, qui est pour eux une doctrine d'exportation, mais d'exportation seulement, un moyen d'action qu'ils sont également habiles à exploiter et à répudier, selon les circonstances.

Que font pendant ce temps beaucoup de socialistes français? Ils se laissent prendre au plus grossier des pièges, et pactisent avec nos mortels ennemis.

A leur tête est M. Lafargue, qui eut la triste gloire d'être en France le premier « antipatriote ». L'histoire de sa trahison est pleine d'enseignements. Son journal, *l'Égalité*, dont le rédacteur en chef était M. Guesde, étant sur le point de mourir d'inanition, on s'adressa, pour le faire vivre, à Berlin, à M. Hochberg ; ce dernier, un grand éditeur de journaux socialistes et d'images, brochures et chansons chauvines, sauva par deux fois l'*Égalité*. Un tel service ne pouvait pas être désintéressé : M. Lafargue le paya en antipatriotisme. Il alla même plus loin qu'on ne pouvait s'y attendre : le cosmopolitisme ne lui suffit pas, il lui fallut la ruine de la France. Formée par une série de ruses et de crimes, « *l'unité passagère* qui porte le nom de nation française [1] » doit être mise au ban de l'histoire et disparaître prochainement. Inutile de dire si les articles antipatriotiques intitulés: *Les blagues bourgeoises; La Patrie, kéksékça?* furent colportés en Alsace-Lorraine pour édifier les annexés sur des sentiments qu'on prêtait à la France entière.

Et M. Lafargue ne resta pas isolé! Un véritable affolement, une soif de trahison, s'empara bientôt de son parti.

A quelques jours de distance, en octobre 1890, écrit M. Protot, une grande réunion marxiste française de Calais vote le désarmement de la France, et le congrès marxiste

---

[1] 17 novembre 1882.

allemand de Halle vote, sur la proposition de Bebel, contre le désarmement de l'Allemagne.

Sous l'inspiration des lieutenants d'Engels en France, le congrès marxiste de Lyon fulmine contre la Russie, qui s'est appropriée un morceau de la Pologne, mais il innocente, par omission, les deux empires qui détiennent les deux autres morceaux.

Le député Lavy qualifie « d'union monstrueuse » une alliance entre la France et la Russie [1].

Au congrès international de Bruxelles d'octobre 1891, l'ex-membre de la Commune Vaillant s'associe au Hessois Liebknecht pour protester contre l'alliance franco-russe, et c'est un Hollandais qui rappelle Vaillant à la pudeur.

Quant à M. Guesde, il proclame « qu'il y a pour la France un péril russe, que l'alliance russe serait une chose barbare et contre nature qui compromettrait la civilisation [2], une duperie, un péril et un crime [3], un suicide pour la France et pour la République », que la France doit « accepter les faits accomplis » et s'allier (traduisez se soumettre) à l'Allemagne [4]; puis, il va se faire applaudir en pleine Allemagne, en protestant contre « la monstrueuse et ignoble alliance franco-russe [5] ».

Tandis que les députés socialistes allemands ne manquent pas une occasion de faire les déclarations les plus patriotiques, et de proclamer que leurs électeurs marcheront au premier rang contre la Répu-

---

[1] *Progrès du Loir-et-Cher*, 20 février 1890.
[2] Paris, galerie Vivienne, 2 avril 1890.
[3] Lyon, 26 novembre 1891.
[4] 2 avril 1890.
[5] Congrès de Halle, 14 octobre 1890.

blique française[1], tout en déclarant le contraire dans
les congrès ouvriers internationaux[2]; tandis que
Engels trahit leur double jeu et leur connivence avec
l'empire allemand en annonçant qu'au besoin « le
gouvernement actuel déchaînera la révolution » en
France et en Russie[3], les traîtres que ces gens ont
fomentés chez nous attendent la mobilisation pour
« couper les routes, les chemins de fer, les lignes
télégraphiques, brûler les fourrages, l'habillement,
les parcs d'artillerie et les poudres »; et leur chef,
M. Guesde, déclare que « son premier soin sera de
sauter sur le Ministère de la guerre avec ses amis, et
de paralyser l'action ! » Et le *Parti Ouvrier* imprimait
dernièrement que les politiciens qui songent encore
à sauver les Alsaciens-Lorrains « malgré eux » sont
des « gredins[4] ».

Je n'ignore pas que M. Guesde a naguère très habilement exposé son idée de la patrie à un rédacteur
d'un journal peu suspect de tendresse à son égard[5].
Tout ce qu'il dit là sur les petites patries nationales
qui doivent — en un jour encore lointain — se fondre
en une grande patrie universelle, comme les petites
patries provinciales se sont agglomérées en patries

---

[1] Bebel, au Reichstag, 19 février 1872; à Hambourg, 18 octo-
bre 1890. — Liebknecht, au congrès de Halle, 15 octobre 1890;
au Reichstag, 28 novembre 1888 et 26 mars 1892. — Singer, au
Reichstag, 4 mars 1892. — Auer, au Reichstag, 9 février 1891.
— Von Vollmar, devant ses électeurs de Munich, 9 juin 1891.
— Engels, dans la *Neue Zeit*, juin 1892.

[2] Paris, 1889. — Bruxelles, 1891. — Marseille, 1892.

[3] *Neue Zeit*, juin 1892.

[4] *Le Matin*, du 9 septembre 1893.

[5] *Le Figaro*, du 17 juin 1893.

nationales, tout cela est assurément fort juste, et parfaitement conforme à l'évolution que j'ai rappelée plus haut. Mais quand il conclut sur ces mots que « la question de l'Alsace-Lorraine va être résolue, pour l'honneur et le bonheur de deux grands peuples, par la république sociale en Allemagne et la république sociale en France », on serait tenté de plaindre son aveuglement, s'il n'était l'auteur des excitation‿ criminelles que je rappelais plus haut.

Bien des illusions, il faut du moins l'espérer, ont été dissipées par le congrès international qui s'est tenu à Zurich en août 1893 ; plus d'un socialiste français y a trouvé son chemin de Damas. Dès le premier jour, ou a pu reconnaître que le véritable but de ce congrès était d'achever d'établir sur le parti l'autorité absolue du *Vorstand* de Berlin, et d'étouffer en même temps toute discussion relative au militarisme.

Certes, si un groupe de socialistes parisiens prenait la direction des affaires du parti, on verrait éclore une jolie série de propositions pacifiques et humanitaires. Mais les Bebel, Liebknecht et Singer n'entendent pas de cette oreille.

Rien ne plus instructif à cet égard que la façon dont ils ont accueilli la proposition de Domela Nieuwenhuis, relative à la guerre. Il y a deux ans, au congrès de Bruxelles [1], le célèbre socialiste hollandais avait déjà bravement lutté contre Liebknecht, embarrassant fort l'ondoyant Allemand par sa logique imperturbable. Cette fois il défendait, au nom de

[1] Voir les comptes rendus très détaillés de ce congrès, dans le *Temps*, du 8 au 16 août 1893.

ses compatriotes, le projet de résolution suivant, approuvé par les Français :

Le Congrès international ouvrier socialiste à Zurich déclare que les ouvriers socialistes des deux côtés répondront à la proclamation d'une guerre de la part des gouvernements, par un refus de service par les militaires en réserve (grève militaire) dans les pays en question ; par une grève générale, surtout dans les branches d'industrie ayant rapport à la guerre, et par un appel aux femmes pour retenir maris et fils.

Deux résolutions, disait-il, le 9 août, sont en présence : la hollandaise, qui propose quelque chose, le grève militaire, et l'allemande, qui ne propose rien. La résolution allemande est une déclaration de principe sur laquelle on est d'accord depuis un bout de temps ; c'est une belle phrase, et voilà tout. Ce qui importe, c'est d'adopter un moyen direct et immédiat qui arrête la guerre si elle éclate à l'improviste, si elle est déclarée demain.

La résolution allemande dit qu'il faut nous élever de toutes nos forces contre les appétits chauvins des classes dominantes. J'ajouterai, moi : et contre les appétits chauvins qui tiennent encore les ouvriers des divers pays. Ce mot est malheureusement toujours vrai : Grattez l'internationaliste et vous trouverez le patriote.

... Ceux qui nient le caractère pratique de nos propositions n'ont qu'à en émettre de meilleures, au lieu de se contenter éternellement de vagues phrases.

La motion hollandaise fut attaquée par les socialistes de la triple alliance, de telle sorte qu'un Hollandais interrompit l'autrichien Victor Adler en lui disant : « Vous parlez comme Caprivi ». En fin de compte, ils réussirent à faire adopter la déclaration suivante, que Domela avait si bien caractérisée :

La position des ouvriers en cas de guerre est définie d'une façon précise par la résolution du congrès de Berlin sur le militarisme. La démocratie socialiste internationale révolutionnaire, dans tous les pays, doit s'élever avec toutes les forces en son pouvoir contre les appétits chauvins des classes dominantes, elle doit consolider toujours plus étroitement les liens de la solidarité entre les ouvriers de tous les pays; elle doit travailler sans relâche à vaincre le capitalisme, qui a divisé l'humanité en deux grands camps ennemis, et qui provoque les peuples les uns contre les autres. Avec la suppression de la domination des classes, la guerre disparaîtra également. La chute du capitalisme signifie la paix universelle. Les députés socialistes de tous les pays doivent refuser les crédits militaires, et demander le désarmement. Tous les partis socialistes doivent prêter leur appui à toutes les associations qui ont pour but la paix universelle.

Voilà qui peut s'appeler parler beaucoup pour ne rien dire; c'est un beau billet entre les mains de ceux de nos socialistes qui croient à la sincérité de leurs coreligionnaires d'outre-Rhin !

Que des ouvriers en grève attribuent à des sentiments de pure fraternité les subsides que le *Vorstand* de Berlin leur envoie simplement pour troubler notre pays et ruiner son industrie, cela se conçoit; quand un Calvignac remercie avec effusion le *Vorwärts*, personne ne lui demande d'être un profond politique !

Mais on pouvait attendre mieux de ceux qui mènent une importante fraction du parti socialiste. Et l'on peut espérer que l'ouvrier français ne tardera pas à rejeter avec dégoût la poignée d'intrigants qui exploitent sa crédulité, et préparent froidement la perte de la France; il comprendra que les noms de ces hommes doivent être cloués au pilori de la Patrie.

Il comprendra aussi que le salut n'est pas dans l'esprit de justice et de conciliation des socialistes allemands. L'accueil que feront ces derniers à une proposition d'arrangement pourra varier quant à la forme, selon que leur tempérament particulier sera plutôt chauvin ou plutôt indifférent à l'idée de patrie; sur le fond de la question, ils s'inspireront toujours de leur haine de la France libérale.

CHAPITRE II

Allemands conciliateurs.

Un modéré par peur du Cosaque. — Allemagne et Russie. —
France et Russie. — Une offre généreuse. — Symptômes plus
favorables. — « A bas les armes ! » — Les vrais savants.

Ce n'est pas qu'il n'y ait, dès maintenant, en Allemagne, quelques esprits disposés à une entente équitable. Mais il faut les chercher partout ailleurs que
dans le parti socialiste ; et les concessions qu'ils font
sont généralement bien maigres : on est modéré à
bon marché, dans le pays des von Pfister.

On peut donner, comme exemple d'un courant
d'opinion très réel, la brochure déjà mentionnée du
lieutenant-colonel Kœttschau.

Son titre affirme très nettement *la Nécessité d'une
réconciliation entre la France et l'Allemagne*. Mais sa
tendance générale est indiquée par son titre principal,
qui est : *L'Europe occidentale, cosaque ou unie*. La
« réconciliation » ne vient qu'en sous-titre ; elle
n'est commandée que par la peur du Cosaque.

Le lieutenant-colonel Kœttschau est plein de pré-
venances à notre égard. Il accorde volontiers que :

Chaque Français, chaque Allemand est certainement en
droit de considérer sa nation comme une grande et puis-

sante nation ; mais, tout aussi sûrement, aucun des deux
n'a le droit de la tenir pour la première du monde, car il
n'existe aucune nation qui soit ainsi la première, au sens
absolu du mot.

Voilà de sages paroles, marquant un grand progrès
sur l'intraitable major Pfister! L'auteur célèbre
même notre rôle civilisateur, mieux que n'oserait
le faire plus d'un Français :

Au point de vue des grands travaux publics, les Français
se placent, non sans raison, à la tête de l'humanité ; leur
gloire survivra dans des milliers d'années, quand les dissentiments qui échauffent actuellement nos esprits seront
effacés depuis longtemps. Il serait très regrettable que
leur esprit d'entreprise fût diminué par la rivalité franco-
allemande, et que cette forte nation restât véritablement
hypnotisée devant la trouée de Belfort.

Mais le bout de l'oreille ne tarde pas à se montrer :

Le seul péril sérieux qui menace le foyer de la civilisation ouest-européenne, c'est la Russie.

* *

Depuis quelques années, la peur du Cosaque joue
un rôle important dans les préoccupations des politiciens allemands, un rôle plus grand encore qu'on
ne le croit ici, plus grand surtout qu'on n'ose se
l'avouer là-bas. On a vu que les socialistes tentent
l'impossible pour nous détacher de l'alliance russe.
Mais on retrouve leur thèse dans les journaux allemands de toute opinion : craintes touchantes pour
l'avenir de la civilisation, au cas où l'Allemagne serait battue par la Russie ; représentations attristées à
la France, à laquelle on découvre mille mérites, et

qui devrait être vraiment honteuse de s'allier à un peuple si barbare; enfin, objurgations pathétiques en vue de l'union contre l'ennemi commun.

Quel brusque revirement! Car l'Allemagne n'a pas toujours été aussi dégoûtée. Témoin, la défunte alliance des trois empereurs, alliance rompue hautement par le Tsar, assez primitif dans sa barbarie pour s'indigner d'avoir été joué en 1878 par ses honnêtes alliés, — alliance que l'Allemagne renouerait encore volontiers s'il y consentait, et que le prince de Bismarck, cause de la rupture, reproche aujourd'hui à son successeur de ne pas ressusciter[1]!

Si donc il existe aujourd'hui pour l'Allemagne un péril cosaque, c'est qu'elle l'a bien voulu. Les Russes ont autre chose à faire que de lui enlever une ou deux provinces. Leur gigantesque territoire ne compte encore que 5 habitants par kilomètre carré; convenablement mis en valeur, ce n'est pas 120 millions d'hommes qu'il nourrira, mais peut-être dix fois plus. Pour acquérir une puissance sans pareille, ils n'ont besoin d'aucune conquête : chaque voie ferrée nouvelle leur vaut plus qu'une victoire.

Les Allemands savent fort bien que, depuis le

---

[1] M. de Bismarck a souvent pris un plaisir peu généreux à dauber sur les gens qu'il venait de maltraiter le plus cruellement. C'est ainsi qu'à propos du congrès de Berlin, il disait au Reichstag : « Le congrès eut lieu, et je puis dire que, autant que les intérêts de la patrie le permirent, j'ai agi comme si j'étais quatrième délégué russe, et peut-être mieux encore. *(Hilarité.)* Je me dis après la fin du congrès : Je possède déjà le premier ordre russe en brillants; autrement je devrais le recevoir maintenant. *(Hilarité.)* J'avais le sentiment d'avoir rendu à la Russie un service comme rarement il est donné à un ministre étranger de le rendre. » (*Le Temps*, 8 février 1888.)

moyen âge, le monde slave recule devant le germanisme. Aux conquêtes des Chevaliers teutoniques a succédé l'infiltration pacifique dans les terres restées russes ; et le danger qui menace les Allemands, depuis qu'ils ont étonné les Russes par leur ingratitude à l'égard de la neutralité bienveillante de 1870, ce n'est pas d'être envahis à leur tour, mais simplement de voir opposer des barrières à la germanisation de la Russie occidentale.

Mais, à parler franchement, que nous importe donc, à nous, le péril cosaque ? J'ai idée que s'il ne menaçait que cette bagatelle, la civilisation générale, les Allemands feraient moins d'efforts pour le conjurer. Ce que l'Allemagne reproche à la Russie,... mais c'est précisément ce que nous reprochons à l'Allemagne : c'est d'être attardée à une période antérieure de son évolution politique. Combien de fois ai-je entendu dire par des Allemands, opposant leur civilisation à la nôtre : *Wir Halbbarbaren* (nous, demi-barbares) ; ils mettent leur amour-propre à se qualifier ainsi, par contraste avec la « décadence latine ». M. Kœttschau le dit lui-même :

La suprématie russe serait bien plus pénible aux Français qu'aux Allemands, car ils diffèrent des Russes bien plus que de nous.

J'accorde bien volontiers que la culture slave est grandement en retard sur celle de l'Europe occidentale, et que sa suprématie équivaudrait à un recul de plusieurs siècles pour l'humanité. Mais où prend-on que cette suprématie ait chance de s'établir ?

Le danger que l'Allemagne s'est forgé de ses propres mains n'a heureusement rien à voir avec l'avenir de la civilisation occidentale. En arrière de la Germania, en Europe et en Amérique, il y a encore un monde latin et un monde anglo-saxon. Les Allemands s'attribuent décidément trop d'importance ; leur rôle n'est pas si grand, qu'il leur permette de s'identifier avec le monde civilisé. Qu'ils réfléchissent donc que la superficie de l'empire russe est quarante et une fois plus grande que celle de l'Allemagne ; si le Tsar s'annexait la moitié de la Prusse, il n'aurait pas accru son domaine d'un centième de son étendue actuelle ; il n'y gagnerait pas grand'chose, les Allemands s'en trouveraient fort gênés, mais la civilisation occidentale ne s'en porterait pas plus mal.

On peut même affirmer que le monde slave en pâtirait bien davantage. Cette annexion ferait passer sous le joug une douzaine de millions d'Allemands, qui, ajoutés à ceux qui habitent déjà la Russie, seraient pour cette dernière une grande cause de faiblesse. Les Slaves s'épuiseraient à vouloir dénationaliser ce groupe compact. La Russie aurait son Alsace-Lorraine.

Si donc les Russes étaient pris de l'invraisemblable fantaisie de s'annexer la moitié de l'Allemagne, les Allemands conquis souffriraient moins, grâce à leur « demi-barbarie », que ne souffrent aujourd'hui les Alsaciens-Lorrains ; et quant à nous, en toute conscience, nous n'en sentirions aucune douleur. Les Slaves, rentrés en possession de Berlin, ne nous gêneraient pas autant que les Allemands à Strasbourg et à Metz. Ils nous gêneraient même bien moins, car le péril, si péril y a, serait plus éloigné; et ce qu'il resterait d'Allemands se jetterait dans nos bras pour nous aider à le combattre.

*
* *

En attendant, nous n'éprouvons, nous Français, aucun embarras à nous expliquer au sujet de notre entente avec la Russie.

Nous savons que nous avons eu des démêlés avec cette puissance, mais nous savons également qu'ils ont été rares, et toujours artificiels, aucun intérêt n'ayant jamais séparé les deux nations. Nous savons aussi que si la France et la Russie ont été adversaires, elles n'ont jamais été ennemies, qu'elles ont toujours lutté courtoisement, à tel point que les deux armées opposées s'estimaient généralement plus qu'elles ne faisaient de tel ou tel de leurs alliés. Nous savons enfin que la France a trouvé jadis dans le Tsar un vainqueur généreux, qui imposa sa modération à la haine prussienne ou anglaise[1]. Voilà pour le passé.

Aucun de nous ne songe à contester que le peuple russe, dans sa masse, soit fort inférieur au peuple allemand. Quant à ses institutions politiques, si opposées qu'elles soient aux nôtres, nous les préférerions peut-être encore à celles d'Allemagne, car elles ont au moins le mérite de la franchise; rien ne nous répugnerait davantage que le trompe-l'œil con-

---

[1] Voir, à l'Appendice, note I.

stitutionnel et le fouillis inextricable sur lequel le roi de Prusse appuie son pouvoir, absolu en fait.

Mais les institutions politiques ne sont pas en cause. La France se gouverne comme elle l'entend, et la Russie également; aucune ne se mêle de ce qui se passe chez l'autre; et il est aussi ridicule de nous rendre responsables de ce qui se passe de tyrannique en Russie, qu'il le serait d'accuser le Tsar de favoriser la démagogie, parce qu'il s'entend avec une République. Aussi bien, que trouve-t-on de commun entre la monarchie militaire prussienne, les grands-duchés féodaux du Mecklembourg, la république de Hambourg, et les États constitutionnels de l'Allemagne du Sud?

La question n'est pas là. La question est qu'il n'existe pas pour nous un péril slave, mais un péril germanique, de même qu'il existe pour la Russie un péril germanique et non un péril français. Dans ces conditions, la République Française est l'alliée naturelle du Tsar; de même, le Roi Très Chrétien était l'allié du Grand-Turc, sans qu'aucun des deux songeât à embrasser la foi de l'autre. Cette alliance ne pouvait pas ne pas se faire, étant donnée la direction prise par la politique allemande. Il convient d'ailleurs d'ajouter qu'elle ne survivrait pas un jour à la réconciliation des deux « peuples de civilisation » occidentaux.

*
* *

Mais enfin, nions, pour un instant, l'évidence même. Admettons, comme une chose toute naturelle, que nous aidions notre spoliateur à se défendre contre une puissance formidable dont il a tout à craindre, et nous rien. Pour arriver à ce résultat, on suppose sans doute que nos voisins auront payé d'un bon prix une alliance aussi désirable, aussi peu rationnelle.

Ici, M. Kœttschau se montre candide. On donnerait en mille la compensation qu'il nous offre.

Il est savant en histoire, le lieutenant-colonel. Moins toutefois que M. von Pfister, car ses arguments ne remontent qu'au partage de l'empire de Charlemagne. Aussi ne considère-t-il pas comme germanique le bassin de la Seine tout entier, et se contente-t-il d'admettre pour légitime la re .dication de la Meuse. Très conciliant, d'ailleurs, il fait remarquer aux deux peuples que tous deux sont de sang trop croisé pour pouvoir considérer leur rivalité comme une lutte de races entre Gaulois et Germains; il fait appel au souvenir glorieux, mais archaïque, de l'empereur Charlemagne qui les avait unis sous son sceptre (en guerroyant, si je ne me trompe, contre les Germains restés purs, Saxons et Normands); et, pour conclure..... Mais ici, il est bon de traduire textuellement :

L'Allemand doit oublier la frontière de la Meuse, comme le Français celle du Rhin.

Et voilà donc un exemple d'Allemand conciliateur! La France renoncera à l'Alsace-Lorraine, et défendra son ennemie contre son amie; moyennant quoi l'Allemagne consent à ne pas nous réclamer Verdun, Toul, Nancy, Épinal et Besançon !

*
 * *

Et pourtant, l'Allemagne n'échappe pas à la loi commune des sociétés. Le passage de la civilisation guerrière à la civilisation pacifique et industrielle s'y effectue, plus lentement que dans l'ouest de l'Europe, mais plus rapidement qu'à l'est. Déjà son gouvernement, le plus militairement offensif que l'on puisse concevoir, est obligé de compter dans une certaine mesure avec l'opinion publique, et de se déclarer uniquement défensif.

Il existe donc, outre-Rhin, des esprits modérés et disposés à admettre l'idée d'un arrangement avec la France. Mais ils sont encore bien clairsemés.

Ou, du moins, peu nombreux sont ceux qui, nourrissant cette pensée, ne la renferment pas prudemment dans leur for intérieur.

Il faut un grand courage civique pour rompre en visière à un préjugé du patriotisme, pour oser dire à ses compatriotes : « Ce que nous avons fait est aussi imprudent qu'injuste ; la morale et l'intérêt s'accordent à nous conseiller d'écouter les réclamations de ceux qu'on nous a instruits à considérer comme les ennemis héréditaires de notre pays » ; et l'on sait que, de tous les courages, le civique est le plus rare. Les procès en haute trahison s'ordonnent facilement, en Allemagne ; et il n'est même pas besoin d'évoquer de telles extrémités : en tous lieux, une poignée de chauvins suffit à terroriser une foule de vrais patriotes. « Dix personnes qui parlent font plus de

bruit que dix mille qui se taisent, a dit Napoléon;
voilà le secret des aboyeurs de tribune. »

Aussi faut-il noter précieusement les symptômes
favorables qui se produisent de temps à autre en
Allemagne, et leur attribuer une grande valeur. Pour
un homme qui ose parler hautement de conciliation,
combien n'en est-il pas qui l'approuvent en silence,
et voteraient pour lui, le cas échéant, à condition
que le scrutin fût secret ! Et, depuis quelque temps,
le nombre de ces manifestations croît lentement, et
d'autant plus sûrement.

Mais combien caractéristique est la prudence d'expression qu'elles revêtent ! Il faut, surtout au début
de ce mouvement, savoir se contenter de peu. Les
autorités sont là qui veillent, et les journalistes officieux, et les associations de vétérans, et les savants
professeurs. Il a fallu un grand courage à un journal
wurtembergeois, le *Neue Alb-Bote*, pour imprimer,
en juin 1891, les lignes suivantes :

Au fond, l'Alsace-Lorraine est la seule pomme de discorde qui empêche les deux grandes nations civilisées de
conclure une paix durable. Il faut le dire, l'Allemagne,
ayant été victorieuse, devrait généreusement aller au-
devant de la France, et amener, de quelque façon que ce
soit, une entente. Nous ne voulons pas dire précisément
que l'Allemagne devrait rendre à la France l'Alsace-Lorraine, en échange d'une bonne colonie ou de quelques
milliards, parce que les habitants de ces deux pays
inclinent à se réunir de nouveau avec leur ancienne
patrie; mais il doit être permis de soulever et de discuter
cette question sans froisser le sentiment national.

Cet article faisait allusion aux projets d'échange

soulevés par M. Tallichet[1], mais ne tomba pas sous
ses yeux ; car, plus tard, le même auteur, revenant
sur cette question[2], ne citait que trois journaux
allemands ayant discuté ses idées : la *Gazette nationale,* pour les déclarer « naïves » ; la *Post,* qui trouvait
« inutile de rêver à des concessions », enfin la libérale
Gazette de Francfort, qui écrivit :

> Il est difficile qu'un accord puisse se faire. Ce qui est
> à espérer, le voici : que l'état de choses présent puisse être
> maintenu le plus longtemps possible sans aboutir à une
> catastrophe, et qu'après un certain temps *la chose im-
> prévue,* cette troisième alternative qui, si souvent dans
> l'histoire du monde, est tombée du ciel, survienne ici
> encore. En attendant, on peut toujours continuer à dis-
> cuter. S'il n'en résulte pas beaucoup de bien, en tout cas
> il n'en sortira aucun mal.

Ce langage représente certainement le maximum
de ce qui peut se dire aujourd'hui en Allemagne,
quand on ne se soucie ni de faire de la prison, ni de
passer pour un énergumène ou même pour un traître.
C'est déjà beaucoup, que d'attendre de « la chose
imprévue » le salut que la majorité des Allemands ne
voient encore que dans le recours aux armes. C'est
beaucoup aussi, que d'accorder qu'on puisse toujours
continuer à discuter: tant d'Allemands n'admettent
même pas qu'on puisse commencer à le faire !

Mais où la *Gazette* se trompe, c'est quand elle ajoute
qu'il ne pourra résulter aucun bien de ces discussions.
Elles ont été absolument impossibles pendant un

---

[1] *Revue Suisse*, janvier 1892.
[2] *Revue Suisse*, mars 1892.

temps ; maintenant, on ne s'étonne déjà plus qu'elles soient parfois soulevées ; elles deviendront de plus en plus fréquentes, et finiront par habituer les deux nations à débattre leurs intérêts vitaux autrement qu'à coups de canon.

***

Parmi les symptômes les plus intéressants de l'état actuel de l'Allemagne, il faut noter le succès obtenu par le roman : *Die Waffen nieder !* (*A bas les armes !*), par Mme la baronne Bertha von Suttner[1], succès qui détermina l'auteur à fonder une revue mensuelle sous le même titre. Autrichienne par son mariage et sa naissance, et habitant l'Autriche, Mme von Suttner a compris que ce n'était pas dans sa patrie qu'il importait le plus de crier : *A bas les armes ;* elle a eu le courage d'attaquer le mal à sa racine : son roman a paru à Dresde, et c'est à Berlin même que s'édite sa revue.

L'objet de cette publication si recommandable est de créer dans les pays de langue allemande une puissante agitation en faveur de l'arbitrage international, comme celle qui a si bien réussi en Danemark. De crainte d'éparpiller les efforts (et peut-être aussi de choquer trop ouvertement les préjugés nationaux), ses discussions ont un caractère exclusivement général, et évitent, de parti pris, de toucher aux questions brûlantes de la politique européenne. Mme de Suttner et plusieurs de ses collaborateurs s'en sont expliqués à diverses reprises.

---

[1] Neuf éditions rapidement enlevées, voilà qui est rare pour un roman en deux volumes in-8°!

Il est permis, dans l'intérêt même de la Revue et de sa cause, de regretter cette abstention qui, si elle se prolonge, finira par donner à ce recueil un caractère par trop académique. A côté de la science pure, il y a la science appliquée, qui ne mérite pas moins d'attention. A côté d'articles abstraits et philosophiques sur l'application future de l'arbitrage aux différends qui pourront s'élever un jour entre les nations, on aimerait à trouver des études dans lesquelles les principes du droit de l'avenir seraient impartialement appliqués aux difficultés présentes ; il semble vraiment que ces dernières soient les plus urgentes et les plus intéressantes.

Quoi qu'il en soit, on ne rencontre donc pas dans ce recueil de documents relatifs à la question alsacienne, qu'on serait si naturellement tenté d'y chercher ; il ne touche qu'indirectement à ce problème, en ce sens que, parmi les lecteurs gagnés à la cause de l'arbitrage futur, on peut espérer en trouver qui ne reculent pas devant l'idée d'un arbitrage appliqué aux difficultés de l'heure présente.

J'y ai trouvé cependant quatre allusions à la question alsacienne, mais il en est au moins trois, sur ce nombre, qui pourraient tout aussi bien être dues à M. de Bismarck, car elles se résument dans son adage : *Beati possidentes*.

C'est d'abord M. Carneri (avril 1892), qui estime que tout doit pouvoir s'arranger moyennant « une union douanière, grâce à laquelle l'Alsace-Lorraine cesserait d'être complètement séparée de la France ». Voilà un merveilleux traité de commerce !

Quant à l'écrivain qui signe Otto Humanus (août 1892), c'est un bon élève de Daniel et de Treitschke :

L'Alsace et la Lorraine sont de vieilles provinces allemandes, des filles enfantées dans la douleur, que l'Allemagne doit préserver de tout mal, et non une marchandise échangeable..... Les Français semblent oublier qu'elles ne sont pas un domaine privé, mais bien une terre impériale allemande, que le nord et le sud de l'Allemagne ont des droits égaux sur cette population reconquise au prix de sacrifices énormes en or et en sang.

Chose étrange, M. Humanus — j'allais dire Germanicus ! — ne s'aperçoit pas qu'il traite précisément ces provinces en marchandise, en domaine privé, puisqu'il parle de « droits » acquis sur leurs habitants. Il « croit » qu'un « grand nombre » de ces derniers s'opposeraient à la rétrocession, et que « leur majorité » se soucient peu de savoir à qui ils payent leurs impôts. Puisqu'il ne fait que le croire, que ne propose-t-il de le leur demander ? Pourquoi dire qu'en cas de rétrocession les mêmes raisons que nous invoquons aujourd'hui militeraient en faveur de l'Allemagne ? Il n'en serait évidemment pas ainsi, au cas où le retour à la France serait motivé par la volonté dûment constatée des habitants.

Enfin, en août 1893, un auteur anonyme rend compte de la brochure : *1893, Guerre ou paix*, et forge, pour qualifier les Français qui demandent la rétrocession de l'Alsace-Lorraine, l'expression, d'ailleurs assez jolie, d' « hyperpatriotes ».

Une seule fois, si je ne me trompe, la direction de la Revue est sortie de sa réserve pour faire une allusion aux questions pendantes, et cela dans les termes les plus satisfaisants, au moins en principe.

M. Gustave Willmer, auteur d'une brochure sur les *Voies et objectifs de la civilisation allemande*, avait envoyé son travail au maréchal de Moltke. En le remerciant, ce dernier lui écrivit, le 23 mars 1891, l'intéressante lettre qui suit :

En ce qui concerne la paix universelle vous indiquez à merveille, page 87, le point duquel dépend le maintien du statu quo.

Tant que la France ne reconnaîtra pas ce dernier, il ne nous restera qu'à armer pour le défendre. Assurément, si la France et l'Allemagne arrivaient à s'entendre, je verrais là une garantie de paix, telle que je n'en attends d'aucune convention d'arbitrage.

Die Waffen nieder (septembre 1892) reproduit cette fameuse page 87. On y lit que, sauf quelques minorités de mécontents, les peuples n'aspirent qu'à la paix ; et l'auteur ajoute :

Nous ne devons pas compulser nos vieux livres de comptes, pour évaluer anxieusement les droits et les torts, le doit et l'avoir, si nous voulons cesser d'alimenter les vieilles haines... Il faut tirer un gros trait sous le bilan politique des nations. Il faut accepter comme intangible ce que la Providence a réglé avec ou sans notre faute, et apprendre à oublier et à pardonner.

Il serait en effet bien aimable aux Allemands de nous pardonner, comme M. Kœttschau est disposé à le faire, de posséder encore une partie de la Lorraine. Mais nous avouons ne point partager cette admiration pour le *statu quo*. Mme de Suttner a mille fois

raison de faire suivre de cette remarque la citation
de M. Willmer :

Nous sommes aussi de l'avis qu'il faut tirer un gros trait
sur le livre des comptes. Mais c'est le fait d'un traité de
réconciliation. La réconciliation doit être précédée de
concessions *réciproques*[1]. Le gros trait doit barrer des prétentions des deux parties, et non fortifier celles de l'une
pour annuler celles de l'autre.

Il est dommage que cette déclaration soit ainsi
formulée incidemment, sous la rubrique, secondaire
dans une revue, de la correspondance. Mme de Suttner
me pardonnera d'insister ici sur la critique que je
me suis permis d'émettre plus haut, au sujet du
caractère trop théorique de sa publication : l'iniquité
qui a produit la tension politique actuelle de l'Europe
doit être envisagée en face, que dis-je, elle doit être
flagellée, dans un recueil qui a pour objet d'assurer
la paix de l'Europe.

C'est un devoir, pour les amis de la paix, de déclarer qu'un *statu quo* créé et maintenu par la force
n'est pas la paix, parce qu'il entretient les douleurs
et les ressentiments, et qu'il n'y a paix entre les nations que quand il y a respect du droit et libre consentement réciproque.

Ce ne sont pas, je pense, des « hyperpatriotes »,
les fondateurs de la *Société française de l'arbitrage
entre les nations*[2]. Les noms respectés de Frédéric

---

[1] Souligné dans le texte.
[2] Cette société, fondée en 1890, est l'ancienne *Société française des amis de la paix*, qui a remplacé après 1870 la *Ligue
internationale de la paix*, de 1867.

Passy, Siegfried, Richet, Berthelot, Duruy, Guillaume, Jules Simon, sont les premiers dont se réclament, en tous pays, les amis de la paix. Or, que disent-ils ? « Nous n'abandonnons rien, nous n'amnistions rien, nous n'oublions rien... Nous maintenons avec une persistance dont la modération même atteste l'énergie, la revendication incessante du droit contre la force. » — Il est inutile de crier à bas les armes, si l'on ne se place pas sur ce terrain.

Reste à savoir quelle influence pourra exercer sur nos voisins, malgré cette lacune, la Revue de Mᵐᵉ de Suttner. Sa remarquable impartialité permet de faire, à cet égard, quelques constatations fâcheuses. Mᵐᵉ de Suttner a reçu les lettres d'adhésion les plus chaleureuses d'hommes politiques éminents de l'Europe entière, sauf d'Allemagne. Elle a été plaisantée assez lourdement, et ce n'est qu'en Allemagne qu'on a eu ce mauvais goût; on regrette de pouvoir citer, comme l'auteur d'une de ces inconvenances M. Félix Dahn, l'écrivain et professeur de droit (!) bien connu. Enfin la Revue ouvre libéralement ses colonnes aux partisans de la guerre, pour qu'ils puissent y défendre leurs idées; tandis que tous les pays d'Europe, et même la Chine, fournissent une multitude de lettres et de citations en faveur de la paix, l'Allemagne seule a le triste honneur d'alimenter la rubrique : « Pour la guerre[1] ».

---

[1] Dans ce sens, la palme me semble appartenir à M. A. Kraus (livraison de mai 1893); ses raisons sont telles, qu'on est tenté de croire à une gageure ou à une démonstration par l'absurde, due à un adversaire de la guerre.

Mais si les hommes d'État et les professeurs allemands conservent leur intransigeance guerrière, il est juste de reconnaître que la vaillante Revue a reçu, dans la presse des pays de langue allemande, un accueil qui est loin d'être décourageant. Son numéro de janvier 1893 contient une liste de 98 journaux, dont les appréciations se partagent comme il suit : 52 lui sont favorables, 19 sont sceptiques, sans faire d'opposition de principe, 27 lui sont franchement hostiles. Parmi ces derniers, aucun autrichien, mais naturellement toute la série des reptiles officieux d'Allemagne, tels que la *Gazette de Cologne*, la *Gazette de l'Allemagne du Nord*, la *Post* de Strasbourg.

Il semble donc que Mme de Suttner ait le droit de se réjouir des premiers résultats qu'elle a obtenus sur l'opinion publique indépendante. Elle y trouvera un encouragement à continuer la croisade pour laquelle nous lui adressons, de France, nos respectueuses félicitations.

* * *

Sur les quatorze lettres d'Allemagne qui ont formé la fameuse consultation du *Figaro*, il s'en trouve deux de conciliantes (car je ne compte pas comme telles les paroles sybillines de MM. Bebel et von Vollmar). Ce sont les réponses de MM. Ludwig Pfau et Otto von Muller.

Le premier est un poète et critique d'art, qui résout la difficulté de cette manière primitive qu'on appelle familièrement couper la poire en deux : il admettrait, dans certaines circonstances, la restitution de la Lor-

raine, mais considère l'Alsace comme indissoluble-
ment liée à l'Allemagne. Je reviendrai, en passant en
revue les diverses solutions qui ont été proposées,
sur le malentendu qui a donné naissance à cette offre
inadmissible.

Parmi toutes les sommités intellectuelles de l'Allemagne auxquelles s'était adressé le journal parisien,
M. le professeur von Muller a seul envoyé une réponse empreinte d'une bonne volonté aussi entière
que loyale.

Si, dit-il, la France donnait des garanties sérieuses et
commençait à désarmer, il conviendrait d'examiner sérieusement la question de la rétrocession de l'Alsace-Lorraine,
car alors seulement la paix du monde serait assurée.

M. von Muller « prétend, dit le *Figaro*, nous exposer en toute franchise la manière de voir du monde
savant auquel il a l'honneur d'appartenir ». Plût au
ciel ! Malheureusement, dans cette même consultation, nous voyons le grand Helmholtz décliner toute
compétence en la matière, avec une humilité vraiment trop inattendue pour n'être pas voulue. Et
d'autre part, M. Louis Büchner, le pontife du matérialisme allemand, s'abaisse au plus vulgaire chauvinisme en déclarant que « l'Alsace-Lorraine, tombée
par trahison entre les mains françaises, et redevenue
allemande après effusion de sang allemand, doit
rester allemande ». Et le sang français, *et le sang
alsacien*, versés pour la défendre, prouvent-ils aussi
qu'elle « doit » rester allemande? Il est vrai que
M. Büchner ajoute que « la France, pour cela, n'a

pas perdu de sa considération ; au contraire, l'annexion de l'Alsace-Lorraine lui a permis de se débarrasser des Napoléons, dont l'esprit de conquête était un danger permanent pour la paix européenne » ! M. le professeur est bien bon. Tout porte à croire que nous nous serions débarrassés de Napoléon III sans l'aide des Allemands ; nous en avons fait tomber bien d'autres depuis cent ans, et c'est justement à cause de l'imminence de sa chute qu'il s'est aussi facilement laissé entraîner à la guerre. Et enfin, puisqu'il a perdu son trône et que ses héritiers sont en exil, puisque avec eux a disparu « l'esprit de conquête, danger permanent pour la paix européenne », pourquoi refuser d'entrer en arrangement avec nous ?

Malgré l'abstention d'un Helmholtz et l'ironique brutalité d'un Büchner, il faut espérer, pour l'honneur du monde savant de l'Allemagne, que ses sentiments sont mieux représentés par M. von Muller. Cela est vraisemblable, d'ailleurs. On a peine à concevoir qu'un esprit voué au but le plus noble qui soit sur terre, à la recherche de la vérité, soit accessible aux idées de haine, d'oppression et de guerre. Il ne suffit même pas de refuser de se prononcer ; quels que soient ses intérêts particuliers, un savant a le devoir de proclamer le vrai, le Verbe libérateur. Un savant est un apôtre : pour lui, se taire, c'est déserter.

Puissent ces lignes tomber sous les yeux de quelques-uns de ces hommes supérieurs, et les déterminer à élever la voix, si limitée que puisse être leur sphère d'action ! Encouragés, entraînés par leur exemple, leurs compatriotes les plus cultivés oseront bientôt s'avouer qu'une grande injustice ne saurait être un appui solide pour un État.

Et qu'on n'argue pas de la difficulté de la tâche : à l'origine de toutes les grandes manifestations de la conscience universelle, on trouve la prédication de quelques penseurs convaincus.

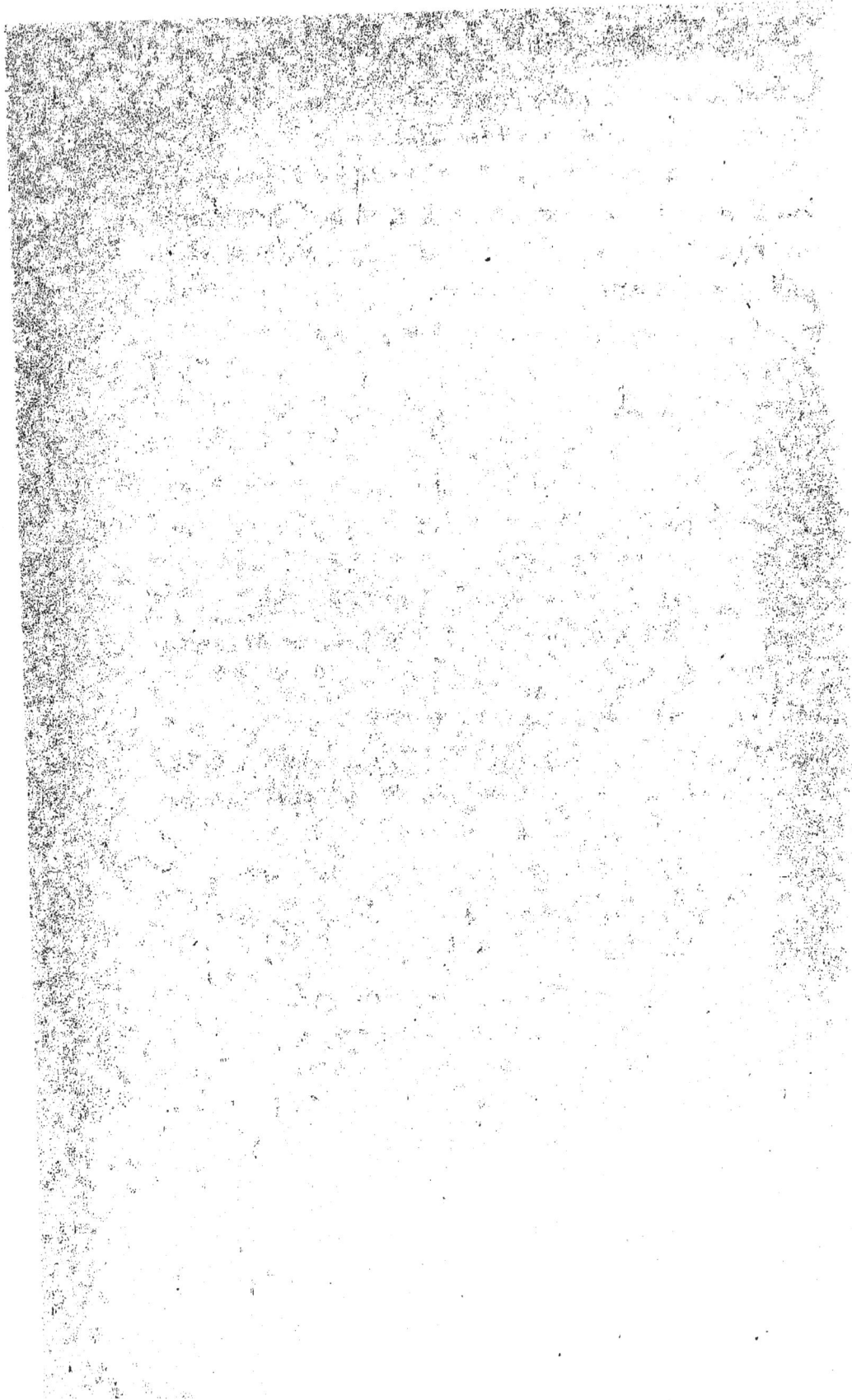

CINQUIÈME PARTIE

PROPOSITIONS BOITEUSES

Le rachat ou l'échange. — Le point d'honneur; l'Alsace et le
Brandebourg ont été jadis payés à prix d'or. — Il faut davantage. — Le démantellement. — La lettre de Mgr Freppel au
Pape. — Les dépouilles de l'Angleterre. — Rétrocession de Metz
seule. — L'État neutre d'Alsace-Lorraine. — Les pays neutres
à la fin du XIXᵉ siècle. — Une seconde Bulgarie. — L'Alsace-
Lorraine au Pape et la vieille diplomatie. — La neutralité
provisoire. — La confédération d'États-tampons. — Ne
pas recommencer la faute des petits-fils de Charlemagne.

La première idée, et en même temps la plus simple qui puisse venir à l'esprit, quand on cherche un
arrangement pacifique satisfaisant pour les deux parties, est celle qui consiste à offrir à l'Allemagne une
compensation, pécuniaire ou coloniale, ou à la fois
pécuniaire et coloniale, en échange de l'Alsace-Lorraine; le principe une fois admis, on aurait sans
doute vite fait de s'entendre sur la quotité de cette
compensation.

J'ai déjà fait allusion aux deux propositions qui
ont été faites dans ce sens par M. Waldteufel et

M. Tallichet. Le premier a défendu, vers la fin de 1891, dans la presse française, l'idée du rachat à prix d'argent. Peu après, M. Tallichet exprimait à plusieurs reprises, dans la *Revue Suisse*, l'opinion que la restitution pourrait se faire en échange d'une colonie, telle que le Tonkin ou Madagascar.

Cette idée apparut à M. Waldteufel comme une dangereuse « altération de sa pensée ». Pour lui « la France peut, sans déroger, payer une nouvelle rançon, mais ce serait déchoir une seconde fois, que d'abandonner une portion de son territoire, même colonial ». Il revint à la charge, s'adressant cette fois non au public français, mais aux socialistes allemands. Il ne le faisait pas d'ailleurs par communion d'idées avec ces derniers. Il voulait simplement les contraindre à l'aider dans sa propagande, ou bien à avouer leur impuissance ou leur mauvaise volonté. On a vu qu'il n'arriva qu'à leur faire ainsi lever le masque.

Rebuté de ce côté, M. Waldteufel se tourna vers l'empereur Guillaume II, auquel il adressa son curieux *Mémoire pour la rétrocession de l'Alsace-Lorraine*.

Je dois dire d'abord que je ne puis saisir la différence que M. Waldteufel voit, au point de vue de l'honneur national, entre un paiement en or ou en terres, du moment qu'il est bien entendu que ces dernières sont des colonies. Le territoire continental de la République, celui-là doit être sacré pour nous. Mais ce n'est point parce qu'il est un territoire, c'est parce qu'il est habité par des Français. En d'autres termes, ce n'est pas le sol qui est inaliénable, ce sont ses habitants civilisés. De longtemps encore, les peuples européens ne pourront établir aucune assimilation entre eux-mêmes et les populations indigènes de leurs colonies, qu'aucune nation ne songe d'ailleurs à régir par ses propres lois. Tant que ces populations n'auront pas été élevées à notre niveau de civilisation, il sera naturel d'appliquer à leurs territoires les anciennes idées relatives aux cessions par conquête, échange ou achat. Elles-mêmes se soucient peu d'être gouvernées par telle ou telle nation d'Europe; conçoivent-elles seulement les différences qui les séparent?

D'un autre côté, il n'est guère sérieux de dire que les Alsaciens-Lorrains seraient peu flattés d'être échangés contre des Malgaches ou des Tonkinois. Ils ne seraient d'ailleurs pas échangés contre ces peuples. C'est leur territoire qui le serait. Les Allemands ignorent l'existence des Alsaciens-Lorrains en Alsace-Lorraine; le Reichsland est pour eux une chose dont ils ont cru avoir besoin. Le jour où ils se décideront à renoncer à cette chose, ils en accepteront une autre en échange. Et les Alsaciens-Lorrains demandent précisément que nous trouvions cette compensation qui déterminera leur délivrance.

Je ne vois donc pas que l'on soit en droit d'établir une distinction sentimentale entre une compensation coloniale et une pécuniaire. La meilleure sera celle que les Allemands accepteront.

*
* *

Cela posé, je prie ceux qui ont un haut-le-corps à

la seule idée d'un rachat à prix d'argent, de se reporter au *Mémoire* de M. Waldteufel ; ils y trouveront amplement de quoi rassurer leur conscience.
M. Waldteufel est un écrivain d'une rare érudition,
capable de rendre des points, pour les patientes
recherches historiques, à maint docteur d'outre-
Rhin. On serait même tenté de le trouver trop érudit,
s'il n'était piquant de le voir combattre les Allemands avec leurs armes de prédilection, et consacrer
196 pages de petit texte aux origines de la question
alsacienne, depuis l'invasion des Barbares jusqu'au
traité de Verdun seulement! Heureusement pour le
lecteur français, le premier tiers de son ouvrage
contient des arguments moins poussiéreux.

Or donc, M. Waldteufel n'a pas eu de peine à détruire l'objection que le point d'honneur peut élever
contre le rachat à prix d'or. Pour cela, il feuillette
l'histoire de l'Europe moderne, et y relève plus de
vingt précédents de rachats de ce genre. Et parmi les
signataires de ces conventions, il trouve Jean II et
François Ier, « les deux figures les plus chevale-
resques de notre histoire », Louis XIV et Napoléon,
« ces incarnations de l'orgueil ». Enfin, il soumet
aux Français et aux Allemands deux faits qui sont
bien de nature à leur prouver « que l'or n'est pas
toujours pour déshonorer ce qu'il touche ».

Le premier est que l'*Alsace a déjà été payée en
argent, en 1648* :

L'empereur d'Allemagne reçut en effet, au traité de
Münster, en outre de *treize millions*, dont lui fit remise
l'Électeur palatin pour rentrer dans ses possessions, sauf

le Haut-Palatinat, *trois millions de la France, en indemnité de l'Alsace.*

Le second fait, non moins intéressant, est que *Frédéric VI de Hohenzollern a acheté, en 1417, le Brandebourg,* c'est-à-dire le berceau de la Prusse. A plusieurs reprises, il avait prêté des sommes importantes à l'empereur Sigismond, qui avait remis entre ses mains le Brandebourg, *à titre de nantissement.*

Ne pouvant le rembourser, Sigismond lui conféra la propriété du margraviat, avec la dignité électorale qui s'y rattachait, et le titre d'archichambellan de l'Empire. Le nouvel Électeur, investi solennellement en 1417, à la diète de Constance, prit le nom de Frédéric Ier.

C'est donc tout simplement à « une opération de banque heureuse » que les Hohenzollern doivent la fondation de leur grandeur [1].

Quand j'aurai, conclut M. Waldteuffel, aux héroïques des deux côtés, remémoré ces faits, je me flatte qu'ils s'apaiseront et laisseront le patriotisme bien entendu, d'Allemand et Français, poursuivre son œuvre, déjà si difficile, sans l'embarrasser encore d'un don quichottisme qui, s'il prévalait, pourrait coûter la vie à deux millions d'hommes, et l'indépendance au peuple vaincu.

⁂

Cependant il s'est trouvé en France, comme on l'a vu plus haut, quelques journaux pour protester contre

---

[1] Il est intéressant de constater que les ouvrages allemands ont une tendance à escamoter ce marché, en disant que Frédéric reçut le Brandebourg « en récompense des services qu'il avait rendus à l'empereur » *(Meyer's Konversations-Lexikon).* Le « service » méritait d'être défini plus complètement.

un semblable marché. La seule excuse qu'on puisse leur trouver, et peut-être aussi la raison secrète de leur grande indignation, est qu'ils se livraient à une discussion purement académique. Il est permis d'espérer qu'ils se montreraient moins ombrageux, si des négociations de ce genre prenaient corps : on ne les imagine pas, au cas où l'Allemagne se prêterait à cette combinaison, soutenant sérieusement qu'il vaudrait mieux lui déclarer la guerre, pour le seul plaisir de faire tuer quelques centaines de milliers d'Allemands..... et autant de Français. Et surtout, on ne voit pas le peuple français s'associant à leur folie. Jacques Bonhomme leur ferait comprendre, avec toute l'énergie qu'il sait mettre dans l'expression de sa volonté, qu'il ne tient nullement à en découdre par amour de l'art ; il sait qu'une mauvaise transaction vaut mieux qu'un bon procès, et cette transaction-là lui apparaîtrait comme excellente de tous points.

C'est en Allemagne que cette proposition rencontrerait une opposition violente ; non qu'il manque là-bas de gens capables de s'en accommoder, mais ils ne sauraient être qu'une infime minorité.

Je ne veux pas dire par là que l'Allemagne soit irrémédiablement acquise aux déclamations des chauvins, pour qui la possession d'un hectare de terrain correspond nécessairement à un certain nombre de litres de sang versé ; s'il en était ainsi, je n'aurais qu'à me taire, car je n'écris évidemment pas pour ces gens-là. Et d'ailleurs, en supposant qu'une proposition de rachat vienne à être discutée sérieusement, j'admets implicitement que, de part et d'autre, les chauvins ont été réduits à l'impuissance.

En parlant d'une opposition violente, je tiens compte, au contraire, des sentiments d'hommes placés au-dessus de ces préjugés, dévoués à la paix, mais légitimement soucieux de la sûreté de leur patrie.

Les Allemands ont été si complètement imprégnés de l'idée que notre tempérament batailleur nous emportera toujours à les attaquer gratuitement, que la moindre concession de leur part leur apparaît comme le plus gros des dangers ; ils sont convaincus qu'elle serait interprétée par nous comme un signe de faiblesse, et nous exciterait à partir immédiatement en guerre.

Il est bien certain que leur erreur est complète, sur ce point. Nous en appelons avec confiance au témoignage de tout étranger désintéressé qui a vécu quelque temps parmi nous. Le peuple français est fidèle à la devise que la République s'est choisie : *Pax et labor*. Et ce fonds de générosité expansive, cette propension à l' « emballement » qui le caractérisent font que l'Allemagne, en lui restituant librement l'Alsace-Lorraine, se couronnerait à ses yeux d'une gloire incomparable.

Mais nous avons beau être pénétrés de ces sentiments, peu importe leur sincérité, si ceux avec qui nous devons traiter n'y croient pas. Il est impossible de ne pas tenir compte de l'opinion qui est si solidement enracinée chez les Allemands ; il n'y a rien à faire, si nous ne parvenons pas à la détruire. Et pour cela, il faut, en plus d'une compensation matérielle, leur fournir un gage de nos dispositions pacifiques.

* *

Cette nécessité a déjà été comprise chez nous. Si bien même, que d'aucuns sont allés, du premier coup, au delà du but, et ont envisagé des concessions vraiment inadmissibles ; tant il est vrai qu'on ne songe, en France, qu'aux moyens d'instituer une paix assez équitable pour être définitive..

C'est ainsi qu'on a proposé de ne rétrocéder à la France qu'une Alsace-Lorraine rendue inoffensive pour l'Allemagne par le démantellement de ses forteresses.

L'idée est fort juste en elle-même. Avant 1870, les Allemands ne se doutaient guère que Strasbourg fût un danger pour eux ; et le peu de peine qu'ils ont eu à s'en emparer montre bien que ces craintes eussent été chimériques. Mais depuis, leurs militaires leur ont appris que ces vieux remparts surannés et sans canons étaient une menace permanente pour leur indépendance, et ils ont fini par en être convaincus. Dès lors, si jamais ils doivent nous rendre de plein gré l'Alsace-Lorraine, nous ne saurions prétendre à ce qu'ils nous livrent aussi les ouvrages formidables dont ils l'ont hérissée.

Seulement, tout le raisonnement peut se retourner. Tout pacifiques que nous sommes, nous concevons fort bien que les Allemands nous demandent de leur prouver nos bonnes intentions autrement que par des phrases éloquentes : de même, plus les Allemands seront pacifiques de leur côté, et plus ils devront admettre que nous désirions aussi recevoir des garanties du même ordre.

Un démantellement de forteresses est le gage d'une situation pacifique, s'il est exécuté d'un commun accord, de part et d'autre d'une frontière ; deux États qui établiraient volontairement une servitude de ce genre, chacun sur son territoire, désarmeraient toutes les préventions. Mais il n'en est plus de même si l'on restreint ainsi la souveraineté d'un État, sans lui offrir d'autre part, en compensation, des mesures analogues ; dans ce cas, les places démantelées sont, sur son territoire, la preuve permanente, non de sa bonne volonté, mais bien de la suspicion où on le tenait ; et témoigner à quelqu'un de la méfiance, c'est l'humilier, mais, à coup sûr, ce n'est pas se le concilier. M. de Bismarck a fait remarquer, non sans raison, que l'obligation de raser les fortifications de Huningue nous avait paru une des conditions les plus dures des traités de 1815 ; et pourtant Huningue n'était qu'une méchante bicoque [1].

---

[1] M. de Bismarck a rappelé cet épisode dans son discours du 2 mai 1871, lors de la première délibération du Reichstag au sujet de l'annexion ; il l'opposait à ceux qui étaient sagement d'avis de se contenter d'une grosse indemnité et du démantellement des places d'Alsace-Lorraine.

Le fait était exact, mais M. de Bismarck en a tiré des conséquences absurdes. De ce que cette condition nous eût paru très pénible, il ne s'ensuit pas qu'il fût « plus pratique, dans l'intérêt du maintien de la paix », de nous en imposer une mille fois plus dure.

En fait, il y avait à ce moment cinquante-six ans que le traité de Vienne était signé, et depuis longtemps le démantellement de Huningue était oublié en France. Or, quelle raison y a-t-il de supposer qu'après le même laps de temps, c'est-à-dire en 1927,

*
* *

On voit donc l'insuffisance de la proposition qui a
été émise en 1887 par Mgr Freppel, sous la forme
d'une lettre ouverte adressée au Pape[1], et qui, plus
ou moins modifiée, a été reprise depuis par M. Tallichet et par M. Goblet d'Alviella. Le célèbre prélat,
au grand patriotisme duquel on doit rendre hommage même quand on ne partage aucune de ses
autres opinions, estimait que le Saint-Père pouvait
utilement offrir sa médiation sur les bases suivantes :

1° Rétrocession de l'Alsace-Lorraine à la France,
moyennant une indemnité de cinq milliards de francs
à payer à l'Allemagne ;

2° Faculté pour cette dernière de détruire les travaux de fortification exécutés depuis 1870 en Alsace-
Lorraine ;

3° Traité de paix comprenant un désarmement réciproque, dont les conditions seraient fixées d'un commun accord.

Outre l'objection de principe qui vient d'être indiquée, cette proposition appelle encore quelques cri-
tiques de détail. Ainsi, la somme de cinq milliards
est fort discutable. De ce que nous l'avons payée
sans trop d'efforts il y a vingt ans, il ne s'ensuit pas
qu'elle ne soit point exorbitante, et qu'on doive

---

l'Alsace-Lorraine et la France auront renoncé à un iota de leur
protestation ? Elles n'en prennent pas le chemin.

[1] Cette lettre est reproduite à la fin de la brochure : *1893,
Guerre ou paix.*

prendre désormais l'habitude de considérer cinq milliards de francs comme l'unité normale de compte, de puissance à puissance. Il y a même là plus qu'une question de plus ou de moins. Si l'Allemagne consentait à nous rendre l'Alsace-Lorraine, nous lui devrions une compensation, que nous tiendrions certainement à honneur de calculer largement, sans marchandages mesquins. Mais nous ne lui devrions pas une nouvelle amende. Or, une somme de cinq milliards représenterait au contraire, par son énormité, une amende plutôt qu'un dédommagement. En vérité, le plus grand service que l'on pourrait rendre aujourd'hui à l'Allemagne serait de la débarrasser des charges et des soucis que lui cause la garde de l'Alsace-Lorraine; ce serait passer la mesure que d'y ajouter une indemnité aussi forte que celle par laquelle on a prétendu nous châtier et même nous ruiner en 1871 !

D'autre part, la faculté, laissée à l'Allemagne, de démolir les fortifications, devrait être remplacée par l'obligation de le faire, assumée par la France. Car il serait inadmissible, une fois la restitution décidée, que le pays restât occupé provisoirement par les Allemands pendant les quelques années que dureraient ces travaux ; ce serait organiser le désordre et décupler les chances de guerre.

Mais ce ne sont là que des détails. L'essentiel est que l'imposition d'une servitude à la France ne suffit pas à faire du rachat ou de l'échange une proposition satisfaisante. Réduite à ces termes, la question est mal posée, et n'aboutit à rien d'équitable.

.*.

Comme type de solution de haute fantaisie, et d'application curieuse du chauvinisme au choix d'une compensation, je citerai celle qu'a donnée, en 1887, une brochure intitulée : *Plus d'Angleterre !* Elle peut se résumer en deux mots : l'auteur anonyme refait la carte du monde, aux dépens de l'Angleterre et de quelques puissances secondaires.

La plus grande partie de l'ouvrage consiste dans l'histoire, fort bien déduite et non moins bien racontée, d'une invasion imaginaire de l'Angleterre par la France. En un mois, l'auteur nous fait obtenir les résultats les plus gigantesques qu'une guerre ait encore rapportés : quatorze milliards d'indemnité (pourquoi quatorze ?), cession de la plupart des colonies et de la flotte anglaises, abandon de l'Égypte, indépendance de l'Irlande, permission de creuser un tunnel sous la Manche, que sais-je ? Aussitôt après, nous commençons à faire sur ce riche butin des largesses au monde entier, ce qui, par parenthèse, prouve que l'auteur est bien français ! Gibraltar et la moitié du Maroc à l'Espagne, Malte et Tripoli à l'Italie, Chypre à la Turquie ; même le Vénézuéla reçoit sa part du gâteau !

Entre temps, la Russie est entrée aux Indes, l'Autriche est tombée en décomposition, l'Allemagne hérite de ses provinces allemandes et envahit la Hollande. Enfin, nous négocions avec l'Allemagne, qui nous rend l'Alsace-Lorraine, démantelée, contre un assez joli choix de colonies anglaises, parmi lesquelles le Cap et la Nouvelle-Zélande. Outre nos provinces reconquises, il nous reste les îles de la Manche, Terre-Neuve, le Canada, les petites Antilles, la Jamaïque, Maurice, etc., etc., une flotte de guerre magnifique, des milliards et des alliés !

Trois années après la défaite des Anglais, la France et l'Allemagne jetaient les bases d'un désarmement réciproque. Les forces de terre de l'armée active ne devaient pas dépasser 200 000 hommes pour chaque nation, chacune restant libre de son organisation militaire. C'est ainsi que les grandes manœuvres de la territoriale persistèrent chez nous pendant quelques années.

Ainsi se termine ce petit roman, réellement amusant à lire, et qui eut en son temps un certain succès, mais sur lequel je me reprocherais d'insister ici.

*
* *

D'après un rapport adressé, le 14 novembre 1879, au ministère des affaires étrangères, par M. de Saint-Vallier, ambassadeur à Berlin [1], M. de Bismarck aurait en partie reconnu sa grande faute de 1871, en disant à ce diplomate :

On détruit une nation si votre force vous le permet ou si votre intérêt vous l'ordonne ; on ne la mutile pas impunément..., et l'histoire, ce grand maître des hommes d'État, nous apprend qu'on a toujours à s'en repentir. En mutilant et en humiliant la Prusse, Napoléon a fait naître les Stein et les Scharnhorst ; en vous enlevant, à vous, Metz et une partie de la Lorraine, l'Empereur, mon maître, et

[1] Cité par le colonel Stoffel.

23

les militaires qui lui ont inspiré cette résolution, ont commis la plus grande des fautes politiques.

Singulier aveu, erreur plus singulière encore! Ainsi, suivant le chancelier, c'est dans la possession de Metz que résiderait tout le litige, dont la responsabilité pèserait sur le seul maréchal de Moltke. Alors que ce dernier proclamait l'Alsace-Lorraine « essentiellement allemande », M. de Bismarck réservait cette qualification à la seule Alsace; dans sa pensée, il n'eût pas été impossible de nous amener un jour à juger comme lui et à faire notre deuil de cette province, si on nous avait laissé Metz!

Il est difficile de supposer M. de Bismarck assez ignorant des choses de France pour croire sérieusement à une invention pareille. Mais quoi qu'il en soit, la distinction qu'il cherche à établir entre la Lorraine et l'Alsace a semblé justifiée à un assez grand nombre d'Allemands aux tendances relativement conciliatrices. On peut citer, dans cet ordre d'idées, M. Ludwig Pfau, auquel j'ai déjà fait allusion, et qui écrivait au *Figaro* ce qui suit :

... Dans toutes les disputes il n'existe qu'une solution pacifique, la transaction.

Je crois que l'unique solution de la question d'Alsace-Lorraine, sans l'aide de canons, serait d'arriver à un partage de l'objet en litige, de façon que les Vosges forment la frontière et que la Lorraine soit rendue à la France [1].

---

[1] On a vu (p. 279) que l'idée de ce partage a été prêtée à Frédéric III. Il paraît que cette invention est périodique, car un écrivain qui signe Lynx croit savoir que l'empereur Guillaume II en a entretenu le Pape, lors de son dernier voyage à Rome (*Figaro*, du 10 juillet 1893)!

Ce sont naturellement encore les préoccupations historiques et le droit du vainqueur sur la terre du vaincu, qui guident M. Pfau : coupables du « rapt de l'Alsace au sein même de l'Allemagne », nous ne pouvons la recouvrer qu'en écrasant notre voisine. Par contre, la Lorraine « n'a été annexée que par des motifs purement militaires, et pourrait être restituée si la France offrait des garanties suffisantes ».

M. Pfau ajoute que cette solution n'a pour le moment aucune chance d'être acceptée, parce que les Allemands la considéreraient comme une haute trahison, et les Français comme un amoindrissement national ; en quoi il ne voit que la manifestation d'un chauvinisme égal de part et d'autre.

En ce qui concerne les dispositions actuelles de la majorité de ses compatriotes, il n'a que trop raison. Mais il se trompe à notre égard, non sur l'accueil que recevrait sa proposition — elle serait, en effet, catégoriquement repoussée, — mais sur les mobiles qui nous guident.

Est-il donc si difficile à un Allemand de comprendre qu'il n'y a pas là, pour nous, une question de territoire plus ou moins diminué, ou de langue parlée par les habitants, ou de situation géographique sur l'un ou l'autre versant des Vosges, et que nous ne considérons pas les Alsaciens comme plus allemands que les Lorrains, pour la simple raison qu'ils ne veulent pas davantage être allemands ? « Partager le différend », c'est la solution de ceux qui ne savent pas le résoudre. Accepter le retour de Metz sans celui de Strasbourg, ce serait trahir la cause des

Alsaciens, que nous livrerions ainsi une seconde
fois sans y être contraints; ce serait mentir aux
principes qui sont notre honneur. Certes, la France
ne commettra pas cette lâcheté, — non plus que les
Messins, qui s'estiment solidaires de leurs compa-
gnons de captivité.

*
* *

Il y a quelques années, un journal parisien, et non
des moindres, émit l'idée que le différend franco-
allemand pourrait se résoudre par la constitution de
l'Alsace-Lorraine en un État indépendant et neutre, à
la manière de la Belgique et de la Suisse. L'auteur de
cette proposition, évidemment animé des meilleures
intentions, y trouvait tous les avantages : délivrance
des Alsaciens-Lorrains; suppression de toute cause
d'inimitié entre la France et l'Allemagne; enfin, séparation définitive des deux nations rivales, par une barrière continue de territoires déclarés inviolables par
l'Europe.

La solution ne satisfit personne. Les Alsaciens-
Lorrains, qui désiraient redevenir français, ne chan-
gèrent point d'avis; les Français persistèrent à
demander qu'on fît droit à leurs aspirations; enfin
les Allemands ne voulurent voir dans cette combinaison que la clause qui leur enlevait leur conquête,
et la trouvèrent fort impertinente.

Malgré cet accueil, l'idée est reprise de temps à
autre[1]. Il s'y trouve en effet quelque chose de spé-

---

[1] Je citerai par exemple l'*Appel à la Presse et à la Diplomatie*, de M. Pasquale Fiore, professeur de droit à l'Université de

cieux, de nature à séduire des esprits sincèrement
pacifiques, mais disposés, en face d'un problème ardu,
à se contenter d'un à peu près. Il n'est d'ailleurs pas
à supposer qu'elle ait jamais grand succès ; mais les
hommes qui recherchent les bases d'un arrangement
sont encore malheureusement trop peu nombreux
pour qu'il leur soit permis de se diviser au profit
d'une opinion mort-née.

En réalité, on ne saurait imaginer une solution
plus dangereuse pour tout le monde. Il est aisé de
voir que son adoption augmenterait de beaucoup les
chances de guerre, bien loin de les diminuer.

*
* *

Un pays neutre ! Il vaut la peine de dissiper les
illusions généreuses que peut faire naître ce mot. On
sait ce que pèse actuellement la neutralité dans la
destinée des peuples, quand elle n'est pas appuyée
sur la force. Ni la Belgique ni la Suisse ne doivent
la sécurité aux traités qui leur garantissent l'indépendance et la paix perpétuelle ; toutes deux savent
que, pour protéger leurs territoires, elles doivent
compter sur leurs armées plus que sur les pactes les
plus solennels.

C'est en effet une belle chose qu'un traité, mais à
la condition qu'on soit de force à en imposer le respect, ou que de puissants alliés aient intérêt à son
maintien ; et cette dernière condition même est profondément humiliante : que reste-t-il d'indépendance

Naples. Cette solution paraît également acceptable à M. Charles
Leser (*Gil Blas*, des 19 et 25 juillet et 6 août 1893), ainsi qu'à
M. de Gubernatis.

à un État dont l'existence dépend du caprice ou de l'intérêt d'une nation étrangère ?

Les traités de 1815, en même temps qu'ils garantissaient la neutralité de la Suisse, avaient constitué la petite république neutre de Cracovie ; dès 1846, république et neutralité étaient supprimées du même coup par l'Autriche, avec l'assentiment de la Prusse et de la Russie, et moyennant une platonique protestation de l'Angleterre et de la France.

Et les Danois, ne peuvent-ils pas témoigner de la fragilité des traités qui garantissent les faibles ? Je n'ai pas besoin, pour cela, de remonter au bombardement de Copenhague, exécuté par les Anglais en pleine paix, en 1807. Quelques dates, plus récentes, parlent assez, par leur seul rapprochement. Le 30 octobre 1864, le vaillant petit peuple est contraint de céder le Schleswig et le Holstein à l'Autriche et à la Prusse coalisées ; en août 1865, la convention de Gastein règle le *condominium* austro-prussien sur ces provinces ; les deux larrons ne tardent pas à se brouiller au sujet de leur prise, et, le 23 août 1866, le traité de Prague attribue le tout à la Prusse seule, mais son article 5 stipule que les populations du nord du Schleswig (pourquoi celles-là seulement ?) seront consultées sur cette annexion : enfin, le 11 octobre 1878, l'Allemagne et l'Autriche, alliées, tombent d'accord pour rayer cet article, qui pourtant ne les intéressait pas seules, et qui était resté lettre morte !

Depuis que l'Allemagne a restauré en Europe le droit du plus fort, ébranlé par les idées françaises, et qu'elle a trouvé des alliés pour l'absoudre, la neu-

tralité des petits pays n'a de valeur, aux yeux de
certains voisins puissants, qu'autant que ceux-ci la
trouvent compatible avec leurs intérêts. Pour nous,
notre intérêt immédiat nous en imposerait le respect,
si nos principes n'y suffisaient pas : la Suisse prolonge
notre rempart des Alpes, et empêche Italiens et Allemands de se donner facilement la main, tandis que la
Belgique couvre plus de la moitié de notre frontière
ouverte. Mais s'il prend fantaisie, par exemple, à nos
ennemis d'opérer leur jonction en Suisse, qui les
empêchera, sinon les Suisses ? Ces derniers savent
bien, d'ailleurs, de quel côté ils sont menacés. L'affaire Wohlgemuth leur a ouvert les yeux ; c'est elle
qui les a décidés à faire la dépense, relativement
considérable, de 20 millions, pour transformer leur
armement ; à telles enseignes que leur fusil modèle
1889 porte dans leur armée le surnom caractéristique
de « fusil Wohlgemuth [1] » !

Les inventeurs de l'État neutre d'Alsace-Lorraine
feront donc bien de ne pas considérer le mot de neutralité comme une panacée. Un grand État reste
neutre tant qu'il le veut ; un petit, tant qu'on le lui
permet.

La question n'est pas d'ajouter un instrument
diplomatique à ceux qui dorment déjà dans les
archives : aussi bien la France et l'Allemagne ont-elles
déjà signé, en 1871, un traité de paix et de cession
perpétuelle, et ne s'en portent-elles pas mieux pour
cela. La question est de se prouver, par de raisonna-

---

[1] *Revue Militaire Suisse*, 13 mai 1893.

bles concessions mutuelles, qu'on ne veut pas se
faire la guerre. Mais si la France et l'Allemagne ne
veulent décidément pas coexister en paix, ce n'est
pas un petit pays de 1 600 000 habitants, enserré de
tous côtés, facile à envahir, qui les empêchera d'en
venir aux mains, fût-il déclaré neutre : une fois de
plus, elles se battraient sur son malheureux territoire, et voilà tout.

*
* *

Ce qui est plus grave, c'est que la création de ce
nouvel État accroîtrait considérablement les chances
de guerre.

En premier lieu, cette solution n'est pas celle que
demandent les Alsaciens-Lorrains. Or, s'il est criminel d'asservir un peuple sous une domination étrangère, il est absurde de prétendre constituer un État
qui n'a pas la volonté de vivre. Que fera-t-on si, au
lendemain de son évacuation par les Allemands, la
nouvelle République vote sa réunion à la France ? Que
diront les Allemands, si seulement elle nous propose
une union douanière ? La parole sera vite au canon.

Mais supposons même que ces circonstances
extrêmes ne se présentent pas. Admettons qu'on
donne à l'Alsace-Lorraine un gouvernement à poigne,
fidèle mandataire de l'Europe, ce qui d'ailleurs n'amé-
liorerait guère son sort.

Voilà donc les Alsaciens-Lorrains sous la férule de
quelqu'un de ces principicules que l'on trouve dans
toutes les petites cours d'Allemagne, prêts à faire,

bon gré, mal gré, le bonheur des Belges, des Grecs, des Roumains ou des Bulgares. Il est clair que le pays sera tiraillé entre trois partis peu capables de s'entendre : les indigènes qui accepteront le nouvel ordre de choses, ceux qui réclameront encore la réunion à la France, et les immigrés qui demanderont le retour à l'Allemagne. Les deux derniers partis seront accusés, chacun par les deux autres, de connivence avec l'Étranger, de complot contre la sûreté de l'État. Tout voyageur de commerce entrant dans le pays sera considéré comme un agent politique. La France et l'Allemagne, en face de cette pomme de discorde, se suspecteront l'une l'autre plus que jamais, échangeront note sur note, en attendant pis. Pour tout le monde, en résumé, la situation sera, si possible, encore pire que l'actuelle.

L'Europe, pour son malheur, possède déjà une Bulgarie; n'allons pas en créer une seconde, de gaîté de cœur !

* * *

La question du gouvernement à instituer dans l'Alsace-Lorraine indépendante n'a pas manqué de préoccuper quelques-uns des protagonistes de cette création. Le plus simple était assurément de constituer en république ce petit pays qui aurait la rare bonne fortune d'être dépourvu de toute dynastie traditionnelle. Mais une république, c'est d'un bien mauvais exemple ! Aussi a-t-on proposé d'en faire un duché, une principauté, un royaume, selon le caprice de celui qui parlait; une seule chose est certaine,

23.

c'est que les preneurs ne manqueraient pas pour une si jolie couronne.

L'idée la plus extravagante qui ait été mise au jour à ce sujet est certainement la suivante, que j'extrais du *Figaro*, du 27 avril 1893; il s'agit du voyage de l'empereur d'Allemagne à Rome, à l'occasion des noces d'argent du roi d'Italie:

Le correspondant parisien de la *Tribuna* nous fait part d'une communication qu'il a reçue d'un ex-diplomate non italien, et qu'il croit lui-même n'être qu'un beau roman politique.

Il va sans dire que nous ne reproduisons cette communication que sous les plus expresses réserves. En voici le résumé :

« Il est parfaitement exact que les noces d'argent n'ont été que l'occasion d'une entrevue avec le Pape. Il y a longtemps que l'empereur Guillaume est préoccupé de la situation anormale de l'Europe, et des moyens de mettre fin à un état de choses si dangereux pour la paix. Il s'en est ouvert au Pape, et on a examiné plusieurs solutions : le rachat de l'Alsace-Lorraine par la France, et la neutralisation de ces provinces, étant inacceptables au point de vue du patriotisme allemand, on se serait arrêté au projet suivant :

« L'Alsace et la Lorraine seraient constituées en État souverain, sous la domination du Pape qui aurait son siège et sa capitale à Strasbourg ; toutes les puissances garantiraient la neutralité de cette Belgique papale ; l'Italie prendrait possession du Vatican, où demeurerait pourtant un légat papal.

« D'autre part, comme conséquence de cette combinaison, une entente se ferait entre l'Allemagne et la France, qui s'engageraient à ne tenir que 200 000 hommes sous les armes en temps de paix. L'Italie et l'Autriche s'engageraient à n'en avoir que 100 000 ; la Russie aurait les mains

libres dans les Balkans; l'Autriche s'agrandirait encore
du côté de la Turquie, et l'Italie aurait pour le moins le
Trentin et la Tripolitaine. »

Reste à savoir ce que feront ceux qui ne trouveront pas
leur compte dans cette répartition de haute fantaisie.

Si j'ai reproduit tout au long cette invention sau-
grenue, ce n'est même pas pour perdre du temps à
en faire ressortir l'absurdité, mais simplement pour
souligner le seul mot vraisemblable qu'elle renferme :
on en attribue la paternité à « Un Diplomate ».

Je sais bien que le diplomate anonyme est un personnage souvent exploité par les nouvellistes en
quête d'une autorité à qui faire endosser leurs inven-
tions. Mais dans l'intervention de celui-ci, il y a plus
que le procédé habituel. Le diplomate en question
doit exister; il existe certainement, car une pareille
combinaison ne peut avoir germé que dans le cerveau
d'un « diplomate ».

On y trouve en effet, dans toute sa naïveté, la méthode chère à la vieille diplomatie, la méthode des
compensations. C'est bien la tradition de ces congrès
solennels qui aboutissaient, après mille intrigues as-
tucieuses, à faire attribuer telle province à un souverain dépossédé de telle autre. Il ne s'est pas mis en
frais d'imagination, le Diplomate : on croirait lire un
article additionnel, une sorte de remise au courant,
du traité de Westphalie ou du traité de Vienne. Tout
le monde y trouve son compte, sauf le Grand-Turc ;
mais il y a si longtemps qu'il est habitué à faire les
frais des traités européens !

Sauf le Grand-Turc, [et aussi sauf les Alsaciens-

Lorrains. Car où l'on reconnait le mieux le diplomate classique, c'est dans l'ignorance où l'auteur de ce beau projet est de leur existence. On donnera l'Alsace-Lorraine au Pape ; fort bien, mais lui donnera-t-on aussi les Alsaciens-Lorrains ? Il est vrai que les trois quarts d'entre eux sont catholiques ; mais je sais quantité de catholiques fort convaincus, qui ne voudraient à aucun prix du « gouvernement des curés », et cette tendance d'esprit est fort répandue en Alsace-Lorraine. Plusieurs curés y ont été élus députés au Reichstag, mais eux-mêmes savent bien que leurs circonscriptions ne sont pas pour cela ultramontaines ; protestants et juifs ont voté pour eux, parce qu'ils étaient les candidats de la protestation ; ils auraient voté au même titre pour des libres-penseurs ou des musulmans, et se sont unis tout simplement aux catholiques sur les noms qui paraissaient devoir être les plus désagréables à Berlin.

Mais peu importe, on ne se demande pas ce qu'ils penseront de la nouvelle situation qu'on leur offre ; je le répète, on ne se doute même pas de leur existence. « Toutes les puissances garantiraient la neutralité de cette Belgique papale » : imagine-t-on les Alsaciens-Lorrains se révoltant contre leur souverain pontifical, et la France contribuant, *manu militari,* à les faire rentrer dans le devoir ! Autant rendre Rome au Pape, et charger l'Italie de lui en garantir la possession, contre le vœu des Romains !

Et pourtant une solution de ce genre est le *summum* de ce que pourrait imaginer, à propos de l'Alsace-Lorraine, un diplomate fidèle aux traditions.

Malheureusement, l'acuité même de cette question prouve que les traditions ont fait leur temps. Dorénavant, il faudra apporter dans les négociations internationales autre chose que le talent des petites intrigues, appuyé sur une science profonde de l'étiquette et du protocole; la diplomatie n'est plus un sport élégant, à l'usage de brillants conducteurs de cotillon, devenus sur le tard des vieux messieurs très solennels.

Les peuples prennent une part de plus en plus grande à la direction de leurs affaires; d'aucuns la possèdent même en entier. Et la transformation profonde que subit ainsi la politique, vient de recevoir une consécration solennelle dans la dépêche de remerciements adressée par le Tsar Alexandre III à « toutes les classes de la société française ».

Or, quoi qu'en pensent souverains, chanceliers et diplomates, il y a autre chose dans la vie des peuples que le jeu savant des alliances et des contre-alliances, avec la guerre pour dénouement. Les peuples se soucient peu de ces combinaisons subtiles qui, chaque matin, mettent en péril la paix de l'Europe, pour le seul plaisir de la préserver aussitôt par quelque nouveau tour de passe-passe; ils préféreraient que l'on n'eût pas tant à se mettre en frais d'équilibre, et pensent qu'après tout le plus simple et le plus sûr, pour faire tenir debout une pyramide, n'est pas de la poser sur la pointe. Ils n'ont aucune admiration pour les abstracteurs de quintessence et fendeurs de cheveux en quatre. Ils exigent de leurs représentants d'autres talents, qu'un roi de son ambassadeur. Ils

veulent qu'on leur assure la paix en étudiant froidement les questions, en vue de solutions équitables,
ménageant la liberté de chacun.

Quand vous lirez dans les gazettes l'annonce d'un
arrangement international établi suivant ces principes
de justice, soyez bien assurés qu'on ne l'attribuera
pas à « un diplomate ».

*
* *

Il semble qu'il devait être difficile d'imaginer une
proposition plus dangereuse que celle de donner à
l'Alsace-Lorraine à la fois l'indépendance et la neutralité. Un écrivain qui signe « Un Français » y est
cependant parvenu, toujours dans les meilleures
intentions du monde[1].

En droit strict, dit-il, le seul moyen de clore le débat
entre la France et l'Allemagne serait d'appeler les annexés
à se prononcer eux-mêmes.

Mais ce serait aller trop loin que de prétendre à une
pareille concession, qui équivaudrait, en réalité, étant
donné l'état de l'opinion des pays annexés, à une restitution pure et simple des conquêtes de 1871.

Il faut donc, si la question de la neutralisation est posée,
trouver le moyen de concilier le droit avec les justes susceptibilités de l'Allemagne.

Ici déjà, le raisonnement a cessé d'être d'accord
avec les prémisses. Le droit qu'il s'agit de concilier
avec les justes susceptibilités de l'Allemagne, ne
consiste pas à poser la question de neutralisation ; il

---

[1] *Le problème franco-allemand,* par Un Français, *Figaro,* du
2 juillet 1891.

consiste, comme l'a dit l'auteur, à consulter les populations, quelle que doive être leur réponse. Et ce qu'il faut trouver le moyen de concilier avec les justes susceptibilités de l'Allemagne, si l'on a un égal souci de ménager les nôtres et celles des Alsaciens-Lorrains, c'est l'exécution loyale de la volonté qui sera signifiée par cette réponse.

Du reste, en principe, les Allemands qui sont réfractaires à l'idée de neutraliser l'Alsace-Lorraine, seront également réfractaires à l'idée de nous la rendre : de toute façon, elle sera perdue pour eux. Néanmoins, l'auteur, s'abusant sur l'effet que peut produire ce mot de neutralisation, poursuit de la sorte :

Pourquoi, par exemple, en même temps que l'on proclamerait la neutralité de l'Alsace-Lorraine, ne pas décider que, après une expérience prolongée de ce nouveau régime — dix ans, vingt ans même, — les Alsaciens-Lorrains, librement consultés, trancheraient définitivement la question ? Après dix ou vingt ans d'un régime libre, dont la forme serait arrêtée dans un congrès, et dont l'indépendance serait garantie par l'Europe, affranchis de toute domination et de toute influence étrangère, ils diraient s'ils veulent rester indépendants et neutres, redevenir allemands, ou retourner à la France.

Eh bien, l'existence journalière serait jolie, dans ce petit pays, librement tiraillé entre trois partis irréconciliables, dont deux appuyés par deux puissantes nations, jalouses, et également intéressées à y fomenter des troubles ! Si je qualifiais plus haut l'Alsace-Lorraine indépendante de nouvelle Bulgarie, que dire de ce pays provisoire, objet de convoitises acharnées.

légitimées toutes deux par un congrès européen ?
C'est alors que les notes diplomatiques et les récriminations, justifiées sans aucun doute, iraient bon train:
ce serait la guerre civile au bout de huit jours, et la
guerre générale aussitôt après.

La grande faute de Guillaume Ier et de M. de Bismarck,
conclut l'auteur de cette proposition, a été de n'avoir pas
compris que le roi de Prusse gagnait assez dans la guerre
de France en y cueillant la couronne impériale, et que
l'Allemagne unie devenait assez grande pour n'avoir pas
besoin de diminuer la France. Guillaume II peut réparer
cette faute, et devenir par là plus grand encore que son
illustre aïeul.

Oui, il le peut. Mais ce n'est certes pas en accordant
à l'Alsace-Lorraine l'indépendance et la neutralité
provisoires.

*
* *

L'objection de la faiblesse d'un État d'Alsace-
Lorraine n'a pas échappé à certains des protagonistes
de la neutralité. Aussi a-t-on bientôt proposé de renforcer le pays artificiel ainsi créé, en constituant une
confédération de neutres, qui engloberait la Hollande,
la Belgique, le Luxembourg, l'Alsace-Lorraine et la
Suisse; au total, 15 ou 16 millions d'hommes, disposant des riches colonies hollandaises et du Congo
belge. On obtiendrait ainsi, pense-t-on, un État floris-
sant par le commerce et l'industrie, et assez puissant
pour servir efficacement de tampon entre la France et
l'Allemagne; faute de pouvoir en venir aux mains,
ces dernières finiraient par désarmer et laisser l'Europe en paix.

Mais quels sont donc les intérêts ou les sentiments communs à ces hommes que l'on prétend unir
ainsi? Quel lien existe-t-il, et combien de temps
faudra-t-il pour en établir un, entre un bourgeois
d'Amsterdam et un citoyen des Grisons, également
jaloux de leur indépendance chèrement payée par des
siècles de luttes, mais différents sous tous les autres
points de vue?

Ici encore, nous sommes en face d'une conception
d'un autre âge. Le temps est passé, où l'on découpait
les territoires au gré des négociateurs, sans s'inquiéter
des hommes qui vivent, aiment et souffrent sur ces
territoires. La question sera déplacée quand on aura
dit à tout ces peuples, sans les consulter : « Vivez
ensemble »; elle ne sera pas résolue.

Le vice de cette conception est le même que celui
de la mauvaise plaisanterie de MM. Bebel et Liebknecht, proposant de donner l'Alsace-Lorraine à la
Suisse; il faudrait être sûr que les Alsaciens voulussent bien se laisser donner, et que les autres consen-
tissent à se charger d'un fardeau si lourd, — trop lourd
pour les épaules de la puissante Allemagne !

En somme, toutes les objections que l'on peut faire
à la neutralisation de l'Alsace-Lorraine isolée, subsis-
tent en face de cet assemblage disparate. Celle qu'on
a prétendu lever, la faiblesse du futur État neutre,
n'est diminuée que bien peu; car la confédération
serait trois fois moins peuplée que chacun de ses
voisins, et sa configuration géographique la rendrait
incapable d'aucune résistance. Par contre, il s'élève
une impossibilité de plus, celle de faire vivre d'ac-

cord des populations aussi dissemblables. Ce ne sont
plus seulement trois factions qui se partageraient
les esprits, comme dans l'hypothèse de l'indépendance, mais bien vingt partis irréconciliables qui ne
tarderaient pas à en venir aux mains.

* *
*

Et d'ailleurs, pourquoi discuter cette proposition
comme une nouveauté ? Ce n'est qu'une bien vieille
conception, condamnée par de terribles expériences,
qui reparaît là. Cette longue bande de terrain, portant les populations les plus hétérogènes, il y a mille
ans que l'Europe l'a déjà vue, pour son malheur : ce
n'est pas autre chose que la Lotharingie du traité de
Verdun, et dix siècles de guerres sanglantes ont montré l'absurdité de cette agglomération hybride.

C'est parce que les petits-fils de Charlemagne
étaient incapables de tracer rationnellement les
limites du monde gallo-romain et du monde germanique, qu'ils ont imaginé de les séparer par un
royaume artificiel ; et c'est parce que rien d'artificiel
n'est viable dans les questions de nationalité, que ce
qui devait être une barrière séparant les races rivales
n'a été qu'une pomme de discorde jetée entre elles.
Allons-nous donc recommencer la Lotharingie ?

La diplomatie européenne n'a pas de devoir plus
impérieux que de rechercher une solution équitable
de la question d'Alsace-Lorraine ; mais il faut pour
cela qu'elle trouve mieux que n'ont su faire les négociateurs barbares du traité de Verdun.

SIXIÈME PARTIE

LA SOLUTION

CHAPITRE PREMIER

Le devoir des neutres.

Un beau rêve : Guillaume le Pacificateur. — Appel aux neutres.
— « La France n'implore pas. » — Qui a droit sur l'Alsace-
Lorraine ? — Les malheureux et les satisfaits. — Utilité des
alliances actuelles. — Les petits peuples et l'Italie. — Les
gouvernements médiateurs : les neutres, le Saint-Siège.

Les amis de l'empereur Guillaume II peuvent faire
un beau rêve.

Frédéric le Grand et Guillaume Ier n'ont guère
laissé de lauriers à cueillir pour un monarque prussien. S'il se lance dans les aventures, il aura peine à
égaler leurs victoires ; et, quand il y parviendrait, il
n'est pas démontré que sa patrie s'en trouverait plus
puissante, ni son peuple plus heureux. Et puis, la
fortune des armes est changeante...

Quant aux travaux de la paix, l'expérience d'un
quart de siècle est là pour nous montrer que le militarisme aura bientôt achevé d'en tarir, en Allemagne,
les plus belles sources.

Ce n'est donc point par les armes que Guillaume II a des chances de s'immortaliser, et ce n'est pas davantage dans la paix armée. Que n'essaye-t-il de la paix véritable, de la paix sans épithète ?

Il y aurait là un beau rôle à jouer pour lui, un rôle bien capable de tenter un esprit aussi hardi et entreprenant, aussi ouvert aux larges pensées, que le sien. Reconnaître les véritables intérêts de son peuple, et constater qu'ils sont d'accord avec ceux de l'humanité comme avec la justice éternelle ; offrir à la France des gages visibles de ses intentions pacifiques, et obtenir d'elle pareille garantie ; rendre la liberté aux opprimés et gagner ainsi l'amitié d'une nation puissante ; tirer définitivement l'Europe civilisée de l'état d'anarchie dans lequel elle se débat, et confondre les « peuples de civilisation » dans la défense d'une cause commune, celle du progrès général : quelle tâche sublime pour un souverain jeune, puissant et avide de gloire ! Quelle place ne tiendrait pas dans l'histoire un Guillaume le Pacificateur, ou Guillaume le Libérateur, après Guillaume le Victorieux ! Il serait vraiment, suivant l'expression de M. Maurice Adler [1], *Guillaume II, le Premier*.

Mais, hélas ! ce n'est qu'un rêve...

Guillaume II est un Hohenzollern, et la fatalité des rois-soldats le tient. Si par impossible il venait à lire ces lignes, sa générosité pourrait en être séduite ; son imagination lui montrerait un voyage triomphal à

---

[1] *Die Waffen nieder!* de mars 1893.

Paris, aux acclamations du peuple le plus accessible
aux nobles enthousiasmes ; il aurait la vision d'une
réception et de fêtes formidables, comme aucune
capitale n'en offrit jamais à aucun souverain, et de
son nom inscrit à jamais sur la plus belle avenue de
la ville qui s'honore de rendre cet hommage aux
plus grands hommes de tous les peuples,.... et puis,
il se souviendrait que « l'Allemagne doit donner son
dernier homme pour maintenir sa conquête », et il
irait changer d'uniforme et alarmer quelque garnison
éloignée !

*
* *

Il n'est donc que trop vrai : ni la France ni l'Allemagne ne peuvent actuellement prendre l'initiative
d'une proposition d'arrangement. De trop profondes
divergences de principes séparent la masse des
esprits de part et d'autre de la frontière ; trop de
méfiances et de questions d'amour-propre national
viendraient à la traverse, compromettre la paix que
l'on chercherait à garantir.

Pour parler et pour juger, dit M. Lavisse [1], tout le monde
a qualité, excepté la France et l'Allemagne, ces deux
nations si grandes, dont les forces et les vertus, aujour-
d'hui acharnées les unes contre les autres, doubleraient la
valeur de l'humanité si jamais s'apaisait la haine. Le fond
de leur querelle, le monde entier le connaît. L'Allemagne
se prévaut d'un droit ancien ; la France se réclame d'un
droit nouveau. C'est le conflit soumis aux juges.

Ces juges, qui sont-ils ? Tous les peuples civilisés.

---

[1] *Grandeur et devoirs de la patrie belge.*

C'est en cette grande puissance mystérieuse, encore mal définie, mais de jour en jour plus consciente d'elle-même, c'est en cet Être supérieur en voie de formation qu'on nomme la Conscience universelle, que nous avons foi. C'est de là que doit venir, irrésistible, la pression morale qui forcera Français et Allemands à faire un retour sur eux-mêmes, à donner enfin à l'Europe la paix tant désirée.

Certes, il faut aussi, dès maintenant, s'adresser aux Français et aux Allemands; mais pour le moment, on ne peut leur demander que de patienter, de supporter sans faiblir le fardeau de la paix armée, de fermer l'oreille à ceux qui leur conseillent les résolutions désespérées, les guerres préventives. A vouloir davantage, on se heurterait pendant longtemps encore à d'intraitables susceptibilités, telles que l'homme le plus convaincu de la nécessité et de la possibilité d'un arrangement aurait besoin d'une rare force d'âme pour en convenir publiquement. Si donc je fais appel ici aux hommes de cœur de tous les pays, c'est principalement de ceux qui ne sont ni allemands, ni français, que je voudrais être entendu.

Or, la première chose que nous, Français, ne craignons pas de demander à tous les peuples civilisés, c'est de proclamer de quel côté se trouve la justice. La réponse n'est pas douteuse. Même chez les alliés de l'Allemagne, les hommes qui ne se dérobent pas en feignant d'ignorer l'existence de la question, s'en tirent par un malentendu ou par une pétition de principe. Le malentendu consiste à dire que les Alsaciens sont allemands parce que leurs paysans parlent un patois allemand ; la pétition de principe consiste à admettre qu'ils sont résignés à leur condition, assertion dont il est pourtant bien aisé d'aller vérifier l'inexactitude. Mais on ne trouverait personne, sur toute la population cultivée de l'Autriche ou de l'Italie, pour proclamer la légitimité du droit de conquête, ainsi réduit à sa plus simple expression, en termes brutaux : « Les Alsaciens-Lorrains ne veulent pas être allemands ; mais les Allemands ont le droit de se les asservir, parce qu'ils sont les plus forts ».

En second lieu, demanderons-nous, est-il vraiment indispensable que cette situation aboutisse à une guerre d'extermination ? Jadis, quand deux cités ou deux provinces voisines étaient divisées sur une question d'intérêts, elles partaient en guerre l'une contre l'autre ; maintenant, si elles appartiennent à un même État, leurs représentants, unis à ceux des autres provinces de cet État, sont chargés d'imaginer un arrangement équitable, contre lequel il ne vient pas même à l'esprit qu'il soit légitime de s'insurger. Cette phase juridique des rivalités inévitables, qui s'est imposée successivement aux hommes dans la tribu, aux cités dans la province, aux provinces dans l'État, qui associe dès maintenant des États confédérés, doit-on considérer son évolution comme définitivement arrêtée par la formation des États qui découpent aujourd'hui si capricieusement la carte de l'Europe ? Quelle raison a-t-on d'affirmer qu'aujourd'hui soit quelque chose de plus définitif qu'hier ?

*
* *

Il ne faut pas qu'on se méprenne sur ce mot d'appel aux neutres.

Nous exposons aux peuples de l'Europe ce que nous croyons fermement être la justice; nous attendons avec confiance leur verdict; nous croyons enfin que ce verdict déterminera un mouvement d'opinion capable d'exercer sur la France et sur l'Allemagne une contrainte morale irrésistible.

Mais notre attitude ne comporte d'humiliation d'aucune sorte. Quand deux hommes ont amplement fait leurs preuves sur le terrain, ils ont le droit, non seulement d'espérer, mais même de souhaiter que les bons offices d'amis communs les aident à sortir d'une passe difficile, si tous deux jugent l'affaire arrangeable. Or tel est précisément le cas de la France et de l'Allemagne : chacun des deux pays veut sincèrement la paix, et croit en être le défenseur contre les intentions belliqueuses de l'autre. C'est dire que chacun serait tout disposé à oublier ses rancunes, s'il était assuré que l'autre en fît autant. Sans réclamer une intervention conciliatrice, ils peuvent donc, en toute fierté, la désirer et l'accepter.

Mes amis, dit M. Lavisse en terminant sa lettre aux étudiants de Gand, chaque fois que j'ai l'honneur de m'entretenir, avec des amis étrangers, de ce grand et terrible sujet, il est une déclaration que je fais toujours. Laissez-moi la répéter ici encore. Nous ne prions pas pour la France. La France n'implore personne. La France est prête à toute destinée. Elle ne sait pas ce qu'il adviendra du conflit, si jamais s'ouvre le conflit. Elle sait seulement qu'elle y fera tout son devoir, de toute sa force. Ce n'est pas notre cause que nous vous recommandons, c'est celle de l'humanité.

*
* *

Ces derniers mots définissent tout le différend. Et si nombreux et si profonds sont les malentendus auxquels on s'expose en traitant de cette malheureuse question d'Alsace-Lorraine, que l'on ne saurait y apporter trop de précautions, ni délimiter trop nettement le terrain sur lequel on entend se placer.

Il faut donc bien insister sur ce point. L'Allemagne proclame qu'elle a des droits historiques, scientifiques, politiques et autres, à la possession de l'Alsace-Lorraine. Mais c'est à tort que la France passe généralement pour leur opposer d'autres droits du même ordre. On s'explique bien que nos adversaires propagent cette erreur, dans l'intérêt de la légende qui fait de nous les incorrigibles trouble-paix de l'Europe ; mais c'est à nous de faire comprendre à tous que *la France ne se prévaut d'aucun droit sur l'Alsace-Lorraine, par la simple raison qu'elle n'admet pas l'existence de droits de ce genre.* La France ne connait en Alsace-Lorraine qu'un droit, celui des Alsaciens-Lorrains. Elle entend qu'il soit respecté.

Et c'est là ce qui fait que la France peut invoquer sans crainte le témoignage de toutes les nations civilisées ; la cause qu'elle défend n'est pas seulement la sienne ; elle est celle de tous les peuples libres.

*
* *

C'est aussi pour cette raison que son appel finira par être entendu.

Jusqu'ici, les plaintes des Alsaciens-Lorrains n'ont guère rencontré, auprès de la plupart des étrangers, qu'une apathique indifférence, heureux quand ce n'était pas de la mauvaise humeur. Ceux qui souffrent sont une gêne pour les satisfaits. On veut éviter d'avoir à porter un jugement sur une situation faite à d'autres, et que, soi-même, on n'accepterait à aucun prix. On trouve plus commode de déclarer que tout ce bruit est fort exagéré, et d'accepter en bloc les assertions des Allemands plutôt que de les vérifier. On finit par se laisser aller à en vouloir aux annexés, de montrer une constance que l'on glorifierait chez des compatriotes : il serait si simple à eux de se sacrifier et de prendre leur parti du fait accompli !

Quand un bourreau est très fort et que les assistants regardent à s'en prendre à lui, il leur est désagréable d'entendre la victime se plaindre et appeler au secours. Mais que celle-ci s'obstine à faire entendre sa plainte, qu'elle ne se lasse pas de renouveler son appel, et il y aura beaucoup de chances pour qu'elle finisse par forcer la pitié. Tôt ou tard, les voisins, excédés de la persistance de ces clameurs, furieux d'être dérangés par ce vacarme, sortiront de leur réserve et mettront à la charge du donneur de verges le trouble causé par un supplice odieusement et inutilement prolongé. Les choses se sont ainsi passées pour la Grèce d'abord, pour l'Italie ensuite. Elles se passeront de même pour l'Alsace-Lorraine [1].

[1] *Triple-Alliance et Alsace-Lorraine.*

Il peut bien arriver que le bourreau se lasse, et reconnaisse de lui-même que la justice et son propre intérêt ne font qu'un ; mais ce genre d'homme a généralement la tête dure. Il a fallu aux Anglais sept siècles pour commencer à comprendre qu'ils ont mieux à faire que d'opprimer les Irlandais ; sept siècles ! et il n'est guère de peuple aussi avancé dans les voies de la liberté. Pendant combien de temps, à ce compte, les Alsaciens devront-ils marcher à la prussienne, s'il leur faut attendre la conversion spontanée de leurs conquérants ?

Heureusement pour eux, leur cause n'a pas seulement pour les étrangers un intérêt indirect, l'intérêt que chacun possède à empêcher une iniquité dont il peut être victime à son tour. Peu à peu, se propage et grandit chez tous les peuples la conviction que le repos de l'Europe est incompatible avec le traité de Francfort. Ils sauront enfin élever la voix pour en exiger la revision.

En ce qui nous concerne, nous nous fions à leur jugement.

* * *

Il est important de noter ici, comme une circonstance favorable, le goupement actuel des grands États européens en deux camps de forces sensiblement équivalentes. Cette répartition peut beaucoup pour calmer les susceptibilités et faciliter la conclusion d'un arrangement pacifique.

Isolée en face d'une coalition, la France était, jusqu'à ces derniers temps, bien fondée à suspecter toute allusion faite du dehors à sa politique ou à son état militaire : elle ne voyait autour d'elle qu'inimitiés avouées ou dissimulées sous une apparente indifférence. De même, si demain l'Allemagne se trouvait abandonnée de tous, le contraste de sa nouvelle situation avec les adulations actuelles lui ferait infailliblement considérer toute médiation étrangère comme une menace pour sa sûreté; Michel l'Allemand verrait rouge, et l'empereur ferait blanc de son épée.

Le système des alliances actuelles rend donc à l'Europe un double service. En premier lieu, il garantit effectivement la paix, et parce que chacun comprend qu'une guerre serait quelque chose de par trop formidable, et parce qu'une puissance qui voudrait se lancer dans les aventures serait aussitôt retenue par ses alliées : l'Italie, semble-t-il, en sait quelque chose. D'autre part, chaque puissance étant assurée, en cas d'attaque, d'un secours qui égalisera ses forces avec celles de ses ennemis, peut, sans crainte d'être humiliée, prêter l'oreille à une parole de conciliation.

Si donc quelque chose peut être tenté pour établir une paix qui ne soit pas l'odieuse paix armée, c'est pendant que subsisteront les deux systèmes d'alliances actuels, ou du moins tant qu'aucun de ces systèmes ne sera exagérément affaibli vis-à-vis de l'autre; car il est clair que l'accession ou la retaite de telle ou telle puissance secondaire ne modifierait pas sensiblement le rapport des forces en présence.

*
* *

C'est à nous, *aux petits peuples*, de changer cet ordre de choses, a dit Björnstjerne Björnson dans son discours déjà cité. C'est à nous de parler, d'agir... Les petits peuples doivent imposer leurs principes de justice, c'est à eux de défendre les sentiments lésés de l'humanité, c'est à eux d'agir... Agissons, et nous triompherons !

A ces paroles du grand Norvégien, il faut ajouter, avec M. Lavisse, que deux nations sont plus qualifiées qu'aucune autre pour apporter leur témoignage à ce grand procès, ce sont la Suisse et la Belgique :

Suisse et Belgique [1], vous êtes mi-partie de France et mi-partie d'Allemagne ; vous parlez en même temps la langue d'*Oui* et la langue de *Ja*. Les deux génies français et germanique se rencontrent, se concilient et se fondent dans l'esprit de vos nations. Et l'on est aussi bon patriote suisse ou belge, que l'on parle la langue d'*Oui* ou la langue de *Ja*. En Suisse comme en Belgique, vous savez que la race ne fait pas seule la patrie ; que les hommes ne sont pas classés par la nature comme les bêtes ; qu'il est en l'âme un principe de liberté supérieure à l'ethnographie et à la géographie ; que ce principe est proprement ce qu'il y a d'humain en nous, qu'il ne peut être violé sans souffrance d'humanité, et que dans cette violation est précisément l'injustice. D'ailleurs, Belgique et Suisse, vous n'êtes pas seulement éclairées plus qu'aucune autre nation sur le grand procès, et obligées par ces lumières mêmes à parler. L'Europe vous a fait une condition privilégiée ; elle vous a garanti la paix. Vous devez l'aider à trouver la paix par la justice.

[1] *Grandeur et devoirs de la patrie belge.*

Mais, outre la Suisse et la Belgique, je veux encore nommer l'Italie.

Pour ceux qui aiment à s'appuyer sur l'ethnographie et sur la linguistique, l'Italie est la sœur de la France. Pour nous, elle est mieux que cela : elle est un peu sa fille. Que les Italiens ne m'en veuillent pas de leur rappeler les souvenirs de 1859 ; je n'y mets pas l'amertume qu'ils se plaignent de rencontrer chez un grand nombre de mes compatriotes. Je ne reproche pas à mon pays, comme on l'a fait, d'avoir contribué à leur libération, parce que leur libération était la justice. Il se peut que les fruits de notre œuvre soient momentanément amers pour nous; mais ce n'est qu'une épreuve à traverser. Il est impossible que nous ayons définitivement à souffrir, pour avoir suivi le génie de notre race, qui la porte irrésistiblement à défendre le droit. Et nous ne devons pas regretter d'avoir aidé au triomphe de la justice, parce que c'est précisément ce qui nous permet de réclamer justice à notre tour.

En outre, là nation italienne s'est créée par la volonté nationale. Son devoir et sa mission historique sont de proclamer que cette volonté est imprescriptible, ailleurs comme chez elle. Elle doit reconnaître, elle doit proclamer que Strasbourg et Metz sont aussi bien intangibles que Rome dans la nationalité qu'elles revendiquent; que leur oppression ne doit pas avoir pour complices les Lombards et les Vénitiens.

*
* *

C'est d'en bas que partira le mouvement, et c'est

précisément pourquoi il sera invincible. Épuisés par
les charges sans cesse croissantes de la paix armée,
rebelles à l'idée d'une guerre, assoiffés de justice et
de liberté, les peuples forceront la main à leurs gouvernants.

Dès lors, il importe peu de savoir qui prendra
l'initiative de l'action diplomatique; quand les chancelleries daigneront s'apercevoir et convenir qu'il
existe une question d'Alsace-Lorraine, c'est qu'il ne
restera plus grand'chose des susceptibilités et des
suspicions actuelles; ou plutôt, c'est que les rois et
leurs ministres auront dû renoncer aux singulières
méthodes qu'ils suivent actuellement pour faire le
bonheur de leurs peuples. Aujourd'hui, personne
n'oserait faire seulement une allusion lointaine à un
désarmement; à ce moment, il n'y aura plus aucun
danger à en parler ouvertement, puisque, bon gré
mal gré, tout le monde le voudra.

Les premières ouvertures pourront donc être faites
par un gouvernement quelconque. Le mieux serait
peut-être que ce beau rôle fût assumé par un des
petits pays qui ne sont entrés en coquetterie ni avec
la double ni avec la triple alliance. Mais il me semble
que, si j'étais italien, je ne verrais pas de plus glorieuse ambition pour ma patrie.

Je faisais appel, un peu plus haut, à l'opinion
publique de ce pays, et lui montrais que la cause des
Alsaciens-Lorrains n'est autre que la sienne; à elle
de forcer son gouvernement à agir.

Peut-être la justice supérieure de l'histoire a-t-elle
précisément voulu que l'Italie entrât dans la triple

alliance afin que, le jour où elle s'en détachera, sa parole ait plus d'autorité et manifeste plus solennellement de quel côté est le bon droit.

Aux Italiens, comme aux Français et aux Allemands, je dirai qu'ils doivent patienter. Ils pourraient assurément demander à leur roi de dénoncer le pacte d'alliance, sans qu'il leur en arrivât autre chose que du bien: mais puisqu'ils l'ont laissé signer, leur point d'honneur exige qu'ils l'observent jusqu'au bout. En attendant son expiration, que nos amis à la Crispi nous fassent grâce de leurs douce-reuses protestations de dévouement; nos vrais amis mettront ces quelques années à profit pour répéter, avec M. Bonghi, à leurs compatriotes, qu'ils « ne font pas leur devoir ».

Le moment venu, l'Italie ne saurait donner à sa politique étrangère une orientation à la fois plus noble et plus féconde qu'en reprenant sa liberté d'action, et en mettant à profit un isolement où personne ne songera à l'attaquer, pour rétablir la paix entre les deux puissances qui l'ont tirée du néant.

Mais le personnage auquel cette tâche siérait le mieux, c'est assurément le Pape. Toute opinion religieuse laissée de côté, il est incontestable qu'à aucune époque le Saint-Siège n'a joui d'une puissance morale supérieure à celle qu'a su lui donner Léon XIII; sa parole force l'attention et le respect des non-catholiques et des libres-penseurs, aussi bien que des catholiques, et cette constatation est hautement encourageante pour les hommes de toute opinion qui refusent de s'incliner devant la force brutale.

Beaucoup de gens, il est vrai, sont disposés à croire que le Pape ne serait pas impartial dans une question intéressant la France, d'une part, et la triple alliance, de l'autre. Mais il faut remarquer que ce n'est pas à l'Italie que nous en avons, c'est-à-dire au seul pays contre lequel il pourrait nourrir des dispositions peu bienveillantes. C'est entre la France et l'Allemagne qu'existe le litige à trancher, et la situation du Saint-Siège à l'égard de ces deux pays est tout autre. Des deux côtés, il a des difficultés d'ordre plus ou moins grave avec les gouvernements, mais des deux côtés il reconnaît que les gouvernements sont ceux qui conviennent le mieux à l'état actuel des populations; et, quant à ces dernières, si le nombre des catholiques français est plus grand que celui des catholiques allemands, il semble que ceux-ci, moins atteints d'indifférentisme, compensent cette infériorité par une ferveur plus grande.

Mais il est bien inutile de chercher de petites raisons pour prouver que le Saint-Père saurait tenir la balance égale entre les deux puissances. Il faudrait un grand esprit de parti pour supposer qu'il se laisserait aller à de mesquines considérations de politique courante, en présence d'un intérêt aussi colossal que la paix de l'Europe, et du prestige incomparable que donnerait à la papauté une médiation exercée entre les nations en armes.

Au reste, je le répète, peu importe la question de savoir qui apportera la bonne parole aux hommes. Ce qui serait le plus à craindre, c'est que cette démarche fût faite prématurément. Elle doit être préparée par une action énergique et incessante exercée sur les peuples. De cette manière on aboutira, plus facilement et plus vite qu'on ne le croit généralement, à une situation morale dont cette médiation tant redoutée sera le dénouement logique et inévitable ; et alors pape, roi des Belges, président de la Confédération helvétique, ou tout autre, n'aura qu'à élever la voix pour être écouté et suivi de tous.

CHAPITRE II

Le congrès.

Constitution et composition du congrès. — Principes fondamentaux. — La consultation. — Les Allemands immigrés en
Alsace–Lorraine. — L'Alsace-Lorraine rendue à sa mission. —
Compensation à l'Allemagne. — La sincérité en politique. — Les
pays-frontières ressemblent à un champ de bataille. — Deux
zones à désarmer. — Forteresses à démanteler. — Effectifs strictement nécessaires. — Garnisons des zones désarmées. — Le
désarmement général s'ensuivra de lui-même — Intérêts de
clocher. — Traité d'amitié et d'arbitrage. — Cas où l'Alsace-
Lorraine refuserait de redevenir française.

Quelle que soit la puissance qui provoquera la première un échange de vues entre les chancelleries au
sujet de la question alsacienne, elle devra leur proposer pour objet la réunion d'un congrès européen.

A ce congrès devront prendre part toutes les
nations d'Europe, et non pas seulement les cinq ou
six grandes puissances qui ont eu jusqu'ici la prétention de constituer à elles seules ce qu'on nommait
jadis le concert européen. Toutes y ont un égal
intérêt, et les décisions prises n'auront que plus
d'autorité si toutes y ont collaboré.

En toute justice, il conviendrait que les divers États

fussent représentés proportionnellement au chiffre de leur population. Mais on arriverait ainsi à la réunion d'une assemblée trop nombreuse pour pouvoir délibérer utilement, et surtout avec la rapidité nécessaire. Il faudra donc trouver un moyen terme entre la proportionnalité absolue, et le système qui donnerait autant d'importance aux petits États qu'aux grands.

On pourrait donner, par exemple, à chaque puissance indépendante, une voix par dizaine de millions d'habitants et par appoint de moins de dix millions, en ne tenant compte que de son territoire européen, les divers empires coloniaux n'étant rien moins que proportionnés à l'importance de leurs métropoles.

De cette manière, la Russie aurait 10 représentants; l'Allemagne, 5; l'Angleterre, l'Autriche-Hongrie, la France et l'Italie, 4 chacune; l'Espagne, 2; les autres États: Belgique, Danemark, Grèce, Hollande, Luxembourg, Monténégro, Norvège, Portugal, Roumanie, Serbie, Suède, Suisse et Turquie, disposeraient chacun d'une voix.

Il serait d'un bel exemple de donner aussi une voix au Saint-Siège, que la diplomatie n'a pas cessé de considérer comme une puissance souveraine, et dont le représentant saurait faire entendre des paroles de paix.

Enfin le peuple d'Alsace-Lorraine aurait pour avocat un délégué qui serait choisi par les députés du Reichsland, mais non nécessairement pris parmi eux; ce représentant se trouverait ainsi désigné par une sorte d'élection au second degré, qui se ferait sans troubler inutilement le pays.

Au total, le congrès compterait donc 48 membres, dont 27 délégués des deux groupes de puissances notoirement alliées, 1 de l'Alsace-Lorraine, et 20 des divers États qui ont, jusqu'ici, plus ou moins complètement réservé leur liberté d'action.

* *

La tâche du congrès peut se résumer comme il suit : à une paix imposée et subie, substituer une paix librement consentie.

Le traité résultant de ses délibérations devra donc présenter le caractère d'une sentence arbitrale, c'est-à-dire que toutes les puissances s'engageront d'avance à en accepter les stipulations. Mais, pour mieux dire, *il faut que cet engagement ne soit même pas nécessaire.* Les décisions prises devront apparaître comme des actes de haute impartialité, et s'imposer ainsi, d'elles-mêmes, au respect de tous : la sanction du traité sera dans l'évidence de sa justice.

Pour forcer ainsi l'approbation générale, il est indispensable que cet arrangement satisfasse aux conditions suivantes :

Déterminer le sort du territoire contesté, conformément au vœu, librement exprimé, de la majorité de ses habitants ;

Assurer en même temps, de la façon la plus largement équitable et la plus bienveillante, les droits de la minorité, en ménageant toutes les situations légitimement acquises dans le pays par des étrangers ;

Au cas où ce territoire cesserait de faire partie de

l'empire allemand, fournir à ce dernier une compensation convenable;

Prouver à l'évidence, par des concessions réciproques, l'entière bonne foi des deux nations et leur ferme volonté de rester en paix;

Établir entre elles une alliance, dans le sens véritablement pacifique du mot, c'est-à-dire un traité d'arbitrage permanent, appuyé sur une alliance économique complète, et sur une promesse bien déterminée de secours, en cas d'agression étrangère.

On va voir que les termes de ce problème redouté ne sont nullement inconciliables, pour peu qu'on y mette de bonne volonté, et que le désarmement général *s'ensuivra de lui-même,* sans même qu'il soit besoin de le stipuler.

★
★ ★

Que le choix d'une patrie soit le premier droit naturel d'une population civilisée, c'est ce qui n'est plus guère contesté par les esprits cultivés d'aucun pays, sauf de la Russie et de l'Allemagne. Aussi bien, d'ailleurs, toutes les législations, excepté la russe, reconnaissent-elles ce droit à l'homme isolé; on cessera de le refuser à une collectivité.

Le point de départ de tout arrangement franco-allemand doit donc être la consultation du peuple d'Alsace-Lorraine. Le principe même de ce plébiscite est un gros sacrifice à demander à la nation allemande; il implique la répudiation du droit de conquête, dont elle se prévaut encore, et oblige les amours-propres d'outre-Rhin à admettre l'hypothèse que l'on puisse préférer une autre patrie à l'Allemagne.

Et pourtant, il faut que cela soit.

Le suffrage universel, qui tend de plus en plus à devenir la loi commune des peuples, doit avoir pour conséquence le consentement formel des populations pour le
changement de nationalité. Comment un peuple peut-il
être consulté sur l'impôt, les douanes, la guerre elle-
même, et ne pas l'être sur la chose essentielle, la *patrie*,
pour laquelle tout se fait ?

La loi de demain, ce sera l'abolition du droit de conquête [1].

Le peuple alsacien-lorrain sera donc appelé à
trancher d'une manière souveraine la question de
principe, en répondant aux trois questions : *France,
Allemagne,* ou *Indépendance.* Son arrêt une fois rendu,
il ne doit plus y avoir à régler que des points de détail.

Pour cela, il est évidemment indispensable que la
consultation ait été libre. Le vote sera donc secret, et,
afin que tous puissent y prendre part, il aura lieu un
dimanche, suivant l'habitude française, et contrairement à ce qui se fait en Allemagne.

Mais cela ne suffit pas, car, même au scrutin secret,
une administration à poigne dispose de bien des
moyens de peser sur les électeurs ; les Alsaciens-
Lorrains en ont fait l'expérience.

L'idéal serait qu'il n'y eût, au jour du vote, ni soldats ni fonctionnaires allemands dans le Reichsland,
qui pourrait être remis provisoirement à une des puissances neutres voisines. Mais il est clair que cela est

---

[1] Lalance. *L'alliance franco-allemande.*

impraticable. Outre que la Belgique et la Suisse refu-
seraient bien naturellement de s'engager dans cette
aventure, on ne peut pas demander aux Allemands
d'évacuer le pays, pour si peu de temps que ce soit,
car ils savent fort bien que les habitants se lèveraient
jusqu'au dernier, pour les empêcher d'y rentrer. Voilà
cent quatre-vingt-cinq ans que l'ambassadeur prussien Schmettau le leur a prédit.

Il faut donc que nous, Français, acceptions à notre
tour les résultats de cette consultation, telle qu'elle
pourra se faire sous la surveillance des directeurs
d'arrondissement et des maires de carrière, et sous
la pression d'une police vigoureuse et de cent mille
baïonnettes allemandes. Je ne veux pas faire par là
aux Alsaciens-Lorrains l'injure de prétendre que
leur verdict en sera influencé : quand il ne s'agit que
d'élections ordinaires, qui peuvent témoigner de
leurs sentiments, mais non modifier leur destinée,
ils montrent assez ce qu'ils sauront faire le jour où
la décision suprême sera dans leurs mains. En men-
tionnant les pressions de toute nature qui ne manqueront pas de se produire, et qui pourront fausser
quelques milliers de suffrages, j'ai simplement voulu
bien prévenir les Français qu'ils doivent renoncer
d'avance à ergoter sur ces incidents, au cas, bien
improbable d'ailleurs, où leurs espérances seraient
déçues.

Pour réduire autant que possible l'action de cette
pression électorale, il conviendra que le vote ait lieu
aussitôt que l'on se sera entendu sur son principe.
Les pourparlers qui auront précédé cette décision

ne peuvent manquer d'être assez longs, et causeront
dans le pays une agitation qu'il y aura tout intérêt à
réduire au minimum, tant pour lui-même que pour
la nation à laquelle il sera définitivement rattaché. Et
d'ailleurs, il ne s'agira pas, dans ce cas, de discuter
les mérites respectifs de candidats opposés : tout le
monde, ou à peu près, aura son siège fait à l'avance
sur la question.

Je suppose donc que la consultation ait lieu le
dimanche qui suivra la décision prise par le congrès
à son sujet, ou le dimanche d'après, suivant qu'elle
aura été décidée dans la première ou dans la deuxième
moitié de la semaine.

Les habitants jouissant, en Alsace-Lorraine, de
leurs droits de citoyen, voteront au moyen de bulletins enfermés dans des enveloppes identiques et portant les mots : *Allemagne, France* ou *Indépendance.* On
pourra spécifier que ceux d'entre eux qui seraient
momentanément absents du pays seront admis à voter
par correspondance, ou entre les mains d'un consul
de France ou d'Allemagne ; ce point est de peu d'importance, et n'intéresse, en raison de la brièveté du
délai, que ceux qui seront peu éloignés.

Par contre, il semble équitable de ne pas faire
voter les fonctionnaires non originaires d'Alsace-
Lorraine. Ceux-là sont, par essence, des nomades,
sans attaches dans le pays, et qui ne demanderont
pas mieux que de retourner occuper des positions
analogues dans la mère-patrie, moyennant une convenable indemnité de déplacement, à laquelle les indigènes contribueront bien volontiers, le cas échéant.

Leur exclusion sera d'ailleurs bien loin de compenser celle des Alsaciens-Lorrains émigrés, qui auraient bien leur mot à dire dans la question, et que, néanmoins, on ne peut pas songer à consulter, puisqu'ils ont abandonné la nationalité alsacienne-lorraine.

. Il sera bon enfin de couper court, à l'avance, à une manœuvre électorale qui est très pratiquée en Allemagne, principalement par les socialistes. Je veux parler de l'immigration en masse dans une circonscription douteuse, pour profiter de la faible durée de séjour exigée par la loi. Le bref délai dans lequel j'ai admis que se fera le vote ne suffit pas à empêcher cette pratique, car les prélimin···es et les travaux du congrès pourront durer as   pour permettre un afflux de gens qui viendraient submerger la population, par patriotisme allemand. Il faudra donc limiter le droit de vote aux électeurs installés en Alsace-Lorraine antérieurement à la réunion du congrès.

*
* *

Je vais maintenant continuer à raisonner comme si la majorité s'était prononcée en faveur de la France, parce que cette hypothèse est à la fois la plus vraisemblable, celle qui nous intéresse le plus, et aussi celle qui est la plus malaisée à concilier avec les susceptibilités de l'Allemagne. Les deux cas contraires ne soulèveraient pas de difficultés aussi grandes ; les Français, étant habitués depuis longtemps à s'incliner devant les arrêts du suffrage universel, accepteraient rapidement la condamnation de leurs espérances.

Du reste, j'indiquerai sommairement les modifications que subirait le raisonnement, si les Alsaciens-Lorrains déclaraient vouloir rester allemands, ou se montraient disposés à tenter la dangereuse épreuve de l'indépendance.

J'admets donc que la presque totalité des indigènes, c'est-à-dire l'immense majorité de la population, demandera le retour à la France. Mais il y a, dès maintenant, dans le pays, un nombre considérable d'immigrés allemands (130,000, dit-on), qui voteraient en masse, soit pour l'Allemagne, soit pour l'indépendance; cette dernière solution conviendrait sans doute à bon nombre d'entre eux, tentés par les institutions démocratiques que ne manquerait pas de se donner ce petit pays, s'il venait à se constituer.

Quoi qu'il en soit, ces immigrés d'outre-Rhin, installés depuis plus ou moins longtemps dans le pays, s'y sont créé des intérêts de toute nature qui doivent être ménagés. S'ils se refusent à devenir français, nous n'avons pas plus le droit de les y contraindre que l'Allemagne n'a celui de retenir par la force nos anciens compatriotes. Ce point est délicat, et exige à son tour de la France d'importantes concessions; mais il ne présente aucune difficulté qui ne puisse être aisément résolue, si l'on s'inspire d'un esprit franchement libéral.

Pour cela, il faut s'interdire toute velléité de franciser cette portion de la population contre son gré. Comme les Vieux-Alsaciens nous ont été, une première fois, gagnés par la douceur, c'est la douceur qui doit amener à nous, dans l'avenir, ces Néo-Alsaciens.

Tout l'échec qu'a subi l'Allemagne dans le Reichsland provient précisément de l'erreur où elle est tombée, en voulant en germaniser par la force la population ; cette faute, ce crime, ne doit pas être commis en sens inverse. Il ne le sera pas d'ailleurs, car il répugne au génie français.

Une première fois, la Prusse a su s'en préserver; il est vrai qu'il s'agissait de territoires bien peu considérables, et par conséquent plus faciles à assimiler. Lorsqu'en 1815 elle annexa Landau, Sarrelouis et Deux-Ponts, les habitants qui voulurent rester citoyens français furent autorisés à demeurer au pays; leurs enfants seulement furent contraints d'opter, au bout d'un temps donné, et de s'expatrier s'ils ne voulaient devenir prussiens. De cette façon les transitions furent ménagées, les éléments réfractaires s'éliminèrent d'eux-mêmes sans déchirement, et, en moins de cinquante ans, la petite ville, toute française, de Sarrelouis, était germanisée de son plein gré[1].

La France se doit à elle-même d'être plus libérale

---

[1] Je n'ai malheureusement pas pu me procurer le détail exact de ces dispositions. Je les résume, d'une manière peut être partiellement erronée, d'après le récit qui m'en fut fait, il y bien longtemps, par un Sarrelouisien. D'ailleurs, il importe peu que les choses se soient passées de la sorte. Je ne les relate que comme un exemple de stipulations assez libérales qui peuvent être imaginées. Si je fais erreur, on pourra supposer qu'il ne s'agit là que d'un exemple imaginaire, propre à guider le raisonnement dans la recherche de la justice.

encore. Elle ne doit obliger personne à l'émigration, c'est-à-dire à la ruine. Sa reprise de possession de l'Alsace-Lorraine ne doit être pour personne un jour de deuil.

Si la présence d'une colonie allemande assez nombreuse lui crée quelques difficultés, elle doit les subir avec patience, et les aplanir à force de ménagements. Et d'ailleurs ces difficultés seront faibles. Les Allemands établis en Alsace-Lorraine n'y forment qu'une minorité ; bien traités, comme je vais l'exposer, ils seront rapidement assimilés.

Donc, une fois la rétrocession du Reichsland décidée, on accordera aux habitants un délai convenable, par exemple six mois ou un an, pour déclarer s'ils veulent devenir français ou rester allemands ; passé ce temps, ceux qui n'auront fait aucune déclaration seront définitivement citoyens français. Le père de famille ou le tuteur optera pour les enfants mineurs.

Les habitants qui auront opté pour l'Allemagne seront libres de rester dans le pays, à titre d'étrangers. Ils y jouiront de tous les droits accordés en France aux sujets de la nation la plus favorisée ; leurs intérêts seront sauvegardés, dans les principales villes, par des consulats d'Allemagne (On sait que les Allemands n'ont laissé créer en Alsace-Lorraine de consulats d'aucun pays, pour que nous ne puissions pas en installer en vertu de l'article 11 du traité de Francfort).

D'aucuns pourront trouver inquiétante la perspective de laisser subsister ainsi dans ces départements français un noyau si considérable de population étrangère. Ces craintes sont complètement injustifiées.

D'abord, s'il se trouve actuellement 130 000 Allemands en Alsace-Lorraine, il est fort probable que ce nombre se réduira sensiblement, de lui-même, peu après la rétrocession.

Un certain nombre d'entre eux adopteront la nationalité française, soit dès le début, soit au bout de peu de temps. La chose n'aura rien d'extraordinaire, puisque le changement ne leur sera pas imposé à la suite d'une série de défaites et de deuils ; au contraire, il résultera naturellement de ce grand élan pacifique qui sera tout à la fois le gage et le résultat de la réconciliation des deux peuples. Même dans les circonstances actuelles, si peu propres au rapprochement, chaque année voit la naturalisation très sincère d'un nombre relativement considérable d'Allemands, dont les enfants, élevés chez nous, deviennent d'excellents Français. Nous pouvons nous en reposer pour cela sur la « puissante force attractive » que le lieutenant-colonel Kœttschau, paraphrasant divers discours de M. de Bismarck, veut bien nous reconnaître en ces termes : « Ce charme, fondé sur de nombreuses supériorités, que possède notre grand voisin, a été si souvent pour nous un adversaire redoutable, que nous avons dû le bannir par la violence ; mais si l'inimitié actuelle venait à cesser, nous resterions sans défense contre lui. Peut-être avons-nous plus à craindre des armes de l'amabilité française, que de celles des armées françaises ».

D'autre part, l'élément étranger pourra être sensiblement réduit par l'émigration.

Qu'on ne se méprenne pas sur ce mot. Il ne s'agit pas d'un exode lamentable, dernière ressource de gens persécutés sans merci, et tel qu'on ne sait qui plaindre davantage : ceux qui abandonnent à jamais leur famille et leur terre natale, ou ceux que les circonstances obligent à rester là, soumis aux caprices et aux vengeances de leurs maîtres.

Dans l'hypothèse où je me place, les Allemands qui abandonneront le pays, le feront, non parce qu'on les y aura rendus malheureux, mais parce qu'ils estimeront devoir être plus heureux en retournant aux lieux d'où ils seront venus depuis peu de temps. Laissés parfaitement libres, soumis au droit commun, ils ne se décideront au départ qu'à leur moment, toutes affaires arrangées. En un mot, ils n'auront pas à choisir de deux maux le moindre, mais de deux biens le plus grand à leurs yeux.

Aussi ne quitteront-ils pas l'Alsace-Lorraine en ennemis du nom français. Ils deviendront, au contraire, en Allemagne, des agents sincères de la réconciliation. Et ce spectacle hâtera la francisation des immigrés disposés à venir à nous.

Enfin, il faut remarquer qu'en vertu de notre législation sur l'acquisition de la nationalité, les enfants de ces étrangers, nés en Alsace-Lorraine postérieurement à la réoccupation, c'est-à-dire nés en terre française, seront encore libres d'opter à leur majorité. Bon nombre d'entre eux deviendront ainsi volontairement français. Et les petits-enfants des immigrés le seront tous, soit volontairemeut, soit nécessairement, comme nés en France d'étrangers nés eux-mêmes sur le territoire de la République.

Ainsi, nos lois ordinaires suffisent à assurer, sans mesure spéciale ni vexation aucune, la francisation définitive des immigrés au bout de deux générations. Et l'on ne peut qualifier de vexatoire une loi qui impose à des hommes la nationalité d'un pays où ils sont nés, où leur père est né et a voulu vivre, où leur grand-père était venu s'établir. En règle générale, leurs intérêts et leur éducation les auront amenés, de leur plein gré, à cette nationalité; et, au cas contraire, nul ne peut s'étonner si on leur demande de quitter un pays pour lequel ils se sentent une si insurmontable répugnance.

⁎⁎

Il n'est pas nécessaire d'ajouter que la langue et les coutumes de l'Alsace-Lorraine devront être respectées de la manière la plus absolue : à cet égard, le passé lui est garant de l'avenir.

L'allemand sera donc enseigné, au même titre que le français, dans toutes les parties du pays où il est parlé; les actes officiels y seront publiés dans les deux langues; l'allemand pourra être employé dans les délibérations publiques, telles que celles des divers conseils locaux, et devant les tribunaux; il sera valable pour la rédaction des actes privés, au choix des intéressés. La connaissance des deux langues sera exigée des fonctionnaires publics.

Enfin, suivant la belle idée de Heimweh, Strasbourg

recevra une grande université franco-allemande, trait d'union intellectuel et moral entre les deux civilisations désormais associées. Ainsi, elle redeviendra à tout jamais ce qu'elle n'aurait jamais dû cesser d'être : « à la limite de deux mondes si différents, l'intermédiaire, la bonne conciliatrice entre deux races [1] ».

*
* *

Parmi les intérêts à ménager, il est juste de tenir compte de ceux de l'empire d'Allemagne. Il faut trouver pour lui une compensation matérielle à la perte du territoire d'Alsace-Lorraine.

A vrai dire, c'est lui qui devrait nous être reconnaissant de le délivrer du boulet qu'il traîne après lui ! J'ai montré plus haut à quel point c'est se tromper que de croire que la possession de l'Alsace-Lorraine représente pour lui un avantage matériel. Néanmoins ce préjugé existe, et il est indispensable de lui faire un sacrifice. La renonciation à ce territoire implique d'ailleurs de la part des Allemands une immense concession morale, pour laquelle il est juste de leur fournir le seul dédommagement qu'il soit possible d'imaginer, c'est-à-dire une série d'avantages matériels.

Ce n'est pas mon affaire, et ce n'est pas le moment de désigner la nature ou la quotité de cette compensation. C'est là une question non de principe, mais de quantité, qui doit être tranchée par le congrès médiateur, à la suite d'un débat contradictoire entre les intéressés. On peut supposer que l'on offre aux Alle-

_____
[1] Michelet. *Notre France.*

mands une indemnité pécuniaire convenable, ou une compensation territoriale choisie dans notre domaine colonial, ou les deux à la fois.

Comme base pour déterminer cette compensation, on peut considérer ce que l'Alsace-Lorraine rapporte annuellement à l'empire, et ce que ce dernier y a dépensé jusqu'à ce jour.

La première somme est faible. Je rappellerai que la contribution matriculaire du Reichsland n'est que de 14 millions de francs, qui représentent un capital de 350 millions. Et, à la vérité, cette recette ne couvre pas, à beaucoup près, les dépenses militaires que l'empire s'impose pour sa conservation. Néanmoins, on en pourra tenir compte.

D'autre part, l'Allemagne a racheté à la Compagnie de l'Est les chemins de fer de l'Alsace-Lorraine; il faudra les lui rembourser. Depuis l'annexion, elle a incomparablement développé ce réseau; elle devra en être indemnisée tout au moins partiellement, une portion des dépenses ayant été subies par le budget local. De même pour les établissements de toute nature à la construction desquels l'empire a procédé ou collaboré, tels que l'Université de Strasbourg, et quantité d'autres.

Tout cela, encore une fois, ne peut faire l'objet d'une discussion de principe, et ne crée par conséquent aucun obstacle insurmontable. C'est un point que le congrès pourra facilement résoudre d'une manière équitable. Et les Allemands peuvent être sûrs qu'ils n'y perdront pas : si fort qu'il doive être, l'emprunt pour la libération de l'Alsace-Lorraine sera couvert ici de manière à faire oublier l'emprunt pour la libération du territoire, qui fut la première consolation de notre deuil !

On voudra bien reconnaître que, dans les pages qui précèdent, je me suis efforcé, plus qu'on ne l'a fait jusqu'ici, de ménager les intérêts non-français qui se sont légitimement créés en Alsace-Lorraine. Peut-être même aurai-je déplu, en cela, aux chauvins français autant que j'aurai indigné les chauvins allemands en leur disant qu'ils doivent renoncer à leur proie. Il est clair pourtant que ces intérêts non-français ont droit à un traitement plus équitable que celui qui consisterait à calquer notre conduite sur celle que les Allemands ont tenue dans le Reichsland. Je ne me flatte nullement, d'ailleurs, d'avoir épuisé le sujet et déterminé le détail de ce qui devra être fait. J'ai simplement voulu montrer dans quel ordre d'idées bienveillantes et conciliatrices nous avons le devoir de régler ces questions. Nous devons nous guider d'après les grands principes sur lesquels nous appuyons nos revendications actuelles : il y va de notre honneur national. Ainsi se résoudra la première partie du problème : *donner satisfaction à la majorité, sans léser aucunement la minorité.*

* *

J'arrive maintenant au point capital, à celui qui distingue encore plus nettement cette étude de celles qui ont été consacrées déjà au même sujet.

Le principal obstacle à la réconciliation de la France et de l'Allemagne est leur méfiance réciproque, qui n'est, après tout, que trop justifiée, car les gouvernements et les hommes dont le devoir eût été d'éclairer leurs compatriotes ne se sont jamais attachés qu'à la développer, loin de la combattre.

Dans ces conditions, le mot de désarmement, si souvent prononcé depuis quelques années, est vide de sens. Toute proposition à cet effet, mise en avant dans l'un des deux pays, apparaît à la nation rivale comme un piège destiné à endormir sa vigilance, et la détermine simplement à augmenter son état militaire de quelques milliers d'hommes.

« Votre constitution, diront les Allemands aux Français, vous empêche bien de nous attaquer : mais vous êtes versatiles ; vous avez toujours été, et vous êtes encore à la merci d'une agitation patriotique habilement soulevée. — Soit, répondront les Français, mais vous êtes les sujets soumis d'un empereur jeune et ardent ; la paix dépend de son caprice, et celui-ci peut fort bien céder subitement aux suggestions de la petite noblesse qui entoure le trône ; voilà ce qui suspend sur l'Europe la menace de la guerre. »

Que l'on ajoute à cela les récriminations et les accusations rétrospectives de messieurs les historiens, et l'on concevra quelle créance chacun des deux peuples est capable d'accorder aux assurances pacifiques de voisins réputés si dangereux.

La rétrocession de l'Alsace-Lorraine moyennant la plus riche des compensations, ne suffirait donc pas à amener une détente complète. Le sentiment de la sécurité ne serait pas encore établi. Ici, l'on soupçonnerait l'Allemagne de vouloir reprendre les provinces une fois la compensation reçue ; et, de leur côté, les Allemands continueraient à redouter notre irruption dans l'Allemagne du Sud, par le fameux « coin de Wissembourg », et par la « porte » de Strasbourg.

Il ne saurait en être autrement, si tout l'arrangement consiste à reporter sur le Rhin la frontière qui est actuellement sur les Vosges, et que, de part et d'autre, on s'obstine à rivaliser de préparatifs militaires. De l'unanimité des protestations pacifiques, le philosophe peut bien conclure à leur sincérité ; mais le peuple juge des intentions d'après leurs résultats visibles ; et ces résultats sont, de chaque côté, en temps de paix, une armée plus nombreuse que la Grande Armée de Napoléon, et la danse d'écus la plus effrénée qui se soit jamais vue.

Si donc, comme cela est incontestable, les deux nations sont de bonne foi, il n'y aura pourtant rien de fait, en vue de leur réconciliation, tant qu'elles n'auront pas trouvé un moyen de se prouver matériellement cette bonne foi l'une à l'autre. Par contre, si ce moyen vient à être trouvé, l'opinion toute-puissante aura vite fait de contraindre les gouvernements à le mettre en exécution ; les armes tomberont d'elles-mêmes, et l'on sera surpris de la rapidité avec laquelle s'effaceront des préventions sans objet.

Là est le nœud de la question. Et l'on ne saurait trop insister sur ce mot de sincérité, car il n'a été prononcé jusqu'ici, dans les discussions internationales, que pour donner à entendre, par contraste, que l'on refuse toute bonne foi au voisin. « Je veux la paix, dit-on, et ne m'arme que pour me défendre contre vous. » Autant dire : « Vous préparez une attaque contre moi, et mentez en soutenant le contraire ». Combien plus forte serait la position de celui qui parlerait ainsi : « Je veux la paix. Voici la preuve de mes bonnes dispositions ; êtes-vous prêt à faire comme moi ? »

⁎

Quand une armée, en campagne, n'est menacée d'aucun péril imminent, on la répartit sur un espace suffisant pour qu'elle puisse vivre à l'aise, tout en veillant à ce qu'elle puisse être rapidement concentrée en cas d'alerte ; de plus, on réduit au strict nécessaire ses avant-postes, pour alléger cette partie si fatigante du service. A mesure qu'on approche de l'ennemi, on rapproche aussi les divers éléments les uns des autres, et on renforce leur couverture.

Mais, tant que l'on ne combat point, la densité de l'armée va en diminuant, de l'arrière vers l'avant. C'est d'abord le gros, puis la réserve des avant-postes, puis les grand'gardes, enfin les petits postes et les sentinelles.

Sur le champ de bataille, au contraire, toutes les forces disponibles sont lancées en première ligne, sauf des réserves, relativement faibles, destinées à parer à l'imprévu.

Si l'on jette les yeux sur une carte des emplacements des armées française et allemande, en temps de paix, on trouvera que cette répartition fait penser à ce qui se passe sur le champ de bataille, et non à une occupation paisible. A la frontière du Rhin, sur une surface équivalant à peu près à la vingtième partie de l'un ou l'autre pays, est rassemblé environ le cinquième des deux armées permanentes. Et encore les cartes ne donnent-elles qu'une idée imparfaite de la chose. Elles ne représentent que les divers corps de troupes, figurés par de petits carrés égaux, sans tenir compte du fait que les unités stationnées à la frontière ont des effectifs renforcés, au détriment des corps de l'intérieur; alors que ces derniers ne sont que les noyaux des unités à créer à la mobilisation, ceux de la frontière sont prêts à entrer immédiatement en ligne.

Avec la meilleure volonté du monde, il est impossible que cette organisation donne l'impression d'un état de paix vraiment stable. La *sûreté* peut être garantie par ces précautions, mais la *sécurité*, indispensable à la vie normale d'un peuple civilisé, est absente.

Eh bien, il faut que cela soit changé, si l'on veut que Français et Allemands cessent de se prêter réciproquement les intentions les plus noires. Il faut que les provinces-frontières cessent de ressembler à des places assiégées où l'on tolère tout juste la présence de l'élément civil. Il faut que leurs habitants constatent qu'il s'y trouve assez de soldats pour assurer le respect des lois, qu'en cas d'attaque ces troupes pourront être rapidement secourues de l'arrière, mais que cette attaque est hors de toute vraisemblance, la couverture du pays voisin étant également trop faible pour pouvoir prendre l'offensive. De cette manière, et de cette manière seulement, la France et l'Allemagne prouveront à tous qu'elles sont de bonne foi.

*\
* *

Cette preuve, il faut que le médiateur la demande simultanément aux deux puissances. Mises par lui au pied du mur, elles ne peuvent pas refuser de prendre des engagements qu'elles sauront être réciproques et équivalents. Et si l'on veut bien y réfléchir sans parti pris, on verra que ces engagements ne sont nullement difficiles à imaginer.

Nous avons vu que certains auteurs ont proposé la neutralisation de l'Alsace-Lorraine redevenue française. L'intention partait d'un bon naturel; mais, si cette disposition était de nature à rassurer l'Allemagne, on ne saurait en dire autant de la France, qui ne sentirait diminuer en rien son malaise actuel. Se représente-t-on la situation suivante : notre province-frontière sans forteresses, occupée par des garnisons insignifiantes, et, en face, les Allemands occupant une position enveloppante, libres d'y accumuler des places formidables et d'y entretenir des armées entières prêtes à fondre sur nous? Il n'est pas à présumer qu'une pareille inégalité de traitement engendre des relations bien cordiales.

Et cependant, l'idée d'une neutralisation partielle a du bon. Mais il faut que chacun y mette du sien, et que pareille servitude grève, de part et d'autre, les provinces-frontières. Il faut que chacun fasse un sacrifice aux légitimes susceptibilités de son voisin, que ces sacrifices soient équivalents, et qu'ils permettent encore de se défendre au besoin contre une attaque. De cette manière, ils seront librement consentis, et n'auront aucun caractère vexatoire.

On arrive ainsi au principe suivant :

Neutraliser, ou, pour mieux dire, *désarmer l'Alsace-Lorraine redevenue française, ainsi qu'une zone équivalente en Allemagne, le long de la frontière*[1].

En France, la zone désarmée comprendra l'Alsace-Lorraine, augmentée du territoire de Belfort, qui en est une dépendance naturelle et sera réincorporé au département du Haut-Rhin. Il sera juste de faire ainsi bonne mesure à l'Allemagne, et de renoncer à maintenir les fortifications de Belfort qui apparaîtraient comme une menace pour la région désarmée allemande.

Au total, ce territoire a une superficie de 15 118 kilomètres carrés, avec 1 700 000 habitants[2].

En Allemagne, la zone désarmée pourra être for-

---

[1] Ces zones sont indiquées, sur la carte ci-après, par des teintes plus pâles que celle de leurs pays respectifs.

[2] Alsace-Lorraine, 14 509 km² et 1 603 506 habitants, le 1er décembre 1890. — Belfort, 609 km² et 89 670 habitants en 1891.

En Prusse, les cercles de :

Trèves (ville)......	60 km²	36 166 hab.	en 1890.
Trèves (campagne).	958 »	75 778	—
Sarrebourg.......	453 »	31 278	—
Merzig...........	418 »	140 137	—
Sarrelouis........	444 »	75 493	—
Sarrebruck.......	385 »	41 716	—
Ottweiler........	307 »	78 800	—
Sankt-Wendel.....	537 »	47 356	—
La principauté de Birkenfeld......	503 »	41 242	—
Le Palatinat.......	5 928 »	728 339	—

En Bade, les cercles suivants :

BELGIQUE

LUXEMBOURG

ALLEMAGNE

COBLENCE

Ehrenbreitstein

Moselle

Kastel

Main

MAYENCE

TRÈVES

Luxembourg

Birkenfeld

PALATINAT

Neckar

Thionville

SPIRE

Germersheim

METZ

KARLSRUHE

Bitche

Toul

NANCY

Bade

STRASBOURG

Kehl

Offenbourg

Rhin

ÉPINAL

Fribourg

Neuf-Brisach

FRANCE

BELFORT

Lörrach

BÂLE

SUISSE

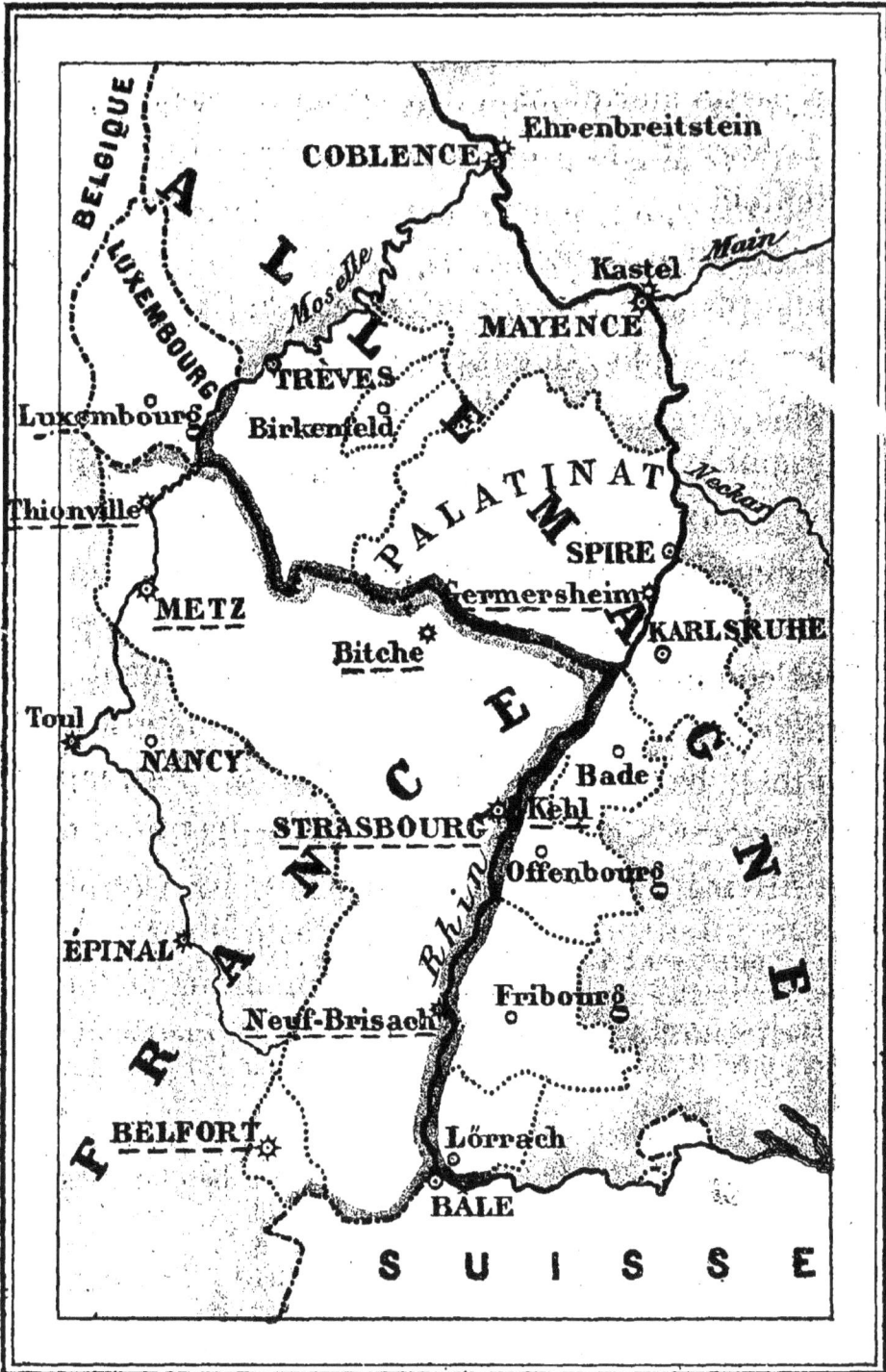

Échelle de : $\frac{1}{3.500.000}$

| 0 | 25 | 50 | 75 | 100 Kil. |

formée des territoires suivants, sensiblement équivalents, comme le montre la carte ci-contre :

La partie méridionale du district de Trèves, limitée par la Moselle, et y compris la petite principauté de Birkenfeld ;

Le Palatinat rhénan ;

Enfin, dans le grand-duché de Bade, les cercles de Karlsruhe, Bade, Offenburg, Fribourg en Brisgau et Lörrach ;

Ensemble, 17 000 kilomètres carrés, avec 2 millions 200 000 habitants.

La zone désarmée allemande serait donc un peu plus grande, et sensiblement plus peuplée que la française. Il n'y aurait là aucun inconvénient pour l'Allemagne ; on va voir, au contraire, que grâce à la densité plus grande de la population, l'Allemagne pourra disposer ainsi dans sa province-frontière d'une garnison plus forte que nous, et que les compensations ne lui manqueront pas. Au reste il serait facile, en rognant quelques cercles, de modifier au besoin une délimitation que je n'ai indiquée que pour fixer les idées.

Karlsruhe.........	1 527	km²	307 675	hab. en 1890.
Bade.............	1 046	»	137 159	—
Offenburg........	1 593	»	159 139	—
Fribourg.........	2 186	»	214 860	—
Lörrach..........	959	»	95 137	—
	17,304	»	2 210 275	—

Au total, en nombres ronds, 17,000 km² et 2 200 000 habitants, plusieurs cercles du district de Trèves n'étant désarmés que sur la rive droite de la Moselle.

*
* *

Les détails d'exécution sont faciles à régler.

La neutralisation comprendra, d'une part, le démantellement de tous les ouvrages fortifiés existants
et l'engagement pris de ne pas en élever de nouveaux,
et, d'autre part, une limitation convenable des effectifs
entretenus sur ces territoires.

Sous le rapport des fortifications à démolir, le
sacrifice sera incomparablement plus grand de notre
côté[1]. Il portera, en effet, sur les grands camps retranchés de Metz, Strasbourg et Belfort, et les petites
places de Thionville, Bitche et Neuf-Brisach, ainsi que
les forts d'arrêt actuellement projetés ou en construction dans les Vosges. Les Allemands en seront quittes
pour raser les ouvrages peu importants de Kehl
(forts de la rive droite du Rhin, à Strasbourg) et de
Germersheim[2].

La convention d'arbitrage arrêtera les dates auxquelles ces diverses opérations devront être achevées ;
des commissaires des puissances signataires seront
désignés pour y assister. Enfin, la France et l'Allemagne s'engageront à ne jamais élever aucune fortification, permanente ou semi-permanente, dans toute
l'étendue des territoires désarmés.

Il restera encore aux deux pays assez de forteresses pour rassurer les esprits les plus timorés.

La France conservera en première ligne Verdun,

---

[1] Les noms de ces places sont soulignés sur la carte.

[2] Je ne parle pas de Rastatt et de Sarrelouis, dont le démantellement a été décidé récemment.

les forts de la Meuse, Toul, Épinal, les forts de la Haute-Moselle et les positions de Montbéliard et du Lomont.

Quant à l'Allemagne, elle gardera la libre disposition des grands confluents de la Moselle, du Main et du Neckar avec le Rhin. Sur les premiers elle possède Coblence avec Ehrenbreitstein, et Mayence avec Kastel; rien ne l'empêchera de s'établir vigoureusement sur la belle position Mannheim-Heidelberg, formée par le dernier. Si Ulm ne lui suffit pas comme point d'appui de première ligne dans l'Allemagne du Sud, elle peut fortifier par exemple Stuttgart. Elle pourra consacrer ainsi à sa défense une partie de l'indemnité que nous lui paierons. Mais le plus probable est que l'idée ne lui en viendra même pas, et elle aura bien raison.

*
* *

En ce qui concerne les garnisons des zones désarmées, on peut raisonner de la manière suivante.

Comme on l'a vu plus haut, les États-Unis se suffisent avec une force armée de 1 homme pour 1 880 habitants, bien qu'ils aient à surveiller, et souvent à combattre, les tribus indiennes, disséminées sur de vastes territoires. Cette proportion correspondrait à 800 hommes de garnison pour l'Alsace-Lorraine, et à une armée de 20 000 hommes pour la France entière.

Pour sa honte, l'Europe n'est pas près d'atteindre un degré de civilisation générale qui lui permette un semblable abaissement des effectifs; présentement on y compte, en temps de paix, 1 militaire par 110 habitants. .

Cependant la Suisse donne à l'ancien monde l'exemple de ce dont peut se contenter un peuple pacifique. Elle n'a pas d'autre armée permanente que 240 officiers et le très petit nombre de sous-officiers nécessaires pour instruire une quinzaine de mille recrues, convoquées chaque année en plusieurs séries. Pour le maintien de l'ordre, chaque canton est autorisé à entretenir au plus 300 soldats de profession, ce qui fait, pour l'ensemble, un chiffre maximun de 6 600 soldats, soit 1 par 444 habitants. Cette proportion donnerait à la France une armée permanente de 85 000 hommes.

Quant à l'Angleterre, elle n'entretient, dans la Grande-Bretagne même, que 117 000 hommes pour 37 800 000 habitants, c'est à dire pour une population égale à celle de la France, soit 1 militaire par 323 habitants. Encore faut-il remarquer que ces troupes sont bien loin d'être considérées comme nécessaires au maintien de l'ordre; elles ont en effet à fournir la relève des colonies, où il ne se trouve pas moins de 103 739 soldats, et à ce seul point de vue, on peut considérer l'armée de la métropole comme véritablement faible. Il est donc hors de doute que, sans les exigences de son immense empire colonial, l'Angleterre n'aurait pas proportionnellement plus de soldats que la Suisse.

Sans aller aussi loin, on peut donc affirmer qu'avec 1 soldat pour 200 habitants, les États continentaux auraient encore des armées bien plus fortes que de

raison : cette proportion laisserait 190 000 hommes
à la France et 245 000 à l'Allemagne. Il est même bien
certain qu'après une expérience de quelques années,
on ne manquerait pas de réduire encore davantage les effectifs. Mais ce premier soulagement serait
déjà énorme, puisqu'il correspondrait au licencie-
ment de bien plus que la moitié des armées actuelles.

* *
*

Dans les circonstances actuelles, il serait évidemment fou de prétendre imposer aux grandes puissances
une semblable limitation. On les y amènera tout naturellement, par une conséquence logique de l'arrangement relatif à l'Alsace-Lorrraine.

Il suffira pour cela d'un unique engagement à
demander à la fois à la France et à l'Allemagne :

*N'entretenir, chacune dans sa zone neutralisée, qu'une
force armée au plus égale à un demi pour cent du chiffre
de la population,* soit 7 500 hommes en Alsace-
Lorraine et 11 000 hommes dans la zone allemande.

Cette limitation devra être absolue. Pour éviter
tout malentendu et toute récrimination, on spécifiera
bien explicitement que, sous aucun prétexte, ces
effectifs ne seront dépassés. J'entends par là que les
recrues originaires des territoires désarmés, ainsi
que les réservistes à rappeler chaque année, devront
être convoqués, équipés et instruits en dehors de ces
provinces, où il ne se trouvera ni matériel de guerre
ni dépôt de munitions dépassant les besoins des garnisons ; en outre, on ne pourra faire sur ces territoires, sous prétexte de grandes manœuvres, aucun

rassemblement de troupes autres que celles qui s'y trouveront ainsi à titre permanent.

Les effectifs qui viennent d'être indiqués permettraient de donner aux principales villes de ces régions des garnisons d'un millier d'hommes, et l'on ne fera croire à personne que ce chiffre ne suffise pas au maintien de l'ordre parmi des populations aussi peu remuantes.

* *

Les deux puissances resteront parfaitement libres d'entretenir, dans les autres parties de leurs territoires, tels effectifs qu'il leur conviendra. Et il est hors de doute que, par mesure de prudence, elles conserveront encore, pendant quelque temps, des rassemblements relativement considérables derrière les Vosges et la Forêt-Noire.

Ce sera une période transitoire, pendant laquelle elles continueront de s'observer avec une défiance toujours décroissante; mais au moins, pendant ce temps, la répartition des deux armées donnera-t-elle l'impression de la paix et de la sécurité, qui fait si complètement défaut aujourd'hui. Au lieu de rencontrer, jusque sur la frontière même, des armées mobilisées n'attendant que l'ordre d'en venir aux mains, on ne trouvera dans ces régions que de véritables avant-postes, détachés de l'armée établie plus en arrière.

Au bout de quelque temps, la France retirera, je suppose, un bataillon de Verdun; elle ne saurait se trouver compromise de ce fait. L'Allemagne répondra en diminuant d'autant la garnison de Coblence. Après

quelques expériences de ce genre, restées inoffen-
sives, toutes deux comprendront que le plus sage
sera d'en venir aux licenciements. Et les autres États
seront trop heureux de les imiter, devenues sages
enfin, comme ils les ont suivies dans la folie des
armements à outrance.

⁂

Mais il faut penser à tout. Si l'on veut que tout le
monde trouve son compte à cette grande réforme, il
faut la compléter par une mesure d'ordre purement
intérieur, mais qu'il est bon de ne point passer sous
silence, pour désarmer à l'avance l'opposition de certains intérêts de clocher.

Les villes de ces régions ont en effet tiré du militarisme à outrance le parti qu'elles pouvaient : les
énormes garnisons qui s'y trouvent constituent le
plus clair du revenu de bon nombre d'entre elles, et
leurs conseils municipaux ne manqueraient pas de
réclamer des compensations. On pourrait leur répondre que les charges écrasantes de la paix armée
n'ont pas précisément été inventées pour alimenter le
commerce local et l'octroi de quelques villes-fron-
tières. Mais il y a mieux à faire, et il est facile de
les dédommager richement : il suffit pour cela que
l'État cède gracieusement à ces villes, en toute
propriété, les terrains et les constructions militaires dont il n'aura plus que faire. Les villes y trouveront un bénéfice considérable, et l'État n'y perdra
pas, à proprement parler, car on peut considérer le
prix de revient de ces établissements comme passé

26.

depuis longtemps aux profits et pertes des budgets extraordinaires.

*
* *

Ce qui précède constitue en quelque sorte la partie négative de la tâche. Mais une fois que chacun des deux peuples aura loyalement montré qu'il a renoncé à préparer la perte de l'autre, il devra encore lui prouver qu'il ne lui veut que du bien. Ce sera l'affaire du pacte d'alliance, ou plutôt d'amitié, qui doit couronner le traité.

Il est nécessaire de bien s'entendre sur ce mot. Je ne veux point parler d'une de ces alliances, presque aussi vieilles que l'humanité, qui se concluent entre peuples guerriers, et dont le but, avoué ou non, est la spoliation de quelque voisin, son affaiblissement, ou tout au moins le maintien de son infériorité (C'est dans la dernière de ces catégories, et non, comme on le fait généralement, dans la première, qu'il convient de classer la triple alliance).

Ce qu'il s'agit de créer, c'est une situation répondant à la solidarité intime que la nature même a voulue entre les habitants de la France et de l'Allemagne : collaboration complète dans les travaux de la paix, mesures prises pour éviter tout conflit ultérieur, aide mutuelle promise en cas de danger grave notoirement provoqué par une agression étrangère. C'est cet état que je qualifie du nom de traité d'amitié, plutôt que d'alliance.

En ce qui concerne le régime du temps de paix, il doit être fondé sur l'alliance économique et intellectuelle la plus étroite. Je ne crois pas qu'on puisse citer une production de l'esprit, du sol, ou de l'industrie, pour laquelle la France et l'Allemagne ne soient pas véritablement complémentaires l'une de l'autre. Après avoir mis en commun ces intérêts, elles pourront au besoin se passer de toutes les autres nations, de même qu'en unissant leurs forces militaires elles n'auront rien à craindre de personne. Et une fois les fautes du passé réparées, les soupçons désarmés, les intérêts unis, l'amitié sincère ne sera pas longue à venir.

Il ne servirait de rien d'avoir réglé le différend actuel, si l'on ne faisait tout le possible pour éviter qu'il vienne à s'en reproduire un semblable. Aussi l'alliance devra-t-elle être complétée par l'engagement de soumettre à un tribunal arbitral toute difficulté qui pourrait se présenter à l'avenir. Il existe déjà plus d'un exemple de ces traités d'arbitrage permanent ; je me bornerai à renvoyer, en ce qui les concerne, aux ouvrages que j'ai cités plus haut. Notons seulement que, sur ce point, il convient de laisser le moins possible à l'imprévu. Ce n'est pas quand deux nations sont divisées sur une question d'intérêt difficile à résoudre, qu'il est temps de régler des points de procédure relatifs à l'autorité qui doit la trancher : ce serait s'exposer à l'avance à des récriminations contre la sentence rendue.

En même temps que l'on prendra l'engagement de recourir à l'arbitrage en cas de différend nouveau, et d'en accepter le résultat quel qu'il soit, on s'efforcera donc de régler à l'avance le mode suivant lequel se rendra ce jugement sans appel. On peut recommander à cet égard, entre autres, l'étude du projet de Tribunal suprême, développé par Sir Edmund Hornby, dans le *Herald of Peace*, du 2 janvier 1893 [1].

Il n'y a là, d'ailleurs, que des difficultés d'ordre tout à fait secondaire. Ce n'est pas après avoir réglé à l'amiable une querelle comme celle qui les sépare actuellement, que la France et l'Allemagne auront de la peine à terminer pacifiquement les autres litiges qui pourront s'élever entre elles.

Enfin, les deux puissances doivent se promettre aide et protection, en cas d'agression étrangère.

Mais il ne faudrait pas que cette clause n constituer une prime d'assurance à une politique agressive. Il ne faudrait même pas qu'elle en eût l'air, et qu'aucune autre nation fût en droit d'y voir une menace.

Aussi, on spécifiera que chacun des deux pays gardera une simple neutralité bienveillante, si l'autre est engagé dans une guerre avec une seule grande puissance, ou avec une grande puissance et un ou plusieurs États secondaires. Par contre, il devrait l'appui de ses armes, si l'autre a affaire, sans aucun autre allié, à deux ou plusieurs des puissances principales : Angleterre, Autriche-Hongrie, Espagne, Italie, Russie, Turquie. Car, en pareil cas, il y aura toute présomption pour qu'il ait été attaqué : ni la France, ni l'Allemagne, ne se risquerait, sans doute, à attaquer à elle seule, deux ou plusieurs de ces puissances à la fois.

[1] Résumé dans la revue *Die Waffen nieder!* de février 1893.

* *

Si invraisemblable qu'il soit, il faut encore prévoir le cas où les Alsaciens-Lorrains déclareraient ne pas vouloir redevenir français. Les mêmes principes d'équité permettront encore d'abolir la paix armée.

Supposons d'abord, pour commencer par l'hypothèse la plus inattendue, que la population déclare vouloir rester allemande. Dans ce cas, la France n'aura plus rien à réclamer, et elle devra abdiquer solennellement toute prétention sur l'Alsace-Lorraine. Cette dernière, définitivement incorporée à l'empire germanique, devra recevoir de lui, en reconnaissance de son adhésion, les libertés dont elle est privée. Elle constituera un État allemand jouissant des mêmes droits que les autres, et non plus une propriété indivise entre ces derniers ; elle se gouvernera librement, après s'être constituée comme elle l'entendra, en république ou en monarchie ; on y instituera le régime libéral que je définissais plus haut dans l'hypothèse du retour à la France ; les Français y seront effectivement traités sur le pied de la nation la plus favorisée.

Enfin, *l'Alsace-Lorraine sera désarmée* dans les mêmes conditions qu'il a été dit plus haut, et *pareille servitude sera imposée sur la zone limitrophe du territoire français,* comprenant par exemple la partie, située à l'est de la Meuse, du département du même nom, une partie des départements de Meurthe-et-Moselle, des Vosges et de la Haute-Saône, et le

territoire de Belfort, comme le montre le croquis ci-
dessous.

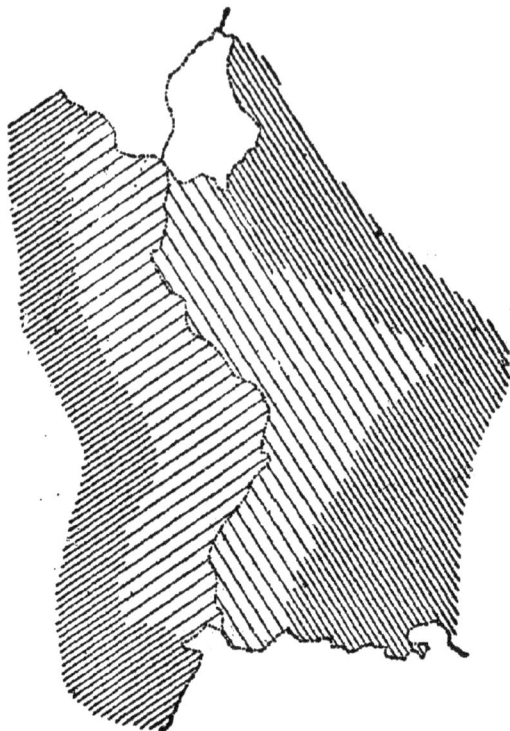

Si les Alsaciens-Lorrains demandent à constituer
un État indépendant, ou à s'unir à la Belgique ou à
la Suisse, la solution tiendra des deux précédentes,
comme le montre le croquis de la page ci-après :

*Leur territoire sera désarmé, ainsi que la zone
française déterminée dans le cas précédent, et que la
zone allemande qui avait été désarmée dans l'hypothèse
du retour à la France.*

On veillera à ce que leurs institutions offrent, sur
leur territoire, des avantages égaux aux Français et
aux Allemands. Enfin une compensation matérielle
sera fournie à l'Allemagne. Cette indemnité sera na-

turellement moins forte que si l'Allemagne avait dû
faire la concession de rendre le territoire à la France ;

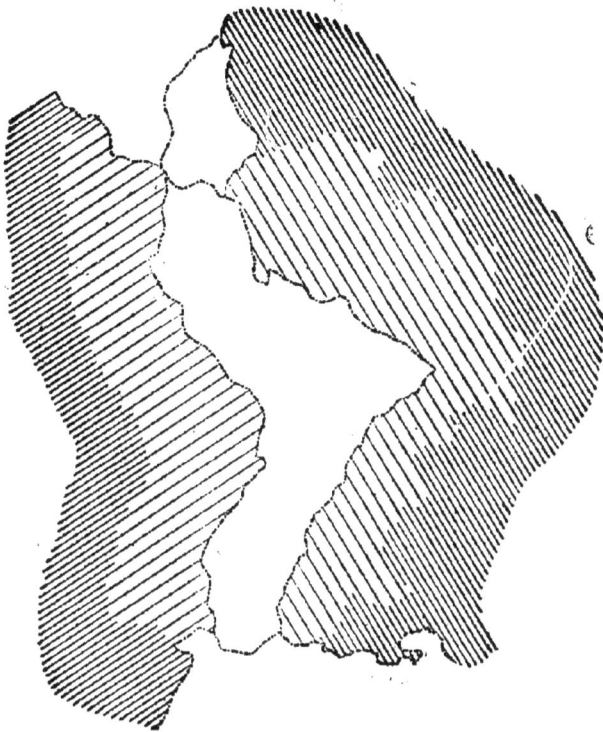

elle sera établie suivant la valeur, strictement calculée, des établissements de toute nature que l'empire possède dans le Reichsland. Dans le cas de l'indépendance, elle sera payée pour la plus grande
partie par les Alsaciens-Lorrains, avec un appoint
fourni par la France. Si les Alsaciens-Lorrains veulent devenir suisses ou belges, c'est l'État bénéficiaire
qui devra contribuer à indemniser l'Allemagne.

Il est, je le répète, tout à fait invraisemblable que
le vote des Alsaciens-Lorrains conduise à adopter
l'une ou l'autre des deux combinaisons que je viens
d'étudier en dernier lieu. On a vu, d'autre part, à

quelles graves objections de principe elles sont su-
jettes. Il convenait toutefois de les envisager, par
esprit d'impartialité, et pour montrer sur quelles
mesures secondaires il serait nécessaire de les
appuyer, afin de réduire leurs inconvénients au
minimum.

RÉSUMÉ ET CONCLUSION

En résumé, si précises que soient les stipulations du traité de Francfort, et quoi qu'on en pense officiellement en Allemagne, il existe une question d'Alsace-Lorraine. Bien plus, cette question est aujourd'hui le pivot de la politique européenne; sauf peut-être l'Espagne et le Portugal, il n'est pas une puissance sur le continent qui n'en souffre cruellement, et qui n'ait à en craindre les pires désastres.

L'Alsace-Lorraine est le champ clos où luttent deux conceptions opposées des destinées humaines. D'un côté, la guerre sanctifiée, tout droit et toute liberté disparaissant, devant la force brutale remise aux mains d'un homme; en face, la guerre qualifiée crime, le droit et la liberté considérés comme imprescriptibles et inaliénables, l'avenir des gens soumis à leur volonté et non à leur passé. D'une part, en un mot, l'Allemagne soutenant *qu'elle a droit sur l'Alsace-Lorraine,* de l'autre la France proclamant, non que ce droit lui appartient à elle, mais que *personne n'a droit sur l'Alsace-Lorraine, sinon les Alsaciens-Lorrains.*

27

Posée dans ces termes, la question s'élève au-dessus d'un banal *casus belli*. Il ne s'agit pas de savoir seulement s'il doit se livrer une grande guerre de plus entre Welches et Germains, et si une frontière passera à l'est ou à l'ouest de quelques milliers d'hectares, si elle courra dans la plaine ou sur la montagne, mais si le droit des peuples, issu de la Révolution Française, triomphera ou non du droit divin, et la liberté de la tyrannie.

Que la liberté doive l'emporter en fin de compte, cela n'est pas douteux. Elle a remporté assez de victoires depuis un siècle, dépossédant chaque jour davantage monarchies et aristocraties au profit des peuples, pour qu'on puisse sourire aux efforts de ceux qui prétendent la faire reculer.

Mais ce que le problème alsacien-lorrain doit révéler aux historiens futurs, c'est à quel degré l'humanité en est arrivée aujourd'hui, dans sa patiente ascension vers la justice éternelle. Les peuples sont-ils, ou non, capables d'imposer leur volonté à leurs gouvernants ? Ces derniers sont-ils enfin devenus les serviteurs, ou demeurent-ils encore les maîtres ? L'esprit révolutionnaire devra-t-il livrer encore des luttes homériques, comme au siècle dernier, pour achever la conquête des peuples les plus civilisés, ou bien ces nations sont-elles mûres pour unir leurs intérêts, après avoir réglé les différends qui les séparent encore ?

Tel est l'enseignement qui se dégagera du résultat des protestations alsaciennes. Aucun problème politique ne présente un intérêt plus général. Car nulle part la question du droit de conquête ne se pose entre nations plus civilisées que les Français, les Allemands et les Alsaciens-Lorrains; et nulle part il n'existe de différend qu'on ne puisse liquider à l'amiable, si l'on y est enfin parvenu pour celui-là.

*
* *

Certes, je n'ai pas la sotte prétention d'avoir formulé d'un trait de plume sa solution définitive.

J'ai seulement voulu montrer que, dès maintenant, il n'est nullement absurde d'imaginer que les difficultés présentes puissent se dénouer pacifiquement, sans déshonneur ni dommage matériel pour l'une ou l'autre nation. Cela seul est beaucoup, quand tant de gens, pour s'épargner la peine de réfléchir à cette noble idée, la traitent sommairement d'utopie, et quand le seul objet que l'on puisse se proposer pour l'instant est de la propager lentement, par un apostolat incessant.

Pour prouver le mouvement, il suffit de marcher. Pour démontrer la possibilité d'un arrangement, j'ai cherché à déterminer, non ses conditions précises, mais les principes suivant lesquels il serait possible de le réaliser. Ces principes, il est utile de les répéter encore ici :

Déterminer le sort du territoire contesté, conformément au vœu, librement exprimé, de la majorité de ses habitants;

Assurer en même temps, de la façon la plus largement équitable et la plus bienveillante, les droits de la

minorité, en ménageant toutes les situations légitime-
ment acquises dans le pays par des étrangers;

Au cas où ce territoire cesserait de faire partie de
l'empire allemand, fournir à ce dernier une compensa-
tion convenable;

Prouver à l'évidence, par des concessions réciproques,
l'entière bonne foi des deux nations et leur ferme volonté
de rester en paix;

Établir entre elles une alliance, dans le sens véritable-
ment pacifique du mot, c'est-à-dire un traité d'arbitrage
permanent, appuyé sur une alliance économique com-
plete et sur une promesse bien déterminée de secours en
cas d'agression étrangère.

Tant que ces conditions ne seront pas remplies —
et nul n'oserait prétendre qu'elles le soient aujour-
d'hui, — les Français et les Allemands pourront bien
ne pas se faire la guerre à coups de canon, mais
néanmoins on ne pourra pas dire que la paix règne
entre eux; aussi longtemps, l'Europe continentale
sera sous la menace des pires catastrophes, et se rui-
nera peu à peu au profit des diverses nations de race
anglo-saxonne.

A vouloir sortir de ces embarras par une guerre,
on ne ferait que les redoubler; et pourtant, il est
impossible d'envisager la perspective de leur continuation indéfinie. Il faut donc que la France et l'Allemagne, ces deux « moitiés de l'esprit humain »,
finissent par se réconcilier de bonne grâce : elles se
réconcilieront.

Dans les propositions que j'ai développées, j'ai cherché à m'inspirer de l'esprit d'équité dont je viens de définir les principes. Ces propositions, je les soumets surtout au jugement des peuples qui ne sont pas directement mêlés à la querelle; mieux que les Français et les Allemands, ils pourront dire si j'ai su m'élever au-dessus des rancunes nationales, pour n'être qu'un homme droit et sincère, cherchant où est la vérité et comment la paix peut être donnée aux hommes sur terre.

Car je ne me dissimule pas que j'ai pu faillir à cette tâche.

Je suis français, en effet, et me flatte d'être un bon Français ; c'est donc surtout le bien de mon pays que j'ai en vue, et cela, aucun Allemand ne peut me le reprocher. Mais je ne suis pas de ceux qui font consister le bien de leur pays dans la ruine ou l'humiliation du voisin. De ceux-là, il en reste malheureusement encore beaucoup en France, mais la « fidèle marche de Brandebourg » et les régions voisines en comptent bien davantage ; esprits arriérés, auxquels je ne me lasserai pas de répéter qu'il y a place pour tout le monde au soleil, que l'Europe est assez grande pour une nation française et une nation germanique fortes et amies.

En parlant ainsi, je risque fort de me voir traité de *prussien* par nos « patriotes » ; de cela, je me soucie aussi peu que de la manière dont mes « préjugés » sur

les nationalités sont appréciés par les quelques douzaines d'anti-patriotes qui s'efforcent de déshonorer
le peuple français. Ce qui m'inquiète davantage, c'est
de savoir si, au dehors, je serai considéré comme un
chauvin, pour avoir dit que le sort de l'Alsace-Lorraine ne peut être légitimement fixé que par ses habitants.

On ne fait pas facilement abstraction de sentiments
dont on est imprégné, au point d'être prêt à leur sacrifier sa vie. Il se peut donc qu'ayant voulu fermement
imaginer une solution *humaine*, je sois arrivé à des
propositions qui seront jugées encore trop exclusivement françaises par les esprits impartiaux auxquels
je fais appel.

Mais si ce défaut m'est reproché, j'ai la conviction
que l'on me reconnaîtra le mérite d'être allé, dans la
voie de l'équité, plus loin qu'on ne l'a fait jusqu'ici.
La tentative n'aura donc pas été inutile. « C'est ici un
livre de bonne foi », dans lequel les penseurs de bonne
foi trouveront peut-être le germe d'un progrès capable
de nous rapprocher de la solution tant désirée.

*
* *

Quels que soient les détails de cette solution, une
chose est certaine : c'est dans la liberté qu'on la trouvera.

Dans une des nombreuses occasions où il s'est agi
d'enlever au Reichstag le vote d'un crédit militaire,
M. de Bismarck, jouant à la fois des deux spectres qui
lui ont si souvent servi avec plein succès, faisait fré-
mir son auditoire en prédisant qu'un jour viendrait

peut-être où nous promènerions le drapeau rouge par toute l'Europe, comme nos pères ont fait du drapeau tricolore.

Je suis bien désolé d'être obligé d'employer une fois de plus une expression que les Allemands trouveront très outrecuidante, mais toute cette malheureuse question d'Alsace-Lorraine n'est que l'histoire d'une longue erreur du grand chancelier, et là encore il s'est trompé, ou plutôt il abusait de la crédulité de son auditoire.

Si jamais une nouvelle guerre éclate entre la France et l'Allemagne, tous les hommes de France accourront au drapeau, fût-il devenu rouge dans l'intervalle : de cela, les Allemands peuvent être bien sûrs.

Mais M. de Bismarck sait mieux que personne que le socialisme, comme tout mouvement contraire aux Droits de l'homme, est, en France, une importation d'Allemagne. Il se peut fort bien qu'une guerre de propagande socialiste soit entreprise un jour en Europe ; mais, du train dont vont les choses, l'Allemagne est le seul pays d'où semblable croisade ait chance de partir. Sous le militarisme qui les comprime, les Allemands, façonnés à l'obéissance passive, sont mûrs pour le socialisme d'État.

Le Génie de la France, au contraire, s'appelle Liberté. Quelles qu'aient été nos défaillances passagères, c'est le règne de la liberté que, depuis cent ans, nous annonçons à la face de l'univers. C'est l'esprit de liberté qui, déchaîné par nous sur les vieilles sociétés, finira par donner aux hommes la paix sur terre.

« La France, a dit M. Anatole Leroy-Beaulieu, doit demeurer fidèle à sa tradition de Justice et de Liberté. C'est l'unique grandeur et l'unique richesse que la fortune des armes ne lui puisse ravir. Plus dures ont été les épreuves qu'elle a traversées, plus redoutables semblent les dangers par lesquels il lui faudra passer, et plus il importe à son honneur qu'elle reste elle-même, qu'elle ne trahisse pas, aux yeux des peuples, les grandes idées dont elle a été le héraut parmi les nations. Les renier, ne serait pas seulement, de sa part, une apostasie, ce serait perdre sa raison d'être dans l'histoire. » Et si jamais elle était tentée de les oublier, la protestation obstinée de l'Alsace-Lorraine serait là pour lui rappeler sa mission.

S'il arrive donc que la France se voie encore une fois obligée de recourir à sa puissance militaire reconstituée, le drapeau qu'elle déploiera fièrement, ce sont les trois couleurs, dans lesquelles Metz et Strasbourg voient aujourd'hui, comme le font depuis cent ans les opprimés de tous les pays, le symbole de la Liberté.

In hoc signo vincet!

APPENDICE

NOTE A

Déclaration des députés d'Alsace-Lorraine.

(Séance de l'Assemblée nationale du 17 février 1871,
Journal officiel de la République française, du 22.)

I. — L'Alsace et la Lorraine ne veulent pas être aliénées.

Associées depuis plus de deux siècles à la France, dans
la bonne comme dans la mauvaise fortune, ces deux provinces, sans cesse exposées aux coups de l'ennemi, se sont
constamment sacrifiées pour la grandeur nationale ; elles
ont scellé de leur sang l'indissoluble pacte qui les rattache
à l'unité française. Mises aujourd'hui en question par les
prétentions étrangères, elles affirment à travers les obstacles et tous les dangers, sous le joug même de l'envahisseur, leur inébranlable fidélité.

Tous unanimes, les concitoyens demeurés dans leurs
foyers comme les soldats accourus sous les drapeaux, les
uns en votant, les autres en combattant, signifient à l'Allemagne et au monde l'immuable volonté de l'Alsace et de
la Lorraine de rester françaises.

. . . .

III. — L'Europe ne peut ni permettre ni ratifier l'abandon de l'Alsace et de la Lorraine.

Gardiennes des règles de la justice et du droit des gens,

27.

les nations civilisées ne sauraient rester plus longtemps insensibles au sort de leurs voisines, sous peine d'être, à leur tour, victimes des attentats qu'elles auraient tolérés. L'Europe moderne ne peut laisser saisir un peuple comme un vil troupeau; elle ne peut rester sourde aux protestations répétées des populations menacées; elle doit à sa propre conservation d'interdire de pareils abus de la force. Elle sait, d'ailleurs, que l'unité de la France est aujourd'hui, comme dans le passé, une garantie de l'ordre général du monde, une barrière contre l'esprit de conquête et d'invasion.

La paix faite au prix d'une cession de territoire ne serait qu'une trêve ruineuse et non une paix définitive. Elle serait pour tous une cause d'agitations intestines, une provocation légitime et permanente à la guerre. Et quant à nous, Alsaciens et Lorrains, nous serions prêts à recommencer la guerre aujourd'hui, demain, à toute heure, à tout instant.

En résumé, l'Alsace et la Lorraine protestent hautement contre toute cession; la France ne peut la consentir, l'Europe ne peut la sanctionner.

En foi de quoi nous prenons nos concitoyens de France, les gouvernements et les peuples du monde entier, à témoin que nous tenons d'avance pour nuls et non avenus tous actes ou traités, vote ou plébiscite, qui consentiraient abandon, en faveur de l'Étranger, de tout ou partie de nos provinces de l'Alsace et de la Lorraine.

Nous proclamons, par les présentes, à jamais inviolable le droit des Alsaciens et des Lorrains de rester membres de la nation française, et nous jurons, tant pour nous que pour nos commettants, nos enfants et leurs descendants, de le revendiquer éternellement et par toutes les voies envers et contre tous usurpateurs.

(Ont signé, tous les députés du Bas-Rhin, du Haut-Rhin,
de la Meurthe et de la Moselle.)

NOTE B

Séance du Reichstag du 18 février 1874.

Discussion de la motion des députés d'Alsace-Lorraine relative
à l'annexion de cette province à l'empire germanique [1].

Cette motion est ainsi conçue :

« Plaise au Reichstag décider que les populations
d'Alsace et de Lorraine qui, sans avoir été consultées, ont
été annexées à l'empire germanique par le traité de Francfort, soient appelées à se prononcer spécialement sur cette
annexion.

« Berlin, le 16 février 1874.

« *Ont signé :* Teutsch (député de l'arrondissement de
Saverne), Raess (Schlestadt), Dupont des Loges (Metz), Lauth
(Strasbourg-ville), Haeffely (Mulhouse), Abel (Thionville),
Philippi (Molsheim-Erstein), Germain (Sarrebourg), Winte-
rer (Altkirch-Thann), Hartmann (Haguenau-Wissembourg),
Simonis (Ribeauvillé), Sœhnlin (Colmar), Guerber (Gueb-
willer), Pougnet (Sarreguemines), baron de Schauenburg
(Strasbourg–campagne). »

M. de Forckenbeck, *président*. — Avant de mettre cette
motion en délibération, j'ai à lire la proposition que voici,
qui vient de m'être remise, et qui est appuyée par quinze

[1] Je crois utile de reproduire cette discussion pour montrer
quel genre d'accueil ont pu recevoir jusqu'ici, en Allemagne,
auprès de l'élite même de la population, les plaintes des
vaincus.
La traduction en est empruntée à l'ouvrage *L'Alsace-Lorraine
et l'Empire germanique*.

députés. Je prie Monsieur le Secrétaire de donner lecture de cette proposition.

M. LE BARON DE MINNIGERODE, *secrétaire*. — Proposition de M. Teutsch et de ses collègues :

« Plaise au Reichstag décider que les députés de l'Alsace-Lorraine à qui la langue allemande est étrangère et inconnue, auront l'autorisation de parler aujourd'hui en français. » (*Vive opposition.*)

LE PRÉSIDENT. — Aux termes de l'article 21 du Règlement, la discussion d'une semblable proposition ne peut avoir lieu dans la séance où elle est déposée, et alors qu'elle n'est pas même imprimée, que si aucun membre de la Chambre ne s'y oppose. — M. Braun a la parole.

M. BRAUN. — Je m'y oppose !

M. TEUTSCH. — Messieurs, cette proposition...

LE PRÉSIDENT. — Vous n'avez pas encore la parole, je dois d'abord régler la marche des débats.

M. Braun ayant fait opposition à cette proposition, celle-ci ne sera pas discutée dans la présente séance, et la délibération d'aujourd'hui aura donc lieu en conformité du Règlement, qui, interprété sainement et d'après la nature des choses, ne permet de parler qu'allemand au sein du Reichstag allemand (*Bravo !*) et qui laisse aux députés qui ignorent l'allemand la faculté de lire à la tribune des discours écrits, traduits dans cette langue. (*Très juste!*) Je maintiendrai, quoi qu'il arrive, cette disposition du Règlement (*Bravo !*).

M. TEUTSCH. — Messieurs, la proposition...

LE PRÉSIDENT. — Vous n'avez pas encore la parole.

M. TEUTSCH. — Excusez-moi, je ne connais pas encore les usages.

LE PRÉSIDENT. — Nous passons donc actuellement au troisième point de l'ordre du jour, qui est la délibération sur la proposition des députés Teutsch et consorts, et je donne la parole à l'auteur de la proposition, le député Teutsch, pour la motiver.

M. TEUTSCH. — C'est dans l'intérêt de mes collègues lorrains, qui ne parlent ni ne comprennent l'allemand, que j'avais déposé la proposition dont il vient d'être question. Ils ont pensé, et nous tous, députés de l'Alsace-Lorraine, nous avons cru comme eux que l'Allemagne, s'étant pour la première fois annexé une population française, ne parlant pas l'allemand (*Oh ! oh !*), le Reichstag accorderait au moins aujourd'hui et par exception... (*Le président sonne.*)

Le Président. — Je me permets d'interrompre l'orateur. La proposition qui a été déposée en dernier lieu ne doit pas être discutée aujourd'hui ; je suis obligé, comme je l'ai déclaré, de faire respecter le Règlement. Je prie donc l'orateur de ne s'occuper que de la question en discussion.

M. Teutsch. — Il s'agit messieurs, de la proposition déposée, le 16 de ce mois, par quinze députés d'Alsace-Lorraine. Je vais avoir l'honneur de motiver cette proposition. — L'allemand n'étant pas ma langue maternelle... (*Oh ! oh !... Explosion d'hilarité. Cris : « Mais vous le parlez ! »*) Je lis, je parle et j'écris l'allemand, mais je suis incapable d'improviser dans cette langue. (*Agitation.*) Je réclame donc, messieurs, quelque indulgence... (*Le baron Nordeck de Rabenau : « L'ordre du jour ! » — Le président : « L'orateur a la parole ».*) Je demande quelque indulgence pour la forme de mon discours (*Oh ! oh !... Éclats de rire. Cris : « Mais c'est en allemand qu'il dit cela ! »*) Je lis l'allemand, je l'écris, mais toujours avec difficulté. C'est une traduction que je vous lis.

Les populations d'Alsace-Lorraine, dont nous sommes les représentants au Reichstag... (*Interruptions.*) Un peu de patience, je vous en prie, ce ne sera pas long... (*Grande hilarité.*) nous ont confié une mission spéciale des plus graves, que nous avons à cœur de remplir sans retard. Elles nous ont chargés de vous exprimer leurs pensées sur le changement de nationalité qui leur a été violemment imposé à la suite de votre guerre contre la France. L'Allemagne a intérêt à entendre l'exposé que nous voulons lui faire, et nous osons compter que vous nous accorderez quelques instants d'attention.

La dernière guerre, terminée à l'avantage de votre nation, donnait incontestablement à celle-ci des droits à une réparation. Mais l'Allemagne a excédé le droit d'une nation civilisée... (*Oh ! oh !... Murmures. Le baron Nordeck de Rabenau murmure : « Pas d'insultes ! » — Coup de sonnette du président.*) Messieurs, un peu de patience, je ne vous fatiguerai pas longtemps... Mais l'Allemagne a excédé le droit d'une nation civilisée...(*Bruyants murmures. Cris : « Pas d'insultes ! »*) car à la France vaincue...

LE PRÉSIDENT. — Je me permets d'interrompre l'orateur. Sachant que le droit de la nation allemande est indiscucutable, car il s'appuie sur des traités, et que l'empire allemand est assez fort pour faire respecter ce droit, je m'étais proposé de laisser parler M. le député en toute liberté. Mais, comme il vient d'offenser à l'instant, du haut de la tribune du parlement allemand, la nation allemande, en lui déniant le droit et la manière d'agir d'une nation civilisée, je suis, malgré moi, forcé de rappeler à l'ordre à ce sujet M. le député Teutsch. (*Tonnerre d'applaudissements.*)

M. TEUTSCH. — Permettez-moi une explication : je n'ai eu aucune intention d'offenser. (*Éclats de rire.*) Je ne fais qu'invoquer mon droit, et, comme je vous l'ai dit, ne connaissant pas assez l'allemand pour peser exactement tous les mots que j'emploie, je réclame quelque indulgence ; il n'est pas du tout dons mon intention d'offenser ; je dois naturellement m'appuyer sur des faits qui ne vous sont pas agréables à entendre, mais je ne veux blesser personne. Je ferai même appel, dans mon discours, je le dis à l'avance, à la fraternité entre peuples ; mais je ne veux intentionnellement offenser personne, vous moins que qui que ce soit. (*Grande hilarité.*)

LE PRÉSIDENT. — J'invite la Chambre au silence. Voyons si l'orateur tiendra sa promesse.

M. TEUTSCH. — Donc l'Allemagne a dépassé les limites du droit en contraignant la France vaincue au douloureux sacrifice de voir un million et demi de ses enfants lui être arrachés. Au nom des Alsaciens-Lorrains, victimes du

traité de **Francfort**, nous sommes venus pour protester
contre l'abus de la force commis envers notre pays.

Si, dans des temps éloignés et relativement barbares
(vous m'obligez à changer mes expressions), le droit de
conquête a pu quelquefois se transformer en droit effectif, si aujourd'hui encore il réussit à se faire absoudre
lorsqu'il s'exerce sur des peuples ignorants et sauvages,
rien de pareil ne peut être invoqué quand il s'agit de
l'Alsace-Lorraine. C'est à la fin d'un siècle réputé à bon
droit comme ère de lumière et de progrès, que l'Allemagne veut nous conquérir et nous réduire en esclavage,
(*Éclats de rire.*) car n'y a-t-il pas moralement esclavage
quand une population est livrée contre sa volonté à
l'étranger? Et pourtant cette population ne le cède à
aucune autre en Europe sous le rapport de l'instruction et
des bonnes mœurs, et chez aucune autre peut-être ne s'est
manifesté aussi vivement le sentiment du droit et de
l'honneur blessés... (*Oh! oh!...*) Merci, Messieurs, vos
interruptions m'honorent. (*Cris : « Il n'y a pas de quoi! »*)

Arguerez-vous de la régularité du traité qui consacre la
cession, en votre faveur, de notre territoire et de ses habitants? Mais la raison, non moins que les principes les plus
vulgaires du droit, proclame qu'un semblable traité ne
peut être valable. Les citoyens ayant une âme et une
intelligence ne sont pas une marchandise dont on puisse
faire commerce, et il n'est pas permis dès lors d'en faire
l'objet d'un contrat.

D'ailleurs, en admettant même, ce que nous ne reconnaissons pas, que la France ait eu le droit de nous céder,
le contrat que vous nous opposez est sans valeur, par cela
même que tout contrat ne vaut que s'il y a eu libre consentement chez les deux contractants. Or, il ne peut venir
à l'idée de personne que la France, saignante, épuisée à
la suite de vos victoires, ait cédé notre pays de son plein
gré. (*Explosion d'hilarité.*) Non, ce n'est pas de sa libre
volonté, mais l'épée sur la gorge, que la France a signé
notre abandon; elle n'a pas été libre, elle s'est courbée

sous la violence, et nos codes nous enseignent que c'est une cause de nullité des conventions qui en sont entachées.

Pour donner à la cession de l'Alsace-Lorraine une apparence de légalité, le moins que vous deviez faire, c'était de soumettre cette cession à la ratification de la population cédée. Un célèbre jurisconsulte, le professeur Bluntschli, de Heidelberg, s'exprime ainsi à ce sujet dans son *Droit international codifié :*

« ART. 286. — Pour qu'une cession de territoire soit valable, il faut d'abord qu'elle soit déclarée telle par les habitants du territoire cédé qui sont en possession de leurs droits politiques. *Cette reconnaissance ne peut, dans quelque circonstance que ce soit, être passée sous silence ni supprimée,* car les populations ne sont pas une chose sans droits et sans volonté, dont on puisse transmettre la propriété au premier venu. »

Même ce souverain despotique dont nous expions si cruellement aujourd'hui la politique insensée, et que vous vous vantez de dépasser de beaucoup en libéralisme, Napoléon III, n'a jamais voulu annexer une population avant de l'avoir consultée. (*Hilarité bruyante et prolongée. Cris :* « *Ridicule ! Adorable ! Pure apparence !* ») En réalité, ces consultations étaient indignes du peuple, mais au moins on sauvait l'apparence, ce que vous ne faites même pas. (*Mêmes interruptions et cris.*)

Vous le voyez, messieurs, notre annexion à l'Allemagne ne peut être légitimée ni au point de vue de la morale, ni au point de vue de la justice. Jamais nous ne pourrons approuver cette manière d'agir, qui révolte notre raison non moins que nos cœurs. Ceux-ci se sentent irrésistiblement attirés vers la France, et nous ne serions pas dignes de votre estime si nous n'éprouvions pas ces sentiments. (*Oh ! oh !...*) Après deux siècles de communauté de pensées, d'efforts et d'action, les liens qui nous unissent à la France sont devenus si puissants que ni vos arguments, et bien moins encore la force brutale, ne sauraient les rompre.

Nos adversaires se donnent beaucoup de mal dans la presse, peut-être même dans cette enceinte, pour faire croire qu'aux dernières élections l'Alsace-Lorraine a fait non point une démonstration française, mais une manifestation purement religieuse et catholique. Nous ne nions pas que les vexations dont le clergé a été, dans ces derniers temps, victime en Prusse, et qui ont provoqué chez les catholiques d'Alsace-Lorraine une compassion profonde, n'aient beaucoup contribué à amener sur vos bancs un si grand nombre d'honorables ecclésiastiques, connus pour leur patriotisme non moins que pour leur foi. Mais nous n'en protestons pas moins formellement contre l'opinion que l'on cherche à répandre, en présentant nos élections comme n'étant qu'une manifestation purement catholique.

Une pareille interprétation est tout à fait contraire à la vérité et ne pourrait en particulier que faire sourire de dédain la fraction protestante et républicaine de notre députation, fraction dont je fais partie, si nous n'y reconnaissions une de ces manœuvres perfides qui sont familières à certains de vos politiques et qu'on ne saurait passer sous silence.

Tous, tant que nous sommes, nous avons été envoyés par nos électeurs pour affirmer notre attachement à la Patrie française, ainsi que notre droit de décider de notre sort sans immixtion étrangère. Comment pouvez-vous, en face du monde civilisé, justifier vos procédés à notre égard, procédés qui ne peuvent qu'éveiller les plus douloureux sentiments dans le cœur d'un million et demi d'hommes ? Quelles sont les raisons que l'Allemagne allègue pour nous traiter ainsi ? Permettez-moi de les rappeler en peu de mots.

En premier lieu, nous dit-on, vous êtes des membres de la famille allemande, vous êtes nos frères ! N'est-ce là qu'une ironie amère, ou parlez-vous sérieusement en disant cela ? Pour nous, il nous est impossible de nous reconnaître comme étant de votre famille.

Certes, il ne nous répugne pas d'admettre le principe de la fraternité entre peuples, et nous avons même témoigné jusqu'ici à l'Allemagne plus d'affection que peut-être il n'était convenable ; mais, aujourd'hui, après l'acte de violence qui nous a arrachés à notre vraie Patrie, il ne nous est plus possible de voir en vous des frères.

En nous annexant, nous dit-on en second lieu, l'Allemagne n'a fait qu'user des droits de la guerre. Ayant été vaincus, nous ne saurions être surpris d'avoir à subir la loi du vainqueur : — c'est vrai, nous l'avons dit déjà, tel était le droit de la guerre aux temps anciens, mais ce même droit n'est plus en harmonie avec notre temps et notre civilisation.

Enfin, ajoute-t-on encore, l'Allemagne avait besoin de notre territoire pour garantir sa frontière contre une agression française. — Était-il nécessaire pour cela de démembrer la France ? N'était-il pas possible d'arriver au même résultat en imposant au vaincu le démantellement des forteresses d'Alsace-Lorraine ?

Non, la vraie cause pour laquelle vous faites aujourd'hui de nous des vassaux de votre empire, la seule cause se trouve dans vos extraordinaires et rapides succès : vos victoires vos ont enivrés. Et c'est en cédant à cette ivresse que l'Allemagne a commis la plus grande faute qu'ait encore consignée son histoire.

Il dépendait d'elle, après son triomphe inouï, de conquérir à tout jamais, par la générosité, non seulement l'admiration du monde entier, mais encore les sympathies de son ennemie vaincue et surtout les nôtres à nous, habitants de l'Alsace-Lorraine. C'est d'elle seule qu'il dépendait d'amener un désarmement européen et de fermer pour longtemps, à tout jamais peut-être, l'ère sanglante des guerres entre peuples voisins, qui sont faits pour s'aimer.

Il lui suffisait, pour cela, de renoncer à toute pensée d'agrandissement territorial et de laisser intactes les frontières de la France. Si l'Allemagne avait agi comme on était fondé à l'attendre d'un peuple civilisé, libéral, elle se fût élevée au pinacle dans l'estime de tous les peuples, et serait maintenant reconnue pour la nation la plus noble et la plus magnanime d'Europe. (*Grande hilarité.*)

Pour avoir dédaigné de suivre, en 1871, les conseils de la modération, que récolte-t-elle aujourd'hui ? Toutes les nations de l'Europe se défient de sa puissance envahissante et multiplient leurs armements. Elle-même, pour maintenir son prestige guerrier — qui pourtant ne contribue en rien au vrai bonheur des peuples, — elle fait flèche de tout bois, dissipe des capitaux énormes, et veut encore accroître maintenant son armée, déjà si grande. Et que vous réserve, messieurs, le prochain avenir ? Au lieu de cette ère de paix et d'union entre peuples, qu'il vous était, en 1871, si facile d'inaugurer, vous n'avez à attendre — nous le disons avec tristesse et effroi — que des guerres nouvelles, c'est-à-dire de nouvelles ruines et de nouvelles victimes que la mort viendra ravir à vos familles. (*Vive agitation.*)

Croyez-nous, renoncez à cette politique, qui nous prépare, à nous, une perte certaine, mais à vous aussi un sombre avenir. Vous êtes aujourd'hui forts et puissants : vous pouvez donc nous donner satisfaction sans qu'il en coûte à votre nation aucun sacrifice d'amour-propre. Rendez-nous, ainsi que nous vous le demandons par notre motion, la libre disposition de nous-mêmes.

Il a été jusqu'à présent d'usage dans cette enceinte, quand quelque noble cœur prenait la défense des peuples que vous avez subjugués, de fermer tout aussitôt la bouche à cette homme d'honneur et de le flétrir comme traître à la patrie. (*Oh! oh!*)

Ne vous laissez pas effrayer, messieurs, par ces injures. Traîtres à leur patrie sont ceux qui, par leurs aspirations fatales à la puissance matérielle, et foulant aux pieds tout droit et toute justice, préparent à leur propre pays une perte inévitable, et non les hommes nobles et courageux qui, ressentant l'injustice, d'où qu'elle vienne, ne craignent pas de la signaler publiquement.

Rendez-nous justice aujourd'hui, et nous oublierons volontiers tout (*Hilarité*.) ce que nous avons souffert depuis trois ans, pour ne plus songer qu'à votre magnanimité de la dernière heure. Nous serons de ce moment unis à vous par les liens de la vraie amitié et de la véritable fraternité, les seuls qui puissent être solides et durables, puisqu'ils naissent d'une profonde estime.

Le Président. — J'ouvre la discussion sur la proposition, et je donne la parole au député docteur Raess.

Mgr Raess, évêque de Strasbourg. — Messieurs, pour prévenir une interprétation fâcheuse qui pourrait nous atteindre, moi et mes coreligionnaires, je me trouve obligé en conscience de faire une simple déclaration. Les Alsaciens-Lorrains de ma confession n'entendent aucunement mettre en question le traité de Francfort, qui a été conclu entre deux grandes puissances. (*Bravo !*) Voilà ce que je tenais à dire au début de cette discussion. (*Vifs applaudissements.*)

Le Président. — Il m'a été remis une demande de clôture des débats par MM. les députés : baron de Stauffenberg, Dr Friedenthal et de Brauschisch. J'invite maintenant ceux qui concluent à la clôture de la discussion à se lever... C'est la majorité ; la discussion est close.

M. Teutsch. — La discussion a été close par le vote...

Le Président. — Personne n'a la parole en ce moment ; j'invite la Chambre au silence. L'auteur de la motion désire-t-il prendre de nouveau la parole ?

M. Teutsch. — Je veux dire seulement que, par le vote de la Chambre, cette discussion...

Le Président.—Je donne la parole à l'auteur de la motion.

M. Teutsch. — La discussion a été close par le vote de la Chambre. Nous nous en remettons à Dieu, nous en appelons au jugement de l'Europe. (*Le baron Nordeck de Rabenau : « Dans ce cas, vous êtes abandonnés ! »*)

Le Président. — Nous allons procéder au vote. Je prie Monsieur le Secrétaire de relire la motion.

Le Secrétaire, Dr Weigel. — « Plaise au Reichstag décider que les populations d'Alsace et de Lorraine qui, sans avoir été consultées, ont été annexées à l'empire germanique par le traité de Francfort, soient appelées à se prononcer spécialement sur cette annexion. »

Le Président. — J'invite les députés qui veulent adopter la motion qui vient d'être lue, à se lever. (*Quelques députés se lèvent; les députés d'Alsace-Lorraine restent assis. Grande hilarité.*)

... C'est la minorité; la motion est rejetée. — Je donne la parole à M. le Dr de Niegolewski sur une question de Règlement.

Le Dr de Niegolewski. — Messieurs, la proposition des Alsaciens, tendant à ce qu'on leur permît de se servir aujourd'hui de leur langue maternelle — selon leur propre expression, — c'est-à-dire du français, n'a pas été adoptée, par respect pour le Règlement. Il paraît pourtant que ces messieurs ne comprennent pas suffisamment l'allemand et qu'ils n'ont pas été initiés aux usages suivis dans les discussions devant une Chambre allemande, puisqu'ils n'ont pas compris la question quand il a été procédé au vote, et que, pour ce motif, ils n'ont même pas voté en faveur de leur motion. Selon moi, il est tout au moins nécessaire que ces messieurs soient rendus attentifs à la signification du vote et qu'il y soit procédé de nouveau. — Je demande le scrutin par appel nominal. (*Hilarité, agitation.*)

Le Président. — Messieurs, je crois m'être strictement conformé au Règlement. Je ne puis faire plus, et il ne peut être question, selon moi, de recommencer un vote qui a eu lieu régulièrement. — Passons à une autre question de notre ordre du jour.

Annexe au procès-verbal de la séance du Reichstag
du 18 février 1874.

« Vu l'article 56 du Règlement, nous déclarons que lors
du vote sur la proposition de MM. Teutsch et autres
(numéro 30 des documents imprimés), nous sommes restés
assis, non pour voter avec la majorité, mais pour nous
abstenir, et que nous avons agi ainsi parce que, par la
clôture des débats, on nous avait enlevé la possibilité
d'expliquer notre situation dans cette question, et que
nous ne saurions en trouver un exposé suffisant dans les
explications des deux seuls orateurs d'Alsace-Lorraine
auxquels la parole a été accordée.

« WINTERER, SŒHNLIN, SIMONIS, PHILIPPI, BARON
DE SCHAUENBURG, ABEL, GUERBER, HARTMANN. »

NOTE C

Extrait du discours de M. EMILIO CASTELAR sur la politique étrangère (Chambre des députés espagnole, 7 février 1888) [1].

... Ah ! messieurs, ceux qui admirent en ce moment les astres au zénith, ne se souviennent pas du jour où ils considéraient Napoléon III comme le souverain suprême de toutes les nations de l'Europe ; mais tous ces grands empires, toutes ces grandes créations sont bien fragiles, quoique en apparence pleines de vie, quand arrive le jour de leur liquidation.

Eh bien ! est-ce que l'Allemagne ne se trouve pas aujourd'hui entre le marteau et l'enclume ? Si elle est sûre de la France, elle n'a rien à craindre de la Russie ; si elle est sûre de la Russie, elle n'a rien à craindre de la France ; mais, si elle est sûre de l'inimitié de la Russie, et 'si elle est sûre de l'inimitié de la France, combien est triste sa position !

Toutefois, je dois le dire, l'inimitié entre la Russie et l'Allemagne est une inimitié éternelle, l'inimitié entre la France et l'Allemagne est une inimitié accidentelle. De même que les Slaves ont tout fait pour empêcher l'accroissement de l'Allemagne, de même la France a tout fait pour que l'Allemagne protestante occupât le premier rang dans le monde. Nous aurions fait bon compte de l'Allemagne après que le duc d'Albe eut tué l'hérésie dans la grande

---

[1] Traduction d'après le texte espagnol du journal *El Globo*, empruntée à la brochure *L'Alliance franco-allemande*, de M. Lalance, député de Mulhouse au Reichstag.

bataille de Mühlberg, où l'Électeur Frédéric fut fait prisonnier, nous en aurions fait bon compte sans François Iᵉʳ, sans Henri II, sans Henri III; malgré l'héroïsme de Gustave de Suède, Wallenstein et Ferdinand II, dans la guerre de Trente Ans, en auraient fait bon compte, sans l'intervention de Richelieu et de Louis XIII; le Grand Frédéric n'en serait jamais arrivé là où il est arrivé, si dans sa première guerre la France ne l'eût aidé, cette France qui pleura bientôt pour l'avoir abandonné et s'être alliée à Marie-Thérèse; jamais M. de Bismarck ne serait arrivé à Sadowa, si la France ne lui eût livré l'Autriche vaincue à Solférino; jamais l'unité de l'Allemagne ne se serait faite, si la France n'eût fait auparavant l'unité de l'Italie.

Que se passe-t-il cependant? L'Allemagne a un ennemi permanent dans la Russie, et un ennemi accidentel dans la France. Cela est si certain que l'Allemagne a placé ses villes libres, ses féodalités ecclésiastiques, tout ce qui signifiait paix, dans la région de l'Occident, tandis qu'elle a placé ses deux grands camps retranchés contre les Slaves du Nord à Berlin, et contre les Slaves du Sud à Vienne. Or, de quoi a besoin le monde? Il a besoin, pour qu'il y ait paix, d'une réconciliation entre la France et l'Allemagne. Comment s'accomplira cette réconciliation? L'Allemagne cédera ce qu'elle n'a pas encore conquis, l'Allemagne cédera Metz et Strasbourg à la France. Le chancelier ne voulait pas les conserver, mais il s'y résigna, cédant à l'influence du parti militaire, et il s'est perdu ainsi, parce que les hommes publics ont plus à combattre leurs amis que leurs ennemis.

Qu'arrive-t-il en effet, messieurs? Il arrive que l'alliance entre la Russie et la France, une alliance incompréhensible, se dessine à l'horizon pour s'opposer à l'Allemagne, laquelle a un allié près d'elle, dont les armées se composent presque entièrement de Slaves, armées avec lesquelles il peut arriver ce qui arriva à Napoléon à la bataille de Leipzig. Il en résulte que l'opinion de l'Europe, la conscience de l'Europe, non pas les gouvernements, non pas le gouvernement espagnol qui doit rester neutre, doivent demander le désarmement général et la réconciliation européenne.

L'Angleterre n'a pas dit son dernier mot, l'Amérique n'a pas dit son dernier mot; le concert des intelligences peut peser d'un poids immense; un accord peut encore s'imposer, et j'espère que si l'intelligence universelle prend le dessus, elle nous évitera la catastrophe prochaine et redoutable qui nous menace

NOTE D

Lettre de M. CASTELAR à l'Association générale d'Alsace-Lorraine.

Réponse à une adresse de remerciements au sujet du discours précédent.)

Messieurs,

Les amertumes qu'apporte avec lui le combat journalier et continuel pour le progrès de l'humanité sont acerbes, mais elles se trouvent largement compensées par des sentiments de gratitude tels que ceux qui éclatent dans votre lettre. Ces sentiments sont nés du cœur d'un grand peuple et viennent donner à une chose d'aussi peu d'importance que mon discours toute leur grandeur et toute leur éternité.

N'attribuez aucun mérite à ma parole d'orateur, ni à mes prévisions d'homme d'État, ni à mon expérience politique. Attribuez-le tout entier aux idées que j'ai défendues dans mon long apostolat de trente-trois années, telles que l'indépendance et l'unité des peuples, la rédemption et la liberté des esclaves, le droit de tous, la justice pour tous. Depuis que je remarquai pour la première fois, c'était alors presque en mon enfance, que les peuples m'écoutaient, je me proposai de leur persuader de s'adonner à l'amour de la liberté humaine, de l'idéal progressif, de l'évangile démocratique, persévérant dans ce travail herculéen tant que je trouvai des paroles sur mes lèvres et un auditoire autour de moi.

Je n'ai pas manqué une minute à la tâche que je m'étais proposée. J'ai dit aux peuples et aux rois ce que je croyais être la vérité.

Ainsi fut annoncée par moi, cent fois, lorsque toute espérance était obscurcie, l'entrée ou le retour de peuples tels que Venise, Milan, Rome, Palerme, dans le giron d'une Italie libre, sans autre raison que ma croyance en l'accomplissement et la victoire des causes justes. Pourrais-je douter aujourd'hui que l'Alsace et la Lorraine retourneront, en un jour plus ou moins prochain, mais retourneront irrémissiblement dans le sein d'une France rachetée par son long martyre et réintégrée dans tout son territoire? La conscience humaine, qui a pu pénétrer dans les prisons des esclaves et rompre leurs fers, pénétrera dans la politique de guerres et d'accaparement, aujourd'hui dominante. Elle en brisera pour toujours les entraves, et laissera les groupes naturels des peuples se former par la vertu de forces aussi mystérieuses, mais pourtant aussi effectives, que celles qui maintiennent la cohésion entre les atômes imperceptibles, et, entre les globes énormes, les invincibles attractions.

L'Alsace et la Lorraine, durant les derniers lustres, ont montré comment le conquérant, tout en soumettant leurs corps par les entraves et les vicissitudes de la guerre, n'a pu soumettre les esprits ; elles procèdent à la revendication pacifique de leurs droits incontestables avec une énergie si grande, qu'elles ont suggéré à leurs plus grands ennemis la conviction la plus profonde des tristes et néfastes résultats qu'entraînent pour les intérêts moraux, matériels et intellectuels de l'Allemagne, cette victoire néfaste et cette domination impossible. Réintégrer la France en elle-même est une œuvre si humaine que, certainement, l'humanité finira par l'imposer à l'Europe, comme elle a imposé à la réalité impure et rebelle tant d'autres conceptions de sa conscience. Ayez foi, comme moi, en l'accomplissement providentiel de l'idéal lumineux et en la continuité perpétuelle du progrès de l'humanité.

Il était plus difficile de rendre la vie à la Grèce, de détacher l'Italie du quadrilatère sur lequel elle était crucifiée, de rendre à la Hongrie son indépendance, de mettre fin au patriciat négrier dans les deux Amériques, de peupler de nations indépendantes les rives du Danube, d'abolir l'Église anglicane en Irlande et la servitude des paysans en Russie, de détruire le pouvoir temporel du Pape, en abolissant cette convention de Charlemagne, sur les clauses de laquelle les peuples et les empereurs fondaient leur pouvoir, de détruire dans le droit international européen la Sainte-alliance de 1815, de venir à bout de l'Autriche des temps anciens qui opprimait depuis les Italiens jusqu'aux Esclavons et depuis les Esclavons jusqu'aux Allemands, d'implanter la liberté moderne et la démocratie dans toute sa plénitude chez les peuples attachés à leurs rois et à leur clergé historique, tels que le peuple espagnol.

Et tout cela, quelque miraculeux que cela paraisse, notre génération même l'a accompli par la force de son idée, plus grande que tous les empires, plus forte que toutes les armées.

L'espérance est le fruit consolateur de la foi.

Toujours à vous, votre très affectionné

EMILIO CASTELAR.

NOTE E

Lettre de M. CASTELAR au maire de Nice, au sujet de l'érection de la statue de Garibaldi.

Tous ceux qui sont assemblés à vos côtés doivent se faire ensemble cette question et y répondre en conscience : Que penserait maintenant Garibaldi ? Sûrement, Garibaldi aurait horreur, dans son amour des faibles, de ces armements universels qui dissipent la sueur du travail et sont partout une sinistre menace de sang; Garibaldi maudirait les guerres de conquête, qui désunissent les peuples et attribuent aux uns les organes, les muscles des autres; Garibaldi demanderait que, pacifiquement et sans tirer un coup de fusil, pour ne pas blesser au cœur le vieux continent par une guerre barbare, la France recouvrât son territoire national; Garibaldi penserait que les hommes libres ont conquis le droit et la patrie pour une fin supérieure à celle de s'entretuer et de s'entre-dévorer comme les animaux féroces, qui occupent un rang inférieur dans l'échelle organique; Garibaldi maudirait cette lutte commerciale et industrielle d'aujourd'hui, et cette réaction économique désolante, quand nous avons besoin d'un Zollverein méditerranéen, qui s'étende d'Athènes à Cadix; Garibaldi s'interposerait entre les nations méridionales et leur dirait que leur inimitié ne peut profiter qu'aux despotismes du nord, comme l'inimitié des Doriens et des Ioniens en Grèce ne profita qu'aux tyrannies asiatiques; Garibaldi soutiendrait ce que je l'ai entendu mille fois soutenir à Rome, à Tours, à Bordeaux : la Confédération latine; Garibaldi ne pourrait comprendre, lui qui parlait espagnol, italien, français, comme trois langues mater-

nelles, cette résistance de beaucoup de gens à reconnaître
l'identité de la race chez les trois peuples, alors que se
sont unis les Bavarois et les Prussiens divisés par les
guerres religieuses, les Russes et les Polonais divisés par
le démembrement de la Pologne, les Turcs et les Magyars
après tant de guerres; Garibaldi désirerait (et peut-être
pourrait-il l'obtenir) la confédération des peuples gréco-
romains, confédération indispensable au progrès universel.
Aussi, jurons devant sa statue de croire en tout ce que
croyait Garibaldi, et de travailler pour tout ce que voulait
Garibaldi.

EMILIO CASTELAR.

Madrid, 1er octobre 1894.

NOTE F

L'invasion.

Souvenirs d'invasions. — Les Allemands en France. — L'incendie de Saint-Cloud. — Le Landsturm de 1813. — Comme quoi Strasbourg n'a jamais été bombardée !

Tous les précédents permettent de supposer que les Allemands continueront à reprocher à la France l'incendie du Palatinat, longtemps après que nos arrière-neveux auront oublié les horreurs de l'invasion de 1870. Deux siècles de progrès moral ne comptent pas à leurs yeux; ils mettent sur le même plan notre époque et celle où la révocation de l'édit de Nantes, les dragonnades et le sac de Magdebourg ont paru choses toutes naturelles entre compatriotes.

La faute en est, en grande partie, à leur système d'éducation, dirigé tout entier vers le militarisme et vers la haine d'un « ennemi héréditaire » qui n'a jamais existé que dans l'imagination intéressée de leurs gouvernants. Elle est due aussi, pour beaucoup, à un sens pratique fort développé, qui les a poussés à conserver soigneusement les ruines du passé, non pas seulement pour l'édification des générations à venir, mais également... pour attirer les touristes dans leur pays. Je serais désolé de paraître plaisanter ici, mais le château de Heidelberg serait vraisemblablement une construction assez lourde, semblable à nombre de vieilles « résidences » allemandes qui sont l'effroi des artistes, si nous ne leur avions rendu le service de compléter un site admirable par la plus pittoresque des ruines !

Chez nous, on est plus porté à l'oubli. Et même, l'oubli ne suffit pas : on s'efforce d'abolir le souvenir des désastres de la Patrie, en effaçant leurs traces.

Il ne faudrait cependant pas que l'on oubliât trop. Les ruines et les cruautés de l'Année terrible doivent rester présentes à nos esprits, comme au premier jour, tant que subsistera la plus cruelle de nos blessures : le démembrement.

*
* *

Je ne tomberai pas dans le travers bien excusable qui consiste à représenter les soldats allemands comme les professeurs allemands aiment à dépeindre les nôtres, c'est-à-dire comme une horde de bandits sans foi ni loi.

La vérité, *en ce qui concerne la troupe*, est moins noire. Il est difficile d'imaginer qu'un million d'hommes, menés en pays ennemi, puissent subir fatigues, privations, saison rigoureuse et combats acharnés, sans qu'un assez grand nombre d'entre eux en viennent à abuser de leur force. Un des vilains côtés de la guerre est qu'elle entraîne toujours, pendant une certaine période après sa cessation, une recrudescence de la criminalité : des hommes à qui l'on a permis, ordonné, de détruire et de tuer pendant plusieurs mois, tendent naturellement à en conserver l'habitude le jour où, subitement, on leur enjoint de redevenir humains. Or, s'ils peuvent rester ainsi momentanément barbares à l'égard de leurs propres compatriotes, il n'est pas étonnant que, durant la guerre même, ils fassent volontiers bon marché du droit des gens, dans leurs relations avec la population envahie.

D'autre part, le pillage et la maraude sont la plaie des armées en campagne. Le premier souci des chefs est de les réprimer, pour maintenir la discipline et la cohésion dans leurs troupes, et les officiers allemands y ont très réellement tenu la main, dans la mesure du possible. Je ne parle pas bien entendu des réquisitions régulières, qui ont été fort lourdes, mais qui étaient inévitables : il fallait bien vivre, et ces réquisitions, en assurant l'existence du soldat, étaient plutôt une garantie contre la maraude. Elles ont certes donné lieu à bien des abus; mais le moyen qu'il en soit autrement?

Si l'on tient compte de ces diverses circonstances, on devra reconnaître que les excès individuels à l'égard de la population, c'est-à-dire les crimes et délits commis par les soldats allemands contre les personnes et la propriété privée, ont été relativement rares en 1870-71.

Pour la même raison, je n'insisterai pas sur les actes de sauvagerie commis dans la fièvre d'une lutte sanglante ou immédiatement après cette lutte. Quiconque s'est occupé de l'étude de cette campagne, peut facilement avoir rempli ses cartons d'épisodes de ce genre, dûment constatés. Mais ils ne prouvent pas grand'chose, parce que les intéressés en trouveront toujours autant à propos de n'importe quelle guerre et de n'importe quelle armée. Si l'on ne veut pas que la bête humaine se livre à ces excès, on n'a qu'à ne pas lui donner libre carrière, à ne pas lui faire sentir le sang. Les crimes qui se commettent sur le champ de bataille sont faciles à blâmer, dans le calme du cabinet; mais il ne faut pas déplacer les responsabilités.

Notre grief contre les Allemands s'élève plus haut. Il s'adresse non à la troupe, mais au commandement supérieur, qui a remis en vigueur des procédés de guerre en voie de disparaître chez toutes les nations civilisées.

Je sais bien qu'à la guerre toute considération cède le pas au salut de l'armée dont on a la charge. Le commandement doit se guider d'après cet intérêt supérieur, et non d'après un sentimentalisme humanitaire qui n'est pas de mise. Si, par l'exécution sommaire de tout un village, il a épargné une escouade de ses troupes, il a bien agi.

Seulement, ce raisonnement, poussé à l'extrême, mènerait bien plus loin que ne le comportent les mœurs de ce siècle, et c'est là précisément un indice de l'affaiblissement de l'esprit guerrier, de la tendance à la suppression de la guerre. Pour être conséquent, on devra rejeter toutes ces règles plus ou moins vagues, plus ou moins généralement admises, que notre siècle a tenté de codifier sous le nom de *Droit de la guerre*. Pourquoi se refuser la faculté d'empoisonner une source ou une rivière, si, en le faisant, on peut hâter la reddition d'une place forte ; pourquoi respecter les ambulances, renoncer aux balles explosibles ? L'énormité des conclusions montre le danger du point de départ.

On a donc beau répondre avec flegme, comme le faisaient nos vainqueurs en 1870 : « Que voulez-vous, c'est la guerre » ; il y a un point où les mœurs modernes obligent à arrêter la terrorisation systématique d'un pays.

Dans cet ordre d'idées, ce que nous ne pouvons pardonner aux armées allemandes, c'est leur prétention d'obliger des habitants à participer plus ou moins directement aux hostilités dirigées contre leur patrie, et leur procédé consistant, soit à prendre des otages dans le pays, soit à châtier des gens notoirement innocents, pour des torts reprochés par l'envahisseur à d'autres, restés inconnus.

Comme exemple de la première catégorie d'abus, on peut citer le fait de requérir des guides parmi les habitants. Divers auteurs professent que cette pratique est licite, et qu'un tel guide, s'il trompe les ennemis, peut légitimement être mis à mort, ou tout au moins emmené en captivité. Les Allemands ont largement usé de ce prétendu droit.

C'est là un abus manifeste. L'envahisseur n'a aucun droit de contraindre la population à lui venir en aide. En le faisant, il viole ouvertement le principe qui, depuis Rousseau, est la base du droit de la guerre : « La guerre n'est point une relation d'homme à homme, mais une relation d'État à État[1] ». (*Contrat social.*)

---

[1] Il est clair que je considère ici le cas d'un homme requis dans la population, et non d'un homme qui s'est offert spontanément pour servir de guide. Si ce dernier induit l'ennemi

On peut en dire autant à propos des otages, par exemple
de ces notables que les Allemands avaient coutume de
faire monter sur les locomotives de leurs trains. Rien ne
saurait excuser cette pratique [1].

Vient ensuite la question des francs-tireurs. Je ne parle
pas bien entendu des hommes isolés qui, bien embusqués
et sans marque distinctive, ont fait la « chasse aux Prussiens », mais des nombreux corps, régulièrement organisés,
auxquels les Allemands se sont entêtés à refuser la qualité
de belligérants. Rien n'autorisait à les distinguer des
soldats de l'armée; ou sinon, on ne voit pas pourquoi l'on

en erreur, il s'expose sciemment à être châtié; il est bien vrai
qu'il a eu pour but de servir sa patrie, mais il a employé pour
cela un moyen entaché de perfidie, et contraire par conséquent
aux usages de la guerre. Le plus prudent, d'ailleurs, pour l'envahisseur, est de refuser de telles offres de service, ou de ne
les accueillir qu'avec la plus extrême méfiance; que peut-on
attendre d'un individu qui se propose de lui-même pour trahir
son pays? Mais aussi, dans l'autre cas, que peut-on attendre
de celui que l'on contraint à semblable trahison, et de quel droit
le punirait-on pour s'y être soustrait?

[1] Il est à peine besoin de dire que ces idées ne sont pas celles
de Bluntschli; mais j'ai assez montré plus haut que cet auteur,
si goûté outre-Rhin, ne semble avoir d'autre but que de justifier tous les abus de la force en superposant contradictions,
réticences et ambiguïtés.

Comment concilier son article 576 : « Il est contraire au droit
international de forcer les ressortissants de l'État ennemi à
entrer au service du vainqueur, tant que la conquête n'est pas
achevée », avec l'article 636 : « Les guides qui trompent intentionnellement les troupes qu'ils sont chargés de conduire, sont
responsables de leur conduite et peuvent être condamnés à
mort »? Que dire de ceci (art. 600) : « Le but que l'on se propose, en recevant ou en prenant des otages, peut obliger envers eux à des mesures plus ou moins sévères » ?

Il est vrai que le même Bluntschli a osé écrire la phrase suivante (art. 580) :

« L'ordre de ne pas faire de quartier ne peut être donné qu'à
titre de représailles, *ou en cas de nécessité absolue, spécialement
lorsqu'il est impossible d'emmener les prisonniers sans compromettre sa propre sûreté.* »

ne s'arrogerait pas le droit de fusiller, sans autre forme de procès, tout ennemi dont on ne connaît pas l'uniforme; cette habitude serait dangereuse pour l'armée allemande, qui compte presque autant de tenues distinctes que de régiments.

Assurément, un grand nombre des corps francs créés dans le désarroi de 1870 étaient composés de fantaisistes, pour ne pas dire pis. Mais combien d'entre eux méritaient la qualité de belligérants, mieux que celui de ce major prussien Schill, auquel Bluntschli la reconnaît (art. 52), et qui avait imaginé d'envahir le royaume de Westphalie en 1809, c'est-à-dire en pleine paix. Peut-elle être refusée, entre autres, à ces corps, bien organisés et bien disciplinés, dont le général Thoumas a résumé les brillants services [1] ?

Même ceux-là eurent de la peine à se faire respecter. Ils y arrivèrent pourtant, en menaçant au besoin de représailles, comme fit le colonel Bourras [2]. Seulement ce fut la population paisible qui paya pour les francs-tireurs.

J'ai déjà fait allusion (p. 225) au bel épisode de Fontenoy. « Trois cents Chasseurs des Vosges [3], raconte le général Thoumas, partis de Lamarche le 18 janvier 1871, marchèrent pendant trois nuits par un froid de 21 degrés, à raison de 30 à 40 kilomètres par nuit, à travers une région occupée par l'ennemi et sillonnée par de nom-

[1] Les transformations de l'armée française.

[2] Voici la belle lettre que le colonel Bourras écrivit au général von Werder, après que le franc-tireur Mesnil d'Arbois eut été martyrisé, puis fusillé par les Allemands :

« Général. Je suis ce commandant du Corps franc des Vosges qui vous suit depuis la Bourgonce. Les pertes que je vous ai fait subir dépassent déjà deux fois mon effectif.

« Je vous somme dès aujourd'hui de faire participer mes troupes aux usages de la guerre, comme belligérants entre peuples civilisés, c'est-à-dire que, si mes hommes tombent entre les mains des vôtres, ils auront la vie sauve, ou alors, forcé d'user de représailles, je ferai fusiller, à vos avant-postes, les nombreux prisonniers que je vous ai faits. »

[3] Capitaine Coumès.

breuses patrouilles, arrivèrent le 22, vers cinq heures du matin, à la gare de Fontenoy, massacrèrent ou firent prisonniers les hommes du poste de la gare, coupèrent les fils télégraphiques, enlevèrent les rails, coururent au pont situé à un kilomètre de la gare, découvrirent après une longue recherche la chambre de mine, la chargèrent, y mirent le feu, et quittèrent Fontenoy, emmenant neuf prisonniers ». Certes, cette opération peut être citée comme le type de la surprise de nuit. Croit-on qu'avant d'entreprendre une marche aussi périlleuse, qu'il avait préparée lui-même par une reconnaissance non moins périlleuse à travers les lignes allemandes, le capitaine Coumès ait crié ses intentions sur les toits, ou qu'il ait pu nouer des intelligences avec la population de ce pays occupé ? Et pourtant, on a vu ce qu'il en a coûté au département, et au village de Fontenoy « convaincu, disent les Allemands, d'avoir logé et hébergé sciemment les francs-tireurs » !

Le 8 octobre, les *Francs-tireurs parisiens* de Lippowski font prisonnier un escadron de hussards prussiens, à Ablis ; « il va sans dire que le bourg d'Ablis fut incendié et pillé par l'ennemi, comme l'avait été, le 22 septembre, pour le même motif, celui de Mézières près de Mantes ».

C'est encore par Lippowski que Châteaudun fut défendue, le 18 octobre, de midi à dix heures du soir, avec 700 de ses hommes, 135 autres francs-tireurs, et 300 gardes nationaux de la ville, contre une colonne de 12 000 hommes, pourvue de 30 canons. Une fois la ville prise, « 12 maisons avaient été détruites par les obus, 193 furent brûlées à la main avec le pétrole ».

A Varize, le 28 novembre, 110 *Tirailleurs girondins* luttent une journée entière contre les Bavarois, auxquels ils mettent 11 officiers et 450 hommes hors de combat ; ils se rendent à la nuit, leurs munitions épuisées, ayant 10 morts et 37 blessés. Varize est brûlé à la torche.

Le 30 novembre, les Saxons cantonnés à Étrepagny sont surpris par une colonne partie de Rouen, qui leur inflige

des pertes sérieuses et leur prend un canon. Rentrés à
Étrepagny, les Saxons brûlent 60 maisons ou fermes.

« Un autre jour, des francs-tireurs, partis de Dreux, attaquent le village de Chérizy et tuent 7 uhlans; les Allemands brûlent Chérizy et fusillent 12 habitants. »

Combien pourrait-on citer encore de ces exécutions barbares! Avons-nous agi de même, en 1813, à l'égard des
localités parcourues par les corps francs allemands de
Lutzow, de von Colomb, de Czernischeff et de tant d'autres
qui contribuèrent grandement au succès des Alliés?

Et que dire de l'exécution des habitants de Bazeilles?
Des hommes qui défendent leurs foyers, poitrine décou-
verte, aux côtés de nos soldats, ne s'élevaient-ils pas au
rang de combattants, et ne devaient-ils pas être traités
comme tels [1]? Il est vrai qu'à Bazeilles, ce sont les combattants réguliers qui furent traités en assassins : c'est là que
le lieutenant Watrin et le sous-lieutenant Chevalier, avec
16 hommes de l'infanterie de marine, furent passés par les
armes, après s'être rendus faute de munitions.

*
* *

Il existe une localité qui mérite une mention particu-

[1] Le plus grand nombre fut passé par les armes pendant le
combat du 31 août, mais les exécutions continuèrent après
Sedan, en même temps qu'on livrait aux flammes les maisons
que les projectiles avaient épargnées les 31 août et 1ᵉʳ septembre.
Le duc de Fitz-James y a encore vu allumer des incendies le
5 septembre. D'après le relevé officiel du maire de Bazeilles,
43 habitants furent tués sur place, 150 moururent de blessures
et de mauvais traitements subis. Sur 423 maisons, 37 avaient
été brûlées par les projectiles; 363 furent incendiées au pétrole;
les 23 qui restèrent debout étaient à l'écart du bourg. Les
archives de la ville de Sedan possèdent un document, daté du
29 septembre et signé Richard Gælch, qui interdit des quêtes
commencées en faveur des habitants de Bazeilles, comme constituant « un blâme de la *sentence exécutée contre ce village* ». (Voir
la lettre du duc de Fitz-James au *Times*, le 12 septembre 1870,
et *Histoire de la campagne*, par l'abbé Domenech, aumônier de
la 2ᵉ ambulance du 12ᵉ corps.)

lière. C'est Saint-Cloud, qui est périodiquement un objet de polémiques entre journaux français et allemands.

De temps à autre, il arrive qu'un écrivain français attribue aux Allemands l'incendie du palais de Saint-Cloud. Aussitôt la presse allemande répond unanimement qu'il a été allumé par un de nos projectiles, d'où elle conclut, d'un coup, à notre vandalisme et à notre mauvaise foi.

La version allemande est exacte : C'est bien le Mont-Valérien qui a mis involontairement le feu au château, par un coup destiné à des batteries que les Allemands avaient installées tout auprès.

Mais, ce dont les Allemands évitent de parler, c'est l'incendie de la ville même de Saint-Cloud : la discussion relative au château leur sert de dérivatif. Or, la ville de Saint-Cloud a été brûlée à la torche, maison par maison, les 28 et 29 janvier 1871 [1]. Pourquoi cette destruction, opérée après la cessation des hostilités ? c'est ce que personne ne saurait dire ; la seule chose certaine est qu'elle eut lieu par ordre supérieur.

Il existe de ce crime une preuve écrite. Place de l'Église, une maison fut épargnée, alors que sa voisine subit le sort commun. Un volet de son rez-de-chaussée portait l'inscription suivante :

Dieses Haus ist bis auf Weiteres zu schonen

28. Januar 1871

Jacobi
Major im General-
stab

(« Cette maison est à épargner jusqu'à nouvel ordre ; 28 janvier 1871 ; Jacobi, major à l'état-major. »)

Ce volet a été acheté par la Ville de Saint-Cloud. Il con-

---

[1] L'armistice a été signé le 28 au soir ; le feu était arrêté depuis le 26 à minuit.

stitue un document historique plus intéressant que la tour minée du château de Heidelberg !

***

En regard de ces faits, il est bon de citer quelques articles de l'Ordonnance [royale prussienne du 31 avril 1813, relative à l'organisation du landsturm :

« ART. 7. — Le landsturm, appelé à l'activité, combat pour l'existence menacée de la nation, ce qui justifie tous les moyens employés. Les moyens les plus *extrêmes* et les plus *inexorables* sont les meilleurs, parce qu'ils sont les plus propres à assurer le succès de la grande cause.

« ART. 8. — L'objet du landsturm est d'entraver la marche de l'ennemi, de lui couper la retraite, de s'emparer de ses munitions, d'arrêter ses courriers et ses ravitaillements, de le surprendre pendant la nuit, de *détruire ses hôpitaux*, en résumé, de le harceler par tous les moyens imaginables, de le détruire, soit *individuellement*, soit par détachement, partout et dans les occasions possibles.

« ART. 39. — *Tout uniforme est défendu*, toute marque distinctive est interdite au landsturm, parce qu'une marque distinctive le trahirait aux yeux de l'ennemi et l'exposerait à être poursuivi. »

Voilà, en vérité, un règlement qui constitue la définition même des candidats au peloton d'exécution !

***

On a certainement dû s'étonner de lire (p. 227) que, d'après les Allemands, Strasbourg n'a jamais été bombardée. Les Strasbourgeois sont d'un autre avis. Ils se sont étonnés de voir détruire leur ville de fond en comble par des gens qui se disaient leurs frères, alors que ceux d'entre eux qui ont été en 1849 au siège de Rome avaient pu voir les Français choisir un point d'attaque désavantageux, de peur d'endommager les monuments de la Ville Éternelle. Ils se sont étonnés aussi qu'après cela les Allemands aient cru que la reconstitution de la ville suffirait à faire tout oublier. Ce qui est certain, c'est qu'une fois la ville rebâtie, les Allemands, eux, ont perdu le souvenir de l'avoir détruite.

Voici, par exemple, ce qu'on lit dans les Mémoires du maréchal de Moltke :

« La vieille cité impériale, qui avait été ravie par la France, en pleine paix, deux siècles plus tôt, était rendue à la patrie allemande par la vaillance allemande.

« Le siège avait coûté aux Allemands 39 officiers et 894 hommes. *A la vérité, il avait été impossible d'épargner en même temps des souffrances à la ville.* 450 maisons étaient complètement détruites, 10 000 personnes sans asile, près de 2 000 tuées ou blessées. Le musée et la galerie de peinture, l'hôtel de ville et le théâtre, le Temple Neuf, le gymnase protestant, la place, et malheureusement aussi la bibliothèque avec 200 000 volumes, étaient devenus la proie des flammes.

« La superbe cathédrale portait en plusieurs endroits des traces de projectiles, la citadelle était comme un monceau de ruines. Sous les décombres des ouvrages attaqués des fronts de l'ouest, étaient enterrées leurs pièces démontées. »

« Il est regrettable, disait à ce propos notre *Revue d'Artillerie*, de voir de Moltke prêter l'autorité de son nom à une opinion au moins paradoxale, qui est en train de prendre force de loi en Allemagne, et suivant laquelle Strasbourg n'a pas été sérieusement bombardée ! Dans une série d'articles du lieutenant-colonel en retraite Spohr, sur *La question des forteresses*, nous avons relevé (*Deutsche Heeres-Zeitung*, 14 mars 1871) la phrase suivante, que nous traduisons en soulignant le même mot que l'auteur : « Un « bombardement *sérieux* — dont l'emploi n'était exclu qu'en « considération des habitants, allemands et futurs conci-« toyens de l'empire allemand — nous aurait livré la place « en trois jours. » Pour le maréchal, Strasbourg a bien été bombardée, mais si peu ! On avait essayé, dit-il, de la

faire capituler ainsi, à la fin d'août, « si regrettable qu'il
« fût d'endommager cette ville allemande » ; mais cela ne
suffit pas, et au bout de trois ou quatre jours il fallut à
regret « recourir aux lenteurs d'un siège régulier ».

« Le capitaine allemand Wagner avait déjà émis cette
opinion dans le gros volume qu'il a écrit sur le siège de
Strasbourg (*Geschichte der Belagerung von Strassburg*, Berlin,
Schneider et Cie, 1874). Il y divise les opérations en quatre
périodes, dont la première, s'étendant jusqu'au 29 août,
est dite par lui « période du bombardement ». Sur les
202 112 projectiles de tous calibres que l'artillerie allemande a consommés pendant le siège, il en attribue 21 100
à cette période; d'après la pluie de fer qui a continué à
s'abattre sur la ville, nous nous bornons à conclure de ces
nombres que le tir des 181 012 autres projectiles a été bien
long en général, malheureusement pour les Strasbourgeois!

« Le capitaine Wagner ne dissimule pas, d'ailleurs,
qu'après la « période du bombardement » on continua
d'agir sur les dispositions de la population et de la garnison.
Il achève enfin de se contredire dans les documents qu'il
publie à la fin de son ouvrage. Le 11 septembre, le général
von Werder prévient le général Uhrich que la part que
prennent à la défense les francs-tireurs strasbourgeois
l'autorise à « diriger la lutte contre la population », qui
expose « la ville à la destruction et elle-même à sa perte ».
Le 17, le général von Werder écrit que « la situation
actuelle de l'attaque implique le bombardement de la ville »,
contre lequel on protestait. Toutefois « il va donner l'ordre
de ne pas tirer sur la cathédrale » (dont le toit était déjà
brûlé... ce que Moltke appelle *quelques traces* de projectiles).

Ajoutons enfin que le capitaine Wagner constate avec
complaisance que les munitions dépensées au siège de
Strasbourg représentent un poids de 4 100 000 kilogrammes
de fonte, soit trois fois plus que n'a consommé, dans toute
sa campagne, l'ensemble des artilleries de campagne

prussienne, badoise et hessoise, qui, fortes de 1 344 pièces, ont tiré en tout 267 975 coups, pesant environ 1 400 000 kilo-grammes.

« En nous étendant sur ce point douloureux, nous n'avons nullement prétendu condamner un procédé que de Moltke regrette de n'avoir pu employer mieux et plus tôt contre Paris, et dont nous nous servirions à l'occasion contre une place étrangère, pour épargner nos troupes. Mais pourquoi y ajouter des plaintes hypocrites et blessantes pour la population [1] ? »

[1] *Revue d'Artillerie*, septembre 1891.

NOTE G[1]

Au sujet du voyage du prince de Naples à Metz.

Griefs et ambitions de l'Italie. — L'Italie après 1859. — L'Italie en 1870. — Les responsabilités. — L'affaire d'Aigues-Mortes. — Le voyage à Metz. — La situation. — Un châtiment.

C'est avec une profonde tristesse que je suis obligé de revenir sur la question italienne, puisque, désormais, cette question italienne, que nous eussions tant voulu prévenir, existe, aussi vivace et peut-être plus irritante que la question allemande.

Loin de chercher à grossir les faits, dans le chapitre de cette étude consacré à *L'Italie et les consultations populaires*, j'ai cru préférable de passer rapidement sur la campagne que, depuis si longtemps, on dirige contre nous, chez nos voisins, avec une perfidie consommée. Il était permis d'espérer que le bon sens reprendrait le dessus dans leurs esprits. A plusieurs reprises, notamment sous le gouvernement de M. Crispi, ils avaient paru vouloir jouer le rôle d'agents provocateurs de la triple alliance ; mais, chaque fois, ils s'étaient arrêtés net, comme s'ils avaient été rappelés au calme par leurs alliés, peu soucieux de se laisser entraîner dans quelque méchante aventure.

Malheureusement, il semble que la détresse financière de l'Italie soit en passe de l'acculer aux résolutions désespérées : s'il faut mourir, lit-on quotidiennement dans bon

---

[1] Je prie les Italiens qui pourront lire cette Note de se reporter aux pages 426 et 427 de ce livre. Ils y verront que c'est un ami qui est obligé, à contre-cœur, de leur dire quelques dures vérités.

nombre de ses journaux, que ce soit au moins les armes à la main, « dans un bain de sang gaulois ». Le moment est venu de prendre au sérieux cet article du *Piccolo*, de Naples, du 9 janvier 1892, que j'avais dédaigné de citer plus haut, et qui exhorte son pays « à faire un emprunt monstrueux et à déclarer la guerre à la France, en ayant l'air de se la faire déclarer, suivant l'habitude de Cavour ». Cette rodomontade passe un peu les bornes : il serait actuellement aussi difficile à l'Italie de trouver prêteur d'une somme, même peu « monstrueuse », que de se faire déclarer la guerre par nous. Mais ce qui est à craindre, c'est que même sans emprunt et sans habileté à la Cavour, l'Italie se jette subitement sur nous, tête baissée:

Quos vult perdere, Jupiter dementat.

Le plus triste de l'affaire, ce qui est vraiment exaspérant, c'est que nous sommes là 38 millions de Français, qui, si cette guerre stupide vient à éclater, ne saurons positivement pas pourquoi nous nous battrons!

Le rétablissement du pouvoir temporel du Pape par la République française est une de ces plaisanteries qui ne méritent pas les honneurs de la discussion. On ne saurait nous accuser de préméditer une conquête: les lauriers de l'Autriche ne nous tentent pas, et les Italiens savent bien d'ailleurs que ce n'est pas à eux que nous avons a réclamer un territoire. Il ne s'agit pas davantage de leur extorquer de l'argent : la France n'a pas l'habitude de faire la guerre pour remplir ses caisses, et, ici, la spéculation serait vraiment trop mauvaise : les Italiens ont pris le meilleur moyen pour préserver leur Trésor d'entreprises de ce genre : ils l'ont mis à sec.

Reste la question coloniale. Ici encore, l'Italie peut se rassurer. Nous lui laissons volontiers l'Erythrée ; en fait de plages arides dans ces régions, Obok et Tadjoura nous suffisent. Les Italiens peuvent même mesurer notre condescendance à ce fait que nous avions des droits sur une partie importante de leur unique colonie, et que nous avons négligé de les faire valoir. Je veux parler de la baie d'Adoulis (ou de Zoula), qui est peut-être le point stratégique le plus important de cette côte. En 1868, les Anglais, voulant en faire la base de leurs opérations contre Théodoros, nous avaient demandé, et obtinrent de nous l'autorisation d'y débarquer et d'y construire un chemin de fer dont les traces devaient encore se voir à l'arrivée des Italiens ; ces derniers prirent possession de Zoula en août 1888, et durent être fort surpris, sinon déçus, de ne recevoir aucune protestation de nous. C'était au plus fort des provocations de M. Crispi, et il vaut la peine de noter que quelques jours auparavant, le 25 juillet, ce ministre avait écrit, dans une « note circulaire », cette phrase d'un style nouveau en diplomatie : « Les objections nous viennent, comme toujours, de la France, à qui l'on pourrait croire que les progrès pacifiques de la nation italienne semblent une diminution de sa propre puissance et de son autorité » ! Dans ces conditions, on ne peut que regretter que nous n'ayons pas montré plus de fermeté à propos de l'usurpation d'Adoulis [1].

Quant à la Tunisie, la question, je l'ai dit plus haut, était virtuellement tranchée en notre faveur, du jour où nous avons entrepris la création de notre empire africain. Tant pis pour les Italiens si, seuls en Europe, ils se sont complus à se faire illusion à cet égard.

Au reste, que proclament-ils *urbi et orbi*, depuis qu'ils sont entrés dans la triple alliance, sinon qu'ils veulent maintenir contre nous le *statu quo* dans la Méditerranée ? Le *statu quo*, c'est la France à Tunis, à Nice et en Corse, la Turquie à Tripoli, l'Autriche à Trieste, l'Angleterre à Malte. Ils n'est vraiment pas la peine de nous menacer tous les matins d'une guerre terrible, pour nous contraindre à maintenir une répartition qui nous agrée si fort.

---

[1] Voir, sur cette période les articles de M. Maxime Petit, *Revue Encyclopédique*, n°ˢ 9 et 10.

Aussi ne s'avise-t-on plus guère de nous accuser de préparer la spoliation de l'Italie ; de temps à autre, une allusion à Rome intangible, et c'est tout. Le grand sujet de récriminations, ce sont les « humiliations » que nous prenons un malin plaisir à infliger au jeune royaume.

Ces humiliations, en âme et conscience, nous les ignorons nous-même, ce qui serait déjà une excuse. Chose plus importante, nous en repoussons hautement la pensée. Nous ne sommes pas d'humeur à risquer une guerre pour le plaisir douteux d'humilier un voisin. Même, nous souffrons sincèrement pour l'Italie des nombreuses humiliations auxquelles elle se soumet, de gaîté de cœur, de la part de ses alliés.

Ce mot indignera les Italiens. Il est entendu que nous seuls, nous toujours, humilions l'Italie.

Je ne reviendrai pas sur les incidents anciens, tels que les relations des deux empereurs avec le Pape, certainement plus intimes et plus démonstratives que celles qu'on nous reproche tant, tels encore que la visite due depuis douze ans par l'empereur d'Autriche à Humbert Ier. Mais, plus récemment, il était tout à fait piquant de voir François-Joseph se faire représenter par l'archiduc Renier aux noces d'argent du couple royal, et ordonner de dissoudre toutes les sociétés de Trieste et du Trentin qui participeraient d'une manière quelconque à ces fêtes, ou dont les chefs s'associeraient, même individuellement, à quelque démonstration italophile en cette occasion [1] ; on emprisonnait des sujets autrichiens qui paraient leur boutonnière d'une simple marguerite, au moment même où leur souverain faisait complimenter la reine Marguerite !

Ces précautions de l'empereur d'Autriche s'expliquent d'ailleurs fort bien, à la lecture de la dépêche suivante [2] :

« Plusieurs journaux allemands ont accueilli avec

[1] *Le Temps*, 21 avril 1893.
[2] *Le Temps*, 13 décembre 1892.

quelque humeur le récent discours de M. Brin. Les déclarations du ministre italien des affaires étrangères à l'égard de la triple alliance ne leur ont pas paru assez chaleureuses. Le *Berliner Tageblatt*, notamment, a fait cette observation :

« Tous les Italiens sont irrédentistes, qu'ils s'appellent « Barzilaï, ou qu'ils s'appellent Crispi ou Giolitti.

« La haine contre l'Autriche a été dissimulée en Italie « par raisons d'opportunité : mais secrètement tous les « Italiens ont conservé leurs sentiments d'hostilité contre « l'Autriche. »

« A ces réflexions du journal berlinois, la *Tribuna* répond brièvement :

« Nous ne voulons pas aujourd'hui entrer en discussion « avec le *Tageblatt* de Berlin sur ses affirmations, exactes « seulement en ceci : personne en Italie n'a jamais « renoncé au désir légitime — qui est en même temps un « devoir — de voir un jour complété le territoire de la « patrie. »

Quant à l'Allemagne, passe pour l'ingérence de son état-major dans les affaires militaires du royaume, encore que ce genre de surveillance ne se soit jamais vu, entre grandes puissances; aussi bien le prince de Naples a-t-il pu, en échange, se donner l'illusion d'inspecter l'armée allemande.

Mais que dire du trait suivant ?

« Le *Fanfulla*, dans un article aigre-doux à l'adresse de l'Allemagne, relève la proposition faite par la presse germanique en vue de sauver le crédit italien.

« On sait que cette proposition tend à adjoindre aux ministres des finances et du trésor d'Italie des conseillers allemands financiers.

« De son côté le *Messaggiero* ne dissimule pas son indignation à propos de cette proposition et dit :

« Si les banquiers allemands veulent combiner avec
« l'Italie quelque opération financière dans des intentions
« honnêtes, qu'ils soient les bienvenus, ils n'auront rien
« à perdre ; mais si les Allemands prétendent mettre le nez
« dans nos administrations, ils se trompent grossière-
« ment[1]. »

Nous avons bien pu prêter des milliards à l'Italie, l'aider
de toutes les ressources de notre commerce et de notre
industrie, mais il ne nous est encore jamais venu à l'esprit
de lui infliger un traitement réservé jusqu'ici aux pays
demi-barbares de l'Orient et aux petites républiques
véreuses de l'Amérique du Sud !

Je sais bien qu'on nous reproche les plaisanteries
faciles — et souvent déplacées, j'en conviens — de nos
journaux à images. Notre excuse est que cette presse
légère, sur laquelle on ne peut pourtant pas juger un
grand pays, ne nous ménage pas davantage nous-mêmes.
Et d'ailleurs le *Kikeriki*, de Vienne, le *Kladderadatsch*, de
Berlin, et les autres, ne sont pas plus tendres pour l'Italie.
C'est la première de ces feuilles[2] qui a donné cette charge
si jolie, qui, parue en France, nous aurait valu mille ma-
lédictions : un soldat allemand et un autrichien, deux
colosses, marchent fièrement au pas, l'arme à la bretelle ;
le second traîne par la main un Italien minuscule coiffé
d'un grand chapeau de brigand, qui s'épuise à vouloir les
suivre, dégouttant de sueur et roulant des yeux pitoyables !

Et si les Italiens veulent compulser des jugements de
gens sérieux, ils constateront que personne ne les a
vilipendés comme les écrivains allemands, qui ne manquent pas de leur appliquer des épithètes plus injurieuses
qu'à nous-mêmes ; ce n'est pas peu dire ! Frédéric le Grand
les traite d'*Iroquois*, Mommsen leur refuse le cœur, l'imagination et l'idéal, et Schopenhauer, qui se contente de

[1] *Le Temps*, 3 octobre 1893.
[2] Numéro du 19 juin 1892, caricature reproduite par la *Revue
Encyclopédique*, du 1er juillet.

nous qualifier de singes, fait d'eux ce portrait : « Le trait national du caractère italien est une parfaite impudeur, consistant dans l'effronterie qui se croit propre à tout et dans la bassesse qui ne se refuse à rien. Quiconque a de la pudeur est trop timide pour certaines choses, trop fier pour certaines autres : l'Italien n'est ni l'un, ni l'autre ; on le trouve, selon l'occurence, humble ou orgueilleux, modeste ou suffisant, dans la poussière ou dans les nuages ».

Non, la vérité n'est pas dans les prétendus humiliations de l'Italie par la France. La vérité est dans le rêve du *primato* italien, auquel j'ai fait allusion plus haut, et sur lequel il faut bien revenir, car ce rêve dangereux est permanent, et il est bien clair que nous ferons en sorte qu'il ne devienne pas une réalité.

Un journal militaire italien, l'*Esercito Italiano,* a pris pour devise ce mot de Victor-Emmanuel : *L'Italia deve essere non solo rispettata, ma anche temuta* (L'Italie doit être non seulement respectée, mais encore redoutée). Nous sommes plus modestes : nous nous contentons d'être respectés. Nous respectons l'Italie comme toutes les autres nations, du moins dans ce qu'elle a de respectable ; car en dédaignant un Crispi, nous ne croyons pas manquer de respect à tout son pays. Mais nous ne craignons pas l'Italie ; et nous pouvons l'avertir charitablement qu'à force de vouloir jouer les croquemitaines, elle cessera d'inspirer le respect.

Nous ne craignons pas l'Italie, et c'est là pourquoi on nous en veut. Nous ne pouvons pourtant pas feindre une terreur que nous n'éprouvons point, uniquement pour satisfaire ses mégalomanes. Il y a bien d'autres pays que nous ne craignons pas, et qui ne s'en montrent pas offensés, l'Espagne, par exemple, pour citer celui qui vient immédiatement après l'Italie parmi les puissances de second ordre. Où est la différence ? Dans la manière d'être de l'Espagne et de l'Italie, pas dans la nôtre. Je laisse de côté un passé politique trop oublié par nos voisins, et m'en tiens aux sentiments existant actuellement. L'Espagne n'a pas à s'offenser de n'être pas redoutée de nous, parce que nous ne lui avons jamais dit que nous la craignons pas; et nous n'avons jamais été contraints de le lui dire, parce qu'elle ne s'est jamais avisée de se hausser sur ses talons pour nous poursuivre de menaces insultantes, alors que nous ne demandons qu'à vivre en paix avec elle.

*
* *

Ce n'est guère que depuis les provocations de M. Crispi que l'on se doute généralement en France qu'il existe une question italienne, et ces épisodes sont les seuls dont le public ait gardé le souvenir. Ils ne furent pourtant que la première manifestation bruyante de tendances *aussi anciennes que le royaume d'Italie*.

Il faut, pour bien comprendre ce mouvement et en mesurer l'intensité, reprendre le livre de M. Brachet; je vais simplement en extraire quelques faits, renvoyant pour leur justification aux nombreux documents sur lesquels ils sont étayés dans ce précieux ouvrage.

Constatons d'abord qu'aussitôt l'Italie créée, plusieurs hommes d'État annoncèrent avec précision ce qui devait se passer.

En 1861, M. de Carné nous révélait la doctrine du *primato :* « L'antipathie contre la France, à raison de sa suprématie intellectuelle au centre des races latines, n'est guère moins vive au delà des Alpes que la haine de l'Autriche, et l'on peut tenir comme certain qu'elle y survivra longtemps à celle-ci... Aussitôt qu'elle le pourra, elle se jettera dans les bras de l'Angleterre et de l'Allemagne ».

La même année, Proudhon publiait de lumineux aperçus sur *La fédération et l'unité en Italie :* « Nous sommes, disait-il, trop voisins de l'Italie, nous avons trop de ressemblance avec elle, nous lui avons rendu trop de services pour qu'elle nous aime ».

Le 13 avril 1865, Thiers disait au Corps Législatif: « Sa

fidélité aura tout juste la durée de sa faiblesse... Quand il s'agira de questions maritimes, l'Italie tiendra le balancier politique entre la France et l'Angleterre, et comme les ports de Trieste, de Naples, de Gênes, jalouseront non pas Liverpool, mais Marseille, le parti qu'elle prendra est presque indiqué d'avance ».

En 1871, un Belge, M. de Laveleye, nous signale le danger italien, dans son étude des *Causes de guerre en Europe.*

En 1874, M. H. Gaidoz nous annonçait, sept ans à l'avance, que notre premier conflit avec l'Italie se produirait en Tunisie.

Si maintenant nous passons aux appréciations d'hommes marquants de la Péninsule, nous trouvons dans l'ouvrage de M. Brachet une telle moisson de documents que, même en n'en citant qu'un sur dix, nous dépasserions de beaucoup les limites auxquelles il convient de borner cette note.

Ce sont les historiens italiens développant la théorie de l'*apostolat* de l'Italie en Europe, et montrant que l'unique fonction des diverses puissances est de collaborer à la grandeur de l'Italie, « comme une faible compensation au bien qu'elle a fait à l'humanité pendant tant de siècles » :

... « Notre position géographique, en nous mettant en contact avec plusieurs grandes puissances, a offert à notre habileté politique naturelle la possibilité de choisir le moment opportun pour nouer des alliances tantôt avec l'une, tantôt avec l'autre, pour *nous tourner ensuite tantôt contre l'une, puis contre l'autre, profitant ainsi des avantages et des désavantages de chacune d'elles.* Nous avons commencé par nous allier à la France, dont nous avons *exploité* les armes, la politique, la littérature, le commerce, la civilisation en un mot, bonne ou mauvaise. Aujourd'hui nous sommes les alliés de l'Allemagne, et deux fois nous avons tiré profit de ses victoires. A ce changement de *protecteur* et de *patron moral*, nous avons indubitablement gagné [1]. »

---

[1] *Fregoso,* cité par Brachet. — « L'Égypte, Tunis, Tripoli et l'Algérie sont pour nous des colonies naturelles. » *(Ibid.)*

— « *Va dove si vince* », disait Guichardin (Va du côté du vainqueur).

C'est Cavour, écrivant à M. de la Rive, quelques mois après Solférino : « L'Angleterre n'a encore rien fait pour l'Italie : c'est à son tour maintenant »; et M. Nigra, écrivant, le 8 juin 1866, au prince de Carignan :

« Si la fortune des armes sourit à la Prusse, le bénéfice de notre (!) victoire sera d'autant plus grand que nous l'aurons obtenu sans l'aide des fusils et des canons français. L'Italie ne pourrait assurément souhaiter une plus heureuse fortune que d'obtenir la Vénétie sans l'aide de la France, mais en même temps sans avoir la France contre elle, et en profitant toujours de sa faveur et de son appui moral. »

C'est le député Petrucelli della Gastina, réfugié jadis pendant de longues années en France, ancien correspondant du *Journal des Débats*, écrivant dans son *Histoire de l'idée italienne* : « La haine contre les Français s'implanta tellement dans le cœur italien que depuis onze siècles elle est tout à fait entrée dans notre sang. Cette haine, nous la verrons éclater à tout moment; et nous assisterons à son triomphe contre les Français en 1870... Les Vêpres siciliennes furent un jour vraiment glorieux... Quel était l'ennemi ? le Français, l'être qui fut à toute époque le plus odieux aux cœurs italiens... Sedan était arrivé. Il y a à ce moment une ombre dans la carrière de Victor-Emmanuel : ce fut la neutralité entre les belligérants. Le roi perdit ainsi l'occasion suprême de reconquérir à l'aide de l'alliance prussienne de 1870 les deux provinces que les Français nous avaient extorquées en 1860 ».

C'est, enfin, M. Crispi — pour ne citer qu'une de ses singularités, — imaginant de fêter et de présider en 1882 le sixième centenaire des Vêpres siciliennes !

⁂

Je ne reprocherai pas aux Italiens de ne pas nous avoir

aidés en 1870. La lutte avait lieu entre leur ancien allié et
le nouveau, et, tels qu'on les connaît, il est déjà bien beau
qu'ils n'aient pas aidé ce dernier à nous achever.

Ce n'est pas que l'envie leur en ait manqué. « Il déplaît
toujours de voir une grande nation périr misérablement,
écrivait en avril 1871 la *Libertà*, organe officieux du ministère Visconti-Venosta; toutefois nous nous abstiendrons
de prononcer d'inutiles paroles de compassion, qui, pour
le dire avec franchise, ne correspondraient pas à notre
sentiment intime. Nous devons employer toutes nos forces,
dans la décadence de la France, pour faire en sorte que
sa place en Europe soit désormais occupée par nous. »
On va voir que le gouvernement italien et la nation
n'avaient pas attendu ce conseil, mais que leur action,
insolemment commencée dès nos premiers revers, devint
chaque jour plus agressive, à mesure que la fortune nous
trahissait davantage.

Cela débuta, comme toujours en Italie, par des manifestations populaires; il est essentiel de ne pas oublier que la
tactique constante du gouvernement italien est de se faire
forcer la main, de se faire mettre en présence de faits
accomplis. Dans cette nation ardente, on trouve, chaque
fois qu'on en a besoin, de ces enfants perdus prêts à tenter
un coup de main, jadis contre Rome, Naples ou la Sicile,
aujourd'hui contre Nice ou la Corse. Le même homme,
selon sa situation dans l'échelle sociale, se fera *condottiere*
ou brigand dans la montagne; dans ce dernier cas, il ber-
nera les préfets et les carabiniers, grâce à l'appui de la
population; dans le premier cas, ce sont les gouvernements étrangers et la diplomatie, que la connivence de son
gouvernement lui permettra de narguer.

Donc, en août 1870, aussitôt après Reichshoffen, éclatent
les manifestations de Florence : vingt mille Italiens défilent
devant notre consulat en criant : *Evviva la Prussia! Ab-
basso la Francia !* En novembre, on brise les presses de la
Perseveranza, « le seul de *tous* les journaux italiens qui
osât plaider pour la France les circonstances atténuantes ».

M. Crispi ne fut pas étranger à ces généreuses manifestations, vues d'un bon œil par le gouvernement.

Bientôt après, vint une suprême habileté, la ligue des neutres, imaginée par l'Italie pour se lier les mains, et avoir une bonne raison à nous donner si nous venions à lui demander secours.

M. Crispi avait écrit dans la *Riforma* : « La rétrocession de Nice et de la Savoie est la condition non pas d'une alliance, mais simplement de la *neutralité* de l'Italie ». Comme on ne songea point à payer d'un tel prix une aide d'une efficacité aussi problématique, les Italiens tentèrent de se payer eux-mêmes; leurs efforts pour soulever Nice, pendant toute la durée de la guerre, forment un des chapitres les plus intéressants de l'enquête de l'Assemblée nationale sur les actes du Gouvernement de la Défense nationale. Ils aboutirent à l'émeute du 10 février, vivement réprimée par les compagnies de débarquement de l'amiral Jurien de la Gravière, et que des forces considérables massées tout le long de la frontière se tenaient prêtes à appuyer. Cette émeute était si bien préparée à Florence qu'un journal crispinien de cette ville eut l'imprudence de l'annoncer avant qu'elle eût éclaté!

Je passe sur une tentative de débarquement à Tunis, qui échoua grâce à l'opposition de l'Angleterre et de la Turquie, que nous pûmes susciter à temps; je passe également sur les projets d'invasion de la Corse, qui ne furent pas mis à exécution, dit le *Journal d'Italie*, « en raison de la *grandeur d'âme* de Victor-Emmanuel », mais plutôt, oserai-je dire, parce que Nice, la Corse, Tunis et Rome, c'était trop embrasser à la fois; je passe encore sur les tentatives faites pour entraîner l'Espagne en vue d'un partage de l'Afrique du nord, ainsi que sur les intrigues ayant pour objet de nous déposséder de notre influence en Égypte et en Syrie, de manière à mettre enfin en pratique les conseils que M. de Bismarck donnait à Mazzini :

« L'Italie et la France ne peuvent s'associer pour leur

avantage commun dans le Méditerranée. *Cette mer est un héritage impossible à diviser entre parents... L'empire de la Méditerranée doit être la pensée constante de l'Italie,* l'objectif des ministres, la pensée fondamentale du cabinet de Florence[1]. »

Je passe enfin sur l'hypocrisie raffinée de cette note diplomatique où l'Italie nous déclarait ironiquement que *nous ne devions pas faire la paix avec une cession territoriale,* pour terminer cette revue du rôle de l'Italie en 1870 en rappelant un trait que je laisserai au lecteur le soin de qualifier :

« Il y eut encore une question avec l'Italie. Nos prisonniers y furent considérés *comme prisonniers de guerre* et internés. L'Italie n'en avait pas le droit ; ces soldats ne venaient pas du champ de bataille : prisonniers dans les villes allemandes, ils s'étaient enfuis par l'Autriche. Arrivés en Italie, ils furent internés sur la demande de la Prusse ; nous dûmes donc présenter, au sujet de cette conduite, des observations au gouvernement italien[2]. »

⁎⁎⁎

En voilà plus qu'il n'en faut pour établir nettement les responsabilités, et pour montrer ce que l'on doit penser des récriminations de la presse italienne contre nous. C'est au lendemain même de Magenta et de Solférino qu'a été entamée la campagne ayant pour objet l'abaissement de la France au profit de l'Italie. D'abord, tandis que le royaume achevait de se constituer, une action indirecte, à longue échéance, la préparation par l'école, où les jeunes générations sont instruites en vue des revendications futures. En 1866, le changement d'orientation politique est

[1] C'est là, il ne faut pas s'y tromper, ce que les Italiens appellent « maintenir l'équilibre dans la Méditerranée ».

[2] *Enquête parlementaire,* deuxième déposition du délégué aux affaires étrangères près le Gouvernement de Tours.

effectué, mais il faut patienter encore : le royaume est incomplet et la France trop forte. En 1870, on croit pouvoir jeter le masque : la France est si bas ! Mais on ne réussit pas, et il faut se contenter de Rome, un joli denier déjà. Puis survient notre relèvement inattendu, et les Italiens ont peur d'être allés trop loin, leurs écrivains nous laissent tranquilles. On arrive enfin à nouer la triple alliance, et alors on se croit tout permis.

On s'étonnera certainement de ce que, dans le courant de cette étude, je n'aie pas désespéré de voir les Italiens revenir à d'autres sentiments. Je ne fais aucune difficulté de convenir que j'ai pu donner dans le travers qui consiste à croire à l'accomplissement de ce que l'on désire.

Mais enfin, il y a quelques mois, les espérances que j'émettais n'étaient pas absolument déraisonnables. Un pays que sa politique mène à la ruine peut chercher à se tirer d'affaire, soit en changeant de politique, soit en se lançant dans les aventures ; on pouvait supposer que le premier parti finirait par prévaloir chez ce peuple si avisé. Il se produisait même déjà, de temps à autre, des symptômes de détente, une détente bougonne, coupée de réticences, mais, telle qu'elle était, on pouvait déjà s'en applaudir... Ce n'était, en somme, que la suite de ces « polémiques à double fond » entre journaux également inspirés par des membres du cabinet, que G. Charmes signalait à propos des affaires d'Égypte : « Elles ne tendent, en réalité, qu'à sauver, comme on dit vulgairement, la chèvre et le chou, jusqu'au jour où les événements permettront à la diplomatie italienne de démasquer ses batteries ». Car ces gens vraiment trop habiles n'ont pas encore renoncé tout à fait à réaliser cette *combinazione* idéale, le fin du fin : se faire aider par l'or français, les vaisseaux anglais et les canons allemands et autrichiens, pour dépouiller et trahir à tour de rôle Français, Anglais et *Tedeschi !*

Que s'est-il passé depuis ? Nos bons apôtres ont-ils compris que nous exigeons qu'ils fassent un choix, que nous refusons d'être à la fois leurs commanditaires et les victimes résignées de leurs ambitions ? Ont-ils cru, sur je ne sais quels indices, que leurs alliés les verraient enfin volontiers aller de l'avant et entamer la grande *croisade*? Ont-ils partagé imprudemment la grande confiance affectée par le ministre de la guerre, général Pelloux, dans sa parole demeurée célèbre : « L'armée est prête et elle attend » ? Peu importent les motifs qui ont amené le voyage du prince de Naples ; ils disparaissent devant le fait brutal, l'injure sanglante voulue par le roi, approuvée par le peuple, creusant l'abîme infranchissable.

⁎⁎

Avant de montrer comment cet épisode a été apprécié en Italie, et d'en tirer des conséquences pour l'avenir, il importe de s'arrêter un instant sur l'affaire d'Aigues-Mortes, que les Italiens ont tenté de dénaturer et de rattacher à celle du voyage à Metz. Pour cela, ils ont transformé ce regrettable incident en un épisode d'une campagne inspirée par notre gouvernement contre les Italiens établis en France ; de sorte que, pour beaucoup de leurs journaux, le voyage du prince royal était la juste réponse d'une nation offensée, à cette « provocation » sanglante.

Or, premièrement, la rixe d'Aigues-Mortes est postérieure à la décision prise par le gouvernement italien ; et, en second lieu, le silence caractéristique des journaux allemands et autrichiens, non moins que les appréciations de la presse des autres pays, nous a aidés à établir qu'il s'agissait d'un conflit local, suscité par les ouvriers italiens eux-mêmes.

Il y a en France plus de 200,000 Italiens, pour la plupart chassés de leur pays par la misère ; sobres, peu exigeants en fait de salaire, acceptant volontiers les tâches les plus pénibles, ils font à nos ouvriers une concurrence redoutable. Il en est de même en Allemagne, en Amérique, où maintes fois ils ont eu des conflits violents avec les nationaux. A leurs qualités de travailleurs ils joignent un grave défaut, assez universellement connu pour que, même en Italie, on ne puisse pas m'en vouloir de le rappeler : très vindicatifs, ils ont une déplorable propension à jouer du couteau pour les motifs les plus futiles.

Pour une cause ou pour une autre, ils assaillent à Aigues-Mortes, en nombre supérieur, une troupe d'ouvriers français. *Le lendemain*, ceux-ci reviennent en nombre ; une bataille réglée s'engage, plus grave que la veille ; sept Italiens restent sur le carreau. La force armée, appelée à la hâte, sépare les combattants ; ou met les Italiens à l'abri, on arrête un grand nombre de Français.

Les Italiens avaient là une bien belle occasion d'appliquer, comme nous, ce que M. Jules Simon a si joliment défini la *méthode géométrique*, par opposition avec la *méthode musicale*, qui nous a si fréquemment causé des embarras, et qui, vraisemblablement, finira par les mener plus loin qu'ils ne voudraient : « Je prends, dit-il [1], pour exemple l'affaire du Panthéon... Un polisson écrit sur un registre les trois mots que vous savez. Aussitôt les deux nations devaient se recueillir et se poser les questions suivantes : — Le fait est-il exact ? — Quel en est l'auteur ? — Est-il possible d'admettre que quarante millions d'hommes, ou une portion quelconque de ces quarante millions, avaient donné mission à ce polisson inconnu d'écrire sur ce registre ces trois syllabes incriminées ? — Après quelques minutes d'examen, les deux nations seraient retournées aux affaires sérieuses, en chargeant le juge de paix du quartier de donner à cette aventure la suite qu'elle pouvait comporter ». Voilà la méthode géométrique. Voici maintenant la méthode musicale : « Pendant qu'on chantait à Rome l'hymne à Victor-Emmanuel..., un certain nombre de Français ont trouvé l'occasion bonne pour chanter la *Marseillaise*. Si les deux gouvernements ne s'étaient hâtés d'imposer silence aux chœurs de musique, au bout d'une quinzaine il y aurait eu quelques gouttes de sang versées quelque part, après

[1] *Le Temps*, du 5 novembre 1891, cité par M. Revon.

quelque querelle dans un cabaret, et tous les hommes sages auraient dit : — Voilà le moment de prendre les armes et d'envoyer cinq millions d'hommes à la mort. — Telle est la méthode musicale, qui est très brillante ».

On sait de reste que c'est la méthode musicale qui prévalut en Italie. Dans tout le royaume, les musiques militaires furent sommées par le peuple de jouer la marche royale et l'hymne allemand, dont les musiciens avaient, par hasard, les cartons dans leurs gibernes [1]. Puis, partout à la fois, on se porta sur les boutiques françaises, dont on brisa les devantures, sur les consulats de France, dont on arracha les écussons ; à Rome, la villa Médicis et les deux ambassades de France, subirent des sièges en règle — fort heureusement d'ailleurs ; car devant cette énormité, sans précédent, de deux ambassades violées par la populace, le gouvernement se décida à sévir. Subitement, les manifestants, de patriotes, devinrent de vulgaires anarchistes. D'aucuns prétendent que les gouvernements alliés, alarmés par tant de maladresses, ne furent pas étrangers à la transformation.

Chose remarquable, tandis que, dans toutes les villes d'Italie, nos nationaux étaient réduits à se cacher — des lettres particulières m'en ont donné l'assurance, — les deux cent mille Italiens qui vivent en France continuaient, dans la plus grande tranquillité, à vaquer à leurs occupations ; six semaines après la rixe d'Aigues-Mortes, les ouvriers italiens y avaient repris le travail sans encombre.

⁂

Pour revenir à l'affaire du voyage à Metz, rien n'est plus

---

[1] Par hasard... Dans un mémoire justificatif livré à la publicité, le sénateur Calenda, alors préfet de Rome, dit avoir demandé au commandant de la division l'ordre de faire donner ces concerts excitants, et avoir reçu cette réponse : que le ministre de la guerre « *avait déjà donné l'ordre que la musique militaire jouât les hymnes à la demande du peuple* ». (*Journal des Débats* du soir, 20 septembre 1893.)

curieux que l'effarement qui s'empara des Italiens, quand
ils s'aperçurent que, contrairement à leurs habitudes, ils
s'étaient engagés à fond dans une sottise, une sottise définitive. Aucun moyen de s'en tirer. Même la maladie la
moins diplomatique, la plus dûment constatée, n'aurait
pas suffi à libérer le prince royal : l'empereur allemand eût
été froissé, le peuple italien se serait senti humilié par cette
volte-face, et la France serait demeurée offensée par l'invitation acceptée.

Certains organes essayèrent d'enlever toute portée à l'incident ; d'autres, et non des moins autorisés, déclarèrent
assez maladroitement que l'Italie était tombée dans un
piège tendu par Guillaume II.

« L'*Opinione*, dit le *Temps*, du 31 août, publie une lettre
reçue de Berlin et contenant des renseignements, qu'elle
dit de source autorisée, sur les pourparlers qui ont eu lieu
entre Berlin et Rome au sujet du voyage du prince de
Naples à Metz.

« M. Brin, ministre des affaires étrangères, apprenant
que de grandes manœuvres devaient avoir lieu en Alsace-
Lorraine, se préoccupa de l'impression que produirait en
France la présence à Metz du prince de Naples, et il fit à
cet égard quelques observations à l'ambassadeur et à l'attaché militaire allemands à Rome, en présence du comte
Lanza, ambassadeur d'Italie à Berlin.

« En substance, le ministre disait : « L'invitation acceptée,
« notre engagement sera tenu ; mais il pourrait surgir des
« incidents irritants propres à aigrir les rapports entre
« l'Italie et la France ».

« M. Brin s'en remit complètement à l'appréciation du
gouvernement allemand.

« Le chef de l'office impériale des affaires étrangères, le
baron de Marschall, conseilla, semble-t-il, au comte Lanza
d'en parler au chancelier de Caprivi, ce qui fut fait par une
tierce personne.

« Le comte de Caprivi aurait répondu qu'il se rendait

compte de la situation, mais qu'il était impossible d'en parler à l'empereur sans lui causer un grand et vif déplaisir.

« Informé des déclarations du comte de Caprivi, M. Brin n'insista pas.

« Le *Fanfulla*, au sujet de la lettre publiée par l'*Opinione*, dit :

« Le ministre italien se lave les mains d'une question
« qui peut donner lieu à des incidents irritants, aigrir les
« rapports entre l'Italie et la France, nuire à notre situation
« nationale ! Et il s'en remet à l'appréciation du gouverne-
« ment allemand ! Il se règle sur le plaisir ou sur le déplai-
« sir de l'empereur Guillaume !

« Faute d'un démenti de M. Brin, nous nous demandons,
« ajoute le *Fanfulla*, si la direction politique de l'Italie
« doit passer de la Consulta à la chancellerie allemande,
« voire au cabinet de Guillaume ! Alliés, passe encore ;
« mais soumis à la suzeraineté de l'Allemagne, non, vrai-
« ment ! »

« En constatant que le voyage du prince de Naples aurait pu être évité, le *Fanfulla* conclut en disant que, si les Italiens veulent être amis de tous, ils veulent d'abord être maîtres chez eux, et cela par rapport à l'Allemagne, à la France, et à quiconque ! »

Je m'abstiendrai, dans ce qui suit, de citer le *Secolo*, car la vaillance avec laquelle il a toujours défendu les véritables intérêts de sa patrie l'ont rendu suspect à tous les *italianissimes*. D'autres, d'ailleurs, ont vu juste, dans ce grand désordre des idées.

« Les manœuvres allemandes, disait le *Messaggiero*, seront donc un cruel souvenir pour la France, le tour du couteau dans la plaie encore ouverte : quelque chose comme ce qu'auraient éprouvé les Italiens si, après 1849, les Autrichiens eussent reproduit sur les champs de Novare l'image de la sanglante bataille où succomba la fortune de l'Italie.

« ... Le résultat de ce voyage, que nous appellerons seu-

lement une imprudence, ne pourra pas ne pas être désastreux pour notre crédit ».

De même, le *Paese*. Il rappelle un entretien du député
Colajanni avec M. Ferrari, sous-secrétaire d'État aux
affaires étrangères, qui aurait dit, lorsqu'il fut vaguement
question du voyage :

« La nouvelle est vraie et n'est par faite pour nous
déplaire. L'Italie doit répondre avec énergie aux provocations continuelles (!) de la France. Nous serions une
nation lâche, si nous ne montrions pas, par des actes
francs et vigoureux, que nous avons le souci de notre
dignité. »

Le *Paese* rappelle que M. Ferrari, avant d'être au gouvernement, était un radical farouche et un contempteur
acharné de la triple alliance. La violence de son langage
actuel est donc toute naturelle. Le *Paese* demande quels
incidents sont survenus depuis la visite de l'escadre française à Gênes, visite qui fut une occasion de courtoisie
même excessive à l'égard de la France [1].

Quels incidents ? Je n'en connais qu'un, pour ma part.
C'est l'envoi du général Fabre à l'inauguration de l'os-
suaire de Palestro, le discours chaleureux qu'il y pro-
nonça, et l'accueil cordial qu'il reçut partout où il se pré-
senta comme représentant du gouvernement français et
des vétérans de 1859. Il n'y avait pas là de quoi crier à la
persécution. Et pourtant le *Corriere di Napoli* est parvenu
à le faire [2]. Suivant lui, cette mission était destinée à détacher l'Italie de ses alliés, pour la placer sous notre « domination morale » et lui faire jouer le rôle de « guillotinée
par persuasion » [3] !

---

[1] *Le Matin*, 22 août 1893.
[2] *Le Temps*, du 10 juin 1893.
[3] Il y a bien eu également l'affaire de la fameuse fête dans
laquelle les officiers de zouaves, réunis au cercle d'Alger, donnèrent un successeur à Victor-Emmanuel, cassé de son grade
de caporal. Ces messieurs ne se doutaient pas que le ministre
Brin serait traîné aux gémonies pour n'avoir pas exigé une satis-

Le *Diritto* crut habile de plaider les circonstances atténuantes, et de déclarer que le voyage du prince royal était
tout « scientifique » et dénué d'importance politique. Il
fut, pour cela, violemment houspillé par les mégalomanes:
« Pas d'importance politique! Mais c'est au contraire la
grande pensée du règne ». Le plus curieux fut assurément
l'*Esercito Italiano* ; l'art de développer à la fois le pour et le

faction éclatante pour l'injure faite à la mémoire du grand roi.

Nos voisins peuvent être bien assurés que si je ne mentionne
que pour mémoire cet incident de la vie de garnison, ce n'est
nullement par embarras d'en parler.

On sait que depuis la campagne d'Italie, Victor-Emmanuel,
élu caporal des zouaves, était appelé régulièrement à tous les
appels, et qu'un loustic était chargé de faire cette réponse bien
gauloise : « Absent, détaché à Florence pour être roi d'Italie ».
Tout cela n'était pas très respectueux; le grade de caporal est
modeste, et les italianissimes aur̃ʳ ̃ nt dû demander de l'avan-
cement pour leur souverain.

Mais où ils se trompent,   quand ils croient que les
zouaves ont attendu l'année 1893 pour casser le caporal qui
avait déserté devant l'ennemi; après l'Année terrible, il ne
serait venu à l'esprit de personne de continuer une facétie qui
aurait sonné faux. Il est vraiment dommage que le gouvernement italien n'ait pas mis sa diplomatie en mouvement pour
nous sommer de la reprendre; la situation eût été assez co-
mique. Toujours est-il que l'on ne songea même pas à casser
le caporal Victor-Emmanuel, pour éviter de remuer des souvenirs pénibles. On se contenta de laisser tomber en désuétude
un usage qui n'avait plus de raison d'être. Et quand, vingt-trois
ans plus tard, on s'avisa, un soir de fête, qu'il y avait au régiment une vacance à combler, l'Italie aurait dû être reconnais-
sante aux zouaves d'avoir fait le silence autour de la disparition du précédent titulaire.

Si d'ailleurs des propos *inter pocula* doivent servir d'arguments en matière de politique étrangère, je signalerai le fait
suivant au ministre de la guerre italien. Le 25 (ou le 26) septembre dernier, alors que l'on s'étonnait de voir près de notre
frontière d'importants rassemblements de troupes italiennes,
des officiers de la garnison de Vintimille ont porté un toast à
la fête qu'ils donneraient le 15 octobre au Casino de Nice, après
la prise de cette ville ! Et cela ne s'est point passé dans un cercle
fermé, mais dans un restaurant public, où un officier français
de passage a été témoin de cette vantardise.

contre est très italien, et il sut le pousser au plus haut point.
« Nous ne pouvons nous associer, écrivait-il le 13 août,
au jugement du *Diritto*... Nous sommes trop peu versés
dans l'art difficile de la diplomatie et dans l'emploi de ses
moyens d'action, pour déterminer jusqu'à quel point la
présence du prince de Naples à Metz peut assumer une
signification en politique internationale. » Et dans le numéro suivant (17 août) : « Nous avons dit que l'objectif du
voyage est essentiellement militaire ; toutefois, il serait
plus que ridicule, il serait puéril de soutenir qu'un fait de
ce genre puisse être considéré à l'étranger comme dénué
de signification politique internationale...... Et nous nous
perdrions en discussions sur le plus ou le moins, parce
que le voyage du prince royal pourrait atteindre les susceptibilités de la France ? Franchement, si l'on continue de ce
train, nous perdrons le droit de nous appeler les descendants de Machiavel ! » Entre temps il est question du « roi
génial » (voilà bien la grande pensée du règne), et des
ministères italiens qui se sont efforcés d'améliorer les
rapports avec la France « au prix de sacrifices moraux et
matériels », et de la « légitime possession de l'Alsace-Lorraine par l'Allemagne ».

Voici encore quelques citations de journaux italiens,
que je découpe dans la collection de l'*Esercito*.

Numéro du 20 août. Après une invocation aux morts
d'Aigues-Mortes, qui n'ont pourtant rien à voir dans l'affaire, le *Parlamento* écrit : « Épuisez-vous, ô arsenaux, à préparer de nouveaux monstres formidables pour la guerre ;
et multipliez-vous, avec tous les moyens, par toutes les
manières, avec toutes les formes ; ô bataillons de la jeunesse italienne, armez pour la patrie ! A vous et à nos
alliances, nous devons que l'on n'ait pas encore pu attenter
à notre intégrité territoriale ; nous vous devrons le reste,
le jour où la France, *mise hors d'état de se sauver*, viendra
d'elle-même, comme en 1870, demander un *nouveau châtiment* ».

Le *Mattino*, de Naples :

« Nous devons considérer la France en général comme l'*ennemie de la paix européenne*, et en particulier comme *notre ennemie*. La *haine allumée entre nous et notre voisine* est de celles qu'on n'éteint ni par l'eau ni par les cendres. Elle est à peine comparable à celle qui sévissait de part et d'autre de la Manche, depuis que les descendants de Guillaume le Conquérant débarquèrent pour la première fois en France, jusqu'à la bataille d'Aboukir. *Toute l'histoire future de l'Italie* tournera autour de cette *lutte gigantesque contre la France*, lutte économique, lutte intellectuelle, lutte sanglante ; et les violentes querelles qui la séparent de l'Allemagne seront apaisées depuis longtemps, que nous lui disputerons encore, les armes à la main, la *primauté* de la grâce et de la prospérité latines sur le monde européen.

«.... Mais patientons ; *nous aurons un jour à lever l'étendard de la croisade des peuples blancs contre la France*, parce que ce pays est habité par un peuple bizarre, qui possède dans son ensemble l'instinct de l'empire universel et de la domination du monde, qui fut la maladie et la force de plusieurs grandes collectivités humaines (?!). »

Numéro du 22 août. Après une colonne entière d'injures violentes à notre adresse, le *Secolo XIX*, de Gênes, déclare : « Aujourd'hui nous ne pouvons plus nous contenter d'une volée de *salves à blanc*, comme à Ottawa, lors du salut refusé à notre pavillon. Plus est puissante la nation qui nous a insultés et frappés, plus grande et solennelle doit être la réparation. L'Italie a déjà eu trop à regretter la courte période pendant laquelle, avec Francesco Crispi, elle fut vraiment considérée et respectée. »

Le *Secolo XIX* se trompe. Si jamais l'Italie a été déconsidérée, c'est sous le gouvernement de M. Crispi ; si jamais elle doit l'être davantage, ce sera encore par M. Crispi !

Le *Mattino*, de Naples : « C'est un devoir sacré de dire la vérité. Et la vérité, la voici. Depuis cinq ans, nous commettons un délit contre la patrie et contre notre existence même, en nous soustrayant à la *nécessité* d'une guerre qui s'impose à nous avec toute l'âpreté de la fatalité.

« *Nous qui n'avions rien à perdre et tout à gagner*, nous qui étions, il y a cinq ans, militairement et économiquement plus forts qu'aujourd'hui ; nous qui étions parvenus à cette ébullition de l'esprit de combativité qui détermine la victoire, nous nous sommes laissés retenir par des illusions morbides, nous nous sommes abandonnés à d'absurdes rêves de paix, nous nous sommes laissé vaincre par la terreur de l'inconnu et la douceur de l'inertie. Ainsi, peu à peu, nous nous sommes amollis. »

« Nous qui n'avions rien à perdre » est à retenir. On ne saurait mieux dire que la France ne pouvait, en vérité, provoquer l'Italie, puisqu'elle n'avait rien à lui demander !

Et maintenant, une perle :

« Jamais, croyons-nous, un pays n'a été soumis à plus dure et plus cruelle épreuve. Jamais, en la supportant avec l'esprit égal et serein que montre aujourd'hui notre pays, il n'a donné une preuve plus calme et plus évidente de son amour pour la paix...

« Quelle faute est la nôtre ? Aucune. Quel remède ? Un seul. Accepter, fût-ce avec tristesse, la situation qui nous est faite ; en subir sans dégoût les conséquences peu réjouissantes, et aller droit notre chemin, avec la conscience d'avoir tout fait pour éviter ce qui arrive ; être disposés à tout faire pour que le mal ne s'aggrave point, en maintenant la dignité et la fierté nationales ; mais être décidés en même temps, irrévocablement décidés, à ne pas subir de nouvelles humiliations. »

Qui parle ainsi ? Un journal modéré de Paris, le *Temps* peut-être, ou le *Journal des Débats*, poussé à bout par tant de provocations ? Erreur. C'est la *Tribuna*, de Rome [1] !

---

[1] Élogieusement citée par l'*Esercito*, du 3 septembre 1893.

_*
_{* *}

En résumé, la situation est grave. Elle a été constatée telle par la résolution prise le 28 septembre 1893 par le Bureau international permanent de la paix, à Berne :

« Les soussignés affirment comme leur devoir de bons citoyens et d'amis de la paix entre la France et l'Italie, de s'efforcer de maintenir entre les deux pays les meilleures relations d'amitié.

« Ils s'engagent à organiser le plus promptement possible des comités italiens et français, et sollicitent la presse de France et d'Italie à dissiper les malentendus entre les deux peuples, spécialement entre leurs travailleurs, dans l'intérêt suprême de la paix.

« Signé : Bayer (Danemark), Ducomun, Gobat, Marcusen (Suisse), Frédéric Passy, Emile Arnaud (France), Mazzoleni (Italie), baronne Suttner (Autriche), Fleva (Roumanie), Franz Wirth (Allemagne). »

Ce n'est pas qu'il manque de symptômes favorables. Je rappelais plus haut la tranquillité dont jouissent, quoi qu'on dise outre-monts, les Italiens si nombreux établis en France. Ils sont apparemment les meilleurs juges des traitements qu'ils subissent, et ne cessent de protester par des adresses et des réunions publiques contre les excitations venues de leur pays. C'est ainsi que plusieurs sociétés italiennes se sont réunies pour fêter l'anniversaire de la prise de Rome, le 20 septembre, à la mairie du 9e arrondissement de Paris, dont on avait mis une salle à leur disposition. La réunion, présidée par M. Cerrutti, a entendu des discours de MM. Bazille, député, de Hérédia, ancien ministre, et de plusieurs Italiens, parmi lesquels MM. Antomarchi, Ghidini, Raqueni ; ce dernier a donné lecture d'une lettre du général Menotti Garibaldi, annonçant la formation d'un comité de pacification, auquel la réunion a adhéré par télégramme.

J'a vu citer aussi[1] une brochure récemment parue à
Gênes, dont je regrette d'ignorer le titre, et dans laquelle
un Italien dénonce à ses compatriotes les manœuvres des
gallophobes. L'auteur montre par quels mensonges les
démonstrations à propos de l'affaire d'Aigues-Mortes « ont
été voulues et provoquées ». Il détruit de même les
légendes que font courir les *misogalli* sur la Tunisie, les
traités de commerce, les pèlerins français; il rappelle
l'indignation de la France libérale au sujet de Mentana;

« Quant à Aspromonte, ajoute-t-il, c'est une balle de
soldat italien qui a frappé Garibaldi. Enfin, il faut se rappeler que c'est l'Allemagne qui a arrêté la marche des
armées victorieuses après Magenta et Solférino.

« On nous rappelle sans cesse l'expédition fratricide de
Rome, en 1849, poursuit l'auteur, et l'on ne se rappelle
pas qu'au mois de mars de la même année, Lamartine
avait offert, avec désintéressement, au roi Charles-Albert,
le secours de l'armée française, l'épée de la France, et
que le souverain savoisien, craignant que les armées
françaises n'amenassent en Italie la République, avait
répondu par le puéril : « *L'Italia farà da se* », retardant
ainsi de onze ans l'avènement de l'unité de la patrie et
sacrifiant la vie de milliers de martyrs. »

Enfin, je mentionnerai comme l'événement le plus
important dans le sens de nos désirs, la formation,
par M. Bonghi et le général Menotti Garibaldi, du *Comité
permanent franco-italien de propagande conciliatrice*. Le
Figaro, du 16 novembre 1893, a publié l'éloquent appel
que MM. Bonghi et Garibaldi ont adressé, le 5, à un grand
nombre d'hommes politiques français, les conviant à
« travailler sans relâche, n'importe au travers de quels
obstacles, pour atteindre ce qui est indispensable : l'union
de peuple à peuple, car *les situations internationales
changent, les peuples restent* ».

---

[1] *La Dépêche de Brest*, du 10 octobre 1893.

Faut-il parler encore de la lettre émue adressée au *Figaro* (28 octobre) par le Dr Fragella, curé de Magenta, au lendemain des obsèques de Mac-Mahon? A quoi bon?

Ces bonnes volontés si louables sont celles d'hommes éminents, à la vérité, mais sans mandat officiel et sans responsabilité. Et ceux qui dirigent les affaires de l'Italie sont véritablement décourageants, à force d'imprudence (pour ne pas employer un mot trop sévère) et de variations suspectes.

Récapitulons leurs actes, depuis l'été dernier seulement. Nous trouvons d'abord le voyage à Metz; puis l'exploitation avérée de l'incident d'Aigues-Mortes et l'encouragement formel donné aux pires passions de la populace. Ensuite vient le télégramme courtois du roi Humbert à la maréchale de Mac-Mahon. Seulement cette démarche a le tort de coïncider avec la réunion de la conférence monétaire, où l'on avait besoin de nous, et avec d'incompréhensibles concentrations de troupes sur notre frontière. Nos garnisons, fort réduites à ce moment, ne sont pas encore revenues de l'étonnement que leur causèrent les précautions qu'elles durent prendre alors. En dernier lieu, ce fut le toast inconvenant de l'ambassadeur d'Italie à Londres, le comte Tornielli, faisant allusion aux fêtes franco-russes: « L'Italie n'a pas eu besoin de mettre la maison sens dessus dessous pour recevoir cordialement ses amis ».

Comment veut-on, dès lors, que nous prenions au sérieux des revirements tels que celui-ci:

« Le *Messaggiero* — commentant les paroles du *Popolo Romano* qui demandait s'il ne serait pas convenable, les alliés ne pouvant aider l'Italie, de changer de politique étrangère de façon de mettre l'Italie à l'abri des attaques de l'État le plus riche, — reconnaît que la triple alliance est une ruine pour le pays, impose à l'Italie des dépenses supérieures à ses forces et rend l'hostilité de la France inévitable. Le jour où la France ne verrait pas l'Italie dans l'obligation de tenir son fusil chargé toujours prêt contre elle à un signal de Berlin, elle serait la première à lui venir en aide [1]. »

Tout ce que nous pouvons conclure de là, c'est que si nous faisions la folie de tirer d'embarras l'*Italie d'aujourd'hui*, son amitié pour nous durerait le temps de convertir en armements les sommes que nous lui aurions prêtées : « *Passato il pericolo, gabbato il santo* » (Passé le péril, nargue le saint)!

Nombreux sont, dans ces conditions, ceux qui pensent, avec M. Crispi, que « les rapports de l'Italie avec la France resteront tels quels; à moins d'un miracle, il sera difficile d'en sortir sans une guerre [2] ». Inutile d'ajouter que, dans l'esprit de M. Crispi, c'est nous qui voulons cette guerre. Dans sa conversation, rapportée plus haut, avec un correspondant du *New York Herald*, il disait en effet : « L'Italie désire sincèrement la paix. Quel intérêt aurait-elle à la guerre? Ce n'est pas une guerre qui lui rendra jamais Nice (alors, quoi?), et quant à la Savoie, si elle cessait d'être française, ce ne serait jamais que pour se joindre à la Suisse et former un État-tampon entre les grandes puissances continentales [3] ».

Mais il est une chose dont il faut que les Italiens soient bien convaincus : à aucun prix, la France ne leur déclarera la guerre, quoi qu'ils fassent. Notre dignité nationale n'a rien à voir avec les injures qu'ils nous prodiguent. Si le bain de sang qu'il leur arrive d'évoquer doit un jour

---

[1] *Le Temps*, du 9 novembre 1893.

[2] *Le Matin*, du 14 septembre 1893.

[3] Toujours la théorie des États-tampons! Heureuse Suisse, que l'on veut agrandir à qui mieux mieux! Mais M. Crispi ignore-t-il la géographie? Il n'y a pas que la Savoie entre la France et l'Italie; pour que le tampon soit un tampon, il faudra le renforcer du Dauphiné et de la Provence (je suppose, bien entendu, Nice redevenue italienne) Que dis-je? Il faudrait nous enlever toutes nos provinces maritimes, ou nous interdire d'avoir une flotte !

se répandre sur les Alpes, il faudra qu'ils commencent les hostilités.

Il y a là de quoi nous rassurer pleinement. Les Italiens savent fort bien qu'en pareil cas leurs alliés les abandonneront à leur triste sort. L'Autriche est leur alliée pour ne pas les avoir à dos, mais non pour entrer en guerre contre une nation qu'aucun dissentiment ne sépare d'elle. Quant au puissant empire allemand, il n'est pas près de se mettre à la remorque de l'Italie ; s'il entreprend une guerre dont son existence même sera l'enjeu, ce sera à son heure, et non à celle de M. Crispi. Cela fera réfléchir le roi Humbert et ses conseillers.

Mais, dira-t-on, si la guerre éclate sur le Rhin, l'Italie se jettera aussitôt dans la lutte. Cela encore n'est pas sûr, n'est même pas probable. Les forces de la France et de l'Allemagne ne sont pas assez inégales ; assurément, si l'issue de la guerre apparaissait certaine dès le début, on verrait aussitôt l'Italie entrer en ligne... du côté du vainqueur présumé. Mais, comme je le montrais au début de cette étude, il y a tout à parier, dans l'état actuel des deux parties en présence, que sa mobilisation sera très lente !

J'ai trouvé la confirmation de cette opinion, quelque temps après l'avoir formulée, dans une brochure bien curieuse, parue à Rome en 1893, sous le titre : *Italie et France, opuscule de grande actualité*. Bien qu'il écrive en français, l'auteur est certainement italien ; les italismes et les incorrections qui émaillent son style en témoignent assez. Ces 94 pages de texte serré sont difficiles à lire, d'autant plus qu'il est souvent à peu près impossible de voir où l'auteur veut en venir. On trouve sous sa plume des assertions étonnantes : « Victor-Emmanuel a sauvé deux fois la France d'un péril imminent, de la mort, en 1866 et en 1867. Il voulait encore aller à son secours en 1870. *Roi Humbert dans la Triple sert encore la France, parce qu'en défendant la paix il permet à la France de préparer tranquillement la Revanche* (!). Il faut prendre le bien comme il se présente ».

Toutefois, il faut reconnaître que l'auteur préfère la France, le pays de la Révolution, à l'Allemagne « dont le triomphe conduirait à l'asservissement de l'Europe ». Il présage pour l'avenir une alliance franco-austro-russe, opposée à une alliance anglo-italo-allemande, et qui mènera la France sur le Rhin, la Russie à Constantinople, l'Autriche à Salonique. « L'Allemagne retourne en confédération, et les Allemands y gagnent en liberté, en indépendance. Ils retrouvent leur autonomie et rivalisent entre eux en émulation, en activité. Les plus heureux seront ceux qui appartiendront à la France, ils auront l'avantage de se mouvoir dans un pays plus riche, sous un ciel plus clément et riant. » Mais l'Italie, que devient-elle dans tout cela ? « L'Italie a son unité et peut attendre l'occasion favorable d'élargir ses frontières. » Voilà qui est bien énigmatique : de quel côté compte-elle s'arrondir ?

Mais voici le passage à méditer; il commence par une réflexion bien juste :

« Émile de Girardin disait un jour sous l'Empire : Rien contre l'Angleterre, rien avec l'Angleterre, tout sans l'Angleterre.

« La France est obligée de dire aujourd'hui : Rien contre l'Italie, rien avec l'Italie, tout sans l'Italie. La France ne voulant pas un mètre carré de terre italienne se contentera de contenir l'Italie, ce qui lui est facile, défendue comme elle est par les Alpes. L'Italie, par position géographique, est condamnée à une *neutralité forcée,* parce que si elle tirait le canon, les coups n'atteindraient personne et retomberaient contre elle-même : elle se suiciderait. *La France ne lui paiera pas sa neutralité, parce qu'elle sera contrainte à l'observer.* Elle lui offrirait un concours armé qu'elle le refuserait, parce qu'elle serait obligée de le payer. *L'Italie ne pourra en aucun cas aller au secours de l'Allemagne ni par terre ni par mer, et à l'impossible nul n'est tenu. Elle assistera de loin au grand drame,* toute palpitante. Si le hasard, ce vain mot composé de six lettres, voulait que l'Allemagne triomphât, *l'alliée en observation* recommencerait à chanter sa prose lyrique. Si l'Allemagne succombe, l'Italie ne versera pas une larme. L'Italie n'est jamais allée avec l'Allemagne par amour pour l'Allemagne et par sympathie pour les Allemands, elle y est allée pour elle-même, pour réaliser ses aspirations ; *elle y alla lorsqu'elle était toute-puissante, terrible et menaçante*, espérant tout d'elle et par elle, mais elle abandonnera sans douleurs, sans regret, une alliée qui ne sut jamais que se compromettre et se perdre.

« *Ne s'étant pas compromise*, l'Italie pourra à guerre finie devenir amie de toutes les puissances victorieuses. Elle ne gagnera rien, mais ne perdra rien. Si elle n'élargit pas ses frontières, elle pourra toutefois, quand elle voudra, développer sa richesse nationale, acquérir une absolue indépendance et rendre libre et heureux ses enfants. Elle peut admirablement réussir dans cette noble et glorieuse entreprise, parce qu'elle a un sol fertile, et un soleil puissant qui la favorise. Si elle entrait dans cette voie, elle arriverait à occuper la première place, la place d'honneur, en Europe. »

Ce qui est remarquable, c'est la désinvolture avec laquelle l'auteur, si pacifique pour son pays, déclare indispensable le duel à mort entre la France et l'Allemagne. « C'est un grand sacrifice, nous en convenons, mais à tout prix il faut sauver l'humanité, la société présente et les générations futures, de la tyrannie allemande, comme à tout prix il faut assurer le règne de la paix, de la liberté et de la fraternité des peuples. Nous verrons si on pourra obtenir cette double solution sans la guerre. »

Toujours la théorie de la guerre destinée à assurer le règne de la paix et de fraternité ! Eh bien, j'en suis fâché pour les « aspirations » des Italiens, mais la France ne se soucie plus de sauver l'humanité au prix de sa propre ruine ; elle demande que les peuples qui veulent être sauvés y mettent aussi un peu du leur, et ne se contentent point « d'assister de loin au grand drame, tout palpitants ».

Quoi qu'il en soit de cette illusion, la brochure en question ne fait que confirmer l'hypothèse que je crois la plus vraisemblable. Non seulement l'Italie n'osera pas nous attaquer, chose peu étonnante d'ailleurs, mais encore elle n'interviendra pas dans une guerre franco-allemande, du moins au début ; la tournure que prendront les événements décidera seule du côté pour lequel elle se prononcera, si elle finit par entrer en ligne. Entre temps, elle cherchera, comme en 1870, à pêcher en eau trouble de tous les côtés à la fois, fût-ce à Trente et à Trieste, chez son alliée l'Autriche, où l'on peut être sûr qu'une insurrection sera fomentée, aussitôt la guerre déclarée.

Nous n'avons qu'à contempler dédaigneusement toute cette agitation. Désormais, nos relations avec l'Italie se borneront aux mesures de police et de diplomatie indispensables entre nations voisines qui n'en sont pas aux coups de canon. Elles sont caractérisées à merveille par le mot cité plus haut : « *Rien contre l'Italie, rien avec l'Italie, tout sans l'Italie* », tant que le personnel gouvernemental de ce pays n'aura pas subi une transformation radicale, équivalant à une révolution.

*
* *

J'ai dit à plusieurs reprises que la meilleure preuve de l'inanité des récriminations italiennes est dans l'impossibilité où l'on est de formuler une revendication de la France contre l'Italie. Nos amis sincères de là-bas me pardonneront de la mettre en évidence par une boutade.

On est malheureusement obligé d'envisager aujourd'hui l'éventualité d'une guerre franco-italienne. Il est intéressant dès lors de se demander quelles conditions de paix nous pourrions bien imposer à nos voisins après les avoir battus.

Ne parlons pas d'indemnité de guerre. Évidemment nous exigerions une petite rectification de frontière dans les Alpes. Les Italiens se sont réservé, en 1860, le versant français de tous les passages. Il sera juste de retourner la situation, d'autant plus que ce sera une belle occasion de leur appliquer leurs théories linguistiques, les populations des hautes vallées orientales des Alpes parlant le français.

Mais l'annexion de deux douzaines de villages de montagnards serait peu de chose pour plus de vingt ans d'hostilité injustifiée suivis d'une guerre d'agression. Que faire de plus ?

Il n'entrera, sans doute, pas plus que maintenant, dans les vues de la République de rétablir le pouvoir temporel du Pape. D'autre part, la France est en termes trop froids avec les Bourbons pour leur rendre les trônes de Naples et des petits duchés de l'Italie centrale.

Le problème est difficile, comme on voit. A force de le creuser, j'ai trouvé cette solution, qui serait un juste retour contre la garantie de l'Alsace-Lorraine, fournie par l'Italie à l'Allemagne :

« Si j'étais le roi », je rendrais tout simplement Venise et Milan à l'Autriche ! Cela nous ferait un bon demi-siècle de tranquillité de ce côté, le temps que l'Italie mettrait à les reprendre. Cela ferait même vraisemblablement davantage, car il il est peu probable que nous l'aiderions de nouveau dans cette tâche : il y a des folies qu'on ne recommence pas.

NOTE H

Sur les projets de cession de Mulhouse à la Suisse en 1871.

J'ai fait allusion (page 346) au peu d'enthousiasme que la Suisse a manifesté en 1871, au moment où quelques Mulhousiens, voyant que de toute façon leur ville allait cesser d'être française, cherchèrent à la soustraire du moins à la domination allemande, en provoquant sa réunion à la Confédération.

Le 12 décembre 1892, le *Matin* publiait, sous le titre : *Vingt-quatre heures à Varzin*, un supplément illustré dû à M. Henri des Houx, qui, deux ans plus tôt, avait déjà été reçu par M. de Bismarck à Friedrichsruhe, et avait été invité par le chancelier à lui faire une seconde visite.

Le récit de M. des Houx contenait le passage suivant, à propos des préliminaires de paix de Versailles :

« On fit intervenir, dit le prince, le Président de la Confédération helvétique, pour réclamer d'abord Mulhouse, sur laquelle la Suisse prétendait des droits historiques, et aussi l'incorporation de l'Alsace-Lorraine à la Confédération helvétique. On eût ainsi constitué, entre la France et l'Allemagne, une large zone neutre formée d'un canton suisse et de la Belgique. Je ne pouvais souscrire à ce projet.

« Le prince m'en a donné une raison singulière, sous la forme d'une de ces boutades ironiques, dont je parlais tout à l'heure et qu'il faut se garder de prendre pour argent comptant.

« — Alors, dit-il en souriant, quand nous aurions eu

envie de nous *flanquer une pile*, nous n'aurions pu nous rencontrer que sur mer. Là, nous ne serons jamais aussi forts que vous ! »

Aussitôt après cette publication, le Conseil fédéral suisse fit démentir en ces termes le passage visant le projet de cession dont avait parlé M. des Houx :

« Il résulte des recherches faites et des souvenirs très précis du conseiller fédéral Schenk, président de la Confédération en 1871, que les paroles attribuées au prince de Bismarck ne reposent sur aucun fondement. »

Mais, le 27 décembre, le *Matin* publiait, avec la note du gouvernement suisse, la lettre suivante de M. Louis Peyramont : .

« Les souvenirs de M. Schenk le servent mal. et les recherches aux archives du Conseil fédéral n'ont pas dû être poussées très à fond, car il a été réellement question d'une cession de territoire à la Suisse, lors des négociations pour la paix entre la France et l'Allemagne.

« Voici dans quelles circonstances cette combinaison vit le jour :

« Plusieurs grands manufacturiers mulhousiens voulurent tenter, pour des motifs d'ordre patriotique ou industriel, d'échapper à l'annexion à l'Allemagne. Dans ce but, ils s'entendirent avec les fabricants d'outre-Rhin pour lesquels la concurrence des produits alsaciens devait être la ruine. Une vive agitation s'organisa dans le grand-duché de Bade et dans d'autres contrées de l'Allemagne. C'est alors que M. de Bismarck fit appeler à Versailles M. Kern, ambassadeur de la République helvétique à Paris, et lui proposa de rattacher à la Suisse la partie industrielle du Haut-Rhin, c'est-à-dire Mulhouse et une zone assez étendue des environs. Jules Favre, qui fut avisé de ces propositions, y donna aussitôt son entier acquiescement.

« Les industriels mulhousiens à la tête du mouvement envoyèrent alors trois délégués à Berne, auprès du

président de la Confédération, M. Schenk. Celui-ci leur
tint le langage suivant : « Messieurs, notre ministre à
« Paris, M. Kern, nous a en effet proposé, de la part de
« M. de Bismarck, de donner à la Suisse, pour en créer
« un nouveau canton, la ville de Mulhouse et son rayon
« industriel. Le Conseil fédéral a repoussé ces offres.
« Nous avons d'excellents rapports avec la France, nous
« tenons à les conserver.

« Il ne serait pas digne de la Confédération de profiter
« des malheurs de la France pour nous agrandir à ses
« dépens. Nous n'avons besoin des dépouilles de personne.
« La France ne nous pardonnerait jamais, et elle aurait
« raison.

« Tôt ou tard, la France reprendra sa situation d'autre-
« fois ; elle revendiquera les territoires qui lui auront été
« enlevés ; nous devrions alors restituer le dangereux
cadeau qui nous est maintenant offert. Tout l'argent
« dépensé dans notre nouvelle acquisition serait perdu, et
« nous serions exposés à de graves démêlés avec nos
« puissants voisins. La Suisse ne peut pas entrer dans
« une pareille voie, ni courir de semblables risques. »

« Les délégués insistèrent ; ils se firent forts d'apporter le
consentement du gouvernement français et une pétition
signée de tous les habitants du territoire à annexer, deman-
dant leur incorporation à la Suisse. De cette façon, la
République helvétique se trouverait couverte et à l'abri de
toute éventualité.

« M. Schenk rompit l'entretien en ces termes : « Tout est
« inutile ; nous avons refusé ».

« Vous voyez que, si la conduite de la population suisse
vis-à-vis de nos malheureux soldats de l'armée de l'Est a
été généreuse, l'attitude politique de son gouvernement
vis-à-vis de la France vaincue est également digne des
plus grands éloges. »

Les détails très précis que renferme cette lettre ne
valurent au *Matin* aucun démenti, ni d'Allemagne ni de

Suisse ; ils montrent nettement que le démenti du Conseil fédéral ne s'adressait qu'à la version de l'incident donnée par M. des Houx et au rôle prêté par ce dernier à la Suisse ; peut-être aussi la mémoire de M. de Bismarck l'a-t-elle imparfaitement servi, au sujet d'un incident secondaire pour lui et vieux de vingt et un ans. La boutade qui termine le récit du chancelier est d'ailleurs un cachet d'authenticité pour le reste, car elle lui est familière. Le 2 mai 1871, il disait en effet au Reichstag, à propos de l'idée qu'on avait émise de neutraliser l'Alsace-Lorraine : « La France aurait été protégée contre nous par cette ceinture d'Etats neutres, mais nous n'aurions pas été couverts sur mer, tant que notre flotte ne sera pas aussi forte que la flotte française ». Il en aurait pourtant moins coûté à l'Allemagne, pour se protéger contre le danger imaginaire d'un débarquement français, que pour conserver par la force l'Alsace-Lorraine !

Quoi qu'il en soit, il résulte de la lettre de M. Peyramont que le Conseil fédéral a eu parfaitement raison de démentir que le Président de la Confédération soit « intervenu pour réclamer » quoi que ce soit en se prévalant de droits anciens. Bien au contraire, il fut l'objet d'une offre des plus séduisantes en elle-même, et la repoussa noblement, au nom d'un pays ami, qui ne pouvait se couvrir de honte en prenant part à la curée.

Lors même, d'ailleurs, que toute cette histoire serait controuvée, elle n'en serait pas moins vraisemblable. En la rapportant, j'ai simplement voulu ouvrir les yeux à ceux qui parlent d'une cession du Reichsland à la Suisse, et leur montrer que cette solution n'aurait guère de chances d'être accueillie favorablement dans ce dernier pays. Il est clair que l'on ne s'y soucierait aucunement de prendre la suite des embarras présents de l'Allemagne.

NOTE I

Sur les relations de la France avec la Russie.

J'ai cherché à m'expliquer le plus nettement possible au sujet de l'alliance russe, dans les divers passages de cette étude où il y a été fait allusion [1]. C'est là un point délicat de notre politique, dans la discussion duquel les nerfs ont souvent plus de place, chez nous, que la froide raison. Il est assez naturel, au reste, qu'un patriotisme ardent mette quelque fougue à constater l'existence d'un accord où il voit, à juste titre, la meilleure preuve de notre relèvement.

Toutefois, il est bien nécessaire de le dire : l'alliance russe est pour nous ce que l'on pourrait appeler une alliance de raison. Nos ennemis ne cessent de la repréter comme une menace pour la paix de l'Europe; ce qui indique clairement, au contraire, à quel point elle est une garantie pour cette paix, c'est la différence profonde d'états de civilisation, ainsi que de modes de gouvernement, qui existe entre les deux nations. Il ne fallait rien moins que la conscience d'un grand danger commun, pour rapprocher intimement la République Française et l'Autocrate de toutes les Russies; mais, à moins d'apporter à la question un esprit singulièrement prévenu, on ne saurait supposer que leur communauté de vues puisse jamais aller au delà d'une aide, d'ailleurs très intéressée, en cas d'attaque. Au reste, nous ne demandons davantage à personne, et le Tsar, de même.

Si l'on s'en tient à considérer l'état présent de la civilisation en Europe, la seule alliance logique est celle des peuples occidentaux, qui, malgré leurs dissemblances,

[1] Voir notamment page 29 pour le rôle de la Russie en cas de guerre, et pages 352, 354 et 368, pour sa position à l'égard du socialisme, de l'Allemagne et de la France.

tendent de plus en plus à former un tout homogène. Un
obstacle principal, pour ne pas dire un seul obstacle,
s'oppose à la formation de cette République Occidentale
d'Auguste Comte, maintenant que les nationalités allemande et italienne sont constituées : c'est cette malheureuse question d'Alsace-Lorraine, devant laquelle nous
nous débattons en vain, alors qu'une civilisation supérieure la trancherait sans difficulté, et que notre civilisation actuelle nous permettrait déjà de le faire, si nous y
mettions une égale bonne volonté de part et d'autre. Là
est la vérité, là est l'avenir.

Quant à l'alliance russe, on a vu plus haut que notre ami
le plus désintéressé, le prophète le plus sincère et le plus
clairvoyant du progrès humain, M. Castelar, la qualifiait
d'incompréhensible, au moment où il en prévoyait la
réalisation, en 1888; il affirmait en même temps cette
vérité, que nous ne sommes pour l'Allemagne qu'un adversaire accidentel, et non permanent, comme l'est la Russie.

Loin de moi, certes, la pensée de crier : « A bas la
Russie » et : « Vive la Prusse ». L'alliance russe est, je le
répète, une alliance de raison. C'est un pacte de préserva-
tion mutuelle, une mesure de légitime défense. Il n'est que
trop vrai que, considérée en elle-même, elle est « incompréhensible ». Mais, si l'on veut bien tenir compte de la
fatalité géographique et historique qui pèse sur nous, elle
est actuellement fort compréhensible et même indispensable. Il en est d'elle comme de notre puissant état militaire, qui détonne au sein d'une démocratie, mais que nous
sommes contraints d'entretenir et de renforcer sans repos,
jusqu'à ce que notre compte soit réglé avec nos voisins.
Comme cet état militaire, l'alliance russe durera tout le
temps que l'attitude de l'Allemagne la rendra nécessaire.

Cela ne signifie pas qu'une fois réconciliés avec l'Allemagne — et j'ai assez dit à quel prix seulement cette
réconciliation est possible — nous devions nous poser en
ennemis de l'empire russe. S'il est vrai qu'un seul et
unique différend nous sépare de l'Allemagne, et que, sur

tout autre point, nous n'avons avec elle que des intérêts communs, il est non moins exact qu'aucun litige au monde ne nous sépare de là Russie, et qu'il n'est même pas à prévoir qu'un tel litige s'élève jamais. Aucune des deux nations n'a qualité pour s'immiscer dans les affaires intérieures de l'autre, et leurs affaires extérieures ne se touchent nulle part. Au contraire, c'est avec le plus grand plaisir que nous verrions la Russie prendre pied plus solidement sur les rives de la Méditerranée; une grande nation comme elle ne peut rester bloquée dans les glaces du Nord; elle a droit à sa part de mers au soleil; et, en ce qui nous concerne, nous n'avons qu'à gagner à ce que la Russie nous aide à conserver à la Méditerranée son caractère international, et à empêcher l'accaparement qu'en projettent tantôt l'Angleterre et tantôt l'Italie. Donc, une fois rentrés pacifiquement à Metz et à Strasbourg, nous garderons fidèlement le souvenir des services rendus, et demeurerons les amis de la Russie. Seulement, nous serons, si possible, encore meilleurs amis de l'Allemagne.

J'ai dit plus haut qu'il faut se défier des sentiments affectifs irraisonnés de peuple à peuple; c'est là un élément trop mobile pour servir de base solide à une politique. Néanmoins, il est bon de constater encore ce fait, d'ailleurs bien connu, que Français et Russes n'ont jamais eu d'inimitié les uns contre les autres. Séparés à diverses reprises par les caprices de la vieille politique, ils se sont toujours combattus avec une courtoisie chevaleresque, qui témoignait de leur estime réciproque; la lutte achevée, le vainqueur n'avait que modération et générosité à l'égard de son adversaire de la veille. Alexandre Ier a pu s'allier sans arrière-pensée à Napoléon victorieux, et nous en sommes encore à nous demander pour la conquête de quel avantage, ou pour venger quel ressentiment, nous avons sacrifié devant Sébastopol presque autant d'hommes que nous en a coûté la guerre de 1870.

Voici, pour terminer, deux extraits de publications russes

des plus autorisées, qui contribueront à montrer sous leur vrai jour les relations passées des deux peuples, et ce qu'ils attendent l'un de l'autre pour l'avenir.

La *France Militaire*, du 8 septembre 1891, a donné la traduction d'une remarquable étude de M. Serge Tatistchev, parue peu auparavant dans le *Messager Russe*.

Après avoir constaté que la France est déterminée à repousser toute avance de l'Allemagne, tant que ses provinces ne seront pas délivrées, l'éminent publiciste ajoute :

« Quant à l'atteindre aujourd'hui, les bras prussiens ne sont pas assez longs pour cela. Or, la haine impuissante engendre la rage et la fureur. On n'hésita pas à Berlin à les déverser sur la population alsacienne et lorraine, sans songer que, par ce fait, l'Allemagne affirmait elle-même l'indissolubilité des liens moraux qui rattachent les habitants de cette province à leur ancienne patrie.

« Les *Reichsländer*, Strasbourg et Metz, restent l'endroit le plus vulnérable, un véritable talon d'Achille du corps politique de l'Allemagne unifiée. Le bien d'autrui ne leur profite guère. De leur terreur perpétuelle de ne pouvoir le garder à la longue, les Allemands font un crime à la France, qu'ils soupçonnent de vouloir leur reprendre par la force ce que la violence lui avait arraché à elle-même.

« Ces soupçons sont-ils fondés ? La question vaut la peine qu'on l'examine de sang-froid et avec une entière impartialité.

« Quelle a été l'attitude du gouvernement français ? Il a hérité des obligations imposées par le traité de Francfort, et, quelque lourdes qu'elles fussent, quelque blessantes pour l'orgueil national, le gouvernement de la République a toujours tenu à les remplir scrupuleusement. La parole et la signature de la France ne devaient pas être protestées.

« Il est intéressant de comparer, dans l'espèce, sa manière d'agir, avec la conduite de la Prusse au lendemain de la paix de Tilsitt. L'histoire est là pour nous apprendre qu'alors, rien que pour rogner quelque chose sur la contribution de cent millions de francs imposée par Napoléon à ce royaume, la cour de Berlin tantôt s'humiliait à plaisir devant le conquérant, s'abaissant au point de lui demander grâce, tantôt avait recours à des finasseries et à des subterfuges de la nature la plus honteuse, en soulevant des objections et en essayant de tous les moyens pour retarder les paiements.

« Simultanément, les hommes d'État prussiens ne cessaient de songer aux moyens de rentrer en possession des provinces cédées ; ils y entretenaient une sourde agitation, préparaient des soulèvements populaires, et tout en se prosternant devant le tout-puissant empereur des Français, en le suppliant de les admettre au nombre de ses alliés, ils tramaient contre lui la plus noire des trahisons, s'apprêtant à le frapper par derrière à la première occasion favorable. Rien de pareil dans l'attitude franche et digne de la Troisième République. Son premier soin a été de payer jusqu'au dernier centime la somme colossale de cinq milliards que lui avait imposée l'insatiable cupidité du vainqueur, et le paiement en a été fait avant le terme, sans le moindre escompte ou rabais, dont l'idée même ne vint pas aux Français.

« Depuis lors, et malgré une surveillance active et incessante, les Allemands ne sont pas parvenus à constater la moindre tentative du gouvernement français pour entretenir des rapports secrets avec ses partisans en Alsace-Lorraine et préparer les voies à un retour de ces provinces dans le giron de la France, leur mère bien-aimée. Son attitude à l'égard de l'Allemagne a été et reste encore froide et réservée, mais loyale et toujours courtoise. Le gouvernement de la République n'a jamais montré ni faible condescendance, ni esprit agressif et provocateur. Il s'est constamment tenu sur le terrain solide des traités, remplissant fidèlement les devoirs qui en découlent, prêt en même temps à maintenir et à défendre les droits qu'ils confèrent à la France...

« Ajoutez les touchantes manifestations de dévouement

et d'amour que l'Alsace et la Lorraine ne cessent de prodiguer à leur ancienne patrie, la foi qu'elles ont gardée de se voir un jour réunies de nouveau à elle, et vous comprendrez pourquoi la France ne peut pas renier ses enfants, qui, du fond de leur captivité, fixent sur elle leurs regards pleins d'espérance. Aucun avantage matériel n'eût pu compenser l'atteinte qu'une pareille renonciation porterait infailliblement à son prestige moral, à sa position de grande puissance, de grande nation.

« Pour recouvrer la Lorraine et l'Alsace, et rien que pour cela, la France ne déclarera pas la guerre à l'Allemagne, bien qu'elle soit décidée à ne point s'y dérober pour peu qu'on la provoque elle-même. Mais si jamais elle est contrainte à tirer l'épée pour sa défense, elle ne la remettra pas au fourreau avant d'avoir reculé sa frontière jusqu'aux anciennes limites qui lui ont été assignées par la nature, reconnues par l'Europe réunie, et auxquelles une longue possession avait accordé la sanction de l'histoire. C'est ce qu'entendait Gambetta en prononçant peu de temps avant sa mort son célèbre discours de Cherbourg, et tout le monde en France, grands et petits, conserve au fond de l'âme l'inébranlable espoir de voir triompher un jour la *justice immanente.*

«... Selon la logique allemande, ce qui est permis aux Allemands semble ne pas l'être aux autres peuples. En 1815, leurs hommes ont très sérieusement produit des prétentions sur la ville de Lyon et les provinces du midi de la France, des Alpes, le long du Rhône et jusqu'à la Méditerranée, celles qui, pendant le moyen âge, formaient le royaume d'Arles, sous le prétexte que ce royaume avait fait partie jadis du Saint-Empire germanique. Les provinces en question, raisonnaient-ils, ont été hypothéquées au xive siècle à la couronne de France pour une certaine somme d'argent qu'il suffit de rembourser afin qu'elles redeviennent la propriété de l'Allemagne.

« Des billevesées archéologiques de cette nature étaient longuement développées dans des notes diplomatiques.

Les diplomates allemands de cette époque ne tenaient nul compte du fait que les pays qu'ils convoitaient avaient été possédés par la France pendant plusieurs siècles ; aujourd'hui leurs épigones proclament comme définitivement acquises à l'Allemagne l'Alsace et la Lorraine, dont la captivité ne date que de vingt ans. Au point de vue allemand, il n'y a d'imprescriptible et de continu que le droit germanique ; les droits de tous les autres pays sont temporaires et passagers de leur essence, et subordonnés au bon plaisir des Allemands, qui, eux, s'arrogent des titres à l'héritage de Charlemagne, ce qui équivaut à la prétention de dominer le monde chrétien tout entier.

« L'attitude actuelle de la France à l'égard des provinces perdues d'au delà des Vosges présente une grande analogie avec celle de la Russie sous Alexandre II vis-à-vis de la partie de la Bessarabie détachée de cet empire par le traité de Paris de 1856. Quelque poignante que fût la douleur qu'en ressentit l'empereur défunt, elle ne l'empêcha pas d'être, pendant près d'un quart de siècle, le souverain le plus pacifique de son temps, et d'apparaître parfois comme le véritable pacificateur de l'Europe. Mais, quand éclata la guerre que, à l'encontre de sa volonté, les événements avaient rendue inévitable, il posa comme première condition de la paix la restitution à la Russie de son bien. Le traité de San Stefano rendit la Bessarabie à l'empire et l'Europe coalisée contre nous au congrès de Berlin n'osa pas nous contester cette restitution. La France contemporaine imite notre exemple d'alors. Elle est aussi pacifique que la Russie l'a été de 1856 à 1876, mais tout comme la Russie, pendant cette période de vingt ans, n'a jamais perdu de vue le Danube jusqu'au jour où il redevint sa frontière, de même la France tient son regard fixé sur le Rhin.

« Vous ne l'aurez pas, le vieux Rhin allemand ! » s'écrie Becker en s'adressant aux Français. « Nous l'avons eu votre Rhin allemand, il a tenu dans notre verre », lui répond Musset. Nous autres Russes, nous n'avons pas à tenir compte des arguments produits par les deux parties contendantes. Ce qu'il nous importe de savoir, c'est la solution du différend qui répondrait le mieux aux intérêts de notre pays. L'histoire fixera nos doutes à cet égard.

« Dans le cas qui nous occupe, les intérêts spéciaux de la Russie concordent entièrement avec l'intérêt général de l'Europe, qui se résume en un seul mot : l'équilibre. Vers la fin du dix-huitième siècle, le triple partage de la Pologne agrandit et renforça les trois grands États de l'Est : la Russie, l'Autriche, la Prusse. Presque simultanément, la République Française, après avoir victorieusement repoussé l'invasion de la deuxième coalition, a reculé les limites de la France jusqu'aux Alpes et au Rhin. La pacification générale intervenue en 1801 légalisa ces accroissements territoriaux : la Russie garda la Russie Blanche, la Lithuanie, la Volhynie, la Podolie ; l'Autriche eut la Galicie ; la Prusse, la Grande-Pologne. La France posséda la Savoie, toute la rive gauche du Rhin et les Pays-Bas autrichiens, c'est-à-dire la Belgique actuelle [1].

« Trois ans plus tard, lorsque la guerre recommença, sur les mers d'abord, puis, sur le continent, la Russie et l'Angleterre, qui s'étaient placées à la tête d'une nouvelle coalition contre la France, la troisième, donnèrent pour but à la guerre l'indépendance de la Hollande, de l'Allemagne et de l'Italie, mais elles reconnurent le droit de la France à ses frontières naturelles : les Pyrénées, les Alpes, le Rhin [2]. L'Autriche adhéra au traité qui contenait cette clause [3] ; la Prusse elle-même l'admit dans la convention de Bartenstein [4]. Il va sans dire qu'à Tilsitt comme à

---

[1] Traités de paix conclus par la France avec la Prusse et l'Espagne à Bâle en 1795, avec l'Autriche à Campo-Formio en 1797 et à Lunéville en 1800, avec la Russie à Paris et avec l'Angleterre à Amiens en 1801.

[2] Traité de concert, conclu entre la Russie et l'Angleterre, à Saint-Pétersbourg, le 11 avril 1805.

[3] Acte d'accession de l'Autriche à ce traité, du 3 août 1805.

[4] Convention conclue à Bartenstein entre la Russie et la Prusse, le 26 avril 1807.

Erfurt la Russie alla plus loin encore, et, sans contester aucune des conquêtes de Napoléon, elle s'en dédommagea en s'annexant : Biélostok et la Finlande, Tarnopol et la Bessarabie[1].

« La guerre de 1812 rompit l'alliance et l'amitié qui unissaient Alexandre Ier à Napoléon, mais elle ne changea rien aux sentiments de sympathie que le monarque russe avait voués à la France. Après Borodino et Moscou, après Kulm et Leipzig, les conditions de paix qu'il offrait étaient toujours le Rhin, les Alpes, les Pyrénées — frontières naturelles de la France[2].

« Ce n'est qu'après que la guerre fut transportée dans ce pays, après la déchéance de Napoléon, qu'il se vit obligé de céder à la pression de ses alliés et de consentir à la réunion de la Belgique à la Hollande, ainsi qu'au retour à l'Allemagne du Palatinat et des trois places fortes de Mayence, Coblentz et Cologne. Par contre, la France dut à son insistance de conserver la Savoie, Landau, une partie de la Flandre, conquêtes de la Révolution que n'avaient pas possédées les Bourbons[3].

« Le retour de Napoléon de l'île d'Elbe, les Cent Jours venant aboutir à la catastrophe de Waterloo, a servi aux puissances alliées de prétexte pour motiver une véritable mutilation de la France. L'Angleterre, au nom de la Hollande, réclamait plusieurs départements dans le Nord, le Piémont dans le Midi. Les plus grandes convoitises étaient manifestées par les Allemands. Nous avons mentionné déjà leurs prétentions, qui s'étendaient au bassin du Rhône, depuis Lyon jusqu'à Marseille. Les plus modérés exigeaient la cession non seulement de la Lorraine et de l'Alsace, mais encore de la Bourgogne et de la Franche-Comté, sous le prétexte que ces provinces avaient, elles

---

[1] Traités de Tilsitt, du 7 juillet 1807, et d'Erfurt, du 12 octobre 1808.

[2] Note des cabinets alliés, datée de Francfort-sur-le-Mein, le 1er décembre 1813.

[3] Première paix de Paris, le 30 mai 1814.

aussi, fait partie du Saint-Empire. Cette fois-ci, ce fut encore l'empereur Alexandre Ier qui apparut comme défenseur de la France vis-à-vis de ses propres alliés. Par son ordre, le comte Capodistrias déclara aux plénipotentiaires des autres cours que *toute atteinte portée à l'intégrité territoriale de la France serait une violation du principe fondamental de l'équilibre de l'Europe* [1] ». Force fut à l'Europe coalisée de s'incliner devant la volonté formelle et si nettement exprimée du Tsar. Par la deuxième paix de Paris, la France garda ses frontières de 1789 [2].

« Arrêtons ici notre exposé historique. Il en résulte que les limites de 1815 constituent le minimum dans la délimitation de la France avec l'Allemagne que la Russie jugeait compatible avec ses propres intérêts, ainsi qu'avec les exigences de l'équilibre européen. Elles furent garanties à la France d'un commun accord de toutes les grandes puissances et confirmées par leurs signatures. La nouvelle délimitation, telle qu'elle résulte du traité de Francfort, est un acte de violence exercé par le vainqueur au détriment du vaincu. Par ce traité, le nouvel empire d'Allemagne a arbitrairement annulé une décision de l'aréopage européen. Aussi, pour la Russie comme pour l'Europe entière, ce traité est-il dépourvu de toute force obligatoire : au point de vue international, il est nul de plein droit.

« Mais alors, nous demandera-t-on, pourquoi la Russie l'a-t-elle toléré ? Une discussion approfondie de cette question nous entraînerait trop loin. Ce qui explique le fait sans l'excuser, c'est qu'en 1871 la diplomatie russe, négligeant les enseignements de l'histoire, paraissait s'attendre à des effets favorables pour elle de la prépondérance de l'Allemagne sur la France. Une amère désillusion ne tarda pas à succéder à ces espérances radieuses. Une dure expérience nous a rendus plus sagaces et plus sages. Nous avons appris enfin à distinguer la droiture de la dissimulation, les vrais amis des faux frères. Devons-

[1] Note russe du 28 juin 1815.
[2] Deuxième paix de Paris, du 20 novembre 1815.

nous contester aujourd'hui à la France amie de la Russie les titres que nous lui reconnaissions à l'époque où une alliance intime nous unissait **non pas à elle**, mais à ses plus implacables **ennemis**?

« Il ne s'ensuit nullement que la Russie doit immédiatement s'armer en guerre pour contribuer à la reprise de l'Alsace et de la Lorraine par la France. Personne en France ne songe à le lui demander, pas plus que la Russie elle-même ne convie la France à l'aider à revendiquer actuellement ses droits méconnus en Bulgarie. Le but principal de l'entente des deux États est le maintien de la paix en Europe aussi longtemps que possible. Là-dessus un accord parfait règne entre Paris et Saint-Pétersbourg. Et comment en serait-il autrement? Chaque jour de paix augmente les forces militaires tant de la Russie que de la France, accroît leur prépondérance sur les quatre puissances du camp opposé...

« L'entente de la Russie avec la France constitue en ce moment le plus ferme rempart de la paix de l'Europe. Mais, en cas de guerre, c'est elle encore — et il ne faut pas l'oublier — qui est appelée à assurer la victoire aux deux plus puissantes nations du monde, quel que soit le nombre des adversaires coalisés contre elles. »

D'autre part, voici l'appréciation portée sur la question alsacienne par le *Nord*, dont on connaît l'importance en matière de politique internationale [1].

« Ainsi qu'il fallait s'y attendre, les discours prononcés par Guillaume II dans le Reichsland portent surtout l'empreinte de ses préoccupations militaires.

« Cependant, on y rencontre aussi des phrases qui attestent le doctrinarisme invétéré des Allemands en matière de politique internationale et qui, dans la bouche d'un souverain, prennent un caractère particulièrement offensant pour l'histoire et le bon sens. Guillaume a eu soin de rappeler à ses fidèles Rhénans que « pendant deux

---

[1] Article reproduit par le *Matin*, du 11 septembre 1893.

années de jeunesse inoubliables » il a suivi les cours de cette université de Bonn qui est le poste avancé du germanisme militant sur la frontière de l'Ouest. On voit maintenant qu'il s'est admirablement assimilé les théories des docteurs du nationalisme allemand. Il répète avec une assurance imperturbable, qui n'a pas pour excuse l'ignorance, que la guerre de 1870 a délivré la Lorraine « ravie à l'Allemagne », que les Lorrains sont allemands et resteront allemands.

« Il eût été plus prudent de se contenter de la justification que M. de Bismarck cherchait dans les nécessités stratégiques. Que Metz et Strasbourg soient indispensables à la sécurité de l'empire allemand, c'est une thèse à discuter ; ce qui est une véritable falsification de l'histoire, c'est le prétendu droit historique et national de l'Allemagne sur un pays qui n'a jamais été allemand et dont l'annexion à la France s'est effectuée le plus légitimement du monde, la France ayant acquis la Lorraine en 1735, de la façon la plus pacifique, en échange du grand-duché de Toscane cédé à François de Lorraine.

« A cette époque déjà, la population parlait le français le plus pur, et l'idée d'une protestation ne vint jamais à l'esprit de personne.

« Certes, les déductions des archéologues allemands n'ont pas une bien grande importance pour la politique essentiellement réaliste du dix-neuvième siècle. Toutefois, il est permis de faire observer que si le principe de nationalité est devenu un élément de perturbation dans la société moderne, c'est principalement au fanatisme des sophistes universitaires, si nombreux en Allemagne, qu'il faut attribuer ce résultat peu satisfaisant.

« On les a vus à l'œuvre dans les duchés de l'Elbe, préparant par la spoliation d'un État inoffensif la campagne qui devait aboutir à la mutilation de la France. Les professeurs allemands et Guillaume II lui-même savent aussi bien que nous que, depuis le temps de César, le Rhin a toujours été la frontière naturelle des Gaules, et que c'est le germanisme qui a successivement débordé sur les provinces que les Allemands revendiquent faussement aujourd'hui au nom du principe des nationalités.

« Le fait est que la partie orientale et septentrionale des Gaules a été envahie par les Germains et que la France a mis des siècles à reprendre possession des territoires perdus après la chute de l'Empire romain.

« Car, pour l'Alsace, réunie à la France en 1648 par le traité de Westphalie, il serait également facile d'établir que, contrairement aux assertions des pédagogues allemands, cette province n'a pas été davantage « ravie » à l'Allemagne, mais qu'elle a été offerte par les Allemands eux-mêmes à la France, comme compensation des innombrables sacrifices d'hommes et d'argent que cette dernière puissance avait faits pour la cause de la Réforme, irrémédiablement perdue sans elle. C'est là une vérité historique indiscutable, que la liberté de conscience dont les Allemands sont maintenant si fiers, ils la doivent au sang et à l'or de la France.

« On dira peut-être que ces considérations n'offrent qu'un intérêt purement rétrospectif. C'est là une erreur qui pourrait avoir des conséquences graves pour les voisins de l'Allemagne. Guillaume II a beau proclamer qu'il est fermement décidé à maintenir la paix, le programme national de l'Allemagne unifiée est un programme de conquête. Selon les doctrinaires d'outre-Rhin, tous les pays momentanément tombés sous la domination des Césars germaniques sont devenus *ipso facto* terre allemande. C'est en vertu de ce principe que les Lorrains sont des Allemands délivrés du joug des Welches et que le gouvernement prussien s'obstine à germaniser le Schleswig septentrional. »

NOTE J

Compléments.

Sur les dépenses militaires de l'Allemagne. — J'ai constaté (page 316), que l'accroissement annuel de la dette de l'empire, a été, en moyenne, de 145 millions de francs par an depuis 1877. Or, on a pu lire, dans le *Temps*, du 10 novembre 1883, la dépêche suivante :

« La *Gazette de Cologne* annonce que le Conseil fédéral allemand a été saisi d'un projet tendant à contracter un emprunt de 116 258 440 marcs, pour couvrir les dépenses de l'armée, de la marine et des chemins de fer, 1894-1895. »

116 258 440 marcs font exactement 145 323 050 francs ! Et il ne s'agit pas de l'accroissement des effectifs en raison de la nouvelle loi : il faudra pour cela plus de 100 millions de dépenses ordinaires, à demander à des impôts qui sont encore à trouver. Il ne s'agit pas davantage de dépenses coloniales : la même dépêche mentionne une autre dépense de 10 028 750 francs pour les protectorats. Ce sont bien 145 millions de dettes nouvelles, pour cause de militarisme exagéré !

**

Les « progrès » de la germanisation. — *Le Temps*, du 12 novembre, reproduit une note du *Courrier de Metz* relative à une « Instruction pour les officiers de l'état civil », qui entrera en vigueur le 1er janvier prochain :

« ..... Une disposition plus intéressante est celle qui a trait à l'orthographe des noms de famille. Si ces noms ont une origine allemande bien établie, ils devront être orthographiés en la forme usitée en cette langue, toutes les fois que cette forme sera reconnue identique avec celle qui était primitivement la vraie ; et ce, nonobstant les variations que l'orthographe de ces noms a pu subir en dernier lieu. »

C'est bien simple : on a commencé par débaptiser les villes, maintenant on passe aux gens[1]. Comment douter que *Herr Schmidt, aus Diedenhofen; Herr Müller, aus Kurzel; Herr Haas, aus Markirch; Herr Roth, aus Rappoltsweiler,* soient de bons Allemands? Qui reconnaîtra, sous ces faux nez, MM. Lefèvre, de Thionville; Meunier, de Courcelles; Lelièvre, de Sainte-Marie-aux-Mines; Leroux, de Ribeauvillé ?

Qui les reconnaîtra ? Eux-mêmes. Il n'est pas à supposer qu'ils oublieront, par ordre, le nom de leur père !

« Drôles de gens que ces gens-là », peut-on fredonner en pensant aux fonctionnaires allemands en Alsace-Lorraine.

Autre progrès. Le *Temps*, du 29 novembre 1893, relève dans les statistiques fournies aux conseils généraux de l'Alsace-Lorraine par les préfets des trois départements, que « *30 pour cent* environ des jeunes gens appelés à servir dans l'armée allemande en 1892 ont dû être portés comme réfractaires ».

Combien davantage n'ont pu se décider à encourir la confiscation de leurs biens, à quitter à tout jamais patrie et famille, et se sont résignés, la mort dans l'âme, à coiffer le casque à pointe! Et il faut noter qu'il s'agit de jeunes gens nés depuis l'annexion, et élevés dans des écoles allemandes.

*_**

L'*Italie et la triple alliance.* — « Il est intéressant de rapprocher l'article du *Diritto* (feuille ministérielle) des récents articles du *Popolo Romano* et du *Messaggiero*[2].

---

[1] On a déjà vu ce procédé, page 148, à propos de MM. Stépel.n et Bourcart.

[2] Voir ces articles, page 538.

« Le *Diritto* déclare nettement que la « question de
« savoir si l'Italie doit rester fidèle à la triple alliance ou se
« rapprocher de l'entente franco-russe est désormais posée
« dans la presse étrangère » et « qu'il faudra bien un jour
« ou l'autre l'examiner scrupuleusement et impartialement
« en Italie ».

« La feuille citée ajoute que les charges militaires imposées à l'Italie par la triple alliance ont nui notablement
à son développement économique, et que ses alliés n'ont
rien fait pour lui venir en aide. « Au contraire, ils l'ont
« même discréditée plus que ne l'avait fait la France. »

« L'Italie, dit en terminant le *Diritto*, « est arrivée à un
moment décisif »; et il faut que la lumière soit faite sur
toutes les questions intéressant sa politique intérieure et
extérieure. » (*Le Temps*, du 17 novembre 1893.)

« Le ton de la presse allemande n'est guère tendre à
l'égard de la presse italienne.

« Les journaux italiens s'étonnent, à bon droit peut-
être, que les banques allemandes et anglaises ne fassent
rien pour enrayer la baisse des fonds publics italiens.

« La *Gazette de Voss* riposte que, « par ses maladresses
« financières, l'Italie a pris à tâche de faire naître la défiance
« là où elle n'était pas, et de l'augmenter là où elle existait
« déjà ».

« Le *Berliner Tageblatt* fait observer, avec mauvaise
humeur, que la triple alliance n'a jamais été aussi vivement attaquée en Italie qu'elle l'est en ce moment. — « Il
« faut, ajoute la feuille allemande, frapper un grand coup
« et réveiller l'enthousiasme italien. On pourrait atteindre
« ce résultat, soit par un voyage de l'empereur François-
« Joseph, soit par un mariage. » (*Le Matin*, du 19 novembre.)

« On commence à constater le revirement d'opinion qui
s'accentue jusque dans les journaux les plus sympathiques
jadis à la triple alliance. La *Rassegna Nazionale*, par exemple, revue monarchique et conservatrice, publie un article
sensationnel intitulé : *Italia, Francia, Triplice.*

« L'auteur de cette étude démontre que la France ne menace en aucune façon l'unité ni l'intégrité de l'Italie, et que l'Italie ne s'est alliée avec l'Allemagne que par suite du plus regrettable des malentendus. » (*Le Matin,* du 20 novembre.)

« Il n'est pas un homme d'État, pas un diplomate, pas un journal italien, qui n'accuse la presse française de manquer d'égards à l'Italie et d'entretenir par là l'inimitié entre les deux nations.

« Les officieux de la Péninsule soulignent chaque jour avec empressement les moindres irrévérences commises par les plus obscurs des journaux français.

« Aucun, à notre connaissance, n'a reproduit au delà des Alpes l'extrait suivant de la *Deutsche Correspondenz*, de Berlin, répondant au bruit mis en circulation d'un mariage possible entre le prince de Naples et une archiduchesse :

« Un journal de Rome demande comme don joyeux de noces « Trieste et Trente ».

« Ce n'est donc pas assez, pour les sectaires italiens, d'avoir ruiné par une « administration pillarde » leurs propres provinces, où règne une si effrayante misère ! Toute la presse allemande a reproduit les effrayantes révélations de la *Tribuna* sur la Sicile. Dans le domaine de « la *Misswirtschaft* », ce n'est plus la Russie qui tient la corde.

« Les Italiens osent parler de Trente et de Trieste, « deux « pays allemands » prospères et paisibles. Ils veulent les entraîner dans l'immense misère italienne. Voilà bien le comble de l'audace !

« Qu'ils commencent par rétablir la sécurité autour de Rome capitale.

« D'ailleurs, l'Italie dans la triple alliance n'est qu'un facteur de second ordre. Si jamais elle envahissait ces provinces allemandes, nos débouchés naturels vers le Sud, elle rencontrerait l'épée de l'Allemagne, alors que celle de l'Autriche serait brisée. »   (*Le Matin,* du 21 novembre.)

Tout cela est bel et bon. Mais il ne nous suffit pas que les journaux comme *le Diritto* déclarent qu'il est désormais plus avantageux pour l'Italie de se rapprocher de nous. Nous avons perdu le goût de nous laisser « exploiter », suivant un mot cité plus haut. Nous ne demandons pas aux Italiens leur alliance, dont nous n'avons que faire, et qui nous coûterait trop cher. Nous ne leur demandons que de se tenir tranquilles. Ils ont d'ailleurs amplement le moyen de se tirer d'embarras sans notre aide, qu'ils ont dédaignée, et sans celle des Allemands, qui leur est refusée. Il leur suffit pour cela de désarmer la moitié de leur flotte, et de réduire leur armée au seul rôle pour lequel ils en ont besoin : la restauration de la sécurité à l'intérieur du royaume.

A en croire le *Figaro*, du 25 novembre, le marquis Ginori a d'ailleurs l'intention de proposer bientôt à la Chambre italienne une diminution de l'armée. Tout cela nous importe peu. Ce qui nous intéresse, c'est la *triplice;* que les Italiens soient prêts à nous attaquer avec 800 000 hommes ou avec un million, c'est tout comme.

* * *

Documents récents; la dernière brochure de Heimweh. — Les derniers événements ont servi de texte à une multitude d'articles de journaux et de revues, dont un bien grand nombre auraient utilement pu être mis à contribution dans ce travail. Pour beaucoup, il était trop tard lorsqu'ils parurent; d'autres m'auraient entraîné trop loin. Pour m'en tenir simplement à ceux qui ne sont pas anonymes, je crois utile de mentionner ici les articles suivants :

Quatre études remarquables signées Tristan, dans le *Petit Journal : L'ami* (27 octobre); *L'ennemi* (28 octobre); *Les deux empereurs d'Allemagne et de Russie* (29 octobre); *Le mois extérieur* (1er novembre). — A comparer avec l'avant-dernier de ces articles, celui de M. Ph. de Grandlieu : *Les deux empereurs* (*Figaro*, du 31 octobre).

L'écrivain si bien renseigné qui signe Whist a donné au *Figaro*, du 2 novembre, une étude sur les origines de l'alliance russe : *Histoire d'une alliance.* Le même journal est revenu sur ces événements, le 4 novembre (*Diplomatie populaire*, par G. Duruy) et le 11 du même mois (*L'Europe délivrée*, par G. Thiébaud) ; c'est également lui qui a eu la bonne fortune de publier deux des plus éloquents articles de M. Jules Simon : *France et Russie* (25 octobre), et *La trêve de Dieu* (7 novembre).

Le 24 novembre, il a encore donné une lettre de M. Harden, l'ancien porte-parole de M. de Bismarck, sur *L'Allemagne et l'alliance franco-russe*, en faisant observer qu'il faudrait réfuter chaque ligne de cette lettre, mais qu'elle rend bien l'état d'esprit des Allemands, avec toutes leurs erreurs habituelles et leur partialité voulue à l'égard de la France et de ses amis.

Le 25 novembre, paraissait dans la *Revue Bleue* la *Lettre à M. Bonghi*, si découragée, de M. Anatole Leroy-Beaulieu ; je ne puis que me flatter de la concordance des opinions que j'ai émises avec celles de cet éminent écrivain.

A mentionner aussi les souvenirs posthumes de M. Gavard, sur l'alerte de 1875, publiés par le *Correspondant*, du 25 novembre (voir le *Temps*, du 28). Les Allemands, qui récusent le témoignage de nos hommes d'État et de ceux de la Russie, accepteront-ils ceux de lord Derby, de lord Odo Russel et du duc de Cambridge lui-même ?

Enfin, je dois citer la dernière brochure de Heimweh, parue le 18 novembre, c'est-à-dire quand le présent ouvrage était à peu près complètement imprimé, sous le titre : *L'Alsace-Lorraine et la paix. La dépêche d'Ems.*

La première partie de ce travail est un résumé très rapide des publications antérieures du même auteur, dont il ne se distingue que par le deuxième chapitre et la conclusion.

Dans le deuxième chapitre, l'auteur s'élève contre les soi-disants amis de la paix, tels que M. Baumbach (un des vice-présidents du Reichstag), qui prétendent « fonder la paix sur le *statu quo*, et ne proposent l'arbitrage qu'en vue des différends à venir », tandis que les groupes latins, représentés par M. Bonghi, veulent commencer par supprimer les violences et coercitions existantes.

J'ai développé les mêmes idées à propos des tendances qui ont dominé jusqu'ici dans la revue dirigée par Mme von Suttner (Voir pages 374 et suivantes).

Dans sa conclusion, Heimweh demande la neutralisation de l'Alsace-Lorraine, dont les habitants seraient consultés sur leur nationalité, et qui, suivant leur réponse, serait constituée en État indépendant, ou rattachée au Luxembourg ou à la Suisse, ou rendue à la France, une indemnité étant d'ailleurs payée à l'Allemagne. En quelques mots, il ajoute que ces trois solutions assureraient également la sécurité de l'Allemagne, que les deux premières sont impraticables, et que la dernière seule conviendrait aux habitants et à la France.

Ces propositions ne présentent rien de nouveau, et ont été trop longuement discutées plus haut pour qu'il soit utile d'insister ici. J'estime qu'elles ne suffisent pas, et je crois avoir serré le problème de plus près, en attendant qu'un autre lui fasse faire un pas de plus.

La deuxième partie de la brochure de Heimweh est un historique de l'affaire de la dépêche d'Ems, dont l'objet est de montrer que l'annexion revêt aujourd'hui à tous les yeux un caractère frauduleux, et que « la dépêche d'Ems vicie le traité de Francfort et en motive la revision ».

Cette étude est intéressante à comparer avec l'ardent article, intitulé : *Le premier bandit d'Europe,* que M. James Darmesteter a publié dans la *Revue Bleue,* du 26 novembre 1892, et que j'ai omis de mentionner plus haut. M. Darmesteter rappelle les paroles de Guillaume Ier : « *Dans les années 1870-1871, nous avons senti l'intervention de la volonté divine* » ; et maintenant, demande-t-il, « ce que Bismarck a volé, l'Allemagne peut-elle le garder sans recel?... L'Empire est déshonoré dans sa naissance, et l'Europe murmure, après Faust : *Am Anfang war die Lüge* (Au commencement était le mensonge) ».

FIN

TABLE ANALYTIQUE ET BIBLIOGRAPHIQUE

DES NOMS PROPRES

32.

---

[1] Commentaire et résumé de l'ouvrage de Heimweh : *La question d'Alsace*.

[2] Voir aussi : *Un entretien avec M. Lavisse*, dans le *Figaro*, du 2 mars 1891.

FIN DE LA TABLE DES NOMS

TABLE DES MATIÈRES

* Avec une carte, p. 454.
** Avec deux croquis, p. 466 et p. 467.

APPENDICE

ERRATA

Page 49, ligne 7 à partir d'en bas; *au lieu de* : stylmsäsig, *lire* : stylmässig.

Page 65, ligne 7 à partir d'en bas; *au lieu de* : en allemand, lire en Allemand.

Page 71, ligne 2 à partir d'en bas; *supprimer le mot* : à.

Page 79, ligne 9 à partir d'en bas; *au lieu de* : 1870, *lire* : 1890.

Page 90, ligne 18; *au lieu de* : 7 février, *lire* : 6 février.

Page 188, dernière ligne; *au lieu de* : peix, *lire* : paix.

Page 301, avant-dernière ligne, *lire* : précisément.

Page 506, note, ligne 6 à partir d'en bas; *au lieu de* : Richard Gœlch, *lire* : Richard Gœlsch.

SAINT-DENIS. — IMPRIMERIE H. BOUILLANT, 20, RUE DE PARIS. — 7660.

www.ingramcontent.com/pod-product-compliance
Lightning Source LLC
Chambersburg PA
CBHW070614270326
41926CB00011B/1690